한국 근대 양반지주가의 경제활동

Economic Activities of Yangban Landlords in Korea's Modern Transition Period

Heo, Wonyoung

이 저서는 2011년 대한민국 교육부와 한국학중앙연구원(한국학진흥사업단)의
한국학총서사업(모던코리아 학술총서)의 지원을 받아 수행된 연구임(AKS-2011-DAE-3104)

This work was supported by Korea Studies Series through the Ministry of Education of the Republic of
Korea and Korean Studies Promotion Service of the Academy of Korean Studies (AKS-2011-DAE-3104)

한국 근대의 토지와 농민 총서 5

한국 근대 양반지주가의 경제활동

허 원 영 지음

혜안

발간사

한국역사의 사회성격을 규명하는 데 토지와 농민은 가장 핵심적인 주제이다. 전근대사회에서 농업은 가장 중요한 산업이었고, 대부분의 인구가 농민이거나 농업과 관련된 일에 종사하고 있었기 때문에 토지와 농민, 그리고 농업 문제는 한국역사의 사회성격을 규명하는 핵심적인 고리였다. 이에 '토지'와 '농민'이라는 키워드를 통하여 한국의 근대를 탐구한 것이 바로 〈한국 근대의 토지와 농민〉(총5책)이다.

이 총서는 5명의 연구자들이 각기 저술한 5권의 연구서를 묶은 것으로, 연구에 참여한 5명은 모두 한국역사연구회의 토지대장연구반에서 함께 활동하고 있다. 토지대장연구반 반원들은 조선의 근대 이행기에 농업과 토지소유 제도를 연구함으로써 한국 근대사회의 성격을 규명하고자 노력해 왔다.

한국사에서 역대 왕조의 정부는 체제를 유지하기 위해 세금을 징수하고, 그 부세원을 파악하기 위해서 토지를 조사하고 그 소유와 경작관계를 파악하였다. 양안(量案) 및 토지대장 등의 자료들은 그 결과물로 생산되었다. 정부는 이 장부들을 바탕으로 지세를 징수하고, 토지소유권을 확인해주는 일을 행하였다. 연구반은 국가운영의 기초가 된 양안 장부들을 바탕으로 당시의 사회상을 재구성하기 위하여 연구해왔다. 또한 한국사회가 중세에서 근대로 이행해 갈 때 토지의 소유권 및 조세 등의 토지문제와 생산 농민의 사회적 지위를 밝힘으로써 당해 사회의 성격을 규명하고자 노력해왔다.

지난 30년 동안 연구반은 여러 공동 연구 업적을 제출하였다. 대한제국의 광무양전사업과 광무양안에 대한 공동 연구 결과물인『대한제국의 토지조사사업』(민음사, 1995)을 시작으로『대한제국의 토지제도와 근대』(혜안, 2010), 경자양전을 통하여 조선후기 토지제도를 살핀『조선후기 경자양전 연구』(혜안, 2008), 자료 발굴을 통하여 창원군 일대를 대상으로 일제의 토지조사사업을 연구한『일제의 창원군 토지조사와 장부』(선인, 2011)와『일제의 창원군 토지조사사업』(선인, 2013) 등이 대표적이다.

이로써 연구반의 연구활동은 토지와 농민, 그리고 사회경제적 측면에서 근대성에 대한 학계의 논의에서 항상 중심에 서 있었다. 대한제국기 양전사업의 목적과 평가를 비롯하여 대한제국의 성격에 대한 포괄적인 논쟁을 다루었으며, 동시에 일제의 토지조사사업(1910~1918)에 대한 논쟁에도 '수탈론'이나 '식민지근대화론'에서 제기한 연구 성과를 재검증하는 작업을 수행하기도 하였다. 이처럼 총서는 조선후기-대한제국-일제강점기에 이르는 토지조사와 토지제도에 대한 주제들에 대하여 다양한 자료의 발굴과 연구 방법을 통하여 토지와 농민을 중심으로 하는 한국의 근대와 그 대안을 모색하고자 하였다.

'한국 근대의 토지와 농민'의 각 권은 아래와 같은 문제의식을 가지고 있다.

최윤오의 『조선후기 토지개혁론과 양전제』는 조선후기 유자들의 전제개혁론을 복원하여 그 특징을 추적하고, 그것이 체제유지와 개혁에 이르기까지 다양한 층위로 나타나고 있음을 확인하고자 하였다. 특히 1720년 경자양전 사업을 전후한 시기의 양전제와 유형원 공전법과 유집일 방전법 등을 비교하여 조선후기 체제위기 타개책의 특징과 그 역사적 성격이 지향하는 바를 밝히고자 하였다.

왕현종의 『대한제국의 토지조사와 토지법제』에서는 개항 이후 조선사회의 토지문제 해결과 외국인의 토지침탈 대책 속에서 광무양전 관계발급사업이 행해지고 토지법제화가 진행되는 일련의 과정을 살펴보았다. 이는 대한제국의 토지법제에 대한 이론적 배경과 근대 토지제도의 수립 방향을 밝히려는 시도였다. 따라서 19세기말 한국인의 주체적인 토지제도 수립 노력을 검토함으로써 대한제국이 전통에서 근대로의 독자적인 이행의 길을 지향했음을 알 수 있다.

최원규의 『한말 일제초기 국유지 조사와 토지조사사업』은 일제가 토지조사사업에서 생산한 자료를 조사 분석하여 그 실상과 속내를 밝힌 것이다. 특히 공토의 '수조권'이 국유지의 '소유권'으로 전환되어 가는 모습과 민유지

환급론의 실상을 해명하였다. 이것은 기존 연구의 소유권 중심의 분석틀에서 벗어나 중답주 도지권 등의 물권도 시야에 넣고 분석하여 추출한 결과물이다. 일제는 구래의 토지권을 배타적 소유권으로 재편해간 것이다.

이영학의 『근대 전환기의 농업정책과 농정론』에서는 19세기 중엽부터 1920년대까지 정부의 농업정책을 두 단계로 나누어 고찰하였다. 먼저 조선 정부는 농업의 근대화를 위해 어떠한 노력을 기울였는가를 살펴보고, 다음으로 통감부 시기 이후 일본제국주의가 조선의 자주적 근대화의 노력을 좌절시키고 식민지화해 간 과정을 농업정책을 통하여 살펴보고자 하였다.

허원영은 『한국 근대 양반지주가의 경제활동』을 통하여 두 양반지주 가문의 농업경영과 경제생활을 추적하였다. 이 연구는 두 가문에서 생산하여 전해 온 수천여 점의 고문서를 촘촘하게 배치하고 다양하게 분석한 실증적 연구이다. 조선후기로부터 일제강점기에 걸친 근대이행기를 배경으로, 지주라는 경제적 배경을 지닌 전통적 지배엘리트의 경제활동을 재구성하였다.

마지막으로 '한국 근대의 토지와 농민' 총서를 발간할 수 있도록 지원해

준 한국학중앙연구원 한국학진흥사업단에 감사의 말씀을 드린다. 또한 어려운 출판여건 속에서 흔쾌히 본 총서의 발간을 맡아 주신 도서출판 혜안에게 깊은 감사의 마음을 전한다.

이 총서가 한국 근대 역사상의 규명에 조그마한 도움이 되었으면 하는 바람이다. 앞으로도 토지대장 연구반은 공동연구를 통하여 한국 근대 토지제도의 역사상을 규명하는 데 노력할 것이다.

2017년 1월
'한국 근대의 토지와 농민 총서' 필자 일동

머리말

　조선후기에서 일제강점기에 이르는 우리 역사에서 토지와 농업의 문제는 가장 핵심적인 주제로서 활발히 논의되어 왔다. 20세기 후반 무렵 산업화가 본격화되기까지 한국사회의 농업에 대한 의존은 절대적인 것이었다. 이전까지의 한국사회는 전통적으로 농경사회였으며, 토지가 가장 중요한 생산수단으로서 절대적인 비중을 차지하고 있었다. 토지에 근거한 경제활동으로서 농업활동이 산업활동의 거의 대부분을 차지했다.

　이와 같은 상황에서 생산관계의 핵심인 토지에 대한 소유관계와 농업경영을 위해 맺어지는 생산주체들의 관계에 대한 분석은 한국사회의 성격을 규명하고자하는 시도에 다름 아니었다. 학계의 이와 같은 시도는 특히 조선후기부터 일제강점기에 대한 연구에서 두드러졌다. 조선후기에 대해서는 그것이 봉건제 이전 단계로서, 근대로의 이행 동력이 부재한 사회였다는 정체성론이 20세기 초에 일본인 경제학자들에 의해 제시된 이래 봉건제 후기사회로서 봉건제의 해체와 근대로의 이행기로서의 성격을 지닌다는 내재적 발전론의 입장과 동아시아적 특수성으로 소농사회의 성격을 지닌다는 주장 등이 제기되었다. 개항 이후 한말의 상황에 대해서는 외부로부터의 충격에 의한 근대 자본주의 세계체제로의 편입이 강제되는 명백한 상황 속에서 한국인들에 의한 자주적 근대화의 노력과 그 가능성에 대한 평가를 중심으로 논의가 전개되었다. 그리고 통감부 시기를 포함하는 일제강점기에 대해서는 본격적인 근대화의 시점으로서 일제강점기의 근대성을 포착하려는 입장과 식민지적 억압과 수탈을 비롯한 식민성과 근대의 왜곡으로 바라보는 입장 등이 첨예하게 갈등하고 있다.

조선후기부터 일제강점기를 둘러싼 이와 같은 논쟁은 그 모두가 결국 한국사회의 근대성을 둘러싼 근대화논쟁으로서 그간 많은 연구자들이 다양한 방법을 통하여 토지와 농업의 문제에 다각도로 접근해 왔던 것이다. 토지소유를 기준으로 볼 때 전통적인 양반지주는 물론 궁방(宮房)과 아문(衙門), 서민지주, 자작소농, 동양척식주식회사와 일본인 지주 등에 관한 다양한 연구가 진행되었다. 농업경영에 있어서도 전통적인 병작제는 물론 광작(廣作), 양반지주들의 가작(家作), 소농경영, 식민지하 지주-소작제 등의 연구가 이루어졌다.

이상의 연구들을 통하여 조선후기부터 일제강점기에 걸친 다양한 역사상을 우리에게 제시하였고, 이를 통하여 한국사회의 근대화를 둘러싼 담론을 보다 깊고 풍부하게 하였다. 그러나 한국의 근대화를 둘러싼 논의는 여전히 치열하게 진행되고 있고, 그것이 단지 과거에 대한 이해가 아니라 현재에 대한 평가의 연장선상에 놓여 있는 한, 그 논의는 결코 쉽게 끝나지는 않을 것이다. 이와 같이 치열하고도 지속적인 논의는 한국사의 긴장감을 유지시킴으로써 학계는 물론이고 우리 사회의 건강한 지속·발전에 중요한 자산으로 기능할 수 있다.

이 책에서는 이상과 같은 학계의 논의의 연장선상에서 특히 양반지주의 농업경영을 중심적인 문제로 다루고자 한다. 기존에 양반지주의 농업경영을 다룬 연구들이 대부분 조선후기에 국한되어 있고, 이후 시대까지 연장하더라도 조선후기적 관점에서 분석을 진행했던 것에 비하여, 조선후기부터 한말과 일제강점기의 모든 시기에 연속되는 양반지주가문의 농업경영을 각 시기별로 검토하였다.

이를 위하여 본 연구는 조선시대부터 현재까지 한 지역에서 세거해 온 양반가의 사례를 통하여 조선후기부터 일제강점기까지의 양상을 검토하였다. 여기에서 중심으로 다루고 있는 가문은 두 가문으로, 하나는 경기도 군포시 속달동에 세거해 온 동래정씨(東萊鄭氏)가이고, 다른 하나는 전라남도 영광군 군남면 동간리에 세거해 온 연안김씨(延安金氏)가이다. 두 가문 모두 조선시대 중앙관직자를 일정하게 배출해 왔고, 지역 내에 경제적 기반을 안정적으로 확보하여 운영해 온 집안이었다. 두 가문은 문중 내에서도 중심적 역할을 수행해 왔다. 동래정씨가는 조선전기의 훈구대신으로 명신이자 서예가로 알려진 순성좌리공신(純誠佐理功臣) 동래부원군(東萊府院君) 익혜공(翼惠公) 정난종(鄭蘭宗, 1433~1489)을 불천위(不遷位)로 모시는 동래정씨가문의 종택이다. 연안김씨가는 영광의 연안김씨 가운데 외간입향조의 종손가문이자 중앙관직 및 경제력 측면에서 영광과 일대의 연안김씨문중의 중심이었다. 또한 이 두 가문은 조선후기부터 일제강점기에 걸쳐 양반지주로서의 경제활동과 농업경영의 실상을 보여주는 가전문헌들이 매우 풍부하다. 이를 통하여 조선후기부터 일제강점기까지 양반지주가의 경제적 삶의 모습을 추적하였다.

두 가문은 모두 조선시대 중앙관직자를 일정하게 배출해 왔고, 지역 내에 경제적 기반을 안정적으로 확보, 운영해 온 집안이었다. 그러나 두 가문은 세거해 온 지역에서의 기원과 지위에 있어서 중요한 차이를 보였다. 동래정씨가의 세거지인 속달은 종택을 중심으로 강고한 씨족마을을 형성하여 종택이 사실상 속달의 주인으로 존재하였다. 반면 연안김씨가는 외간 정착에 많은 우여곡절이 있었으며, 경제적 측면에서 일대의 주요 지주로 발돋움한 것은 상당히 늦은 19세기 후반에 들어서였다.

이러한 두 가문의 지역 내 지위와 상황의 차이는 경제활동을 비롯한 두 가문의 존재양식에도 상당한 차이를 가져오게 되었다. 조선후기와 대한제국기를 거쳐 일제강점기까지, 동래정씨가의 활동이 대체로 속달의 주인으로서 속달과 문중의 경영이란 측면에 초점을 맞추고 있었다면, 연안김씨가는 경제주체로서 적극적인 활동을 통해 자산을 운영하고 확장해온 측면이 강조되고 있었다.

이 책의 중심은 이 두 가문의 조선후기부터 일제강점기에 이르는 역사이며 그 밖에 주제와 관련한 세 편의 글을 추가로 수록하였다. 강릉 선교장(船橋莊)의 조선후기 지주경영과 고창 평해황씨(平海黃氏)가의 일제강점기 지주경영, 그리고『순천부서면가좌책(順天府西面家座冊)』을 통한 18세기 후반 순천지역의 농업경영과 사회구조를 다룬 글이다.

강릉 선교장은 강릉 경포호에 접하여 자리한 120칸 규모의 대저택으로, 전주이씨 효령대군 후손가의 고택이다. 이내번(李乃蕃, 1703~1781)이 18세기 초에 강릉으로 입향하여 자리를 잡고 선교장을 조성해 나간 지 얼마 지나지 않아 관동지방을 대표하는 사족 가운데 한 가문이자 최고의 경제력을 지닌 양반지주로 성장해 나갔다. 선교장이 경제적 기반을 확립하고 확장해 가는 과정을 역시 가전 고문서를 통하여 살펴보았다.

고창 평해황씨가의 사례는 전라북도 고창군 성내면 조동리에 세거해온 평해황씨가의 황상익(黃尙翼, 1888~1936)이라는 한 인물을 중심으로 구성된다. 이 경우는 다른 가문들과는 달리 중소지주로서 일제강점기에 경제력을 급격히 성장시켜 간 사례이다. 고창지역은 일제강점기 대표적인 대일본 미곡수출항이었던 군산항의 배후지였다. 이를 배경으로 하는 전통시대 중소 양반 지주의 농업경영을 황상익가의 사례를 통하여 엿볼 수 있다.

마지막으로『순천부서면가좌책』의 사례는 1774년경 제작된 가좌책을 분석하여 당시 순천부 서면이라는 한 지역의 농업경영과 사회구조의 실태를 검토한 것이다. 앞의 분석이 각 가문을 대상으로 시간에 따른 변화를 추적하였다면, 이것은 한 시점의 지역 전체 주민들을 살핀 것으로 이를 통하여 조선후기 한 지역 주민들의 농업경영 실태와 그에 기초한 사회구조를 파악할 수 있다. 그리고 그 속에는 양반지주는 물론 경영형 부농과 무전무전(無田無佃) 농민의 모습도 들어있다.

이 책은 2011년에 한국학중앙연구원으로부터 지원받은 학술교양총서사업 〈한국 근대의 토지와 농민〉 시리즈의 다섯 번째 주제로 기획되었다. 기획을 전후한 시기로부터 지금까지 필자가 진행한 연구의 상당 부분은 이 주제를 염두에 두고 진행해 왔다. 그 과정에서 연구의 성과를 독립적인 연구 논문으로 발표하기도 하였다.

필자가 기존의 학술지에 발표한 논문 가운데 「한말 한 종가의 입후(立後)를 둘러싸고 발생한 사건들-東萊鄭氏 鄭蘭宗 종가의 고문서 자료를 통한 재구성」(『사회와역사』, 2007.9), 「조선말기 전라도 영광 연안김씨가의 지주경영」(『한국민족문화』, 2015.8), 「일제강점기 영광 연안김씨가의 농업경영과 자본전환의 모색」(『역사문화연구』, 2016.11), 「조선후기 강릉 船橋莊의 지주경영 연구」(『인문과학연구』, 2019.6), 「18세기 후반 순천부 농민의 존재양태와 농업경영-〈順天府西面家座冊〉(1774) 분석을 중심으로-」(『역사문화연구』, 2013.8) 등 5편의 논문이 이 책에 포함되었다. 그리고 그 밖에 자료에 대한 해제나 학술대회 발표를 통해 소개한 내용들도 이 책에 포함되어 있다. 부분적인 교열만을 거쳐 전재한 글도 있으나, 대체로는 이 책에 기획에 맞추어 수정하여 재구성하였다.

마지막으로 이 책이 나오기까지 도움을 주신 많은 분들에게 감사의 말을 전하고자 한다. 우선 부족한 말학을 이 기획에 넣어 주시고 많은 가르침을 아끼지 않으신 한국역사연구회 토지대장연구반 선생님들께 깊은 감사의 말씀을 전한다. 책이 나오는 지금, 학부 때부터 지녔던 존경과 동경의 마음으로 두드린 토지대장연구반의 문을 흔쾌히 열어 주시고 함께 해주신 선생님들께 행여나 누가 되지 않을까 두려운 마음이다. 한국학중앙연구원 장서각 고문서연구실의 모든 동료들, 그리고 선배님들께도 감사의 마음을 전하고자 한다. 노다공소(勞多功少)의 길을 인도하고 함께 해 준 선배, 동료들이 있었기에 이 어려운 자료들을 구하여 분석할 수 있었다. 혜안 출판사의 오일주 사장님, 김태규, 김현숙 편집자님에게도 감사의 말씀을 올린다. 부족한 글을 참을성 있게 기다려 주시고, 잘 다듬어 주신 덕에 이렇게 책의 모습을 갖추고 세상에 나올 수 있었다.

무엇보다도 지금의 나를 있게 해준 어머님과 아버님, 그리고 나의 가족들에게 사랑과 감사의 마음을 전하고자 한다. 지금의 나를 있게 한 것은, 어디서 무엇을 하건 믿고 후원해 주신 부모님 덕분이다. 생전에 미처 드리지 못한, 너무나도 늦어버린 감사의 말씀을 이제라도 드리고자 한다. 언제나 나를 격려해 주는 아내, 그리고 착한 딸의 지지 덕분에 여기까지 올 수 있었다. 특히 아내는 학문적 동료로서 나의 형편없는 글을 참을성 있게 읽어주고 고쳐 주었다. 이 책뿐 아니라 나의 이름으로 나오는 글들이 그나마 읽을 수 있는 문장의 꼴을 갖추고 있는 것은 언제나 곁에서 내 글을 바로잡아 주는 아내가 있기 때문이다. 이 자리를 빌려 다시 한번 감사와 사랑의 말을 전한다.

2022년 8월
지은이 씀

Ⅰ. 군포 속달 동래정씨 정난종 종가의 경영활동

1. 조선후기 정난종 종가의 사회경제적 상황

1) 동래정씨 정난종 종가의 사람들

경기도 군포시 속달동 수리산 기슭에서 세거해 온 동래정씨가문은 조선전기 훈구파의 중진으로 활동한 명신으로 서예에도 일가를 이루었던 동래부원군 정난종(鄭蘭宗, 1433~1489)을 파조(派祖)로 하는 익혜공파(翼惠公派)의 종가이다.

속달동은 정난종의 사패지(賜牌地)로, 그와 부인 완산이씨의 장지가 또한 이곳에 있다. 정난종의 장자 정광보(鄭光輔, 1457~1524)가 역시 속달동에 거처를 마련하였다. 이후 정난종과 정광보를 비롯한 후손의 묘역과 그 종택이 계속하여 이곳에 자리하였으니, 정난종 종가가 묘역과 더불어 이곳을 지켜온 지 벌써 500년을 넘어선다.

500년 이상을 한자리에서 지켜온 종가답게, 정난종 종택에는 종택과 묘역 이외에도 상당히 많은 유물과 문헌이 전해져 내려온다. 주요 유물로 33점의 금관조복을 비롯하여 40점 이상의 고가구, 20여 점의 의류, 18점의 고서화, 생활토기와 용기, 병풍과 족자, 현판 등이 현전한다. 문헌자료도 역시 상당하다. 치부성책을 포함하는 7백여 점의 서책이 존재하고, 문서자료도 2천

500여 점에 달한다. 문서자료 가운데는 고문서가 1천 100여 점이며, 나머지는 주로 근대 이후에 생산된 문서들이다.

① 동래부원군 익혜공 정난종

우리나라 대부분의 정씨는 신라의 전신인 사로육촌(斯盧六村) 가운데 하나인 자산진지촌(觜山珍支村)의 촌장으로 정씨 성을 사성(賜姓)받은 지백호(智伯虎)를 비조(鼻祖)로 한다. 동래정씨는 지백호의 원손(遠孫)으로 안일호장(安逸戶長)을 지낸 정회문(鄭會文)을 득관시조(得貫始祖)로 하며, 고려 초에 보윤(甫尹)을 지낸 정지원(鄭之遠)을 일세(一世)로 하여 계대(繼代)하고 있다.

동래정씨는 조선초기로부터 구한말까지 고관대작을 끊임없이 배출한 조선시대를 대표하는 명문벌열 가운데 하나였다. 동래정씨로 조선시대에 정승의 자리에 오른 인물만 17명에 달하는데, 이것은 전주이씨의 22명을 제외하면 가장 많은 정승을 배출한 수치이다.[1] 그러한 동래정씨 중에서도 여기서 거론하는 동래부원군 정난종 후손가는 핵심적인 위치를 점하고 있다. 정난종 자신이 세조·성종 대의 훈구파의 주요 중진으로 활동한 것을 시작으로, 그 아들 정광보(鄭光輔, 1457~1524)와 정광필(鄭光弼, 1462~1538)을 비롯한 많은 명유·명신들을 배출하였던 것이다. 앞서 말한 17명의 정승

---

1) 17명 가운데 5인이 영의정, 7인이 좌의정, 5인이 우의정을 역임하였다. 영의정까지 역임한 5인은 정창손(鄭昌孫, 1402~1487), 정광필(鄭光弼, 1462~1538, 정난종 子), 정태화(鄭太和, 1602~1673, 정광필 5대손), 정존겸(鄭存謙, 1722~1794, 정광필 10대손), 정원용(鄭元容, 1783~1873, 정광필 11대손)이다. 좌의정은 정괄(鄭佸, 1435~1495, 정창손 子), 정유길(鄭惟吉, 1515~1588, 정광필 孫), 정창연(鄭昌衍, 1552~1636, 정광필 증손), 정치화(鄭致和, 1609~1677, 정광필 5대손), 정지화(鄭知和, 1613~1688, 정광필 5대손), 정석오(鄭錫五, 1691~1748, 정광필 8대손), 정범조(鄭範朝, 1837~1897, 정광필 13대손) 7인이다. 마지막으로 우의정 5인은 정대년(鄭大年, 1503~1578), 정지연(鄭芝衍, 1527~1583, 정광필 증손), 정언신(鄭彦信, 1527~1591), 정재숭(鄭載崇, 1632~1692, 정광필 6대손), 정홍순(鄭弘淳, 1720~1784, 정광필 9대손)이다. 이상 17인 가운데 13인이 정난종의 차자인 정광필과 그의 후손이다.(『軍浦市 速達洞 東萊鄭氏 東萊府院君 宗家의 歷史와 文化 - 修理와 所藏遺物 保存處理를 中心으로 -』(군포시, 2004) 310쪽 "동래정씨 상신표" 참조)

가운데 영의정을 역임한 문익공(文翼公) 정광필을 비롯한 13명이 정난종의
후손이었다는 사실이 이를 잘 말해 준다. 이는 정난종을 파조로 하는 동래정
씨 익혜공파(翼惠公派)의 위상을 잘 드러내 준다.

〈그림 1〉 동래정씨 가계도 1

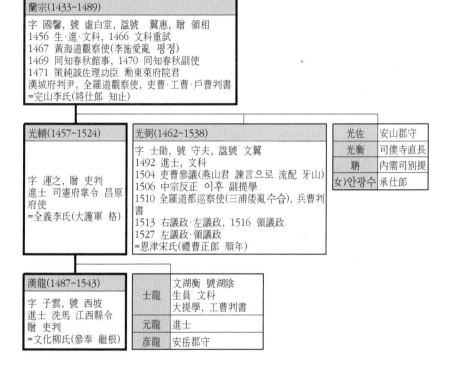

蘭宗(1433~1489)
字 國馨, 號 虛白堂, 諡號 翼惠, 贈 領相
1456 生·進·文科, 1466 文科重試
1467 黃海道觀察使(李施愛亂 평정)
1469 同知春秋館事, 1470 同知春秋副使
1471 策純誠佐理功臣 勳東萊府院君
漢城府判尹, 全羅道觀察使, 吏曹·工曹·戶曹判書
=完山李氏(將仕郞 知止)

光輔(1457~1524)
字 運之, 贈 吏判
進士 司憲府掌令 昌原府使
=全義李氏(大護軍 格)

光弼(1462~1538)
字 士勛, 號 守夫, 諡號 文翼
1492 進士, 文科
1504 吏曹參議(燕山君 諫言으로 流配 牙山)
1506 中宗反正 이후 副提學
1510 全羅道都巡察使(三浦倭亂수습), 兵曹判書
1513 右議政·左議政, 1516 領議政
1527 左議政·領議政
=恩津宋氏(禮曹正郞 順年)

光佐	安山郡守
光衡	司僕寺直長
聃	內需司別提
女)안광수	承仕郞

漢龍(1487~1543)
字 子雲, 號 西坡
進士 洗馬 江西縣令
贈 吏判
=文化柳氏(參奉 繼根)

士龍	文湖衡 號湖陰 生員 文科 大提學, 工曹判書
元龍	進士
彥龍	安岳郡守

정난종은 자(字)는 국형(國馨), 호(號)는 허백당(虛白堂)이다. 1456년(세조
2)에 생원·진사시와 식년문과에 급제하여 처음 승문원부정자(承文院副正字)
에 제수되었다가 뽑혀서 예문관검열(藝文館檢閱)에 보임되었다. 이후 사헌부
감찰(司憲府監察), 이조좌랑(吏曹佐郞), 이조정랑(吏曹正郞) 등을 거쳐 1465년
(세조 11)에 종부시소윤(宗簿寺少尹)에 올랐다. 1466년(세조 12)에는 중시(重
試)에 합격하고 곧 승정원동부승지(承政院同副承旨)가 되었고, 발영시(拔英

試)에 합격하여 좌부승지(左副承旨)로 옮겼다가 예조참판에 올랐으며, 또 등준시(登俊試)에 합격하여 형조참판겸오위장이 되었다.[2] 1467년(세조 13) 이시애(李施愛, ?~1467)의 난이 발생하자 황해도관찰사가 되어 평정에 공을 세웠다. 1469년(예종 원년)에는『세조실록』찬수에 참여하였으며 이조참판으로 옮겼다. 1470년(성종 원년)에 중추부동지사(中樞府同知事)로 옮겨 사은부사(謝恩副使)로 북경에 다녀왔다.

1471년(성종 2)에 순성좌리공신(純誠佐理功臣)의 호(號)를 하사받고 동래군(東萊君)에 봉해졌으며『예종실록』찬수에 참여하고 영안도관찰사(永安道觀察使)에 제수되었다. 이후 호조참판, 영안북도절도사(永安北道節度使), 전라도관찰사, 평안도절도사, 의정부우참찬(議政府右參贊), 이조판서, 공조판서, 호조판서 등을 역임하였다. 1483년(성종 14)에는 주문부사(奏聞副使)로 재차 북경에 다녀오기도 하였다. 1488년(성종 19) 사망시 그의 나이 57세였다.

정난종은 훈구파의 중진으로 성리학에 밝았을 뿐만 아니라 장수와 재상의 재능과 기예를 두루 갖추었다고 평가받는다. 서예에도 일가를 이루어 초서와 예서를 잘 썼으며, 특히 조맹부체에 뛰어났다고 전해진다. 사후 익혜(翼惠)의 시호를 받았는데, 사려심원(思慮深遠)하여 '익(翼)', 관유자인(寬柔慈仁)하여 '혜(惠)'라 하였다. 경북 용궁의 완담향사(浣潭鄕祠)에 제향되었다.

② 동래정씨 정난종 종택과 속달

동래정씨는 주로 동래와 양산(梁山) 등 영남 일대에 산거(散居)하여 왔으며, 정난종 역시 예천(醴泉) 출신이다. 현재 종택과 묘역이 소재한 속달지역과

---

2) 이러한 정난종의 과거경력에 대하여「정광보묘갈(鄭光輔墓碣)」에서는 네 번이나 과거에 급제하였다고 하였으며,「정광필신도비(鄭光弼神道碑)」에서는 네 번의 과거에서 일등으로 선발되었다고 기록하고 있다. 이하 정난종 등의 인물 설명에 대해서는『조선왕조실록』(국사편찬위원회, 조선왕조실록 홈페이지 http://sillok.history. go.kr),「정난종신도비(鄭蘭宗神道碑)」·「정광보묘갈(鄭光輔墓碣)」·「정광필신도비(鄭光弼神道碑)」(軍浦文化院 編,『軍浦金石文大觀』, 軍浦文化院, 2002) 등 참조.

동래정씨가 관계를 맺게 된 것은 정난종이 관직에서 이루어 낸 성과의 대가로 이 지역을 사패지로 받게 되면서부터이다. 정난종 사후 인근에 있던 부인 완산이씨의 묘소를 이장하여 현 위치에 함께 쌍분으로 장례를 치렀는데, 이는 정난종의 유명에 따른 것이라 한다. 이후 정광보가 선영을 쫓아 이곳에 최초로 유택을 세우고 거주한 이래 정난종 종택은 현재까지 500년 이상을 이 지역에 자리하고 있다. 또한 정광보, 정광필을 비롯한 후손들이 정난종과 함께 묘역을 이루게 되었는데, 현재 종택과 묘역은 서로 마주보이는 수리산 기슭에 함께 자리하고 있다.

정난종 종택과 묘역이 자리한 속달은 수리산 서쪽 줄기에서 남쪽으로 흐르는 골짜기 기슭에 자리한다. 속달이라는 이름은 수리산의 골짜기 안을 뜻하는 것으로, 한문의 "속달(速達)"은 음차에 불과하다고 한다. 조선시대의 속달은 남양만에 배를 타고 온 지방민들이 과천을 통해 서울로 올라가던 교통의 요지였다고 한다. 속달이 현 행정구역인 군포시에 편입된 것은 비교적 최근의 일이다. 이 지역은 조선시대와 대한제국시기에 걸쳐 광주부 북방면에 편입되어 있었다. 그러다가 1907년 월경지 정리의 일환으로 안산군 북방면으로 편입되었으며, 1914년 군면 폐합 때 안산군이 폐지되면서 속달이 포함된 북방면은 인근의 월곡면, 성곶면과 함께 수원군 반월면으로 편제되었다. 이후 1949년 수원읍이 수원시로 승격되고 수원군의 나머지 지역이 화성군으로 변경되면서, 이 지역 역시 화성군 반월면으로 변경되었다. 그러다 1995년 반월면이 폐지되면서 해당 지역이 각각 수원시 권선구와 안산시, 군포시로 나뉘어 편입되었다. 이때 속달리는 둔대리, 대야미리, 도마교리와 함께 군포시에 편입되었으며, 현재 군포시 속달동으로 편제되었다.

속달은 정난종 종택을 중심으로 마을이 구성되어 있다. 경기도문화재자료로 지정된 현재의 종택은 18세기 후반에 지어진 것으로 추정되며, 이후 훼손된 것을 비교적 최근에 보수하였다. 종택의 건물은 안채와 큰사랑채, 작은사랑채, 광채, 마방채가 현존하고 있으며, "ㄱ"자형의 안채를 사랑채와

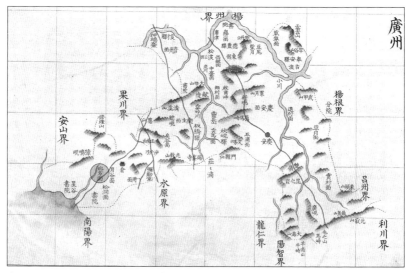

〈그림 2〉 조선시대 광주부 북방면(※『地圖』장서각 2-4583)

광채가 둘러싸고 있는 튼 "ㅁ"자 모양으로 구성되어 있다.

마을의 중앙에 위치한 종가에서 우측 건너편을 바라보면 맞은편 산자락에 정난종 등의 선대 묘역과 재실이 보인다. 수리산을 배경으로 조성된 정난종 묘역에는 정난종 부부의 쌍분을 비롯한 다수의 묘소와 묘비, 신도비(神道碑) 2기, 묘갈(墓碣) 1기를 비롯한 다수의 장명등(長明燈)과 문인석 등이 있다. 묘역으로 들어가는 길목에는 성달재(省達齋)라는 재실이 있는데, 이는 근래에 건립한 것이다.

정난종 부부의 쌍분은 묘역의 중간 아래편에 자리하며, 봉분 앞에 묘비와 상석 및 석물들이 배치되었고, 왼편 아래쪽에 신도비가 세워져 있다. 신도비의 비문은 1525년(중종 20)에 조성되었으며, 남곤(南袞, 1471~1527)이 찬(撰)하고 강징(姜澂, 1466~1536)이 썼다. 정난종 부부의 쌍분 윗단에는 장자 정광보 부부의 쌍분이, 다시 그 윗단에는 차자 정광필 부부의 쌍분이 차례로 있다. 정광보의 묘갈과 정광필의 신도비 역시 각 봉분의 왼편 아래쪽에 세워져 있다. 정광보 묘갈의 비문은 이행(李荇, 1478~1534)이 짓고 성세창(成

〈그림 3〉 속달과 묘역의 위치(DAUM 위성지도)

世昌, 1481~1548)이 썼으며, 정광필 신도비의 비문은 소세양(蘇世讓, 1486~
1562)이 짓고 이황(李滉, 1501~1570)이 썼다.

정광필 부부의 쌍분 윗단에는 정광필의 4자 정복겸(鄭福謙) 부부의 쌍분이
자리하며, 그 옆으로는 정광필의 2자 정위겸(鄭僞謙) 및 손자 정유진(鄭惟愼),
정유청(鄭惟淸) 등의 묘소가 자리하고 있다. 그리고 정난종 묘소의 아랫단에
는 정난종의 6세 봉사손 정진원(鄭震遠, 1578~1657) 부부의 쌍분이 자리한다.
정난종 외의 묘소에도 묘비와 상석 및 여러 석물들이 함께 갖추어져 있다.

1489년(성종 20)에 처음 조성된 이래 현재까지 훌륭히 보존되고 있는
동래정씨 묘역은 조선 초기에서 중기까지의 묘제 양식 연구는 물론 고고미술
사나 금석학 연구에 중요한 자료이기도 하다. 또한 정진원을 제외한 묘역의

〈그림 4〉 동래정씨 정난종 종택 전경(※『軍浦市 速達洞 東萊鄭氏 東萊府院君宗家의 歷史와 文化』)

배치가 선대를 아래에서부터 안장하여 점차 위로 안장해 가는 양식을 보여주고 있는 점도 독특한 사례로 관심을 끌고 있다. 현재 해당 묘역 전체는 경기도기념물로 지정되어 관리되고 있다.

③ 정난종의 후손들

정난종은 부인 완산이씨(完山李氏)와 사이에서 광보·광필·광좌(光佐)·광형(光衡)의 4자와 1녀를 두었으며, 그 외에 측실 소생으로 정담(鄭聃)이 있었다. 다섯 아들이 모두 관직에 나아갔는데, 정광보와 정광형은 음서(蔭敍)를 통하여 관직에 나아갔으며, 정광필은 과거를 통하여 관직에 나아갔다.

정광보의 자는 운지(運之)로 진사시에 입격하고 문과에도 여러 차례 응시하였으나 뜻을 이루지 못하였다. 정광보의 출사는 문벌의 음덕을 통하여 이루어졌으나, 관직에서 공과를 지속적으로 쌓아 품계가 통정대부(通政大夫)에 이르렀다. 경관직으로는 와서별제(瓦署別提)를 시작으로 군자감(軍資監)

〈그림 5〉 종택에서 바라본 묘역 전경

〈그림 6〉 묘역에서 바라본 마을 전경

등의 주부(主簿), 사헌부감찰(司憲府監察), 장악원(掌樂院) 등의 첨정(僉正),
통례원봉례(通禮院奉禮) 등의 관직을 역임하였다. 외관직으로는 아홉 고을의 수령을 역임하였는데 연산현감, 평양부판관, 정선·풍기·금산·순창·초계 군수, 창원과 연안 부사를 지냈다. 부인 전의이씨(全義李氏)와 사이에서 4남 4녀를 두었으며, 그 가운데 차자 정사룡(鄭士龍)이 생원·문과를 거쳐 대제학(大提學)과 공조판서에까지 나아갔다.

정난종의 아들 가운데 가장 현달하였으며, 사직지신(社稷之臣)으로까지 추앙받는 이가 바로 차자 정광필이다. 정광필은 자가 사훈(士勛), 호가 수천(守天)이며, 후에 문익(文翼)의 시호를 받았다. 1492년(성종 23) 진사시에 입격하고 곧이어 식년문과에 급제하여 홍문관에 등용되고, 직제학과 이조참의 등을 역임하였다. 1504년(연산군 10) 갑자사화 때 왕에게 극간(極諫)하여 아산(牙山)에 유배되었으나, 1506년 중종반정으로 복직되어 부제학에 올랐다. 이후 이조참판·예조판서·대제학 등을 거쳐 1510년(중종 5) 우참찬(右參贊)으로 전라도순찰사가 되어 삼포왜란(三浦倭亂)을 수습하고 병조판서에 올랐다. 1512년(중종 7) 함경도관찰사로 기민의 구제에 힘을 쏟았으며, 이듬해 우의정과 좌의정을 거쳐 1516년(중종 11)에 영의정에 올랐다. 1519년 기묘사화 때 조광조(趙光祖, 1482~1519)를 구하려다가 영중추부사(領中樞府事)로 좌천되기도 하였으나 1527년(중종 22)에 다시 좌의정을 거쳐 영의정이 되었다. 1533년(중종 28) 김안로(金安老, 1481~1537) 등의 모함으로 영의정에서 파직되어 영중추부사로 좌천되었다가 관직에서 물러난 후, 김안로의 무고로 인하여 김해로 유배되기까지 이르렀다. 그러나 1537년(중종 32) 유배 6개월 만에 김안로가 사사(賜死)됨에 곧바로 복직되어 영중추부사가 되었다. 중종의 묘정(廟庭)과 회덕(懷德) 숭현서원(崇賢書院), 용궁(龍宮) 완담향사(浣潭鄉社)에 배향되었다.

정광필은 본인뿐만 아니라 자손에서도 현달한 인물이 지속적으로 배출되었다. 13대손 정범조(鄭範朝 1837~1897)가 1892년(고종 29) 우의정과 좌의정에 오르기까지 정광필을 포함한 후손 가운데 무려 13명의 상신이 배출되었고, 그 가운데 4명이 영의정을 역임하였다. 익혜공파 가운데 정광필을 파시조

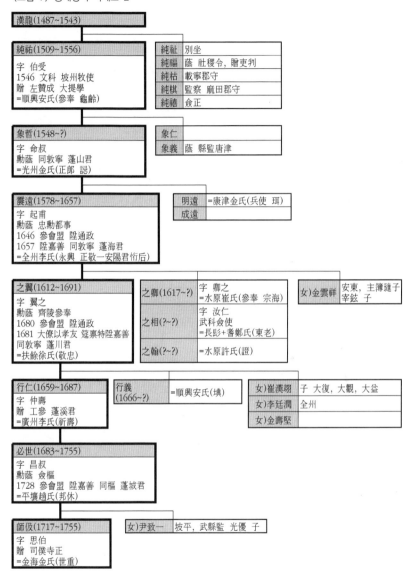

로 하는 문익공파(文翼公派)가 있는데, 그 현달함이 이와 같아 익혜공파 전체 문중에서도 상당히 중요한 위상을 차지하고 있다.

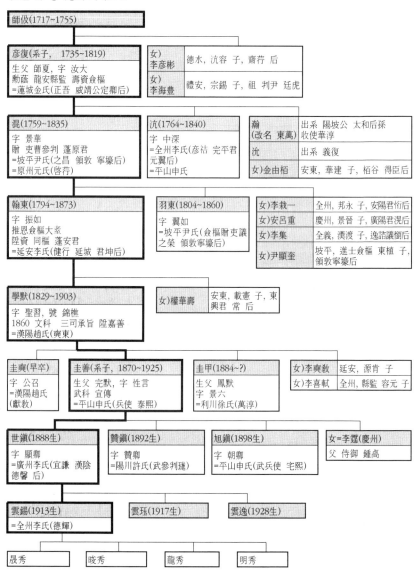

정난종의 장자이자 정광필의 형인 정광보를 파조로 하는 집의공파(執義公派)의 경우 문익공파만큼은 아니지만 지속적으로 자손들이 관직에 진출하고

있었다. 그리고 출사의 방법에 있어서도 과거뿐만 아니라 공신의 후손으로서 차지하는 지위를 활용한 훈음(勳蔭)을 십분 활용하였다. 정광보의 차자 정사룡이 문과를 통하여 대제학과 공조판서까지 오르고, 손자 정순우(鄭純祐, 1509~1556) 역시 문과 이후 파주목사까지 역임하는 등 집의공파에서도 초기에는 과거를 통한 출사가 중심을 이루었으나 이후 19세기 후반까지 출사의 주된 방법은 훈음이었다.

정난종 종가에만 국한했을 때, 증손 정상철(鄭象哲, 1548~?)이 훈음을 통하여 출사한 이래, 1861년(철종 12) 정학묵(鄭學默, 1829~1903)이 이전 해의 춘당대추도기(春塘臺秋到記)를 거쳐 문과 전시(殿試)에 합격할 때까지 출사는 훈음을 통해서만 이루어졌다. 특히 정난종의 종손들은 공신의 적장자로서 회맹연(會盟宴)에 참여하고 관직에 나아가 봉군(封君)되었다. 그러나 비록 문벌의 음덕이 출사와 이후의 관력(官歷)에 중요하게 작용했다 하더라도, 그것이 이들의 사환이력(仕宦履歷) 모두를 설명해 주지는 않으며, 각 직위에서 쌓은 공과가 지속적인 사환과 승진을 가져다 줄 수 있었다.[3]

2) 동래정씨가의 경제적 기반

동래정씨가 정난종 종택의 경우 토지나 노비의 매득양상을 알 수 있는 매매문기, 즉 명문은 거의 남아 있지 않다. 현전하는 자료 가운데 명문은 1904년(광무 8) 12월 차성근(車聖根)에게 노(奴) 창운(昌云)의 이름으로 속달리의 초가를 80냥에 매득한 것이 유일하다. 현재 종택에 전해내려 온 문서의 수량과 성격을 봤을 때, 매매문기가 이렇게 적은 것은 상당히 이례적이다.

---

3) 이와 같은 출사와 봉군은 현재 남아있는 교령류(敎令類) 문서를 통해서도 확인할 수 있다. 현재 해당 가문에 전해지는 고신(告身)을 비롯한 교령류 문서는 모두 110점으로, 세 권의 첩책으로 제책되어 있다. 이들 문서는 정상철에서 정학묵에 이르는 10대에 걸친 10명의 인물과 관련된 문서들이다. 이 문서들은 이 시기 정난종 종가 인물들의 환력을 구체적으로 알려주는 자료들이다.

이러한 매매문서의 부재는 1910년 이전뿐 아니라 그 이후도 마찬가지여서, 매매계약서나 매도증서와 같은 문서는 찾아보기가 매우 어렵다.

다량의 문서가 보존된 가문의 경우 매매문서는 재산의 소유를 증명하는 문서이기 때문에 상당한 수의 문서가 잘 간수되어 있는 경우가 많다. 혹 다른 문서에 비해 매매문서가 거의 없는 경우라 하더라도, 이 경우는 대체로 조상의 사환 등을 보여주는 고신(告身)이나 선조의 친필 기록문서 등을 중심으로 보존하고 나머지 문서, 특히 경제나 치부류 문서의 보존은 소홀한 경우에 해당한다. 그러나 설령 그렇다 하더라도 정난종 종택처럼 매매문서 외의 경제관련 문서들이 다량으로 남아 있는 경우는 없는데, 특히 정난종 종택의 경우에는 조선후기의 자문(尺文)이나 근대의 영수증과 같은 자료들도 잘 보관되어 전해지고 있다는 점에서 그러하다.

이와 같은 자료 현황은 정난종 종택이 노비나 전답의 매득행위를 거의 행하지 않았던 것은 아닌가 하는 생각이 들게 한다. 정난종이 속달 일대를 사패지로 받고 사후 이곳에 장사지내면서 종택이 터를 잡았으니, 종택이 속달에 자리잡은 것이 1500년 무렵으로 벌써 500년이 넘었다. 또한 이 지역이 정난종의 사패지였고, 해당 마을의 형성과 발전이 종택을 중심으로 이루어진 만큼 일대 토지 자체가 동래정씨의 소유로 성립되었을 가능성이 매우 높다. 실제 종택의 토지소유 현황을 보면 속달을 중심으로 매우 집중되어 분포하고 있어, 매득을 통한 토지집적보다는 애초 사패지로 받은 이래로 수조권(收租權)을 바탕으로 개간 등의 방법을 통하여 소유권을 획득하여 이를 기반으로 운영하여 온 것은 아닌가 하는 추정이 가능하다.

전답을 통해 본 이와 같은 추정은 노비의 보유양상을 통해서도 뒷받침된다. 노비에서 역시 매매문서나 입안(立案) 등의 취득문서는 존재하지 않는다. 다만 200여 년에 걸친 호적문서를 통해 볼 때, 보유노비의 현황이 큰 변화가 없고, 노비의 가계 연속성이 높다는 점에서 매득 등을 통한 노비의 확대보다는 기존의 현상 유지와 운영을 중심으로 하였다는 추정이 가능해진다. 이와 같은 전답과 노비의 경영양상이 가능한 것은 속달이라는 마을 자체가 정난종 종택을 중심으로 하는, 동래정씨 종택의 확장된 외연의 성격을 지니고 있었기 때문에 가능했던 것이라고도 할 수 있다.

동래정씨가에는 비록 토지매매문기는 없으나 토지보유 현황을 보여주는 전답안(田畓案) 및 그에 준하는 자료가 상당수 남아있다. 그 모두는 19세기 후반 이후의 것이고 지역적으로 속달 및 인근에 집중되어 있어, 시기적 지역적으로 아쉬움은 있으나 이 일대를 중심으로 세거해 온 동래정씨가의 토지보유와 운영을 그만큼 자세히 파악할 수 있다는 점에서는 장점이 있다. 그 가운데 "양안(量案)"이라는 제명의 자료가 두 건이 있는데, 하나는 1896년 (건양 1)에 작성한『위토양안(位土量案)』이고, 다른 하나는 1910년(융희 4)에 작성한『위토급각처전답양안(位土及各處田畓量案)』이다. 두 자료 모두 속달을 중심으로 한 인근의 보유토지를 관의 양안을 기초로 작성한 것이고, 위토뿐 아니라 그 밖의 보유토지도 함께 수록하였다.

『위토양안』은 우선 위토를 "익혜공위(翼惠公位)" 등 각 위(位)에 따라 기재하고, 이어서 여타의 토지들을 소재지별로 기록하였다. 구체적인 필지별 기재내역을 살피면 토지의 자번(字番)과 지목(地目)을 기록한 후, 해당 토지의 결부(結負)를 기록하였다. 이어서 면적을 두락(斗落, 마지기)과 야미(夜味, 배미)로 기록하고 그 아래에 작인(作人)을 기재하였다. 이상의 기록에서 결부까지는 양안상의 기록에 따른 것으로 양안상의 필지를 기준으로 하였으나, 두락과 작인은 실제의 경작을 기준으로 한 것으로 양안상의 여러 필지를 묶어서 실제 경작 단위로 면적과 작인을 나타내었음을 확인할 수 있다.

『위토양안』에는 총 147개 필지, 970.9두락이 기록되어 있으며, 이 가운데 답이 99필지 470.2두락, 전이 48필지 500.7두락이다. 이 중 실제 위토는 답이 9필지 32두락, 전이 9필지 93.2두락으로 총 18필지 125.2두락, 전체 면적의 13%를 차지한다. 이들 위토는 익혜공 정난종을 비롯한 16위를 위한 것이었다. 위토를 포함하여『위토양안』에 등재된 토지를 소재지별로 살피면

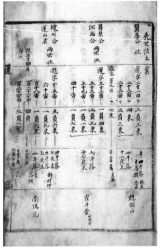

〈그림 9〉『位土量案』(1896)의 표지(우)와 본문(좌)

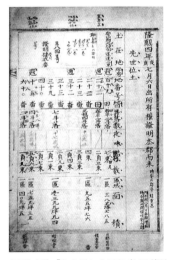

〈그림 10〉『位土及各處田畓量案』(1910)의 표지(우)와 본문(좌)

〈표 1〉과 같다.

〈표 1〉『位土量案』(1896)에 등재된 토지의 현황

소재지	畓			田			합		
	필지	結-負-束	두락	필지	결-부-속	두락	필지	결-부-속	두락
本洞(速達)	40	1-43-1	169	27	0-69-3	187.2	67	2-12-4	356.2
屯垈洞	9	0-43-8	42	6	0-43-2	165	15	0-87-0	207
八谷	14	0-59-4	87.5	8	0-18-4	83.5	22	0-77-8	171
德峴	16	0-63-1	80.2	6	0-16-6	60	22	0-79-7	140.2
大夜未	20	0-94-8	91.5	1	0-1-2	5	21	0-96-0	96.5
합계	99	4-4-2	470.2	48	1-48-7	500.7	147	5-52-9	970.9

〈표 1〉의 지역들은 광주군 북방면에 속해 있을 때의 지명으로, 1907년 월경지 정리의 일환으로 안산군 북방면으로 변경되었다가, 1914년 군면 폐합 과정에서 안산군이 폐지되면서 수원군 반월면에 속하게 된다. "본동(本洞)"으로 기록된 곳은 당시의 속달로, 1907년 속달2리, 1914년에는 덕현이 변경된 속달3리와 함께 속달리로 변경된다. 둔대동은 여전히 둔대동, 둔대리로 명칭을 유지하며, 팔곡은 1907년에 팔곡1리와 팔곡2리로 분동되어 1914년에도 이를 유지하였다. 덕현은 속달3리가 되었다가 1914년에 속달2리와 함께 속달리로 개편되었고, 대야미는 1914년에 속달1리와 함께 대야미리로 편제된다.

〈표 1〉에서 볼 수 있듯이, "본동(本洞)"으로 기록된 속달리에 소재하는 토지가 356.2두락으로 전체 면적의 36.7% 가량을 차지한다. 그에 이어 둔대동과 팔곡, 덕현, 대야미의 순서로 나타나는데, 해당 지역은 모두 속달에 인접한 지역이다. 이와 같이 정난종 종택이 보유한 토지는 속달을 중심으로 인접한 지역에 밀집해서 분포하고 있었다. 속달에만 국한했을 때, 종택이 보유한 토지는 양안에 등재된 속달리 전체토지의 1/4 정도에 달하는 것으로 확인된다.

종택에는 1865년(고종 2)에 최초 작성하여 깃기[衿記]로 활용한 『속달전안(速達田案)』이라는 자료가 존재한다. 이 자료는 관에서 작성하여 관리한 공부(公簿)로 후면에 타량장교(打量將校)는 김창균(金昌均)이고 서원(書員)은 문상혁(文尙赫)이라고 작성자가 기록되어 있다. 이와 같은 자료가 종택에 남아 있다는 사실 자체가 속달에서 종택의 위치를 말해주는 것으로, 종택은 실제 속달 전체의 토지를 관장하면서 결세(結稅)의 조정, 납부를 주도하고 있었음을 알 수 있다.

『속달전안』에는 속달리의 모든 토지가 기록되어 있는데, 여기에 등재된 전답은 "하(遐)"자가 188필지, "이(邇)"자가 224필지로 총 412필지이다. 이 가운데 60필지는 진전(陳田)으로, 실제 필지는 352필지이다. 결부로는 답이 3결 81부 4속, 전이 6결 8부 8속으로 총 9결 90부 2속이며, 진전을 제외한 결부는 답이 3결 76부, 전이 4결 83부 8속으로 총 8결 59부 8속이다. 진전을 제외한 실결을 기준으로 할 때, 1896년 『위토양안』을 기준으로 종택이 속달에서 보유한 토지 전체인 2결 12부 4속은 전체의 24.7%에 달하며, 답의 1결 43부 1속은 전체 대비 38.1%에 해당한다. 여기에서 필지수의 비교는 의미가 없는데, 『속달전안』은 양안의 필지를 그대로 유지하여 각 자번별 독립된 필지로 기재되고 있으나, 이후 『위토양안』 등의 제반 자료에서는 해당 양안상의 필지가 합필 또는 분필되면서 새로운 필지를 만들어내고 있기 때문이다.

이와 같이 종택이 보유한 토지는 속달의 사실상 주인으로서의 지위에 비해 많지 않다고 여겨질 수 있다. 그러나 이는 어디까지나 종택이 보유한 토지만 해당한다는 사실에 주의할 필요가 있다. 종택 이외의 동래정씨 일파가 보유한 토지는 여기서 다루지 않고 있는 것이다. 실제로 속달과 인근에는 동래정씨일파가 상당수 거주하고 있는데, 이는 종택이 속달에 자리를 잡은 것이 500여 년이나 되었다는 것을 생각하면 당연한 것으로 이들이 보유한 토지 역시 상당한 양이었다. 뒤에서 좀더 자세히 살피겠지만 속달리 토지의 대부분을 차지한 지주는 동래정씨 일파였고, 그 가운데서도 가장 많은 토지를 보유하고 있었던 것이 종택이었다. 여기에 더하여 종택으로서 지니는 사회적 지위까지 고려한다면, 정난종 종택이 보유한 토지는 수치상의 것을

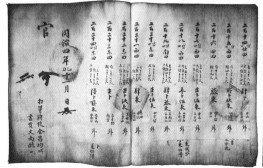

〈그림 11〉『速達田案』(1865)의 표지(우)와 본문(좌)

훨씬 상회한다고 할 수 있다.

1910년의 『위토급각처양안』 필지별 기재 내역의 기본 양식은 『위토양안』 과 마찬가지이다. 제일 상단에 토지 소재지를 기록하고 그 아래에 토지의 자번과 지목을 기록하였으며, 두락과 야미, 그리고 결부를 기록하였다. 그 아래에는 『위토양안』에서 작인을 기록한 것과는 달리 구역과 평(坪)으로 나타낸 면적을 기록하고 있는데, 이는 이 자료가 소유권 증명을 위한 기초 장부로 작성되었기 때문이다.

소유권 증명이라는 목적을 잘 보여주는 것은 다름 아닌 토지의 분류이다. 본 자료에서는 제일 앞에 '선세위토(先世位土)'라 하여 위토를 먼저 기록하고, 이어서 '각처전답안(各處田畓案)'이 나오고 있다. 그런데 이 전답안은 소유권 증명 시의 토지소유 명의인별로 분류하여 기록하고 있다. '선세위토'에 있어 서도 해당 면의 1단 중앙에 "정규선명출증명(鄭圭善名出證明)"이라 하여 이 토지들이 정규선 이름으로 소유권 증명이 이루어졌음을 밝히고 있다. 이 자료에 토지소유 명의인으로 등장하는 인물은 정규선을 비롯하여 동생 정규갑과 아들 정세진, 정찬진, 정욱진, 그리고 필계(筆契)의 계장 정홍진과 정규선의 생형 정규혁의 손자 정운흥 등 7명이다. 그 현황을 보면 〈표 2〉와 같다.

〈표 2〉『위토급각처양안』(1910)에 등재된 토지의 현황

전답구분	명의구분	면적(두락)			면적(평)		
		답	전	합	답	전	합
先世位土	鄭圭善名出證明	33	23	56	5,726	3,907	9,633
各處田畓案	鄭圭善名出證明	168	104.5	272.5	30,835	15,638	46,473
	鄭圭甲名出證明	44	19	63	7,451	3,371	10,822
	鄭世鎭名出證明	87	1	88	13,124	144	13,268
	鄭世鎭名下買得	11.3	10	21.3			
	鄭旭鎭名出證明	38		38	6,422		6,422
	鄭贊鎭名出證明	37		37	6,292		6,292
	鄭雲興名出證明	80	67	147	17,455	9,850	27,305
	鄭鴻鎭名出證明	9		9	1,242		1,242
합계		507.3	224.5	731.8	88,547	32,910	121,457

〈표 2〉를 보면 위토의 경우 답이 33두락, 전이 23두락으로『위토양안』의 32두락과 93.2두락에 비교하면 답은 거의 변화가 없으나 전은 매우 큰 폭으로 감소하고 있다. 전의 면적 감소는 위토뿐 아니라 전체에 있어서도 마찬가지인데,『위토양안』의 500.1두락이 여기에 와서는 224.5두락으로 절반 이하로 감소하고 있는 것이다. 그러나 이는 실제 면적이 감소한 것이 아니라 두락의 기준이 변화됨에 따른 것으로 보인다.『위토급각처양안』의 두락 단위를 보면, 답의 경우 "정조(正租)"를 기준으로 하는 반면, 전에서는 많은 경우 "춘모(春牟)"를 기준으로 하고 있으며, 이와 함께 두락 수의 급감이 이루어지고 있기 때문이다.

실제 비교가 가능한 답을 대상으로 한 경우,『위토양안』의 470.2두락에서 507.3두락으로 27두락이 증가하는 것으로 나타난다. 이는 해당 기간에 매득 등을 통하여 추가로 획득한 토지로 보이는데, 실제『위토급각처양안』을 보면, '정세진의 명의로 매득하였다(鄭世鎭名下買得)'고 하여 답 11.3두락과 전 10두락을 별도로 기록하고 있기도 하다. 이렇게 볼 때, 해당 시기에 전답의 매득이 없지는 않았던 것으로 보이나, 전체 대비 5% 내외의 많지 않은 양으로, 15년이라는 기간을 생각하면 매매 등을 통한 전답보유의 급격

한 변동은 크지 않았다고 할 수 있다.

『위토급각처양안』의 가장 큰 장점은 해당 토지의 면적이 "평(坪)"으로도 기록됨에 따라, 보유토지의 절대면적을 파악할 수 있게 되었다는 점이다. 〈표 2〉를 보면, 1910년 현재 종택이 속달 인근에 보유한 전답은 총 12만 1,457평에 달하며, 이 가운데 답이 8만 8,547평으로 73%를 차지하고 있다. 이 면적은 정세진의 이름으로 매득한 21.3두락을 제외한 면적이다. 위토는 모두 당시 종손인 정규선 명의로 소유권 증명이 이루어졌으며, 그 면적은 9,633평으로 전체 대비 8% 정도이다.

가장 많은 토지의 명의인으로 이름을 올린 이는 역시 정규선으로, 위토를 제외하고도 4만 6,473평으로 전체의 38%를 차지한다. 그 밖에 동생과 세 아들이 각각 1만 822평(9%), 1만 3,268평(11%), 6,422평(5%), 6,292평(5%)으로 약 30%를 차지하고 있다. 또한 필계와 같은 문중차원의 전답도 정흥진이나 정운홍과 같이 개인 명의로 소유권증명을 하고 있었다.

1900년 무렵, 동래정씨가는 해당 토지의 일부를 소작으로 경영하고 있었다. 소작경영은 특히 답에 집중되었고, 360여 두락 정도의 소작 답에 대하여 매년 200여 석을 타조(打租)하고 있었다. 현재 종가에서는 1900년을 전후하여 누년에 걸쳐 작성한 추수기가 남아 있다. 『매년추수기(每年秋收記)』라는 제명의 이 자료는 1897년부터 1903년까지 작성된 것으로 보인다. 그 가운데 시기와 내용이 가장 분명한 것이 1898년에서 1900년까지 3년분이다. 내용의 기록 방식도 단순 명료한데, 토지를 소재별로 분류하여 해당 답의 두락을 나타내고 작인을 기록한 후, 그 아래에 3단에 걸쳐 1898년의 타조액과 1899년의 타조액, 그리고 1900년의 타조액을 나타내고 있다.

여기에 기록된 답의 면적은 360두락 정도이다. 속달이 1898년 88두락에서 1899~1900년 91두락으로 나타나는데, 〈표 1〉에서 본 『위토양안』의 답 470.2 두락에 비하면 20%도 미치지 못하는 면적으로, 이를 제외한 나머지 면적은 가작(家作)을 통하여 경영한 것으로 판단할 수 있다. 둔대는 3년 모두 42두락

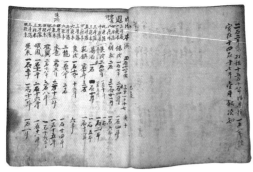

〈그림 12〉『每年秋收記』(1897~1903)의 표지(우)와 본문(좌)

으로『위토양안』의 면적과 동일하며, 덕현 역시 3년간 81두락으로 나타나
『위토양안』의 80.2두락과 거의 동일하다. 팔곡도 3년간 81두락으로『위토양
안』의 87.5두락과 별반 차이를 보이지 않고 있다. 대야미의 경우 1898년
73두락에서 1899~1900년 63두락으로 다소 감소하고 있는데『위토양안』의
42두락에 비해 상당히 증가한 면적으로, 165두락에 달하는 전 가운데 일부가
답으로 전환된 것이라 여겨진다.

연도별 타조의 대상이 된 답의 면적은 1898년이 365두락, 1899년과 1900년
이 358두락이다. 등장하는 작인은 총 65명으로, 작인 1명당 소작하는 답의
평균면적은 5.6두락 정도였다. 이에 대한 타조액은 1898년 206석 2두, 1899년
208석으로 비슷한 수치를 보여주는 반면 1900년에는 171석 5두로 상당히
감소하고 있다. 타조액은 당해 연도의 작황에 따라 정해지는 만큼, 1900년의
작황이 이전보다 좋지 않았던 것으로 보인다. 이를 통해 볼 때, 동래정씨
정난종 종택은 속달 인근의 답에 대한 소작경영을 통해 매년 200여 석의
타조액을 기록하고 있었던 것으로 보인다.

장기간에 걸친 동래정씨 정난종 종택의 안정적인 경제상황을 보다 잘
보여주는 것은 호구문서에 나타나는 노비기록일 것이다. 현재 종택에는
1894년(고종 31) 신분제 폐지로 노비가 공식적으로 소멸하기 이전의 호구문

서가 다수 존재한다. 최초의 것은 1687년(숙종 13)에, 가장 후대의 것은 1887년(고종 24)에 작성된 것으로, 200년에 걸친 21점이다. 이 가운데 훼손되어 온전한 상태를 파악할 수 없는 1건과 1789년과 1795년 고양군에 거주하던 지손(支孫) 정흥서(鄭興瑞)의 호구문서 2건을 제외한 18건의 노비질(奴婢秩) 기록을 통하여 해당 기간 동래정씨 정난종 종택의 노비보유 현황과 추이를 추적할 수 있다.

〈표 3〉은 1687년부터 1887년까지 호구문서의 노비질에 나타난 노비의 현황을 나타낸 것이다. 해당 표를 보면, 일단 종택의 건물이나 경제규모, 사회적 지위 등에 비추어 볼 때 노비의 수가 상당히 적었던 것을 알 수 있다. 이에 대해서는 실제 보유한 노비의 상당수가 호구문서에서 누락됐다고 추정할 수도 있으나, 호구문서의 일관성을 고려하면 그렇지는 않은 것으로 추정된다.

〈표 3〉 호구문서를 통해 본 동래정씨 정난종 종택의 노비보유 추이

연도	호주	率奴婢				逃亡奴婢			外居奴婢		
		奴	婢	婢夫	합	노	비	합	노	비	합
1687	鄭之翼	6	1		7					1	1
1699	鄭必世	2	1		3	2	3	5	1	2	3
1705	鄭必世	1	1		2	1	3	4	1	3	4
1711	鄭必世	2	1		3	3	3	6	6	3	9
1720	鄭必世	3	2		5	3	3	6	3	2	5
1726	鄭必世	3	1		4	1	2	3	3	3	6
1729	鄭必世	3	1		4	1	3	4	2	2	4
1732	鄭必世	3	1		4	1	4	5	2	2	4
1779	鄭彦復	2	2		4	2	3	5	2	2	4
1821	鄭彦復		3		3						
1833	鄭混		3		3						
1839	鄭翰東	1	4		5						
1854	鄭翰東	2	4	1	7						
1863	鄭翰東	3	5	1							
1866	鄭翰東	2	5		7						
1881	鄭學默	1	6	2	9						
1884	鄭學默	1	6	2	9						
1887	鄭學默		4	2	6						

〈표 3〉에서 살핀 호구문서에 등장하는 노비들은 그 가계가 매우 안정적으로 연결되고 있는 모습을 보인다. 외거노비의 경우 전라도 부안에 거주하는 노비 일가인데, 1687년 비 명춘(命春)을 시작으로 그 자손들이 대대로 기재되고 있다. 솔노비에 있어서도 1705년에 등장하는 비 애단(愛丹)으로 시작해서 1711년부터는 그 아들 노 필뢰(必賚)가 등장하고 있으며, 이는 1732년의 또 다른 비 애단의 아들 노 만뢰(萬賚)까지 연결된다. 1720년에 등장하는 비 시례(時禮)의 경우는 아들 응복(應卜)을 거쳐 1779년의 아들 노 검동(黔同)에까지 연결되며, 1833년의 순금은 그 자녀들로 연결되면서 1887년까지 지속되고 있다.

대체로 양반가 호구문서의 대다수는 잦은 노비들의 입출을 특징으로 하며, 이로 인하여 노비의 가계나 실제 노비보유 현황을 파악하는 것이 상당히 어렵다. 반면 정난종 종택의 경우 비록 적은 수이나 안정적으로 유지되는 노비가계를 보여주고 있는 것이다. 이와 같은 정난종 종택의 상황은 해당 호구문서의 노비기록에 대한 신빙성을 한층 높여준다 하겠다.

그렇다면 종택이 보유한 노비가 이토록 적은 이유는 무엇이었을까? 그것은 아마도 속달에서 차지하는 종택의 지위에서 말미암은 것으로 보인다. 정난종 종택은 속달의 중심이었고, 속달은 종택의 외연이 확장된 것에 다름 아니었다. 다시 말해, 속달의 주민은 종택의 지손들이거나 혹은 종택 또는 기타 동래정씨가의 소작인과 같은 관계를 맺고 있었고, 이로 인하여 종택은 속달의 주민 전체와 종적 주종관계를 유지하고 있었을 것이다. 그 가운데도 정씨문중원이 아닌 농민들, 특히 소작인들은 실제 정씨문중과 종택의 예속인으로서 역할을 하였을 것이다. 실제 〈표 3〉을 보면 노비 외에 비부(婢夫)의 존재가 확인되는 바, 비록 노비가 아니라 하더라도 기타 예속관계를 통하여 얼마든지 그 노력을 동원할 수 있는 상황이었다고 할 수 있다.

이상에서 살핀 바와 같이 전답을 근거로 한 동래정씨 정난종 종택의 경제적 기반은 상당한 규모였다. 특히 속달을 중심으로 한 그 위상은 마을의 주인과 같은 지위에 다름 아니었다. 그러나 이와 같은 종택의 사회, 경제적 지위를 확인하기 위해서는 종택의 경제력을 확인하는 것만으로는 부족하다. 이를 보다 잘 보여주는 것은 속달이라는 종택이 자리한 동리와 그 안에서 종택과 동래정씨의 위상을 검토하는 것일 것이다.

3) 동래정씨가의 속달경영

정난종과 그 부인이 속달에 묻히고, 장자 정광보가 이곳에 거주한 지 수 백년이 지나면서 속달은 동래정씨의 씨족마을이 되었고, 자연스럽게 종택이 그 중심에 자리하게 되었다. 동래정씨가 자리를 잡기 전에는 현풍곽씨(玄風郭氏) 등이 세거했다고 하나 이곳이 정난종의 사패지로 정해지고 동래정씨가 입향하면서 이제까지 세거했던 현풍곽씨 등은 지금의 삼성리로 이주하였다고 한다.[4]

그로부터 정난종 종택은 동래정씨 문중의 종가이면서 동시에 속달이라는 지역의 대표로서 지위를 지속적으로 유지하면서 역할을 수행해 왔다. 그 지위와 역할은 조선시대와 일제강점기를 관통하여 지금에 이르고 있으며, 이는 가계의 경영을 넘어 속달이라는 한 지역의 경영이라 일컬을 수 있을 정도였다.

이와 같은 속달에서의 종택의 위치를 이해하기 위해서는 속달이라는 마을과 그 안에서의 동래정씨, 그리고 종택의 위상을 살펴볼 필요가 있다. 현재 종택에는 속달이라는 마을과 관련한 자료가 상당수 남아 있는 가운데, 1910년 이전 속달의 현황을 보여주는 훌륭한 자료도 존재한다. 그 가운데 하나가 1896년(건양 1) 「호구조사규칙(戶口調査規則)」과 「호구조사세칙(戶口調査細則)」에 따라 매년 작성된 속달리의 통표(統表) 및 호적표(戶籍表)를

---

[4] 경기대학교 전통문화콘텐츠연구소, 『군포시 지명유래 및 씨족역사』, 군포시, 2004년, 206쪽.

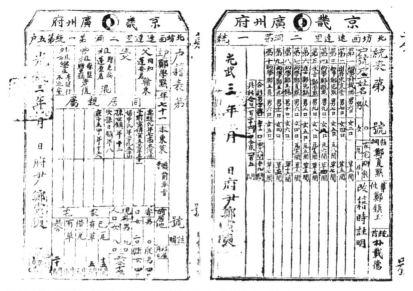

〈그림 13〉 1899년 속달동 1통 統表(우)와 1통5호 鄭學默戶籍表(좌)

묶은 철로서 1907년(융희 1)의 것으로, 1통 1호부터 4통 10호까지 당시 속달2리 주민 전체의 호적을 종택에서 보관하고 있다. 이를 통하여 당시의 주민 구성을 자세히 알 수 있으며, 호구의 구성과 가옥규모 등을 통하여 개별 호의 가세(家勢)에 대해서도 일정하게 엿볼 수 있다. 〈그림 13〉은 1899년 정학묵호가 포함된 통표와 호적표의 사례이다. 통표의 우측을 보면 이장 격인 존위(尊位)가 정진옥(鄭鎭玉)이고 면장 격인 집강(執綱)이 정하묵(鄭夏默)으로 나타나는 바, 동래정씨 구성원들이 속달의 운영 전반을 맡아 수행해 가고 있었음을 보여준다.

또 다른 하나는 1909년(융희 3)에 작성한 속달2리의 전답안으로, 『안산군 북방면 속달2리 결수존안(安山郡 北方面 速達二里 結數存案)』이다. 표지에 "동중유치건(洞中留置件)"이라 기록되어 있으며, 본문에 주묵(朱墨)으로 점과 선을 가필하고 있는 상황을 볼 때, 속달리에서 결세 등을 운영할 때 활용한 장부로 볼 수 있다. 19필지 33부 2속의 허결(虛結)을 기록하고 있으며, 실제

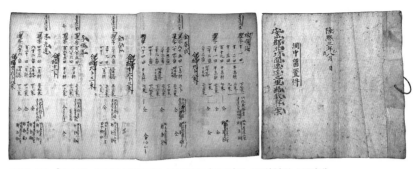

〈그림 14〉『安山郡 北方面 速達二里 結數存案』(1909)의 표지(우)와 본문(좌)

작인별로 전답의 자번과 지목, 면적을 기록하고,[5] 결부를 기록한 후 그
아래에는 해당 필지별로 납세의무자와 지주를 거주지와 함께 기록하고
있다. 진전은 누락되어 있어 앞의『속달전안』에 등재된 모든 전답이 수록되
어 있지는 않다. 이 자료는 당시 속달리의 토지 소유자와 실제 경작자를
보여주는 자료이며, 허결과 납세의무자의 기록 등을 통하여 당시 지역단위에
서의 결세납부가 어떻게 이루어지고 있었는지를 보여주는 중요한 자료이다.
   이상의 두 자료를 통하여 1900년대 후반 속달의 인구구성과 토지보유
및 경작현황을 살필 수 있다. 우선 1907년 호적을 통하여 속달의 인구구성에
대해 살펴보고 이어서 1909년『결수존안』을 통하여 토지현황을 검토하기로
한다.
   1907년 호적철에 묶여 있는 문서는 1통 1호부터 4통 10호까지 40호의
호적표와 각 통별 통표까지 총 44건이다. 각 호별 현존인구를 기준으로
할 때, 주민의 수는 남자 95명, 여자 71명으로 총 166명이다. 그러나 이
인구가 당시 속달의 실제 주민 전체는 아니었다. 일단 10세를 전후로 한
연령대 이하의 어린 남아와 여아들은 인구 파악에서 일률적으로 제외되어
있었다. 이들의 경우 호적에 아예 등재가 되지 않거나, 간혹 등재가 되어도

---

5) 田은 息耕 또는 日耕으로 기록하였고, 畓은 斗落과 夜味를 함께 기록하였다.

현존 인구의 파악에서는 배제하는 방식으로 호구 파악에서 누락되어 있었다. 또한 각 호의 기구(寄口)에 있어서도 상당수가 누락되어 있다고 판단되는데, 실제 호적에 기록된 기구들 가운데 현존인구 파악에서 배제되는 경우가 또한 존재하고 있었다. 호적의 등재와 현존인구 파악에서 나타나는 이와 같은 특성을 고려할 때, 당시 호적을 통하여 파악된 속달의 주민들은 대체로 10세 이상의 연령대로, 속달에 근착하여 거주하고 있었던 호와 인구였던 것으로 볼 수 있다.

당시 정난종 종택의 주손(胄孫)이었던 정규선은 1통 5호의 호주로, 2구의 고용인구와 함께 9구가 1호를 구성하고 있었으며, 거주 가옥은 와가(瓦家) 15간, 초가(草家) 5간으로 역시 속달에서 가장 큰 규모의 가옥에 거주하였던 것으로 확인된다. 이와 같이 각 호의 호주를 중심으로 호별 현황을 살펴보면 당시 속달의 주민구성에서 보이는 특성을 보다 명확하게 파악할 수 있다. 〈표 4〉는 1907년 40호의 호주를 기준으로 해당 호의 본관과 호구수 및 가옥의 현황을 나타낸 것이다.

1907년 당시 속달리에 거주하고 있던 호 가운데 호주가 동래정씨로 확인되는 경우는 18호로 절반에 약간 부족한 45%를 차지하고 있는 것으로 나타난다. 그 면면을 살펴보면, 속달에서 동래정씨가 차지하는 비중을 보다 확실히 알 수 있는데, 동래정씨와 그렇지 않은 호들 사이의 모습이 상당히 대조적으로 나타나고 있다. 우선 가족구성원 외의 인구인 기구와 고용의 경우 전체 10호에서 등장하는데, 이 가운데 2통 2호 최암회의 경우를 제외하고는 모두 동래정씨의 호에만 존재하고 있다. 또한 각 호의 현존인구에 있어서도 동래정씨는 1통 2호 정주억의 2구부터 1통 7호 정하묵의 10구까지 분포하고 있는 가운데, 2~5구의 규모가 11호를 보이고 6~10구의 경우도 7호로 상당한 비중을 차지, 동래정씨의 호만을 대상으로 할 때 호당 평균 4.9구의 호당 구수를 보여주고 있다. 반면 동래정씨를 제외한 나머지 22호는 가장 많은 구수가 2통 7호 박승선호와 3통 8호 홍기영호의 5구이고, 다수인 16호가

〈표 4〉 1907년 호적을 통해 본 속달의 호별 현황

통	호	성명	본관	寄口·雇傭數	현존口數	가옥	통	호	성명	본관	寄口·雇傭數	현존口數	가옥
1	1	박우선	죽산		3	초가3간	3	1	정규대	동래		7	초가4간
	2	정주억	동래		2	초가5간		2	정익진	동래		5	초가5간
	3	정완묵	동래	4	8	와가8간, 초가7간		3	윤일만	파평		3	초가4간
	4	정규찬	동래	2	8	와가6간, 초가4간		4	정운형	동래		3	초가3간
	5	정규선	동래	2	9	와가15간, 초가5간		5	정무진	밀양		2	초가6간
	6	정완진	동래	2	6	와가5간, 초가3간		6	유만석	강릉		2	초가2간
	7	정하묵	동래	2	10	와가12간, 초가2간		7	고진국	제주		4	초가2간
	8	정태진	동래		4	초가4간		8	홍기영	남양		5	초가3간
	9	정규원	동래		5	초가5간		9	김춘성	김해		3	초가3간
	10	정규창	동래		4	초가7간		10	피장학	단양		3	초가3간
2	1	정진옥	동래		5	초가5간	4	1	정찬진	동래	1	4	초가4간
	2	최암회	경주	3	4	초가6간		2	정귀민	동래		3	초가4간
	3	피삼용	단양		4	초가3간		3	정규갑	동래	2	5	와가4간, 초가3간
	4	이순봉	경주		4	초가4간		4	정원조	동래	3	6	초가5간
	5	정학진	동래	1	3	초가8간		5	강도성	진주		3	초가2간
	6	김영돌	김해		3	초가3간		6	이순득	전주		3	초가5간
	7	박승선	죽산		5	초가4간		7	고원준	전주		3	초가2간
	8	이소봉	경주		3	초가4간		8	김점복	김해		2	초가2간
	9	김영근	김해		3	초가3간		9	임순로	밀양		2	초가2간
	10	최명손	수성		2	초가2간		10	김차복	경주		2	초가3간

2~3구에 분포하고 있어 평균 2.9구의 호당구수를 보여줄 따름이다.

이와 같은 구성원의 차이는 호의 안정성을 반영하는 것으로, 지역사회에서 해당 호의 사회, 경제적 지위를 보여준다고도 할 수 있다. 이는 각 호의 거주가옥 상황을 통해 보다 확연하게 드러난다. 속달에서 기와집에 거주하는 호는 총 6호인데, 앞의 정규선을 비롯하여, 정규선의 생부 정완묵, 정규선의 동생 정규갑 등 모두 동래정씨의 호이다. 나머지 동래정씨가 호주인 경우를 살펴봐도 3통 4호의 정운형호의 경우에서만 초가3간이 확인될 뿐, 나머지는 모두 초가 4간 이상 규모의 가옥에 거주하고 있다. 동래정씨가

가옥의 총 규모는 133간으로 호당 평균 7.4간의 가옥에 거주하는 것으로 나타난다. 반면 동래정씨가 아닌 호들의 경우는 3통 5호 정무진호와 2통 2호 최암회호가 초가 6간에 거주하고 있으며, 4통 6호 이순득호가 초가 5간에 거주하는 등 상대적으로 넓은 가옥에 거주하는 경우가 존재하기는 하지만, 나머지 모두가 초가 2~4간의 작은 가옥에 거주하는 것으로 확인된다. 이들이 거주하는 가옥의 총 규모는 71간으로, 호당 평균 3.2간의 가옥에 거주하는 것으로 나타나 동래정씨 평균의 절반에도 미치지 못하고 있다.

계속하여 속달의 전답보유 현황을 살펴보기로 한다. 〈표 5〉는 1909년 『결수존안』을 기준으로 속달의 지주별 토지보유 현황을 나타낸 것이고, 〈표 6〉은 역시 『결수존안』을 바탕으로 경작자별 토지경작현황을 나타낸 것이다. 해당 자료에서 면적은 결부로만 기록되고 있어 실제 면적은 물론 두락에 근거하는 당시의 가치를 파악하기에도 부족한 점이 존재한다. 그러나 이는 결세 운영을 목적으로 하는 『결수존안』이 지니는 자료로서의 특성으로, 결부를 통해서도 당시 속달의 토지보유와 경작 현황 양상을 추적하는데는 전혀 무리가 없다.

우선 속달의 지주별 토지보유 현황을 살펴보면, 속달리에 거주하는 사람들이 보유한 토지가 답 3결 83부 5속, 전 3결 87부 8속으로 총 7결 71부 3속이다. 이는 답의 93.4%, 전의 82.2%에 달하는 것으로 전체적으로 속달의 87.4%에 해당하는 토지를 속달 거주 주민이 소유하고 있는 것을 나타낸다. 그 가운데서도 동래정씨가 소유한 토지가 대부분인데, 속달의 동래정씨는 답을 3결 62부, 전을 3결 58부 4속을 보유하고 있어 전체 7결 20부 4속, 속달의 81.6%의 전답을 보유하고 있다.

동래정씨 중에는 역시 종가의 주인인 정규선이 답 1결 33부 1속, 전 67부 3속으로 총 2결 4속의 가장 많은 토지를 보유하고 있다. 그 밖에 정규한과 정운홍, 정규찬 등 3인이 1결 이상의 넓은 토지를 소유하였다. 반면 나머지 11명의 동래정씨는 25부 이하의 토지만 소유하고 있었다.

〈표 5〉 지주별 토지소유 현황(단위 : 束)

지주주소	지주명	답	전	합계
속달2리	합	3,835	3,878	7,713
	동래정씨 합	3,620	3,584	7,204
	정규선	1,331	673	2,004
	정규한	481	1,070	1,551
	정운흥	804	299	1,103
	정규찬	597	480	1,077
	정규혁	41	205	246
	정학진	21	190	211
	정운오	123	86	209
	정익진	129	52	181
	정규갑		150	150
	정규원	28	119	147
	정귀진	24	93	117
	정완진	41	58	99
	정원승		50	50
	정진옥		48	48
	정뢰진		11	11
	최재설	89	159	248
	윤관수	91		91
	김춘성	35	50	85
	박승선		78	78
	김영근		7	7
둔대리	합	13	81	94
	심연택		50	50
	심진택		31	31
	심기택	13		13
월곡면	한복리		46	46
경	정인승	175	24	199
과천	정기범		42	42
광주군	정규봉		71	71
여주	정인묵	31	109	140
진천	정인헌	51		51
홍주	정기일		91	91
仁陵田			90	90
虛結			287	287
총합계		4,105	4,719	8,824

〈표 6〉 경작자별 토지경작 현황(단위 : 束)

경작자	답	전	합계
정씨합	3,339	3,180	6,519
정규선	1,028	314	1,342
정규찬	597	480	1,077
정규한	388	673	1,061
정운흥	714	122	836
정뢰진	118	180	298
정익진	99	165	264
정규혁		259	259
정학진	21	190	211
정운오	123	86	209
정규원	58	119	177
정태진	15	150	165
정원조	83	50	133
정귀진	24	93	117
정완진	41	70	111
정규창	30	73	103
정규대		96	96
정진옥		48	48
정운형		12	12
강도성		48	48
고진국	92	56	148
김영근		7	7
김영돌		58	58
김점복	33	60	93
김춘성	106	57	163
박승선		178	178
박우선		71	71
심기택	13		13
심연택		50	50
심진택		31	31
윤관수	91		91
윤일만	30	40	70
이광달	89	79	168
이순봉		100	100
임순여	27	61	88
최재설	154	231	385
피삼용	60	34	94
한복리		46	46
홍기영	71	45	116
虛結		287	287
총합계	4,105	4,719	8,824

대체로 10부 이상의 토지를 소유하고 있어 다른 주민에 비해 평균적으로 넓은 토지를 보유한 편이나, 정원승과 정진옥, 정뢰진의 경우와 같이 5부 이하의 토지만을 보유한 경우도 있다.

속달리에 거주하며 토지를 소유한 주민 가운데 동래정씨가 아닌 사람은 5명에 불과했다. 최재설의 경우 25부에 달하는 토지를 소유하였으나, 나머지 4명은 10부 이하의 토지만을 소유, 이들이 소유한 토지는 50부 1속에 불과하였다. 속달과 인접한 곳으로 바로 인근 둔대리에 심씨 일가 3인이 9부 4속을 보유하고, 안산군 내의 월곡면 상수리에 거주하는 한복리란 인물이 4부 6속을 보유하고 있었다.

이상을 제외한 이른바 부재지주라 할 수 있는 이들의 토지보유가 6건이 존재하는데, 이들이 보유한 토지는 59부 4속에 불과했다. 서울의 정인승이 소유한 토지가 20부 정도로 가장 많았고, 그 밖에는 여주의 정인묵이 14부를 소유했을 뿐, 나머지는 10부 이하의 토지만을 소유하고 있을 따름이다. 이 역시 모두가 정씨로 나타나고 있어, 부재지주라 하더라도 역시 동래정씨 일가라 할 수 있다. 한편 속달에는 조선의 23대 왕인 순조와 비 순원왕후(純元王后) 김씨의 능인 인릉에 속한 전이 존재한 것으로 확인되는데, 이 역시 9부에 불과하여 많지 않다. 결국 속달리의 토지에 대해서는 부재지주가 보유한 토지가 7.8% 정도로 매우 적었고, 지주의 대부분은 속달에 거주하고 있었으며, 특히 동래정씨가가 압도적 다수를 차지하고 있었음을 알 수 있다.

한편 동래정씨일가는 6결 51부 9속의 전답을 직접 경작하였던 것으로 나타나는데, 이는 동래정씨가 소유한 7결 20부 4속의 90%에 달하는 면적이다. 토지경작자로 등장하는 동래정씨는 18명, 1인당 36부 2속의 평균 경작면적을 보이고 있다. 이는 그만큼 가작지의 비중이 높다는 것을 의미한다. 앞서『매년추수기』를 통해 종택의 소작지 타조액을 검토할 때, 속달리의 토지가 91두락으로 당시『위토양안』의 470.2두락에 비해 상당히 적은 면적이 없음을 확인할 수 있었다. 그 이유가 바로 이와 같은 가작의 경영에 있었던 것으로, 〈표 5〉와 〈표 6〉을 통해 정규선의 토지소유와 경작을 보면, 소유한 2결 4속 중 67%에 달하는 1결 34부 2속을 가작으로 경영하고 있었던 것이다.

정규선 외에 넓은 토지를 소유하고 있었던 다른 동래정씨들에 있어서도 가작의 비중은 대단히 높게 나타난다. 1결 55부 1속으로 정규선 다음으로 넓은 토지를 소유한 정규한의 경우도 1결 6부 1속 68.4%가 가작지이고, 1경 10부 3속을 소유한 정운홍도 75.8%인 83부 6속이 가작지로 확인된다. 1결 7부 7속을 보유하고 있던 정규찬의 경우는 아예 모든 토지를 가작으로 경영하고 있었다.

반면 25부 이하의 토지만을 보유하고 있었던 동래정씨의 경우에는 보유한 토지보다 많이 경작하고 있는 것을 확인할 수 있다. 29부 8속을 경작하는 정뢰진의 경우는 보유 토지가 1부 1속에 불과해 28부 7속의 타인 토지를 경작하는 것으로 확인된다. 이 가운데 14부는 부재지주인 여주 정인묵의 토지였고, 나머지 14부 7속은 정규선의 토지였다. 26부 4속을 경작하고 있는 정인진의 경우도 자신의 토지는 18부 1속에 불과했다. 그 중에서도 3부는 정규찬이 경작하고 있었으며, 자신은 자신의 토지 중 15부 1속과 부재지주인 홍주 정기일의 9부 1속, 그리고 정규선의 2부 2속을 경작하고 있었다. 또한 정태진, 정원조, 정규창과 같이 보유한 토지가 없는 동래정씨의 경우에도 부재지주나 다른 동래정씨일가가 소유한 토지를 경작하고 있었다.

속달의 토지를 경작하고 있는 사람들 가운데 동래정씨가 아닌 사람은 20명으로, 동래정씨에 비해 2명이 많다. 그러나 이들이 경작하는 토지의 전체면적은 2결 1부 8속으로 동래정씨가 경작하는 토지 6결 51부 9속의 31%에 불과했고, 1인당 평균 경작면적도 10부 1속으로 27.9%에 불과하였다. 이들 가운데 남의 토지 없이 자신의 토지만을 경작하는 것으로 확인되는 이들은 6명에 불과하다. 우선 둔대리의 심연택·진택·기택 3인과 월곡면의 한복리가 해당되며, 속달에 거주하는 이들은 7속의 전을 보유·경작하는 것으로 나타나는 김영근과 9부 1속의 답을 보유·경작하는 것으로 확인되는 윤관수뿐이다.

나머지 14명은 많든 적든 남의 토지를 경작하고 있는 바, 거의 모두는 정씨일가가 소유한 토지였다. 동래정씨를 제외하고 가장 넓은 24부 8속을 보유한 최재설의 경우도, 자신의 토지 외에 정규선의 전답 13부 7속을 경작하고 있었다. 또한 8부 5속의 토지를 보유한 김춘성 역시 7부 8속의 정규선 전답을 추가로 경작하고 있었으며, 박승선 역시 자신의 전 7부 8속에 정운흥의 전 10부를 추가로 경작하였다. 그 밖에 11명은 자작지 없이 정규선과 정규한 등 동래정씨가 소유한 토지들을 경작하고 있었던, 이른바 순소작인들이었다. 이들이 경작하는 토지는 1결 78부로 1인당 평균 12부 7속에 불과하였다. 경작면적이 이렇게 열악하였기 때문에 이들은 동래정씨의 토지를 소작함과 동시에 동래정씨의 가작지에 노동력을 제공함으로써 생계를 유지해 나갔다고 볼 수 있다.

그런데 이들 경작인들의 성명을 보면 상당수가 앞의 호적의 호주로 등장하고 있음을 확인할 수 있다. 1통 1호부터 4통 10호까지 40호 가운데 22호의 호주가 동래정씨가 아니었는데, 이 가운데 12명을 『결수존안』에서 확인할 수 있다. 그 가운데 토지보유와 경작에 있어 동래정씨와의 관련성을 찾을 수 없는 경작인은 김영근 한 명으로, 면적이 전 7속에 불과하였다. 김영근을 제외한 나머지 11명은 모두 동래정씨가 소유한 전답을 경작하는 동래정씨가의 작인들이었다. 이 가운데 김춘성만 자신의 토지를 보유하고 있었을 뿐, 나머지는 자기보유 토지가 확인되지 않는 순수한 소작인이었다.

호적의 호주 중 『결수존안』에서 확인할 수 없었던 10명 가운데 2명은 1894년의 『위토양안』과 1900년을 전후한 추수기를 통하여 확인할 수 있다. 3통 6호의 유만석은 종택의 묘직(墓直) 중 한 명이었으며, 종택의 토지를 경작하고 있었다. 다른 한 명은 2통 2호의 최암회로 속달에서 동래정씨 외에 유일하게 기구 3인이 함께 거주하는 것으로 확인되었고, 거주 가옥도 초가 6간으로 상당히 큰 규모의 가옥에 거주하고 있었다. 최암회는 다름 아닌 종택의 가직(家直)이었으며, 종택의 답 12부 2속과 전 7부 2속을 경작하는 작인이었다.

이렇게 살펴본 것처럼 속달은 동래정씨의 씨족마을이었고, 사회·경제적으로 속달의 주인은 동래정씨로서 그 중심에는 당연히 동래정씨 정난종 종택이 자리하고 있었다. 동래정씨는 속달의 주민 중에서도 다수를 차지하고 있었으며, 호의 규모나 거주가옥 등을 통해 확인되는 경제적인 상황 역시 우월한 모습으로, 속달에 근착하여 거주해 왔음을 알 수 있다. 속달의 전답 역시 80% 이상을 동래정씨가 차지하고 있었으며, 동래정씨는 자신들이 소유한 토지를 가작을 통하여 경영하고 있었다. 반면 동래정씨 외의 주민들은 경제적으로 열악한 상황에 놓여 있었으며, 대체로 동래정씨의 전답을 경작하는 작인의 상황에 있었다. 이들은 동시에 동래정씨가의 가작지 경작을 비롯하여 묘직이나 가직 등의 형태로 동래정씨가에 노동력을 제공함으로써 생계를 유지해 나갔다. 결국 속달은 정난종 종택을 정점으로 동래정씨가 중심을 차지하고, 나머지 주민들이 종택과 동래정씨가에 사회, 경제적으로 종속된 동래정씨의 마을이었다고 할 수 있다.

속달이란 마을의 성격이 이와 같다 보니 종택은 사회·경제적 지위에 걸맞은 역할이 항상 요구되었다. 종택은 작게는 가계의 경영을 위하여 식솔과 2결 이상의 넓은 토지를 운영해야 했고, 동래부원군 정난종의 주손으로서 속달을 비롯한 전국 각지의 익혜공파 문중의 제사와 행사 등 제반 사항을 주관해야 했으며, 속달의 주인으로서 속달의 질서와 세금납부 등 각종 대소사를 간여해야 했다.

『결수존안』을 보면 28부 7속의 허결(虛結)이 존재한다. 허결은 양안상에만 존재하는 토지로, 실제의 토지소유자나 경작자가 없는 토지이다. 허결이 의미를 갖는 것은 오직 한 가지, 결세의 수취를 위한 것으로, 비록 소유자나 경작자는 없지만 그에 해당하는 결세는 납부되어야 했다. 『결수존안』을

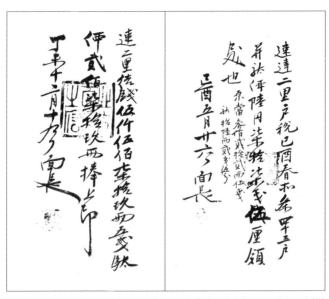

〈그림 15〉 1907년 속달리의 結稅 납부 尺文(좌)과 1909년 戶稅 납부 尺文(우)

보면 납세의무자가 별도로 기재되어 있는데, 모든 경우에 있어 납세의무자는 경작자와 동일하였다. 즉 속달의 결세는 토지소유자인 지주가 아니라 경작자인 작인이 부담하였던 것이다. 허결에는 당연히 납세의무자가 없었다. 그럼에도 해당 28부 7속 허결에 대한 결세는 여하튼 속달에서 납부해야 했으며, 이와 같은 결세의 납부 등은 종택이 주관하여 책임지고 납부하고 있었다.

실제 종택에는 1910년 이전 속달리의 납세 영수증인 자문[尺文]을 다수 보관하고 있어, 종택이 속달의 세금납부를 사실상 책임지고 수행하였음을 알 수 있다. 〈그림 15〉의 두 자문이 그 예이다. 왼편의 문서는 1907년 속달2리의 결전(結錢) 5,579냥 5전과 태가(駄價) 279냥을 납부하고 면장에게서 지급받은 영수증이다. 오른편의 문서는 1909년 속달2리 43호의 춘등조(春等條) 호세(戶稅)를 납부하고 면장에게서 수취한 영수증으로, 그 액수는 태가를 포함하여 6엔 77전 5리이다. 이 액수는 호세 원액 322냥 5전에

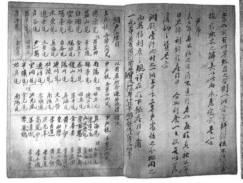

〈그림 16〉『戶稧座目』의 표지(우)와 본문(좌)

태가 16냥 2전 5푼, 합액 338냥 7전 5푼에 해당하는 금액이었다. 이와 같이 종택은 속달의 공납을 책임지고 주관하는 위치에 있었다.

속달에서 종택의 이와 같은 지위와 역할은 보유한 문서의 면면만으로도 충분히 설명된다. 이미 살핀 바와 같이 속달리 전체를 대상으로 작성된 전답안이나 통표와 호적표는 실제 해당 업무를 주관하는 지위에 있지 않으면 보유하기 어려운 문서다. 그 밖에도 호구조사나 토지조사 등과 관련하여 내려온 공문들과 그 결과로 만들어진 다양한 문서들이 속달에서 해당 정부정책을 주관하여 수행해 간 주체가 종택이었음을 보여주고 있다.

그렇다고 해서 이상의 모든 일들을 종택과 종손이 임의로 진행해 간 것은 아니었다. 속달에는 동계(洞契)가 존재했고, 이를 통해 마을의 대소사를 진행해 갔다. 현재 종택에는 동계 운영의 일면을 보여주는『호계좌목(戶稧座目)』이란 자료가 남아 있는데, 이는 종택이 호계를 비롯한 동계를 운영해 간 중심임을 보여줌과 동시에, 당시 속달의 동계운영을 보여주는 자료다.

『호계좌목』은 호포(戶布)에 대한 속달 차원의 공동대응을 위하여 만들어진 호계의 좌목으로 1902년경에 작성된 것으로 추정된다. 여기에는 호계의 운영에 관한 내용 외에도 속달리의 동규(洞規)와 동차원에서 운영한 이식(利息) 기록인 동조기(洞租記), 혼구(婚具)와 상구(喪具)의 비치와 운영, 허결(虛

結)의 파악에 이르는 속달의 운영에 관한 제반 사항들을 기록하고 있다. 따라서 『호계좌목』을 통하여 호포 대응을 위한 호계운영을 비롯한 속달의 동계운영의 대강을 파악할 수 있다.

속달에는 마을의 질서 유지를 위하여 마을차원의 규약을 정해 놓고 있었다. 그것은 크게 두 가지 폐단에 대한 것이었는데, 하나는 술 마시고 무도하게 구는 악습이었고, 다른 하나는 '법사(法司)가 심옥(審獄)의 겨를이 없어' 공사를 어지럽히는 폐단이었다. 속달에서는 이러한 패악이 생기면 관의 처벌 이전에 속달 일동(一洞)이 회합하여 용서하지 않을 것임을 동규로 세워 놓고 있었다. 이와 같은 규약은 종택을 중심으로 하는 동래정씨 씨족마을로 속달의 계서질서를 유지하는 데 초점이 맞춰진 것이라 할 수 있다.

동계의 운영은 마을의 질서와 더불어 마을의 대소사, 그 중에서도 공납 대응이 중요한 목적이었다. 1900년대에 속달에서 공동으로 대응하고 있었던 공납은 결세와 호포였다. 결세는 앞서 보았듯이, 양안에 기초하여 해당 결세를 경작자가 납세의무자로서 책임지도록 하였다. 그 외에 허결은 별도로 연례에 따라 파악하도록 하고, 해당 허결에 대해서는 납부할 사람이 없는 만큼 동계에서 전안(田案)의 수에 따라 응납(應納)하도록 하였다.

호포에 대해서는 별도로 호계를 꾸려 대응해 나갔다. 속달에서는 호포에 대하여 "공사의 부득불 준행하는 것"으로 인식하였고, 매 춘추 공회(公會)일에 좌목에 따라 분배한 이자조를 수합한 이전(利錢)으로 응납하는 자산을 삼도록 하였다. 보다 구체적으로는 속달의 원호(元戶)를 대상으로 상·중·하로 나누고, 이렇게 3등으로 나눈 호를 대상으로 별도로 마련한 동전(洞錢) 1천 냥을 차등 분배하여 이자를 받도록 하였다. 그리고 해당 원호에는 다른 호를 보호(保戶)로 세워, 만일 문제가 생겨 제때 이자를 내지 못할 경우 책임지고 독봉하여 공납토록 하였다.

원호는 기본적으로 상대적으로 안정된 가계를 바탕으로 속달에 근착한 호들로서, 마을의 구성원으로 인정받고 그에 합당한 의무를 수행해야 한다.

58

원호를 상·중·하로 나누는 기준 역시 속달에 거주한 기간에 따른 것으로, 이는 당시의 상황에서 한 지역에 오랜 기간 근착하여 생계를 꾸려나간다는 것은 그만큼 안정적인 경제력을 갖추고 있었음을 의미하기 때문이었다.

『호계좌목』의 동호좌목(洞戶座目)은 속달의 원호를 상·중·하 호로 각각 분류하여 기록하고 있다. 상호는 덕원댁, 진사댁 등 택호(宅號)로 불리는 동래정씨 10호와 최두승호와 최암회호를 합하여 12호였고, 각각 엽전 6냥씩을 감당하였다. 중호는 역시 택호로 등장하는 동래정씨 11호와 기타 성씨 11호로 22호였고, 엽전 4냥씩을 부담하였다. 하호는 동래정씨 택호가 3호이고 다른 성씨가 9호로 12호였는데, 이들은 엽전 2냥씩을 부담하였다. 그밖에 김영돌호와 이순득호 2호는 이상의 원호에 해당하지 않는 "호외(戶外)"로 분류하였는데, 이들은 4냥씩을 감당하고 있었다. 또한 당해 연도에 신호(新戶)로 추가된 5호에 대해서도 원호의 구분에 넣지 않고 별도로 두어 1냥 5전만을 납부토록 하고 있었다.

이와 같이 원호를 대상으로 동전 1천 냥을 운영한 결과, 대상 호들이 별 탈 없이 부담 금액을 납부한다면 매년 200여 냥을 이자로 거두어들일 수 있었다. 그러나 언제나 그렇듯 식리운영은 그 못지않은 위험성을 지니고 있었고, 이자는 물론 원금 손실 가능성도 항상 열려 있었다. 그리고 앞서 〈그림 15〉의 1909년 호세납부 자문에서 보았듯, 속달2리 43호의 춘등조 호세는 338냥에 달하고 있었다. 이에 따라 추가 자원을 마련하기 위하여 동전 1천 냥과 별도로 동조(洞租) 20석을 자본으로 하는 식리를 운영하고 있었다. 해당 20석은 1902년에 21호에 차등적으로 분배되고 있었으며, 이자는 1석당 풍년 7두, 흉년 5두를 납부하도록 하였다. 즉 풍년이면 7석, 흉년이면 5석의 이자곡이 얻어지는 바, 이는 기본적으로 속달 내의 혼례와 상사가 있을 때 부조의 자산으로 쓰도록 하였다.

마을의 혼례와 상사 때 부조금을 이와 같이 마련하는 한편, 동계에 관복과 사모(紗帽) 등의 혼구(婚具)와 상거(喪車) 등의 상구(喪具)를 비치하여 해당 일이 발생했을 때 일정한 금액을 지불하고 사용하도록 하였다. 또한 마을에서는 매년 10월 초1일과 복일(卜日)에 산단(山壇)에서 마을제사를 거행하였는데, 이를 위한 주병(酒瓶)과 병증(餠甑) 등의 제기 역시 구비하고 있었다. 이들 각종 기물은 속달의 호 중에서 차정한 이임(里任)이 매년 10월 계일(契日)까지 책임지고 관리하여 새로운 이임에게 인수인계하도록 하였으며, 만일 분실하거나 훼손된 것이 있으면 해당 이임이 자비로 충납하도록 하였다. 이임은 기물의 관리 외에 마을의 각종 공사 사무를 수행해야 했으며, 그 밖에 전도(田賭) 6두와 동계에서 지급한 엽전 6냥으로 제사를 정성을 다해 준비하고 거행하는 것도 이임의 주요한 역할이었다.

4) 종권(宗權)을 둘러싼 갈등

정난종의 제사를 모시는 종가로서 속달의 동래정씨가가 지니는 사회, 정치, 경제적 지위는 상당한 것이었다. 그것은 단순히 추상적인 권한의 개념을 넘어 실질적이고 물질적인 종권(宗權)으로 성립할 수 있었다. 따라서 종권의 존재가 불안정해졌을 때, 이를 둘러싼 갈등이 발생할 여지는 항상 존재할 수밖에 없었다.

정난종 종택에서 이와 같은 갈등이 촉발된 것은 19세기 후반, 정난종의 제사를 모셔야 하는 종손의 계대(繼代)가 끊어질 위기에 직면하면서이다. 종손의 요절로 비롯된 이 사건은, 입후(立後)의 실패와 이후 발생한 계후(繼後)를 둘러싼 문중 내외의 갈등 속에서 20세기 초까지 지속된다.

여기에서는 지주로서의 경제력과 근기 일대 주요 사대부가로서의 정치력, 공신의 적장손으로서의 사회적 지위까지 가진 동래정씨 정난종 종택이라는 당대의 대표적인 양반지주가에서 발생한 종권을 둘러싼 갈등을 살펴보려 한다. 동래정씨가에는 이와 관련한 생생하고 구체적인 기록들이 남아 있는바, 이 자료들을 따라가면서 사건을 재구성해 본다.

① 5백년 봉사지가(奉祀之家)가 절사지경(絶嗣之境)에 처하다

정학묵(鄭學默, 1829~1903)은 동래정씨 27세손으로, 정난종을 불천위(不遷位)로 모시는 가문의 봉사손(奉祀孫)이었다. 정학묵은 집안이 대대로 세거하던 속달에서 1829년에 출생하였다. 정학묵의 부친 정한동(鄭翰東, 1794~1873)은 부인 연안이씨(延安李氏)와 사이에서 36세의 늦은 나이에 겨우 정학묵을 얻어 성장시켰을 뿐, 다른 아들을 얻지 못하였다.

정학묵은 독자이자 문중의 적장손으로서 부모와 문중 모두의 기대를 받았을 것이고, 그에 충분히 부응하는 모습을 보여주었다. 20대에 성균관에 적을 둔 정학묵은 국왕이 친림하여 주관하는 도기과(到記科)에 응시할 자격을 취득할 수 있었다. 그리고 1860년 7월 23일 춘당대에서 치러진 추도기(秋到記)에서 강(講)에 입격, 직부전시(直赴殿試)할 수 있는 자격을 획득하였다.

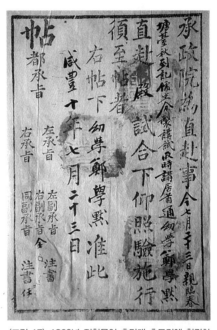

〈그림 17〉 1860년 정학묵이 춘당대 추도기에 합격하고 받은 直赴殿試帖

도기과는 성균관 유생들을 대상으로 실시한 식년문과 초시에 해당하는 과거로, 반제(半製) 혹은 관시(館試)라고도 한다. 성균관과 사학(四學)에서 수학하는 유생의 출결·근태를 파악하기 위해 식당에 들어갈 때 점을 찍는 장부를 도기라 하는데, 도기의 일정 점수에 도달한 자만을 과거, 즉 관시에 응시하게 했으므로 도기과라 하였다. 합격자는 문과의 경우 강(講)과 제술(製述)의 2인이었다.

이들에게는 전시에 직부할 수 있는 자격을 주었다. 전시는 이전까지 합격된 인원들을 국왕이 친림한 가운데 다시 시험을 치게 하여 등급을 정하는 과정이었다. 즉 문과의 경우 합격자 33인에 대하여 다시 시험을 치러 갑과 3인, 을과 7인, 병과 23인의 등수를 정하는 과정이 전시였다. 따라서 직부전시의 자격을 획득한다는 것은 치명적인 결격사유가 드러나지 않는 한, 문과에 급제함을 의미하였다.

정학묵이 도기과에서 직부전시의 자격을 획득하였음은 곧 문과에 급제함을 의미하였고, 문과급제는 종가에서 그간 누대에 걸쳐 누리지 못했던 큰 경사였다. 이 소식이 알려지자마자 정학묵의 집에는 큰 잔치가 벌어졌고, 추도기가 치러진 다음날인 24일과 25일 양일간 300명 이상의 친족과 지인들이 축하를 위해 다녀갔다.

이와 같은 사실은 정학묵이 춘당대 추도기에 합격한 직후에 만들어진 『영문록(榮問錄)』을 통해 알 수 있다. 『영문록』은 과거급제를 축하하기 위하여 다녀간 사람들을 기록한 명부이다. 표지에 "庚申七月二十四日 秋到記親臨春塘臺"라 기록되어, 정학묵의 춘당대시 합격 이튿날부터 작성되었음을 알 수 있다. 내용을 보면, 과거를 주재한 관료를 기록한 후, 이어서 300명 이상의 축하객을 기록하였다. 24일과 25일 양일간에 걸쳐 작성되었다.

이듬해인 1861년, 4월에 치러진 문과에서 정학묵은 병과(丙科) 제8인으로 급제하였다. 이후 정학묵은 관직에 나아가 1894년에는 정3품 당상관인 삼사

〈그림 18〉 정학묵이 춘당대 추도기에 합격한 직후에 만들어진 『榮問錄』의 표지(우)와 내용 중 일부(좌)

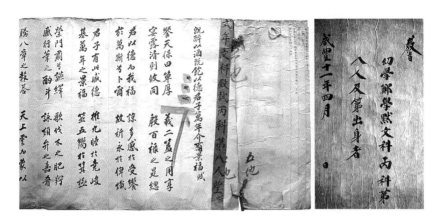

〈그림 19〉 1861년 式年文科殿試에서 정학묵이 작성한 試券(좌)과 급제 후 발급받은 紅牌(우)

(三司)의 승지(承旨) 및 이조참의에까지 오르게 되었다. 그리고 품계는 1902
년에 종2품 가선대부(嘉善大夫)까지 이르렀다.

　이와 같은 정학묵이 적장손으로서 정난종의 혈통을 계승한 문중 내에서
어떠한 지위를 지녔고, 기대를 모았을지 생각해 보는 것은 그리 어려운
일이 아니다. 그러나 정학묵에게도 큰 어려움이 있었다. 그것은 독자로서
봉사손의 대를 이은 자신의 슬하에 대를 이을 아들이 없었다는 사실이었
다.

　정학묵의 슬하에 자식이 전혀 없었던 것은 아니었다. 그에게는 두 딸이
있었고, 그 외에도 정규석(鄭圭奭, ?~?)이란 아들을 얻기도 했다. 하나밖에
없는 아들이니만큼 정학묵은 정규석을 통하여 정난종 이하 여러 선조들과
자신의 대를 잇게 하고자 하는 기대 또한 상당하였다. 그래서 그는 정규석이
아직 어린 나이에 이미 과년한 나이의 한양조씨(漢陽趙氏)를 며느리로 맞아
들였다. 이 조혼은 봉사손의 대를 잇고자 하는 정학묵과 문중의 바람을
반영한 결과였다. 그러나 그런 기대에도 불구하고 정규석은 대를 이을 아들
을 낳지 못하고 요절해 버리고 말았다. 그후 정학묵은 자신의 가장 가까운
친족인 4촌 형제 정봉묵(鄭鳳默, 1826~1884)의 손자인 정덕진(鄭悳鎭, 1864~

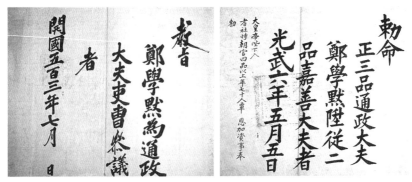

<그림 20> 1894년 정학묵을 이조참의에 임명하는 告身(敎旨, 좌)과 1902년 정학묵에게 가선대부의 품계를 내리는 官誥(勅命, 우)

1895)을 입후하여 요절한 정규석의 대를 잇게 하였다.

당시의 정황을 직접적으로 말해주는 자료는 충분하지 않다. 그러나 해당 시기의 호구기록들을 통하여 전후의 상황을 살핌으로써 당시의 정황을 추적해 볼 수 있다.

1866년 당시 38세였던 정학묵은 사간원 정언(正言)의 직에서 물러나 있던 상태였다. 정학묵은 광주부 속달에서 식구들과 함께 기거하고 있었던 것으로 보인다. 그는 당시 부친 정한동(73세)과 모친 연안이씨(74세)를 모시고 부인 한양조씨(40세)와 함께 살고 있었다. 당시의 준호구에는 정학묵의 자녀들에 대한 기록은 나타나지 않는다. 그 외에 정학묵의 사촌 정봉묵(41세)과 그 아들 정규항(鄭圭恒, 21세, 1845~1909) 부자가 함께 기거하였다.

그로부터 18년 후인 1881년, 정학묵의 가족구성은 상당한 변화를 보이고 있다. 이미 부친 정한동은 1873년에 사망한 상태였고, 모친 연안이씨 역시 그 사이에 사망하였다. 당시 53세였던 정학묵은 부인 한양조씨와 함께 식솔을 거느리고 있었다. 그런데 이때는 이미 아들 정규석이 사망한 후였다. 그러나 정규석의 부인, 즉 정학묵의 며느리는 함께 기거하고 있었다. 정규석의 부인은 한양조씨로 당시 나이 이미 39세였다. 그 외에도 두 명의 식구가 함께 하고 있었는데, 그들은 정학묵의 손자인 정덕진과 손자며느리, 즉 정덕진의 부인인 청주한씨(淸州韓氏)였다. 이들은 당시 나이가 이미 18세와 19세였다.

1866년의 준호구에는 정학묵의 아들 정규석에 대한 기록은 나타나지 않는다. 이는 아마도 기록의 누락으로 인한 것으로 추정된다. 해당 가문에서 소장하고 있는 여타의 호적자료들을 검토하면, 남성의 경우 10대 후반의 나이가 되어야 비로소 호적에 이름을 올렸음을 확인할 수 있다. 즉 정규석은 1866년 당시 아직 어린 나이였기 때문에 호적에서 누락되어 있었다고 보는 것이 합리적인 추정이다.

이와 같은 추정에서 정학묵의 아들 정규석은 1866년 당시 15세 전후, 또는 그보다 어린 나이로 볼 수 있다. 반면 1881년의 준호구에 나타나는 사망한 정규석의 처 한양조씨는 39세로, 1866년에는 24세의 나이였다. 1866년 당시 정규석을 15세 전후로 가정했을 때, 정규석에 비해 열 살 정도나 많은 나이였다. 그리고 시아버지인 정학묵과는 14년밖에 차이가 나지 않았다.

호구기록을 통해서 살펴 본 이상의 정황들을 통하여 당시의 상황을 재구성할 수 있다. 정규석은 종손인 정학묵의 대를 이을 하나밖에 없는 아들이었다. 그 자신도 독자였던 정학묵은 정규석이 하루라도 빨리 대를 이을 자손을 낳아 주기를 바랐다. 그래서 아직 어린 나이의 정규석을 열 살 정도나 많은 한양조씨와 혼인시켰던 것이다. 그러나 정규석은 어린 나이에 요절하고 말았다. 물론 종손의 대를 이을 수 있는 아들은 얻지 못한 상태였다.

정규석이 사망한 지 얼마 되지 않아 정학묵은 곧바로 정덕진을 정규석의 계후자로 들였다. 나이가 이미 50세가 넘은 상황에서 자신의 대를 이어받을 봉사손이 없다는 것은 곤란한 일이었다. 정덕진은 1864년 당시 함께 기거하고 있었던 가장 가까운 친족인 정봉묵의 손자이자 정규항의 아들이었다. 정봉묵도 손이 귀하기는 정학묵과 마찬가지였다. 정봉묵에게는 정규항 외에 정규갑(鄭圭甲, 1884~?)이라는 서자가 하나 있을 뿐이었다. 그리고 정덕진도

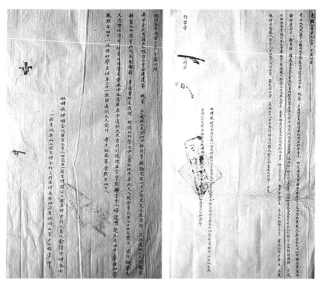

〈그림 21〉 1866년 작성된 准戶口(甲子式, 좌)와 1881년 작성된 准戶口(壬午式, 우)

정규항의 하나뿐인 아들이었다. 그럼에도 불구하고 정덕진을 정규석의 계후 자로 출계시켰다는 것은 당시의 정황이 얼마나 긴급했고, 봉사손이라는 자리가 얼마나 귀중한지를 말해준다.

그로부터 15년이 지난 1895년, 요절한 정규석의 대를 잇기 위하여 계후한 정덕진이 32세의 나이로 사망하였다. 정덕진과 부인 청주한씨 사이에는 여전히 아들이 없었다. 정학묵은 당시 나이 67세, 슬하에 봉사손의 자리를 넘겨받을 어떠한 자손도 없는 고령의 마지막 봉사손이 되었다.

② 정학묵과 문중, 정완묵(鄭完默)의 차자 정규선(鄭圭善)을 적손(嫡孫)으로 들이다

정덕진이 사망한 지 1년이 지난 1896년 8월, 정난종의 후손들이 모여 종회를 가졌다. 정난종의 장자 정광보의 후손 집의공파(執義公派)와 차자 정광필의 후손 문익공파(文翼公派)가 망라된 대종회였다. 이들이 이렇게

한자리에 모인 이유는 다름이 아니라 종손 정학묵의 대를 이을 계후자에 대해 논의하기 위함이었다.

문중의 구성원들은 당시의 상황을 "익혜공(翼惠公)으로부터 13세, 5백 년 동안 가문에서 받들어 온 제사가 끊길 지경에 처했다"고 인식하고 있었다. 회의 결과 전판윤(前判尹) 정완묵(鄭完默, 1831~1912)의 차자 전선전관(前宣 傳官) 정규선(鄭圭善, 1870~1925)이 계후자로 가장 합당하다고 합의하였다.

이 자리에서 구체적으로 어떤 이야기들이 오갔을까? 계후로 들어왔다 사망한 정덕진의 계자를 세우고자 하는 의견이 나왔을지도 모른다. 정규석 의 계자를 다시 세우고자 하는 의견도 제출되었을 것이다. 분명한 것은 정학묵의 계후자를 세우자는 의견은 확실히 있었다는 것이다.

정규선의 부친 정완묵은 정학묵과는 22촌간으로, 11대조 정한룡(1487~ 1543)의 아들 대에서 갈라진 먼 친척이었다. 정완묵 역시 출계자였는데, 생가 쪽으로 따진다 해도 정학묵과는 20촌이나 떨어져 있었다. 말 그대로 정난종의 모든 후손들이 모인 자리에서, 모두를 대상으로 가장 적합한 사람 을 선택한 것이었다. 그리고 정학묵과 23촌간인 정규선으로 봉사손의 대를 잇게 하는 것으로 결론을 지었다. 종회 결과 이런 결정이 났지만, 이 계후에 대해서 문중 구성원 모두의 동의를 얻고 뒤탈이 없도록 하기 위해서는 별도의 조치가 취해질 필요가 있었다.

그 중 가장 효과적인 방법이자 반드시 치러야 하는 조치가, 조정에 계후사 실을 알리고 입안(立案)을 발급받음으로써 법적으로 승인받는 일이었다. 따라서 이같이 종회의 결정이 나자 정학묵은 조정에 이상의 내용을 기록한 상소를 올려 '자신의 8촌 동생 전판윤 완묵의 차자 전선전관 규선'의 계후를 허락해 주기를 요청하였다. 그리고 문중차원에서도 문장(門長) 전사과(前司 果) 정국용(鄭國容)을 필두로 구성원들이 열명(列名)한 단자를 장례원(掌禮院) 에 올려 계후를 인정하는 계후입안(繼後立案)을 내려주길 청하였다. 이러한 요청에 대하여 장례원에서는 지체 없이 그 계후를 법적으로 인정하는 계후입

三品通政大夫前右副承旨臣鄭學默誠惶誠恐頓首頓首謹百拜
上言于
統天隆運肇極敦倫正聖光義明功大德堯峻舜徽禹謨湯敬應命立紀至化神烈大君主陛下
伏以臣素以匪才濫叨 恩榮歷試外內秩躋三品圖酬
之誠不後於人而年迫七旬病伏鄉廬瞻望 魏闕徒切
戀結之忱第臣之情私有萬萬不獲已之事冒干
天聽伏乞
陛下細垂 諒察焉臣十三代祖佐理功臣東萊君臣蘭宗即
成廟朝名臣也有二子長曰南臺執義臣光輔次曰領議政文翼
公臣光弼也臣執義臣光輔之祀孫的的相承臣不幸無嗣
繼后之事諸宗會議乃以臣八寸弟前知事臣完默次子
前宣傳官臣圭善定為臣養子而圭善既入仕籍矣是乃
臣家之大義也變禮也冒悚哀籲伏望
聖慈天地於臣父母於臣憐臣之身命矜臣之情景特
賜允許之地不勝幸甚臣無任屏營祈懇之至謹昧死以
聞
建陽元年十月 日 前承旨臣鄭

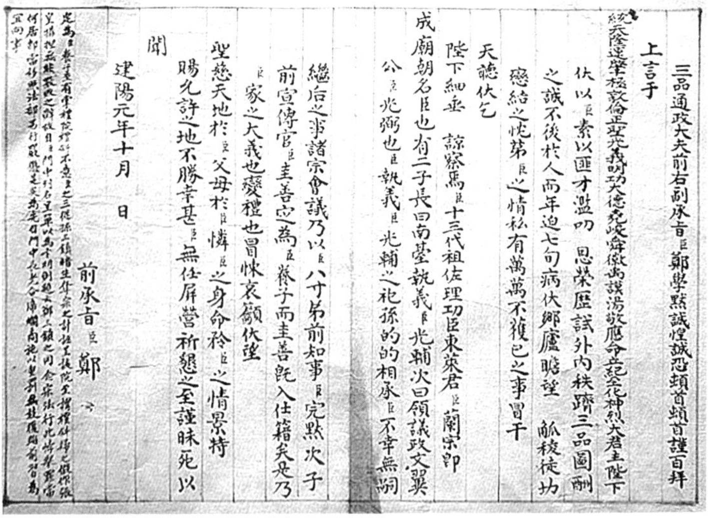

〈그림 22〉 계후의 승인을 위해 정학묵이 조정에 올린 上疏(초)

光武元年九月 日立案
右立案為繼後事掌禮院卿臣閔泳奎謹 奏前承旨
鄭學默嫡妾俱無子以其同姓八寸弟完默第二子圭善欲
為繼後兩家諸族相議完定依他立後事呈單前知事
鄭完默單辭與該門長前監役鄭國容訴辭俱為的實故取
考大典立後條則嫡妾俱無子者告官立同宗支子為後
註兩家父同命立之事載錄鄭完默第二子圭善立為鄭學默
之後何如謹上 奏光武元年九月五日奉 旨依奏事 奏下
後立案成給者
掌禮院卿
主事
主事
主事

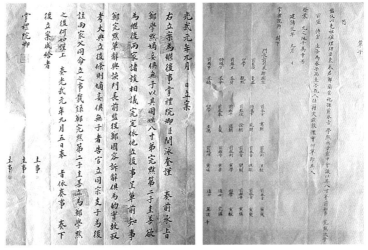

〈그림 23〉 계후의 승인을 요청하고자 문중에서 掌禮院에 올린 單子(우)와 장례원에서 계후를 승인하고 그 사실을 증명해 주면서 발급한 立案(좌)

안을 발급하여 승인해 주었다.

법적인 승인절차와 함께 이상의 사실을 문중 내에서 합의하여 지키도록

하는 조치가 취해졌다. 문중 구성원들이 모여『종중입의(宗中立議)』를 작성하고, 그에 동의하게 하는 것이었다.『종중입의』는 당시의 계후를 둘러싼 일련의 사실을 기록하고, 문중원들이 주지하여야 할 일을 기록하여 증명하기 위하여 작성되었다. 내용은 크게 두 부분으로 구성되었다. 하나는 1896년의 계후에 대한 문중의 합의 및 계후입안의 발급과 관련된 사항이다. 그리고 다른 하나는 1899년에 계후를 둘러싸고 발생한 문중 내의 분쟁과 관련된 사항이다. 이『종중입의』는 당시의 기록으로 남아있는 여러 등초된 문서들과 함께 이 사건의 전모를 보여주는 중요한 자료이다. 1896년 8월의 종회(宗會) 내용에 대해서도『종중입의』에 수록된「고묘일완의(告廟日完議)」를 통하여 추정할 수 있다.

이『종중입의』에는 이상의 계후사실을 기록하고,「정규(定規)」를 작성하여 문중 구성원들의 동의를 받고 있었다.「정규」는 "위토와 제기 및 산지 내 나무 등은 모두 종손이 전관하는 것이니, 지손이 멋대로 간섭할 수 없다. 만일 이로 인하여 폐단이 생기면 종중이 모여 엄히 다스린다.(右立議定規事 位土也 器皿也 局內松楸也 莫非宗孫之所專管 則支孫不得擅自干與 而若有岐貳之弊 則宗中會議禁斷事)"는 내용이었다. 즉 제위조(祭位條)로 붙은 모든 위토와 제기 및 해당

〈그림 24〉『宗中立議』

산지 내 나무에 대하여 정규선으로 이어지는 종손의 전권을 인정하고, 다른 지손의 간섭을 엄히 금지하는 내용이다. 이는 계후로 적손을 잇게 됨으로써 발생할 수 있는 종권의 약화를 방지하기 위한 것이었다.

이렇게 입의를 작성한 후 여러 문중 구성원들의 확인을 받았다. 제일

먼저 주재자 문장 정국용이, 이어서 현 종손 정학묵과 도유사(都有司) 정범조(鄭範朝)가 이름을 기록하였다. 그리고 계속하여 집의공파와 문익공파를 막론한 문중구성원의 이름을 기록하여 동의를 받았다. 이름을 기록한 사람은 전체 53명으로 그 중에는 정규선의 생부인 정완묵과 정완묵의 친형인 정관묵(鄭觀默, 1824~1906)의 이름도 있었다. 그리고 가까운 친족으로는 정규석(鄭圭錫, 1838~?)의 이름이 나타나 있는데, 이는 후에 이 계후에 반발하는 소장을 장례원에 제출한 정삼진(鄭三鎭, 1869~?)의 아버지이기도 하다.

같은 해 9월 9일, 고묘일(告廟日)에 해당 사실을 조상에게 아뢴 후, 다시 문중이 모여 완의(完議)를 작성하였다. 『종중입의』에 수록된 「고묘일완의(告廟日完議)」가 그것이다. 내용은 계후와 관련한 이제까지의 경과와 문중원들의 잡담을 경계하는 것이었다. 우선, 대종손 정학묵의 하나밖에 없는 아들이 요절하였고, 그 부인 조씨가 며느리의 도리[婦道]를 크게 어겨 칠거지악을 범했으므로 본가로 돌려보낸 사실을 알렸다. 그리고 정규선을 솔양하여 아들로 삼아 대를 이어 조상을 모시게 할 뜻으로 완의를 작성한다고 기록하였다. 마지막으로는 이 완의 이후에 다시 다른 소리를 하는 자가 있으면 종중이 회의를 하여 족보에서 빼버리고 한 가문으로 인정하지 않을 것임을 명시하였다.

이상의 과정을 통하여 문중이 정규선의 계후과정에서 취한 일련의 공식적인 조치들을 살필 수 있었다. 우선 국가에서 입안을 발급받음으로써 법적인 승인을 얻었고 이와 함께 입의와 완의를 작성하여 문중구성원들의 동의를 얻었다. 이 과정에는 종손으로서 정규선의 위치를 확실히 하기 위한 조치가 병행되었고, 이를 어겼을 때의 처벌규정을 두어 문중구성원들에게 해당 내용을 강제하였다.

공식적인 조치들과 별도로 다른 조치들이 함께 취해졌다. 그 중 하나가 「고묘일완의」에서 나타나는 정규석의 부인 한양조씨를 본가로 돌려보낸 것이었다. 한양조씨를 본가로 돌려보낸 이유는 이후에 살펴볼 자료인 1899

〈그림 25〉 『宗中立議』에 수록된 「定規」(좌 : 부분)와 「告廟日完議」(우 : 부분)

년에 문중에서 장례원에 올린 단자에서 언급되는데, 며느리의 도리를 크게 어겨 칠거의 사유에 해당하기 때문이라 하였다. 구체적으로는 대를 이을 아들을 낳지 못하여 조상을 모시는 의무를 수행하지 못한 것과 함께 사친(事親)을 제대로 수행하지 못한 것이 이유로 포함되었다.

사친의 이유는 곧 시부모를 제대로 모시지 않았다는 것인데, 한양조씨의 시집생활을 구체적으로 알려 주는 자료는 없다. 다만 이후에 보다 자세히 살펴보게 될 1906년 한양조씨의 조카 조영원이 정규선가에 찾아왔을 당시의 대화 기록에만 간단히 언급되었을 따름이다. 이에 따르면 조씨의 조카 영원은 자신의 고모 조씨에 대하여 "칠거지악을 범치 아니하였다고는 할 수 없으나, 선영감(=정학묵)도 도리어 말하면 며느리를 내치는 법은 없는 것입니다. 그러나 고모의 성행을 짐작하니 도리어 말할 수는 없습니다."라 하였고, "고모의 성정은 알고 있습니다. 고모와 노형(=정규선)이 한댁에 같이 계시다가는 필시 노형에게 위해가 될 염려가 있을 것입니다."라고 말하였다. 이로 미루어 볼 때, 조씨는 말 잘 듣고 고분고분한 며느리는 아니었고, 시집에서의 생활도 결코 순탄하지 못했음을 알 수 있다.[6]

그럼에도 불구하고 조씨를 본가로 돌려보내게 된 중요한 이유는 역시 대를 이을 아들을 낳지 못했기 때문이었을 것이고, 적손으로 입후한 정규선의 입지를 위해서였을 것이다. 그런데 혼인한 여성을 칠거의 사유로 내칠 때, 경위야 어떻든 형식상의 주체는 그 남편이어야만 하였다. 그러나 조씨의 남편 정규석은 이미 사망한 상태였고, 조씨를 돌려보낸 조치는 시아버지 정학묵의 주도로 이루어졌다는 데에 형식상의 문제가 있었다. 더불어 정규석과 조씨의 혼인이 조혼이었고 정규석이 요절했다는 사실은 아들을 낳지 못한 사유만으로 죄를 묻기 어렵게 했다. 나아가 한양조씨에게는 실제 아들이 있었다. 비록 친아들은 아니었지만 정규석의 계후자로 들어온 정덕진이 바로 그였다. 이와 같은 상황에서 조씨를 본가로 돌려보내는 데에는 분명 무리한 점이 존재했다. 그에 대해서는 정학묵도 인정하고 있었던지, 정학묵은 조씨를 본가로 돌려보내면서 양식을 함께 보내려고도 하였다. 이 역시 1906년 조씨의 조카 조영원이 정규선가에 찾아와 나눈 대화기록에서 확인되는 것으로, 이때 조씨의 본가에서는 정규선이 주려고 하는 양식을 거절하였다. 여하튼 조씨를 본가로 돌려보내는 과정에서 발생한 이와 같은 무리수들은 이후 조씨의 본가와 정규선간에 문제를 일으키는 배경이 되었다.

한양조씨의 문제와 더불어 정덕진의 문제를 푸는 것도 상당히 중요한 문제였다. 이미 살핀 여러 문서에서 정규석의 요절 사실과 한양조씨의 출귀 조치가 나타나지만, 정작 정덕진의 문제는 나타나지 않는다. 이미 정규선이 정학묵의 계후자가 된 상황에서 정덕진의 존재는 정학묵에서 정규선으로 이어지는 봉사손의 계승에 어떤 의미였을까? 결국 이미 사망한 정덕진은 다시 생부 정규항에게 돌아갈 수밖에 없었다. 이 과정 중에 정덕진의 처 청주한씨 역시 한양조씨와 마찬가지로 생가로 돌아가야 하는 처지에 놓이게

---

6) 정규선의 차증손인 鄭畯秀 선생과의 인터뷰를 통하여 기록으로는 알 수 없었던 몇 가지 중요한 정황을 알 수 있었다. 그 가운데는 한양조씨와 관계된 이야기도 있었는데, 정준수 선생이 듣기로 한양조씨는 천주교 신자였으며, 제례시 촛대를 외촛대로 바꾸는 등 제례양식의 변경 등으로 많은 갈등을 야기했다고 한다.

되었다. 정덕진의 부 정규항은 정덕진이 사망한 지 몇 년이 지난 후, 1900년에 출생한 정철진(鄭哲鎭)의 아들 정운경(鄭雲庚)으로 하여금 정덕진의 대를 잇게 하였다.

이러한 과정을 거친 후, 적어도 문중과 정학묵에게는 정덕진이 정규석의 대를 이었던 사실은 없던 일로 돌려졌다. 족보에도 정덕진은 단지 정규항의 아들로만 기록되어 있을 뿐이고, 문중과 정학묵이 조정에 올린 여러 문서에도 정덕진에 대한 사항은 전혀 거론되지 않는다. 다만 이미 살핀 1881년 준호구와 이후에 살필 정삼진의 소장 및 조영원의 간찰을 통해서만 정덕진이 정규석의 대를 잇고 있었음을 알 수 있다. 또한 청주한씨를 생가로 돌려보낸 사실은 이후에 살피게 될 정삼진의 소장을 통해서만 확인할 수 있다.

마지막으로 정덕진의 서숙(庶叔) 정규갑(鄭圭甲, 1884~?)의 입양이 이루어 졌다. 정규갑이 언제 어떠한 이유로 입양되었는지는 명확하지 않으나 그 배경에 대해서는 두 시각에서 바라볼 수 있다. 하나는 정덕진이 다시 정규항의 아들로 돌아감에 따라 종권에 대한 권리를 상실한 정봉묵-규항가에 대한 위로의 차원이다. 그리고 다른 하나는 적손에서 가장 가까운 정봉묵-규항가에서 정규선의 동생을 입양함으로써 다른 문중 구성원들의 반발을 무마하고자 하는 차원이다.

복잡한 일련의 과정을 거쳐 정규선은 정학묵의 대를 이을 봉사손으로 입후되었다. 공식적인 차원에서 정규선은 장례원의 입안을 통해 법적으로 계후가 승인되었고, 문중 내의 입의와 완의를 통하여 문중 내에서 그 지위와 권리가 인정되었다. 그와 함께 다른 측면에서 이미 이루어진 정덕진의 계후를 무효화하고, 한양조씨와 청주한씨를 본가로 돌려보냄으로써, 그리고 정덕진의 서숙 정규갑을 정규선의 아우로 입양함으로써 뒷받침되었다.

이와 같이 다양한 조치들이 취해질 수밖에 없었던 것은 결국 정규선의 입후가 그만큼 취약한 점이 있었음을 말해주는 것이 아니었을까? 우선 정규선의 혈통이 종손인 정학묵과 너무 멀리 떨어져 있었다는 사실 하나만으로도 문중원들이 문제를 일으킬 소지가 다분하였다. 거기다가 이 입후를 뒷받침하기 위하여 이미 손자 대까지 내려간 적통을 수정하고, 2대에 걸친 두 며느리를 칠거의 사유를 들어 본가로 돌려보내는 무리한 조치들이 이루어졌다.

분명히 드러나지는 않지만 공신 정난종의 봉사손으로서, 일파의 대종손으로서 지니는 지위가 문제를 더욱 복잡하게 만들었을 것이다. 문중, 그것도 정난종의 후손들과 같은 주요 문중의 대종손이 지니는 문중 내의 권위와 역할은 실제적인 것이었다. 그리고 이 문중은 「정규」에 대한 문중원의 합의와 강제가 필요할 정도로 그에 걸맞은 경제적 기반을 지니고 있었다. 그에 더하여 정난종은 건국초기 조선의 기반을 닦는 데에 업적이 있는 공신이었다. 결국 종손의 입후문제는 실제적인 정치, 경제적 이해관계가 그 기반에 놓여 있었다 하겠다.

여하튼 정규선의 입후 과정에서 취해진 여러 조치들은 1896년에 일단락되었다. 그러나 문제가 모두 해결된 것은 아니었다. 문제는 문중 안과 문중 밖, 두 방향에서 발생하였다. 문중 내에서는 입후에 반발하는 문중원이 생긴 것이었다. 그리고 문중 밖에서는 본가로 돌려보낸 정학묵의 며느리, 한양조씨 본가와의 갈등이 있었다.

③ 삼종손(三從孫) 정삼진(鄭三鎭), 정규선(鄭圭善)의 계후에 반발하다

정규선의 입후를 반대한 문중원은 정삼진으로 정학묵의 삼종손이었다. 정규선의 입후에 대하여 문중구성원 내에서 반발이 있으리란 것은 이미 어느 정도는 문중도 짐작하고 있었다. 그런데 문제가 심각해진 것은 정삼진의 반발이 문중 내에 그치지 않았기 때문이었다. 정삼진은 입후를 주관하는 국가기관이자, 이미 정규선의 입후에 대한 입안을 지급해 준 장례원에 해당 입후를 재검토해 달라는 소를 올리기에 이른다. 이에 대하여 문중에서도 신속하고 강력하게 대처를 하였다. 문중 역시 정삼진의 행위를 "탈종지계(奪宗之計)"로 규정하고, 처벌을 요구하는 단자를 장례원에 올려 대응한 것이다. 이것은 정규선이 입후자로 결정된 지 3년이 지난 1899년의 일이었다.

이미 살폈듯 정규선은 문중의 회의를 통해서 봉사손으로서 정학묵의 대를 이을 수 있었다. 그러나 이에 대하여 정삼진은 소장에서 잘못된 계후라고 주장하였다. 즉 동일한 정규선에 대하여 문중과 정삼진은 상반된 입장을 지니고 있었던 것이다.

그렇다면 정규선은 왜 문중회의에서 합당한 봉사손으로 결정되었을까? 정삼진의 소장에 따르면 이것은 "(정규선의 생부)완묵이 탐욕하여 그 아들로 하여금 종통을 잇게 하려"한 것이었다. 그러나 정완묵의 의지만으로 23촌이나 떨어진 정규선이 대종손의 계후로 결정될 수 있었을까? 그것도 뭇 자손들이 모인 대규모의 문중회의에서? 직접적으로 거론되지는 않지만 당시의 정규선의 배경을 살펴보면 이러한 문중회의의 결정을 어느 정도 납득할 수 있다.

우선 정규선이란 인물 스스로가 지닌 장점이다. 정규선은 1870년 생으로 1896년 계후 당시 27세였다. 그리고 계후가 되기 전인 1891년에 22세의 나이로 무과에 을과(乙科) 제2인으로 급제하였다. 당시 무과가 문과에 비해 격이 떨어졌던 것은 사실이다. 그리고 만과(萬科)로 치러짐으로 해서 상당한 급제자들을 양산하였다. 그러나 "을과 제2인", 즉 전체에서 5번째 성적으로 급제하였다는 것은 정규선의 능력이 남달랐음을 추정케 한다. 이후 선전관(宣傳官)을 역임하였는데, 1896년 계후될 당시는 자리에서 물러난 뒤였다. 이와 같은 이력으로 인하여 정규선은 문중에서 상당히 뛰어난 젊은 인재로 여겨졌을 것이고, 문과에 급제한 정학묵에게 어울리는 계후자로 간주되었을 것이다.

규선 자신의 장점만큼 중요한 것은 정규선의 가계가 가진 내력이었다. 정규선은 그 자신이 무과출신임은 물론 친형 정규혁(鄭圭赫, 1861~1920)

〈그림 26〉 1891년 무과급제 후 발급
받은 정규선의 紅牌

역시 무과출신으로 비변랑(備邊郎)과 익산군수를 역임한다. 그뿐 아니라 생부 정완묵 또한 무과 이후 정헌(正憲)과 지의금부사(知義禁府事) 등을 역임하였고, 조부 정태동(鄭泰東, 1791~1815) 역시 무과출신이었다. 증조부 정위(鄭湋)도 무과출신으로 죽산부사를, 고조부 정언형(鄭彦衡)도 무과이후 전라수사와 황해병사 등을 역임하였다. 그리고 그 윗대와 근처의 친족으로 생원과 진사시에 입격한 자들이 다수 존재하였다. 이와 같은 사실은 정규선 가계의 내력이 상당하였음을 보여주며, 정규선이 내력 있는 집안의 영민한 젊은 인재로 문중에서 많은 기대를 모으고 있었음을 추정케 한다.

그 외에 정규선의 가족구성도 하나의 장점으로 작용할 수 있었다. 이미 정학묵은 정덕진을 입후하였다가 실패한 경험이 있었다. 당시 정덕진은 10대 후반에 이미 혼인한 상태였고, 20대를 자식이 없이 지낸 후 30대 초반에 사망하였다. 그러나 정규선은 정덕진과는 달랐다. 정규선은 계후 당시 27세의 나이에 이미 부인 평산신씨(平山申氏)와 사이에서 정세진(鄭世鎭, 1888년 생)과 정찬진(鄭贊鎭, 1892년 생)의 두 아들을 두고 있었다. 그리고 1898년에 세 번째 아들 정욱진(鄭旭鎭)이 태어난다. 정규선의 이와 같은 가족구성은 봉사손인 정학묵의 가계가 몇 대에 걸쳐 손이 귀했고, 이미 정학묵이 정덕진의 경험을 지니고 있었다는 점에서 상당히 매력적인 요소로 작용하였을 것이다.

결국 정규선이 정학묵의 뒤를 잇는 계후자가 된 것에는 그 자신의 영민함과 가계의 내력, 그리고 정덕진의 예가 반복되지 않아도 된다는 안도감 등이 배경이 되었을 것이다.[7]

이렇듯 정규선은 봉사손으로서 합당한 근거를 지님에 따라 문중에서 정학묵의 계후자로 결정되었다. 게다가 당시 20촌 이상의 먼 친족 간의 입후가 드문 것도 아니었다. 그런데 정학묵의 삼종손 정삼진은 왜 이러한 문중의 결정에 반발하였을까? 1899년 5월(양력)에 정삼진이 장례원에 올린 소장에 나타나는 이유는 크게 세 가지였다.

첫째는 정규선의 입후와 함께 이루어진 정규석의 처 한양조씨와 정덕진의 처 청주한씨를 칠거의 사유를 들어 본가로 돌려보낸 조치의 부당함이었다. 정삼진은 한양조씨와 청주한씨 모두가 남편이 너무 빨리 죽어 자식을 낳을 수 없었던 것인데, 이것을 가지고 봉사손이 끊기게 한 칠거지악으로 모는 것이 과연 타당한 것인지 물었다. 이에 더하여 지아비가 이미 죽었는데, 시아버지가 며느리를 내치는 법이 어디에 있는지를 묻고 있었다.

둘째는 정규선의 입양으로 인해서 정규석과 정덕진으로 내려오는 대가 끊기게 된다는 점을 지적하였다. 정삼진은 정규선이 정학묵을 계후함에 따라 이들 두 혼백이 제사를 지내줄 후손이 없어 돌아갈 곳을 잃었다고 말하였다. 그리고 정규선의 생부 정완묵이 종권을 탐하여 봉사손을 잇게 하였고, 정학묵은 이로 인하여 자신의 친혈육을 버리고 양자로서 자신의 대를 잇게 하는 잘못을 저질렀다고 지적하였다.

마지막으로 지적한 것이 정규선의 가계가 이미 적손에서 "30여 촌"이나 떨어져 있다는 점이었다. 이러한 잘못된 입후가 이루어지고 있는 것에 대하

---

7) 정준수 선생과의 인터뷰에 따르면 당시 정완묵의 집안은 양근(楊根, 현재의 경기도 양평)에 거주하였다고 한다. 정완묵가에서는 정규선을 정완묵의 아들로 출계시키는 것을 완강히 반대하였다고 한다. 당시 정규선은 정완묵가에서도 상당한 기대를 모았던 존재로, 아직 형 정규혁은 과거에 나가지 못한 상태였다. 정규선의 입후는 전적으로 문중의 결정에 의한 것이었는데, 당시에는 정광필의 후손 문익공파의 문중에 대한 영향력이 컸던 것 같다. 정준수 선생에 따르면 鄭元容(1783~1873)의 의지가 반영된 결과였다고 하나, 당시 정원용은 이미 사망한 상태였다. 그러나 당시 문장이었던 鄭國容 역시 문익공파였던 점으로 볼 때, 문중에 대한 문익공파의 영향력이 컸던 것은 사실이었던 듯하다.

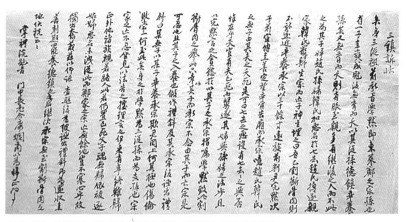

〈그림 27〉 정삼진이 1899년 5월(양력)에 장례원에 올린 訴狀(초)

여 자신은 정학묵의 삼종손으로서 지손이 되지만 종가가 무너지는 것을
좌시할 수는 없어 이렇게 소를 올린다고 하였다.

삼진이 소장에 기록한 사실들은 모두 나름대로 타당한 근거를 지니고
있었다. 그리고 정삼진은 당시 30세의 젊다면 젊은 나이로 "종가지망(宗家之
亡)"을 좌시할 수 없어서 문중의 결정을 무릅쓰고 장례원에 소장을 올렸다고
생각할 수도 있다. 그러나 다른 한편, 정삼진의 부친 정규석(鄭圭錫)은 이미
1896년 당시『종중입의』를 통해 정규선의 입후에 동의한 바가 있었다. 그런
데도 왜 정삼진은 장례원에 소장을 냈을까? 그리고 문중은 정삼진의 이러한
행위에 대하여 단순히 문중의 결정에 대한 잡담이 아닌, "탈종지계"로 간주하
여 대응하였을까?

당시의 사정을 보다 정확히 이해하기 위해서는 당시 정삼진의 가계를
살펴볼 필요가 있다. 정삼진의 가계는 종손 정학묵의 삼종손, 즉 정학묵의
작은 할아버지의 손이었다. 그렇지만 정삼진가는 정학묵의 대를 잇는 데
혈연적으로 가장 가까운 가계였다. 다시 말해 정덕진의 예와 같이 혈통의
근접성이라는 기준으로 입후를 세운다면 제일의 입후대상은 정삼진의 형제
들이었다. 그렇기 때문에 정삼진은 그의 소장에서 정규선의 혈통이 이미

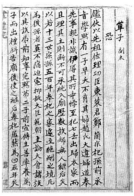

〈그림 28〉 정삼진의 訴狀에 대응하여 문중에서 장례원에 올린 單子(우 : 1면)와 그에 대한 장례원의
題辭(좌)

적손에서 멀리 떨어져 있음을 거론하였을 것이다. 또한 문중도 그 이유로
인하여 정삼진의 행위를 잡담인 아닌 "탈종지계"로 규정하였다.

삼진의 문중에 대한 불복이 장례원에 소장을 제출하는 것으로 나타나자,
문중은 곧바로 문중회의를 개최하였다. 그리고 그 자리에서 문장 정국용을
필두로 19명의 문중원이 열명하여, 정삼진의 주장을 반박하고 처벌을 요청하
는 단자를 작성하여 장례원에 올렸다. 그런데 이때 올린 단자에 기록된
상황은 정삼진 소장의 기록과는 상당한 차이를 보이고 있었다.

동래군 정난종의 봉사손인 정학묵의 하나밖에 없는 아들이 요절한 사실과,
그 부인 조씨가 "조상을 받드는 것[奉先]"과 "부모를 섬기는 것[事親]"이라는
며느리의 도리[婦道]를 크게 어겨 칠거지악을 범했으므로 본가로 돌아가도록
하였다는 사실은 이미 정삼진의 소장에서도 거론되었다. 그러나 그에 이어
서 요절한 정규석의 신주를 이미 매장하였기 때문에 사당에 들이는 것은
절대 불가하며, 누대로 내려온 가문에 계후할 사람이 없다고 말하고 있다.
그러므로 정학묵의 대를 잇기 위하여 정규선을 계후자로 문중에서 결정하였
는데, 정삼진이 종권을 빼앗으려 계책을 부리니 처벌해 달라는 것이다.

문중의 단자에는 이미 파양한 정덕진과 그의 부인 청주한씨에 대한 거론이

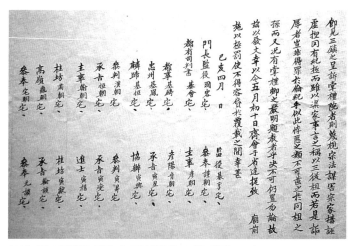

〈그림 29〉 장례원의 판결 후 문중회의의 소집을 알리는 通文

없다. 그리고 예전 계후입안을 받을 때에 정학묵이 "8촌 동생"으로 거론했던 정완묵은 단지 "족제"로만 기록되었다. 이러한 문중의 단자는 정삼진의 소장에 문중이 얼마나 당혹스러워 했을지를 충분히 상상할 수 있게 한다.

양자 중 장례원이 손을 들어준 것은 문중이었다. 장례원은 여하튼 문중의 결정을 존중했고, 정삼진의 행위는 종법을 문란케 하는 행위로 간주하였다. 우선 정삼진의 소장에 대한 장례원의 판결은 '문중의 장로들이 자리를 함께 하여 의논해서 바로잡으라'는 것이었다. 이러한 장례원의 판결은 문중의 손을 들어줌에 다름 아니었다.

문중의 단자에 대한 장례원의 판결은 보다 직접적이었다. "이를 보니 소위 정삼진이 종법을 망령되이 여겨 죄를 저질렀다. 마땅히 법부에 옮겨 엄히 다스리거니와, 먼저 문중의 여러 장로들이 모여 회의하여 중벌로써 다스려 다시는 이러한 악습이 재발하지 않도록 하라."

장례원의 이와 같은 판결이 내려지자마자 4월 26일(음력) 문중에는 다시 통문이 돌려졌다. 이는 5월 10일(음력) 생달(省達=속달)의 묘정(廟庭)에서 문중회의를 개최함을 알리는 통문이었다. 이 회의는 정삼진의 처벌을 논의

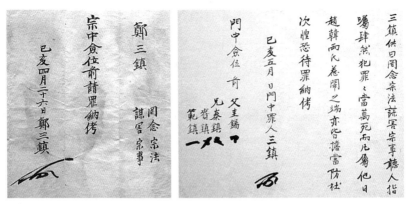

〈그림 30〉 종중 제위에게 죄를 청하는 정삼진의 다짐[侤音](좌)과 함께 죄를 청하는 삼진의 부 鄭圭錫과 형제들의 다짐(우)

하는 자리였다. 통문은 우선 정삼진이 종법을 멸시하고 종가를 모해한 죄를 저질렀음을 주지시켰다. 이에 이미 장례원의 엄정한 판결이 있었으니만큼 문중회의를 통하여 극벌로 다스려야 할 것이라 하고 있었다. 극벌에는 이미 「고묘일완의」에서 합의한 바와 같이 문중에서 내치는 것도 포함되어 있었다.

같은 날인 4월 26일 정삼진의 명의로 종중 제위에게 죄를 청하는 다짐[侤音]이 다시 문중에 돌려졌다. "종법을 망령되이 여겼고, 종사를 모해하였다.(罔念宗法 謀害宗事)"는 죄목에 대하여 인정하고, 종중 제위 앞에 죄를 청한다는 내용이었다. 그리고 5월 3일, 정삼진과 가족들의 명의로 다시 문중 제위에게 다짐이 돌려졌다. 여기에는 종법을 멸시하고 종사를 모해한 것 외에, 조씨와 한씨가 야료할 단서를 제공한 점에 대해서도 함께 죄를 청하고 있었다.

5월 10일 묘정에서 문중회의가 개최되었다. 이미 자신의 죄를 청한 정삼진과 그의 가족들에게 문중차원에서 어떠한 벌이 내려졌는지는 알 수 없다. 과연 정삼진에게 문중에서 내치는 조치를 취했는지, 정삼진이 이후 법부에서 어떠한 처벌을 받았는지를 말해주는 기록은 없다. 다만 관련 기록들을 『종중입의』에 「기해사실(己亥事實)」로 기록하여, 문중원들이 분명히 인식하고 다시는 이러한 일이 없도록 하였다.

이로써 정규선의 계후를 둘러싼 문중 내의 갈등은 일단락되었다. 정규선이 입후된 지 3년, 정규선은 이 사건을 통하여 다시 한번 봉사손의 자리를 문중과 국가기관을 통해 확인하였다. 정규선의 입후를 논의하면서부터 시작된『종중입의』의 기록도 더 이상 첨가되지 않았다. 그러나 아직도 문제는 남아 있었다. 정삼진이 다짐을 통하여 조·한 양씨가 야료할 단서를 제공하였다고 하였듯, 정규석의 처 한양조씨의 본가와 갈등이 남아 있었던 것이다.

④ 조영원(趙泳元), 고모 한양조씨의 출귀본가(出歸本家)에 항의하다

한양조씨가 돌아가 머물던 본가의 입장을 대변하던 사람은 한양조씨의 조카 조영원(趙泳元)이라는 인물이었다. 대부분의 문제들은 정규선과의 논의를 통하여 진행되었다. 문제가 시작된 시기는 명확하지 않으나 1900년대 초중반의 일로 추정된다. 이때 정학묵은 이미 70세가 넘은 상태였고, 1903년에 75세의 나이로 사망하였다. 정규선은 봉사손으로서 정학묵의 대를 이은 상태였다. 한양조씨 본가와의 갈등은 1916년 한양조씨가 사망한 후 1920년

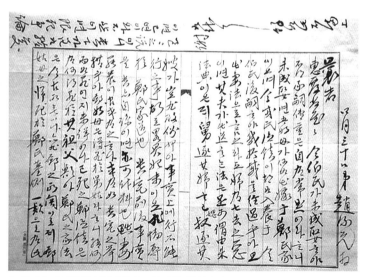

〈그림 31〉 조영원이 정규선에게 보낸 4월 30일 簡札

에 이르러서야 마무리가 되었다.

조씨의 친가와 정학묵의 대를 이어 종손이 된 정규선 사이의 일은 조영원이 정규선에게 보낸 18통의 간찰 및 그와 함께 보관된 몇 점의 문서들을 통하여 살펴볼 수 있다. 이 간찰들은 3통을 제외하고는 모두 작성시기가 분명한데, 1906년을 시작으로 1920년까지 이어지고 있다.

조영원은 고모 한양조씨를 친가로 돌려보낸 것에 대하여 정규선에게 상당한 항의를 전하고 있다. 이러한 조영원의 입장은 작성연대는 알 수 없으나 4월 30일자로 정규선에게 보낸 간찰을 통하여 분명히 나타난다.

조영원은 이 간찰을 통하여 정규석이 자라지도 않은 상태에서 혼인을 하여 어쩔 수 없이 봉사손을 얻지 못하였거늘, 어찌 고모가 정씨집안에서 내침을 당해야 하는지를 우선 묻고 있다. 그리고 계속하여 "덕진이 입양되어 이미 정규석의 제사를 이었거늘 어찌 조씨가 칠거지악을 저질렀는가?", 또 "설령 출처법(出妻法)으로 말한다 하더라도 칠거지악을 저지른 부인을 그 지아비가 내치는 법은 법전에 있지만, 그 시아버지가 내치는 법이 어디에 있는가?", 또한 "고모가 시아버지에게 죄를 범했다 하는데 그 범한 죄가 도대체 무엇인가?", 그리고 "이미 죽은 정덕진을 그 조부가 파양하는 것은 무엇인가?"라고 철저하게 묻고 있다. 그 후에 과연 이것이 정씨집안의 가법이냐고 추궁하고, 자신의 고모는 죽어도 정씨의 묘에 묻힐 것이라 하며 간찰을 끝맺고 있다.

이에 대하여 정규선이 어떠한 답신을 보냈는지는 알 길이 없다. 그러나 1906년 12월 18일에 조영원이 직접 정규선가를 찾아오는 일이 생긴다. 정규선가에서는 이때 오간 이야기들을 기록으로 남겼다. 이를 통하여 당시의 정황을 살펴볼 수 있다. 조영원을 맞이하여 직접 대화를 나눈 이가 누구인지는 분명치 않지만 오간 내용들을 살펴보면 정규선으로 추정된다. 조금 길기는 하지만, 당시의 정황을 가장 잘 알 수 있는 내용이므로 그 내용을 살펴보도록 하자.

병오 12월 18일 용인 조도사(趙都事) 아들 주사(主事) 영원이가 찾아왔다. 그 고모의 일로 들른 것인데, 이전부터 다녀오라고 하던 걸 이제야 오게 되었다고 하였다. 그리고 말하길,

(조영원) "이 일을 노형(정규선)에게 말하는 것은 타당치 않고, 내게도 타당하다고는 할 수 없습니다. 그러나 이왕의 선영감(정학묵)께서 우리 고모를 다시 데려다가 개과를 시키라 하면서 양식을 보내마 하셨는데, 그때는 내가 그리 어렵지 않아 따르지 않은 일도 있었습니다. 하지만 지금 고모의 저간 사정은 이루 말할 길이 없습니다. 고모가 비록 칠거지악을 범하지 않았다고는 할 수 없겠지만, 돌이켜 말하면 선영감도 며느리를 내보내는 법[黜婦之法]은 없는 것입니다. 그렇지만 고모의 성행을 짐작하니 이 일을 돌이켜 말할 수는 없겠습니다."

(정규선) "노형(조영원) 말씀을 들으니 내가 할 말을 먼저 다 하여 할 말이 없습니다. 일이 이렇게 된 것은 이 집이 소종을 잇는 집이기에 경향종중이 종회를 열어 이렇게 된 일이고, 선친께서도 보종할 대체를 잡으셔서 이리 하신 일입니다."

(조영원) "시시비비를 장황히 말할 필요는 없습니다. 우리 고모의 성정을 이미 알고 있으니, 고모와 노형이 한댁에서 같이 계신다면 필시 노형에게 위해가 될 염려가 있을 것입니다. 그러니 원근간에 1~2칸 두옥(斗屋)을 정해 주어 여생을 마치게 하시거나, 그렇지 않으면 매달 미(米) 5말씩만 정해 주면, 제가 한집에서 함께 지낼 수는 없고 노비 하나를 정하여 동내에 각자 거하여 지내겠습니다."

(정규선) "노형 말씀은 그렇지만, 살림이 넉넉하지 못하여 그리 할 일은 아닙니다. 하지만 그것은 내 임의로는 못할 일이니, 경향종중이 모여 의논한 후에 가부를 기별해 드리겠습니다."

(조영원) "그러나 그렇게 되기로 말할 양이면 차라리 이렇게 하십시다. 백 냥씩만 주면 땅 다섯 골[고랑]은 살 수 있으니, 10마지만 사서 주십시오.

그러면 매년 5섬 추수는 무난할 것이고, 이만하면 견뎌갈 만하겠습니다. 그리해서 아주 내왕을 잊고 지내면 좋을 것이고, 추후에 고모가 돌아가셨을 때에 노형이 찾아온다 해도 두말을 않으리다. 내가 만일 추호라도 다른 마음을 가지면 개, 돼지를 면치 못할 것입니다."

(규선) "내 집도 전일에는 남들이 넉넉하다 말하였으나, 근래 어지간한 가산이 갈라져서 예전 같지 못합니다. 지금은 오히려 1년에 2~3달씩은 가솔이 먹는 것도 부족하여 넉넉하지 못합니다. 그러나 만일 경향간에 논의해서 그렇게 하라시면, 내가 굶는 한이 있을지라도 매년 양식을 보내겠습니다."(이하 생략)

결국 조영원이 이날 정규선을 찾아온 것은 고모를 내친 대가로 정규선가에 물질적인 보상을 요구하기 위함이었다. 고모가 비록 잘못한 것이 있지만 며느리를 내치는 법[黜婦法]은 없어 정학묵이 조씨를 내보낼 수는 없는 것이었다. 그런데 정학묵이 그리했으므로 그 생활에 필요한 물적 보상을 해달라는 것이었다. 여기서 조영원이 요구한 것은 작은 집 한 채나 매달 미 5말, 그것이 아니면 10두락의 땅이었다. 이에 대하여 정규선은 줄곧 임의로 결정할 문제가 아니라 문중의 논의가 필요하다고 답변을 하고 있었다.

이후 이 문제에 대하여 문중에서 논의가 이루어졌는지, 정규선이 어떠한 기별을 하였는지는 알 수 없다. 이후의 전개를 볼 때 정규선은 이상과 같은 조영원의 요구를 받아들이지는 않았던 것으로 보인다. 그러나 아무런 물질적 보상을 하지 않았던 것은 아니었다. 정규선은 적어도 매년 1회 이상 조씨의 생계비 등의 명목으로 조영원가에 금전을 보내 주었다. 이러한 금전송부는 1915년까지 10여 년 동안 한 해도 빠지지 않고 계속되었다.

당시 조씨의 본가와 정규선 사이의 관계를 가장 잘 보여주는 것은 1913년 11월에 양가를 오간 간찰을 통해서이다. 당시 조영원은 매년 심부름꾼에게 편지를 들려 보내고 돈을 받아오도록 하였다. 간찰의 대체적인 내용은 형식

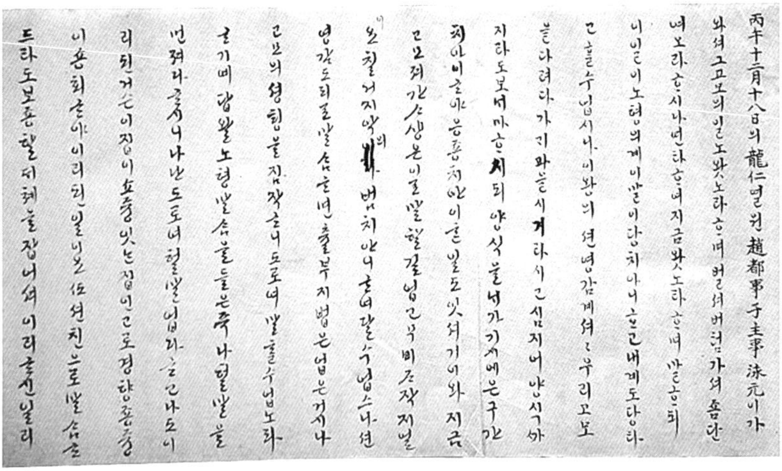

〈그림 32〉 1906년 12월 18일 조영원이 정규선가를 찾아와 나눈 대화 내용을 기록한 한글문서(앞부분)

적인 안부와 감사의 뜻을 전한 후, 금전을 보내달라는 것이었다. 이 간찰에서 조영원이 정규선에게 요구한 금액은 30원(圓)이었다. 이에 대한 정규선의 답장은 조영원의 요구에 대하여 상당히 불편한 심기를 드러내는 것이었다. 정규선은 간찰에서 형식적인 안부와 근황에 이어 "어찌하여 매년 이와 같은 요구를 하십니까? 저도 근래에는 요구에 응해 드리기가 극히 어려운 형편입니다."라고 그 심기를 드러내었다. 그러나 심부름꾼이 기다리고 있으니 10엔(円)을 모아서 보낸다고 하였다. 아마도 본래는 이 간찰도 돈과 함께 조영원에게 보내려 했겠지만, 차마 그렇게는 못한 채 그냥 자신이 보관하고 말았던 것으로 보인다.

이와 같은 조영원의 요구와 정규선의 금전 송부는 1915년까지 지속되었다. 1915년 9월에 정규선은 금 200원을 조영원에게 조씨의 생활비로 건네고 이후로 다시는 이러한 일로 번거롭게 하지 않기로 합의하였다. 그리고 이 일을 영수증으로 남겨 증명할 수 있도록 하였다. 당시 이미 70세를 넘긴 고령의 한양조씨였고, 운명을 얼마 남기지 않은 상태였다.

조영원과 이러한 합의를 하고 4달이 조금 지난 1916년 정월, 정규선은

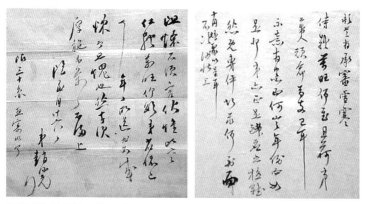

〈그림 33〉 1913년 11월 16일 조영원이 정규선에게 보낸 간찰(좌)과 그에 대한 답장으로 보이는 정규선의 간찰(우)

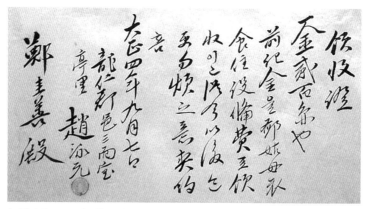

〈그림 34〉 1915년 9월 7일 조영원이 정규선에게 작성해 준 영수증

다시 조영원에게 한 통의 간찰을 받게 되었다. 한양조씨의 사망을 알리는 간찰이었다. 한양조씨의 당시 나이 74세, 정학묵에게 쫓겨나 본가로 돌아온 지 꼭 20년 만이었다. 그러나 이 간찰은 고모의 부고만을 알린 것이 아니었다. 내용에는 이와 함께 장사비용의 기부를 요청하였다. 그리고 4년 후인 1920년 2월, 정규선은 조영원에게서 마지막 간찰을 받게 된다. 쫓겨난 후에 본가에서 사망한 고모 한양조씨의 장지를 그 남편인 정규석의 곁으로 옮겨 달라는 요청이었다.

1920년, 조씨의 장지를 정규석의 곁으로 옮겨 달라는 조영원의 요구를 담은 간찰을 끝으로, 한양조씨 본가와의 사이에서 10년 이상이나 지속되었던 문제도 끝이 났다. 이제야 정규선의 입후를 둘러싼 모든 문제가 마무리된 것이다. 이것은 1895년 정덕진이 사망하고 이듬해 정규선의 입후를 문중이 결정한 지 25년이나 지난 후의 일이다. 이로써 25년에 걸친 지난했던 사건들은 적어도 기록상으로는 막을 내렸다. 그리고 5년이 지난 1925년, 정규선은 56세의 많지 않은 나이로 사망하였다. 봉사손의 지위는 정규선의 장남이자 친아들인 세진에게로 이어졌다.

2. 일제강점기 정난종 종가의 경제활동

일제강점기에 들어서도 속달에서 동래정씨 정난종 종택의 지위는 여전하였다. 속달과 인근의 최대 지주로서의 지위도 계속 유지하였고, 속달에서의 영향력 역시 지속되었다. 그러나 마을주민들과의 종적관계를 통하여 실질적인 마을의 주인으로 존재하였던 이전의 지위는 상당 부분 마을을 대표하는 유지로 대체되어 간 것으로 보인다. 종택은 마을을 대표하는 유지로서 당시 민관의 각종 현안에 참여하였으며, 때로는 그것이 강제되기도 하였다. 다른 한편, 문중에서의 역할도 다소 변화를 보이는데, 예전에는 정난종을 파조로 하는 익혜공파의 종택으로서의 지위가 중심이었다면, 이제는 동래정씨 대종중의 범주 속에서 주요한 한 지파의 종택으로 자리잡게 되고, 그에 따르는 역할을 수행하게 되었다.

이전까지 종택과 종택의 주인으로서 전답 및 재산을 관리하며 속달을 운영해 왔다면, 일제강점기에 들어서는 이전 시기에 비해 개인으로서의 지위와 역할이 비로소 본격적으로 등장하게 된다. 토지조사사업을 거치면서 모든 전답이 개개인의 명의로 전환됨에 따라 토지에 기반한 경제활동은 제도적으로 개인의 권한과 역할의 영역이 되었다. 또한 사회활동에 있어서도 종택과 종손보다는, 지역의 유지라는 개인적 지위, 문중의 한 구성원이라는 개인적 지위가 두드러졌다.

이 시기 종택의 주인이자 종손에서 개인으로서의 권리와 의무를 지니고 전면에 나선 최초의 인물은 정규선이었다. 정규선은 조선에서 대한제국을 거쳐 일제강점기의 격동기를 거치는 시기에 국가적, 사회적 격변과 문중과 종택의 위기를 관통한 인물이었다. 봉사손의 거듭된 사망과 절사(絶祀)의 위기 속에서 양자로 들어와 익혜공파의 종손이자 속달의 주인이 된 정규선은 안팎의 위기에 직면하였으나, 그 위기를 견뎌냈다. 나아가 종택을 위기에서 추스르고, 한말과 일제강점기의 격동 속에서 역할을 수행해 나감으로써 종택의 경제적, 사회적 지위를 건사하였다. 그러나 정규선은 1925년 50대 중반의 많지 않은 나이로 사망하게 되며, 이후의 시기는 정세진과 정찬진, 정욱진 등 다음 세대들이 이끌어 나가게 된다.

1) 동래정씨가의 경제적 기반과 농업경영

종택에서 보유, 관리하던 위토를 비롯한 토지는 토지조사사업을 거치면서 개인 소유의 토지로 전환되었다. 비록 정규선이 종손이었으나, 모든 토지가 정규선 명의로 전환된 것은 아니었다. 1910년 8월 속달 및 인근 각처의 전답에 대하여 토지신고를 할 당시, 토지소유자로 이름을 올린 이들은 정규선을 비롯한 8인이었다. 우선 정규선과 세 아들 정세진과 정찬진, 정욱진이 등장하였다. 그 밖에 정규선과 마찬가지로 종가에 양자로 들어온 정규선의 아우 정규갑이 등장하였고, 다른 한편 정규선 생가의 장손, 즉 정규선의 친형 정규혁과 손자 정운흥이 있었다. 그리고 속달 동래정씨들의 필계(筆契)의 계장인 정홍진이 포함되어 있었다.

이때 정규선이 종택의 대표로서 신고를 주관한 토지는 속달 및 인근의 전답으로, 답이 613두락, 전이 95식경이었다. 이 가운데 가장 많은 토지의 소유자로 이름을 올린 이는 물론 정규선이다. 정규선은 202두락의 답과 58.5식경의 전에 대하여 소유자로 이름을 올렸는데, 이는 전의 경우에는 전체의 62%에 달하는 면적이지만 답에 있어서는 1/3에 불과한 면적이었다. 세 아들 명의로 신고한 토지는 답이 170두락, 전은 3.5식경에 불과했다. 따라서 정규선 본인과 세 아들의 이름으로 신고한 답의 면적을 모두 합해도 372두락으로 전체의 60.7% 정도였다.

결국 토지신고를 통하여 이제까지 종택에서 관리하던 답 241두락과 전 33식경은 종택의 외부인 명의로 전환되고 있는 것이다. 종택의 외부인 명의로 토지를 신고하는 것이 단지 차명등록의 의미만 가졌던 것은 아니다. 채 10년도 지나지 않아 종택은 이들 토지에 대한 권리를 상실하게 된다. 현재 종택에는 1910년대 후반 토지조사사업이 마무리되는 시기에『토지대장』의 내용 확인을 위해 작성한 것으로 보이는 성책자료가 하나 존재한다. 표지에 제명이 기록되어 있지 않은 이 성책은 상단에는 결수연명부의 내용을 기록하고, 하단에는 토지대장의 내용을 기록하여 두 자료의 내용을 상호 대조할 수 있도록 되어 있다. 그런데 이 자료에는 정규선과 세 아들 명의로 신고된 토지에 대해서만 양자의 기록을 수록하고 있는 것이다. 그리고 〈표 7〉에 드러나듯이 각자의 명의로 등재된 토지의 면적은 1910년 당시 각자의 명의로 신고한 것에서 별반 변화를 보이고 있지 않다.

이와 같이 1910년 토지신고 자료와 1910년대 후반 토지조사가 마무리되어 가던 시기의 자료를 비교하면 토지신고 당시 종택의 가족구성원 명의로 신고하지 않은 토지는 토지조사사업의 기간을 거치면서 종택의 소유와 관리로부터 벗어나게 되었다고 할 수 있다. 따라서 토지신고 당시의 이러한 명의별 신청은 단순한 차명 토지신고가 아니라, 분재 또는 전답의 성격에 따르는 재산분할 성격을 지닌 것으로 보아야 할 것이다.

1910년대 후반의 자료에『토지대장』의 내용이 수록되어 있기 때문에,

〈표 7〉 토지신고와 토지조사사업 후 종택의 명의인별 전답 현황

소유자	1910년*		1910년대 후반**		
	畓(斗落)	田(息耕)	畓(斗落)	垈(息耕)	田(息耕)
정규선	202	58.5	185.3	7	45.5
정세진	90	3.5	97.8	0.5	3.5
정찬진	42		42		0.5
정욱진	38		38		
정규갑	39				
정규혁	160	22			
정운홍	29	11			
정홍진	13				
합계	613	95	363.1	7.5	49.5

* 토지신고시의 수치 : 『土地申告時各處田畓案記草』(1910년 8월)
** 토지조사사업 종료시의 수치 : 『結數連名簿土地臺帳對照簿』(가제)

해당 자료를 통하여 당시 종택이 소유한 전답의 실제 면적과 당시 지가를
알 수 있다. 정규선과 세 아들이 소유한 토지의 면적은 답이 6만 8,591평,
대가 3,772평, 전이 1만 9,711평으로 총 9만 2,074평이었다. 그리고 이들
토지의 지가는 답이 1만 835원 69전, 대가 413원 42전이었으며, 전이 1,111원
74전으로 총 1만 2,360원 85전의 액수였다. 인별로는 정규선 명의의 토지가
7,198원 57전이었으며, 정세진 명의의 토지가 2,725원 95전, 정욱진 명의가
1,149원 84전이었고, 정찬진 명의의 토지가 1,286원 49전이었다.

이와 같이 토지조사사업을 거치면서 종택이 보유, 관리하던 토지는 2/3
정도로 축소되었다. 그러나 전국적으로 토지조사사업이 마무리되던 시기인
1918년 6월 조선총독부는 「지세령개정」을 반포하였고, 이로 인하여 종택이
부담해야 하는 세액은 3~4배 수준까지 큰 폭으로 급증하게 되었다. 우선
정규선 명의의 토지에 대해서는 1918년 7월 1일 현재 지가 총액이 6,037엔
53전으로 오히려 감소하였으나, 세액은 27엔 54전에서 무려 50엔 94전이
증가한 78엔 48전이 책정되었다. 정세진 명의의 토지는 지가 총액이 3,185엔
92전으로 450원 가량이 증가한 상태였는데, 세액은 10엔 79전에서 3배인
30엔 62전이 증가한 41엔 41전으로 결정되었다. 정욱진의 명의는 지가

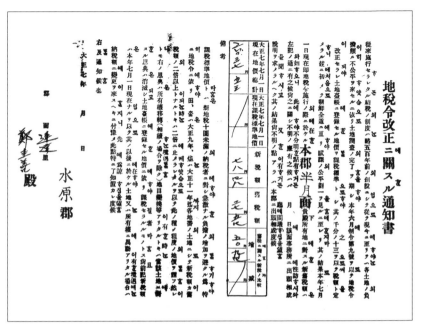

〈그림 35〉 「지세령개정」에 관한 통지서(1918년 정규선)

총액 1,149엔 84전으로 동일하였으며, 세액은 3엔 50전에서 11엔 44전이 증가한 14엔 94전이 되었다. 마지막으로 정찬진 명의의 토지는 지가 총액은 역시 1,286엔 49전으로 동일하였고, 새로 책정된 세액은 16엔 72전으로 예전의 3엔 61전보다 13엔 11전이 증액된 금액이었다.

해당 토지는 주로 소작을 주어 경작하였다. 일제강점기 종택의 추수기 가운데 가장 온전한 상태를 유지하고 있는 1938년의 추수기를 살피면 속달과 인근의 토지 7만 4,347평에 대하여 6만 4,356평을 작인에게 소작을 주고, 9,991평의 토지만 가작으로 경영하는 것으로 나타난다. 이 가작지에는 1,557평에 달하는 가대(家垈)가 포함된 것으로, 실제 농작지만으로 따지면 8,434평으로 줄어든다. 가대를 포함한 9,991평의 가작지는 전체 대비 13.4%의 면적이다. 앞서 1909년 당시 『결수존안』을 통해 본 정규선 소유 토지는 2결 4속이었고, 이 가운데 소작인을 두지 않고 정규선이 직접 경영한 것으로

〈표 8〉 1938년 동래정씨 정난종 종택의 농업 경영

	가작(가대 포함)					소작(작인 74명)				
	답(평)	대(평)	전(평)	합(평)	수입(석)	답(평)	대(평)	전(평)	합(평)	수입(석)
속달리	3,572	1,557	4,862	9,991	11	19,017	1,501	5,827	26,345	62.4
대야미리						13,049		145	13,194	62
덕현리						13,007		3,713	16,720	77.3
팔곡1리						8,097			8,097	38.05
합						53,170	1,501	9,685	64,356	239.75

확인된 토지는 1결 34부 2속으로 67%에 달하고 있었다. 이에 비해 1938년 추수기를 통해 본 가작지의 비중은 상당히 감소한 것으로, 종택의 농업경영 이 가작에서 소작으로 급격히 이동하였음을 알 수 있다.

종택의 소작지는 속달과 대야미, 덕현, 팔곡에 걸쳐 있었고, 74명의 작인이 64,356평의 소작지를 나누어 경작하여 작인 1인당 평균 870여 평의 소작지를 경작하였다. 소작지 중에는 답이 5만 3,170평으로 전체 소작지 6만 4,356평 가운데 대부분인 82.6%를 차지하고 있었다. 전은 9,685평으로 15%에 불과하 였으며, 속달에는 종택의 소유로 타인에게 임차한 가옥이 6채, 면적으로는 1,501평이 존재하였다.

토지로부터 생긴 수입은 소작지가 240여 석인 반면, 가작지는 11석에 불과하였다. 이는 소작지에서는 1,000평당 3.7석의 수입을 거둔 반면, 가작지 에서는 1.1석의 수입을 거둔 것을 의미한다. 가작지에서 이와 같이 생산력이 낮은 것은 진전화 등으로 제대로 된 경작이 이루어지지 않고 있거나 아니면 담배 등의 여타 작물을 재배했기 때문인 것으로 볼 수 있다.

수입액은 소작지에 있어서도 지역별로 차이를 보이고 있다. 특히 속달과 여타 3리의 차이가 두드러지는데, 속달은 면적이 2만 6,345평으로 가장 넓음에도 불구하고 수입액은 62.4석으로, 1,000평당 2.4석에 불과하다. 반면 대야미는 1만 3,194평에서 62석의 수입으로 1,000평당 4.7석을 보이고 있으 며, 덕현과 팔곡 역시 동일한 4.6석과 4.7석의 1,000평당 수입을 보여준다. 결국 속달을 제외한 나머지는 평균적으로 동일한 수입을 보임에 비해, 속달

만 절반 정도의 수입을 보이고 있는 것이다.

이와 같이 속달의 소작지에 수입이 적은 것은 다시 말해 속달의 작인들이 다른 지역의 작인들에 비해 지주에 대한 지대부담이 절반에 불과할 정도로 가볍다는 것을 의미한다. 이는 일견 속달 내 작인 가운데 동래정씨들에 대한 지대의 경감을 떠올릴 수 있다. 그러나 속달의 작인 중 정씨는 6인으로 답 7,220평을 소작하면서 26.65석을 부담하였다. 이 부담액은 1,000평당 3.7석으로 속달 이외의 경우보다는 낮으나 속달의 답 부담액 역시 3.6석으로 나타나 동래정씨 소작인 한테 비롯된 것은 아님을 알 수 있다. 그렇다면 속달의 작인들이 곡식으로 납부하는 지대 이외의 다른 형태의 지대를 지주인 종택에 부담하고 있었던 것은 아닌가 생각할 수 있다. 실제 속달의 토지 가운데는 답 3,485평이 위토로서 아무런 수입도 기재되지 않고 있는데, 이는 해당 토지의 수입이 전량 선산의 수호와 제사 및 묘직의 생계로 충당되었기 때문인 것으로 볼 수 있다. 즉 위토의 작인은 묘직으로서 역을 제공하는 것으로 지대를 대체하였다고 할 수 있는 바, 이와 같은 운영이 속달의 소작지에서 행해지고 있었다는 것이다.

결국 종택이 소유한 토지가 일제강점기 이전에 비해 가작지의 비중이 급감하였다는 사실은 종택이 예전과 같이 속달의 주인으로서 주민들과 공고한 종속적 관계를 유지하기 어려워진 현실을 반영하는 것이라 여겨진다. 즉 토지경영 양상을 통해 볼 때, 종택은 속달의 사실상의 주인에서 속달의 지주로 지위가 변화한 것으로, 경제외적 관계의 많은 부분이 희석되고 경제적 관계가 강화된 것이라 볼 수 있다. 그러나 여전히 속달의 소작지에 있어서는 지대가 여타 소작지의 절반에 불과한 상황이라는 점에서 속달의 작인들은 여전히 지주인 종택에 대하여 경제적인 지대 이외의 부담을 지고 있었다고 추정되며, 이러한 점에서 1938년 당시까지도 여전히 전근대적인 경제외적 지대의 수취가 잔존하고 있었다고 할 수 있다.

속달의 작인들이 곡식 이외의 형태로 종택에 대한 지대부담을 지고 있었다고 한다면, 그것은 묘직과 같은 노력의 부담이었을 것이다. 보다 구체적으로는 더 이상 노비가 존재하지 않았던 당시의 상황 속에서 종택의 대소사에 품을 제공하는 것이 가장 직접적인 형태일 것이고, 종택의 가작지 경작 역시 전통적 형태의 노력 부담이었을 것이다. 그 밖의 주요한 것으로는 담배 재배 및 연초 제작, 그리고 술 주조 등이 있었던 것으로 보인다.

한편 종택은 적어도 1930년대 초 이전에 충청북도 음성에 대규모 토지를 취득하였다. 해당 토지는 17만여 평에 달하는 넓은 면적이었다. 이 면적은 종택이 속달 및 인근에 보유해온 토지의 면적을 훨씬 상회하는 것이었다. 토지소유자는 정세진과 정욱진 두 형제로, 정확한 취득시기와 취득 후 경영 등은 다소 불확실하다. 해당 토지의 등장은 1932년 거액의 부동산담보대출과 더불어 근저당설정을 통해서였는데, 이로 볼 때 당시 부동산담보대출을 통하여 자금을 동원하여 구입한 것으로 추정된다. 종택의 연초 및 주류 생산과 부동산담보대출의 현황에 대해서는 이어지는 주제를 통하여 보다 자세하게 검토하기로 한다.

2) 새로운 경제활동

종택은 제도적으로 자가소비의 틀 내에서였지만, 상당한 양의 연초와 술을 제조하고 있었다. 이미 1910년에 춘등조(春等條) 주세(酒稅)로 2엔을 납부하고 있었는데, 당시 주세를 납부하고 있었다는 것은 종택이 면허를 취득한 주류제조장을 갖추고 있었다는 것을 의미한다. 대한제국은 1909년 「주세법(酒稅法)」을 반포하여 주류를 제조하고자 할 때는 주류제조장 1개소마다 정부의 면허를 취득하도록 하였으며, 면허를 취득한 주류제조장에 대하여 세금을 부과하였다. 이에 따르면 2엔의 주세는 청주와 탁주 등 양성주로 5~10석, 즉 900~1,800리터의 생산액에 해당하는 주세이다.

종택은 일제강점기에도 지속적으로 술을 주조하였다. 1920년에는 6엔

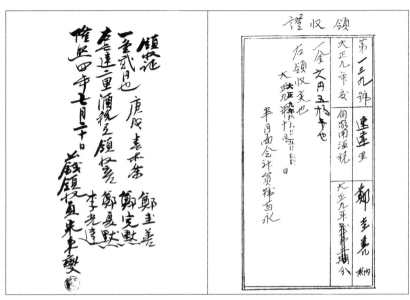

<그림 36> 주세 영수증, 1910년(좌)과 1920년(우)

50전을 자가용 주세로 납부하였는데, 이때는 1916년 9월에 조선총독부가 반포한 「주세령(酒稅令)」의 규제를 받을 때였다. 주세령에 따르면 자가용으로 주조하는 경우에는 탁주와 약주는 2석 이하, 소주는 1석 이하에 한하여 제조 면허를 허가하였는데, 이 경우 주세는 탁주와 소주가 2원, 약주가 4원을 넘지 않았다. 그러나 종택이 1920년에 납부한 주세는 6엔 50전으로 주세령의 제한을 넘어서고 있다. 이렇게 볼 때, 대체로 종택은 탁주 기준 6~7석의 술을 주조하고 있었던 것으로 추정된다.

　종택의 주조사업은 일제강점기 말엽인 1940년대까지도 지속적으로 행해졌다. 초기에는 자가 소비용으로 허가를 득하여 제조, 소비하는 가내 주조의 측면이 강했다면, 1940년대에는 오히려 주조조합이라는 조직 속에서 틀을 갖추어 체계화되어 간 것으로 보인다. 아쉽게도 자료상으로는 당시 종택의 주조사업의 구체적 양상을 살펴볼 수 없는 형편이다. 그러나 1941년 10월 예산조선주주조합장에 보낸 공문과 1942년 6월 평택조선주주조합장이 보낸 공문은 당시 종택의 주인이었던 정세진이 조선주조사업에 활발히 참여하고 있었던 정황을 잘 보여준다. 두 공문은 모두 중선조선주주조조합연합회장(中鮮朝鮮酒酒造組合聯合會長)에게 보낸 것으로, 전자는 소화용 설비용품의 구입 방법에 대한 공문이었고, 후자는 연합회에서 지방에 보낸 수선용 비용 송금에 대한 회답의 공문이었다. 정세진은 당시 중선조선주주조조합연합회의 이사직을 수행하고 있었으며, 이에 따라 해당 사안들을 처리하였던 것이다.

이와 같이 종택의 직접적인 주조사업 양상을 보여주는 자료는 없으나, 정세진의 활동을 통하여 종택에서 활발하게 주조사업을 펼쳐 나갔을 것으로 추정할 수 있다. 당시 종택은 여전히 속달에 자리하고 있었으나, 정세진과 동생 정욱진의 주거지는 경성부 관훈정과 화동정이었다. 또한 1930년대 중반부터 부동산을 담보로 하여 대출한 자금의 규모가 이전의 2,500~4,000원 수준에서 2만 4,000원 이상으로 급격히 증가하는 모습을 보여준다. 이와 같은 정황들은 당시 정세진이 서울에서 본격적인 주조사업을 꾸려나갔던 것은 아니었나 하는 추정을 가능하게 한다.

주조사업과 별개로 1920년경까지 종택은 상당한 수의 연초를 직접 경작하여 제조하였다. 이 시기는 조선총독부가 「조선연초전매령」을 시행한 1921년 4월 이전으로, 아직까지는 상대적으로 연초의 재배와 제작이 자유로웠다. 또한 그 이후라 하더라도 정부당국의 관리 속에 경작은 지속적으로 가능하였다. 종택은 1917년에 제1종 연초경작면허증을 취득하였는데, 기본적으로는 자가소비의 목적에서였다. 1914년 7월에 시행된 「연초세령(煙草稅令)」은 연초 경작자에게도 제조 및 판매자와 마찬가지로 면허를 받도록 하였으며, 연초 경작자는 심은 모종의 수에 따라 900 미만이면 제1종, 900 이상이면 제2종, 2만 이상이면 제3종의 경작 면허를 받도록 하였다. 이렇게 보면 종택이 취득한 1종 면허는 자가 소비를 위한 소량 경작 면허라 볼 수도 있다. 그러나 면허증이 하나만 있는 것은 아니었다. 정세진 명의의 면허와 함께 정운형(鄭雲馨) 명의의 면허증이 또한 존재했다. 또한 1920년에 자가용

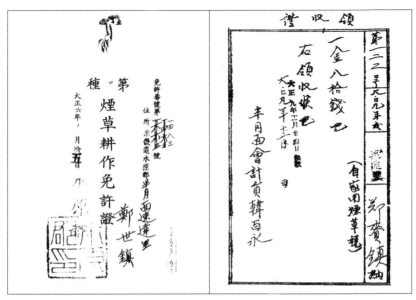
〈그림 37〉 연초경작면허증(좌)과 연초세 영수증(우)

연초세를 납부한 영수증이 존재하는데, 정세진이 80전을 납부한 것 외에 정뢰진(鄭賚鎭) 이름으로 80전을 납부한 영수증이 별도로 존재하였다. 이는 결국 종택이 최소 3인 이상의 명의로 연초경작면허를 발급받았다는 것으로, 자가소비를 넘어선 범위의 연초 제작을 하였던 것으로 추정되는 부분이다.

술의 주조와 연초의 경작 및 제작을 수행하고 있었지만, 종택의 경제활동에 있어 근간이 되는 것은 여전히 토지였다. 보유한 토지로부터의 수확과 지대는 종택의 안정적인 기본 수입으로서 생활과 사회활동, 기타 경제활동의 안정적인 배경이 되었다. 또한 토지는 그 무엇보다도 확실한 담보물로서 많은 자본을 차용하여 마련할 수 있는 자산이기도 하였다. 일제강점기 기간 내내 종택은 보유한 토지를 적극 활용하여 대규모 자본을 마련하였다.

그와 동시에 보유 토지의 확장에도 힘을 썼다. 속달과 인근을 중심으로 하고 있었던 종택의 토지보유에 있어, 일제강점기에는 주목할 만한 변화와 확장이 이루어지고 있었다. 그 가운데 하나는 국유미간지에 대한 개간의 시도였다. 종택에서는 1916년과 1917년에 걸쳐 세 차례의 국유미간지대부원을 조선총독에게 제출하였다. 첫 번째는 1916년 12월 4일에 민영락이라는 인물 명의로 제출한 것으로, 종택 인근 팔곡1리의 초생지 1.3정보 정도를 답으로 개간하기 위한 목적이었다. 4,020평의 해당 초생지는 소작개간 방식으로 개간을 제안하였으며, 소요되는 인부 150명과 소 30필의 비용 역시 소작인이 부담하고, 사업이 성공한 후 토지는 청원인의 소유로 하겠다고 하였다.

1917년에 신청한 두 건의 국유미간지 개간은 현재 성남시 분당구의 판교신도시에 해당하는 광주군 낙생면 삼평리의 초생지에 대한 것이었다. 각각 1.3정보와 0.6정보 정도의 면적에 대한 이들 개간은 정세진이 요청한 것으로, 앞서와 달리 자작개간 방식으로 제안되었다. 우선 1.3정보, 7,500평의 개간에는 인부 200명과 1필의 소가 소요된다고 추산하였으며, 이에 대한 비용은 청원인이 부담하고 사업 성공 후 해당 토지는 청원인의 소유로 하는 조건이었다. 나머지 0.6정보, 1,895평의 개간에는 인부 70명과 소 35필이 요청되며, 역시 이 비용은 청원인이 부담하고, 성공 후 토지는 청원인의 소유로 하기로 하였다.

이렇게 1910년대 후반 종택은 국유미간지를 대상으로 1만 3,415평에 달하는 넓은 토지의 개간을 시도하였다. 그러나 이보다 훨씬 큰 규모의 토지의 획득이 적어도 1930년대 초 무렵에 이루어지고 있었다. 그것은 17만여 평에 달하는 충북 음성 일대의 토지에 대한 획득이었다. 종택이 음성 일대의 토지를 획득한 사실은 1932년부터 1942년 사이에 조선식산은행으로부터 대출을 받고 담보로 제공한 토지에 대하여 근저당권을 설정하면서 체결한 4차례의 「근저당권설정계약서」에 의한 것이다. 이 시기 4차례의 대출에 대하여 근저당권이 설정된 종택의 토지는 각각의 대출에 따라 다소 차이를 보인다. 여기에는 음성과 함께 당시는 수원군에 편입되어 있었던 속달과 인근의 토지도 함께 근저당이 설정되었다. 이 시기 종택이 조선식산은행으

로부터 받은 대출별 근저당권이 설정된 토지의 내역을 살피면 〈표 9〉와
같다.

조선식산은행에서 대규모 대출을 일으킨 첫 번째 거래는 1932년 5월
16일로 2만 1천원을 차용하였고, 속달 인근과 음성군의 토지 14만 360평을
담보로 제공하였다. 속달을 제외한 인근의 대야미와 둔대, 팔곡1리의 토지
2만 6,873평과 음성군의 금왕면과 대소면의 토지 11만 3,487평이 대상이
되었다. 이때의 대출조건을 살피면, 원금은 대출일로부터 8개월 후인 1933년
1월 15일까지 거치하고, 그 다음날로부터 1948년 1월 15일까지 반연부금
1,274원 10전을 매년 1월 15일과 7월 15일에 납부하는 조건이었다.

그로부터 4년 후인 1936년에는 2만 4천원으로 차용금액이 3천원 증가하였
고, 근저당권을 설정한 토지도 16만 406평으로 2만여 평이 증가되었다.
속달을 제외한 인근 3리의 토지는 2만 8,471평으로 1,600여 평이 증가하는
데 그쳤지만, 음성의 토지는 13만 1,935평으로 1만 9천여 평이나 증가하였다.
이때 근저당권이 설정된 음성 토지에서 1932년의 금왕면 토지는 제외되었고,
새로이 삼성면의 5만 2,103평에 근저당권이 설정되어 있었다.

〈표 9〉 조선식산은행 대출에 대한 근저당권 설정 내역(단위 : 평)

구분		1932년	1936년	1939/1942년	1942년*
수원군 반월면		26,873	28,471	86,646	86,815
	대야미리	13,002	14,499	15,177	15,145
	둔대리	6,688	6,789	6,789	6,789
	속달리			57,497	57,454
	팔곡1리	7,183	7,183	7,183	7,427
음성군		113,487	131,935	125,230	
	금왕면	32,711			
	대소면	80,776	79,832	87,366	
	삼성면		52,103	37,864	
총합계		140,360	160,406	211,876	86,815
대출금(원)		21,000	24,000	48,000/28,000	10,000

* 경성부 관수정의 영정갑수(永井甲洙)로부터의 대출임.

1939년에는 무려 2배가 증액된 4만 8천원의 대출을 일으키고 있었다. 반면 근저당권을 설정한 토지는 두 배까지는 아니지만 5만여 평이 증가된 21만 1,876평이 되었다. 이때의 대출을 위해서 종택이 위치한 속달의 토지 5만 7,497평이 담보로 제공되었다. 마지막으로 1942년에는 1939년의 근저당을 유지하면서 대출금이 2만 8천원으로 크게 감소하였다. 이는 1942년의 대출이 추가 담보의 제공이 없이 이전 담보대출의 갱신 성격으로 이루어졌기 때문으로, 이 시기가 되면 종택의 조선식산은행으로부터의 담보대출 가능액이 한계치에 도달하고 있었다고 볼 수 있다.

대출 회차별 음성군의 근저당 설정 내역을 보면 금왕면의 경우 1932년 3만 2,711평의 토지를 확인할 수 있고, 대소면의 경우는 1939년 8만 7,366평이 최대치이며, 삼성면은 1936년의 5만 2,103평이 가장 넓은 면적이다. 이들 최대치로써 종택의 음성일대 보유토지 면적을 산출하면 17만 2,180평에 달하는 면적이 된다. 속달과 인근의 토지도 마찬가지지만, 음성의 토지도 정세진과 정욱진 명의의 토지였다. 결국 종택은 1930년대에 음성 금왕면과 대소면, 삼성면 일대에 적어도 17만여 평의 토지를 소유하고 있었던 것이다.

종택이 음성지역에 보유하고 있었던 토지가 행정구역상으로는 금왕면과 대소면, 삼성면 세 면에 걸쳐 있지만, 세 면은 서로 인접해 있었다. 그리고 종택의 토지가 소재하는 각 면의 동리들은 금왕면의 봉곡리, 오선리, 용계리, 유촌리, 대소면의 삼정리, 성본리, 소석리, 태생리, 그리고 삼성면의 천평리로, 이들 동리들은 모두 인접하여 위치해 있었다. 결국 종택이 음성에 소유한 17만여 평의 넓은 토지는 특정 지역에 밀집해 있었다.

종택이 음성의 토지를 획득한 것은 부동산담보대출을 통해서인 것으로 추정된다. 즉 기존에 보유하고 있었던 속달과 인근의 토지는 물론, 새로 획득하는 음성의 토지를 담보로 대출을 일으켜 음성의 토지를 획득하는 자본으로 삼고, 해당 대출을 계속 연장하면서 소유권을 유지시켜 온 것이 아닌가 한다. 종택은 일제강점기가 끝날 때까지 음성지역 토지에 설정된 조선식산은행의 근저당권을 풀지 못하고 있었다. 해당 근저당권은 우리나라가 해방이 되고 1년 후인 1946년 7월 23일 조선식산은행이 음성지역의 토지에 설정한 근저당권을 포기함으로써 비로소 말소되었다. 결국 종택의 음성 일대 토지에 대한 소유권을 온전하게 해 준 것은 다름 아닌 우리나라의 해방이었다고 할 수 있다.

종택이 부동산을 담보로 대규모 대출을 일으킨 것은 이뿐만이 아니었다. 이미 1913년 6월 21일의 이른 시기에 조선식산은행에서 부동산담보대출을 받은 적이 있었다. 이때 종택 측의 명의는 정세진이었으며, 차용금은 2,500원으로, 3년 후인 1916년 2월 6일에 원리금을 지불하면서 해소되었다. 1913년 8월 28일에는 정규갑 명의로 대야미의 전답을 담보로 하여 4천원의 대출을 일으키기도 했다. 이때의 채권자는 조선식산은행이 아니라 도촌청자(島村淸子)라는 인물이었다. 이 계약은 2년 후인 1915년 9월 30일에 채권자가 저당권을 포기함으로써 정리되는데, 그 사유는 불명확하다.

개인에게 토지를 담보로 큰 규모의 대출을 일으킨 경우는 조선식산은행과의 거래가 한창이던 1942년에도 존재했다. 조선식산은행으로부터 마지막 대출계약을 체결한 1942년 6월 29일로부터 두 달 후인 1942년 8월 20일, 정세진과 정욱진 형제는 경성부 관수정의 영정갑수(永井甲洙)라는 인물에게 1만원을 대출하였다. 이는 1942년 조선식산은행의 대출에서 대출액이 1939년의 절반 수준으로 감소함에 따라 부족분을 충당하기 위하여 행해진 것으로 추정할 수 있다. 영정갑수(永井甲洙)로부터의 대출 역시 정세진과 정욱진이 보유한 속달과 인근의 토지 8만 6,815평을 담보로 하고 있었다. 원금은 1947년 8월 20일까지 5년 한도로 변제하기로 하였고, 이자는 연 1할 2푼, 매달 말일에 채권자의 주소로 찾아와 지불하기로 하였다. 이와 같은 대출은 앞서 조선식산은행으로부터의 대출에 비해 이자나 상환조건이 매우 좋지 않은 것으로, 당시 종택의 자금 상황이 좋지 않았음을 보여준다고 할 수 있다.

이와 같이 대출을 통한 대규모 자본의 마련은 지주로서 보유한 토지를 담보로 제공함으로써 가능했다. 이러한 대출은 주로 음성 등 새로운 토지의 획득 및 소유권 유지를 위한 자본 마련과 대출의 갱신을 위한 것으로 보여진다. 그와 동시에 주조사업 등 새로운 경제활동을 위한 자본으로도 활용되었을 것이다. 그러나 1942년의 두 대출에서 보이듯, 당시 동래정씨 정난종 종택의 경제적 상황은 녹록치 않았던 것으로 보인다.

3) 다양한 사회활동의 참여

사실상 속달의 주인으로서 동리의 대소사를 주관하고 이끌어갔던 종택의 지위와 역할은 일제강점기에 들어서도 지속되었다. 비록 경제외적 종적관계는 상당히 약화되고 경제적 관계가 점차 전면화하는 상황이었지만, 속달과 인근 지역의 최대 지주이자 동래정씨 씨족마을 종가로서 위상은 상당한 것이었다. 오히려 일제강점기에 들어서면서 활동범위가 더욱 확장되는 모습을 보이고 있는데, 이는 지역 유지들에 대한 조선총독부의 동원과 지역사회의 요구가 이전 시기에 비해 강해지고 있었기 때문이었다. 또한 1910년대 들어 동래정씨 문중 역시 각자 파조를 중심으로 하는 지파의 경계를 넘어 전체 동래정씨 차원의 족보와 조직을 만들어 나가기 시작하면서, 문중 내에서 정난종 종택의 활동 역시 이전 시기에 비해 범위가 확장되고 있었다.

당시 종택은 속달의 경계와 민관의 경계를 넘나들면서 다양한 역할을 수행하고 있었다. 특히 관과 관련하여 수행하는 역할 가운데는 식민당국의 위력에 의하여 수행할 수밖에 없었던 것들도 있었다. 그 가운데 가장 대표적인 것이 1917년 메이지신궁봉찬회(明治神宮奉讚會)에 대한 기부금 헌납이었다. 조선의 메이지신궁봉찬회는 일제강점기 메이지신궁봉찬회의 조선지부로 1910년대 대표적인 친일 협찬단체이다. 1915년 4월 메이지신궁 건립계획이 확정되면서 건축비 모금을 위해서 일본에 메이지신궁봉찬회가 결성되었고, 이에 따라 조선에서도 정무총감을 지부장, 13도 지사를 위원장, 부윤과 군수 및 친일 재산가들을 위원으로 메이지신궁봉찬회 조선지부가 결성되었다. 이때 이들이 갹출한 신궁의 조영비는 1916년 말까지 경성부 내 위원들만 해도 1만 7,824원 80전에 달할 정도였다.[8]

당시 종택의 주인이었던 정규선 역시 신궁봉찬회의 참여를 요구받았으나 참여하지 않았다. 그러나 정규선의 불참이 그냥 넘어가진 것은 아니었다. 1916년 6월 12일, 수원군수는 신궁봉찬회에 불참한 사유로 6월 15일 오전 10시까지 수원군청으로 시간을 어기지 말고 출두할 것을 명령하였다. 이에 대하여 매우 신중한 사건이므로 반드시 본인이 출두하여야 할 것이며, 출두할 때 본인의 인장을 지참하도록 하였다. 사실상 신궁봉찬회의 참여를 겁박한 것에 다름 아니었다. 이에 정규선은 수원군청에 출두하였고, 이때 3원의 헌금을 납부하기로 약조한 것으로 보인다. 그러나 이마저도 선뜻 납부하지는 않았고, 1916년 9월 1일, 납부키로 약조한 헌금 3원을 9월 25일까지 납부하라는 독촉장을 신궁위원회 수원위원한테서 받기도 하였다. 결국 해당 헌금을 납부하기는 했으나, 납부한 때는 그로부터 한 달이 지난 10월 25일이었다.

여하튼 1년이 지난 1917년 6월 30일, 정규선은 신궁봉찬회 조선지부장으로부터 3원의 헌금에 대한 감사장을 받게 되었고, 다시 4년이 지난 1921년 6월 9일에는 역시 동회 지부장으로부터 표창장을 전달받게 된다. 정규선이 받은 감사장은 헌금자에 대해 지급한 가장 낮은 등급의 대가였다. 신공봉찬회 조선지부는 헌금의 액수에 따라 감사의 형식을 달리하였는데, 10엔 이상의 헌금자에 대해서는 봉찬장(奉讚章)을 수여하였고, 5~10엔의 헌금자에 대해서는 감사장과 목배(木杯)를, 1~5엔의 헌금자에 대해서는 감사장만을 지급하고 있었다. 결국 이와 같은 메이지신궁봉찬회에 대한 찬동과 헌금의

---

8) 「신궁봉찬회」, 『한국민족문화대백과사전』, 한국학중앙연구원.

강요는 당시의 억압적인 상황을 잘 보여주는 것이며, 종택은 관으로부터 동원된 강요 속에서 가장 적은 수준의 헌금을 마지못해 납부하였던 것이다.

이밖에도 정규선은 1917년 1월 22일에 반월면장으로부터 군인후원회의 통상위원으로 추천되었다는 통고를 받기도 하였다. 이 역시 군인후원회 위원으로는 가장 낮은 등급으로, 500원 이상을 납부하는 회원에게는 유공회원, 50원 이상의 납부자에게는 특별회원, 10엔 이상자에게는 통상회원의 지위를 부여하고 있었다. 또한 1915년 즈음에는 경기도 농사장려회 수원군 지회 위원으로 참여하는 등 지역의 유지로서 다수의 관변활동에 동원되고 있었다.

반면 속달 등 지역의 일에 대해서는 여전히 주도적으로 적극적인 역할을 수행하고 있었다. 1916년에는 훼손된 팔곡1리의 제방에 대한 복구원을 경기도지사에게 제출하고, 제방 복구를 주도하였다. 또한 반월면의 식림조합(植林組合)에 적극 참여하여 활동하였으며, 1912년에는 속달2리의 적송림 보호와 금양(禁養)을 훌륭하게 수행한 공로로 경기도장관으로부터 3원의 상금과 상장을 수여받기도 하였다.

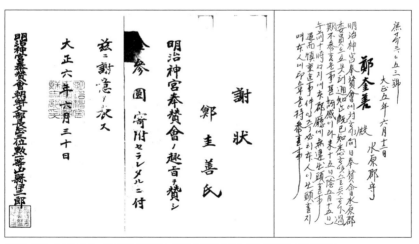

〈그림 38〉 수원군수의 출두명령서(우)와 메이지신궁봉찬회 조선지부의 감사장(좌)

속달의 동계 역시 여전히 종택이 주도하여 운영해 나가고 있었다. 비록 이전 시기의 결세와 호세 등 공납을 위한 동계의 성격은 소멸하였지만, 상호부조의 역할은 여전히 지속되었다. 이 시기의 동계로서 확인할 수 있는 것이 상계(喪稧)로, 명칭 그대로 속달의 상사에 대한 상호부조와 재원 마련을 목적으로 하는 마을의 계였다. 상계는 계전에 대한 식리로 재원을 마련하였는데, 현재 1919년과 1920년의 방채기(放債記)가 남아 있어 그 규모를 알 수 있다. 이에 따르면 1919년에는 74명을 대상으로 2만 5,153냥 17전을 운용하고 있었으며, 1920년에는 29명에게 1만 1,457냥 60전을 운용하고 있었다.

여러 사회활동 가운데 종택에서 가장 활발하게 참여하고 지속적으로 수행했던 것은 교육활동으로 여겨진다. 대한제국이 일제에 강점당하기 이전인 1900년대 후반에 이미 성산의숙(省山義塾)을 운영하기 시작하여, 반월면에 공립학교가 설립되기 이전까지 초동학당(樵童學堂), 성산야학(省山夜學)으로 연결되는 지역 사학을 주도적으로 운영하였다. 그리고 1912년경 반월면에 공립보통학교 설치 노력과 설립 후에도 기성회장과 후원회 부장 등으로 1930년경까지 활동하였다. 또한 1920년대 후반에는 만주동포의 교육사업을 위하여 설립한 간도동흥중학교(間島東興中學校)에도 기부금을 보내는 등 지역을 넘나드는 교육활동을 수행해 나갔다.

1909년 10월에 속달에 설치한 초동학당은 속달의 뜻있는 주민 27인에게서 1석 19두를 거두어, 이를 자본으로 방채하여 학교 운영을 위한 보조금을 마련하였다. 『초동학당보조기(樵童學堂補助記)』를 살피면, 1석 19두를 납부한 명단이 기록되어 있다. 그런데 1석을 납부한 교관댁을 비롯한 정씨들이 상단에 기록되어 있고 나머지 성씨가 하단에 기록되어 있어, 초동학당의 설립과 운영이 정씨가 중심이 되었음을 알 수 있다.

초동학당을 비롯하여 성산의숙과 야학당 등의 운용은 일단 주민을 상대로 한 곡식의 방채가 있었으며, 이밖에는 석유를 구입하여 학교에서 사용함과

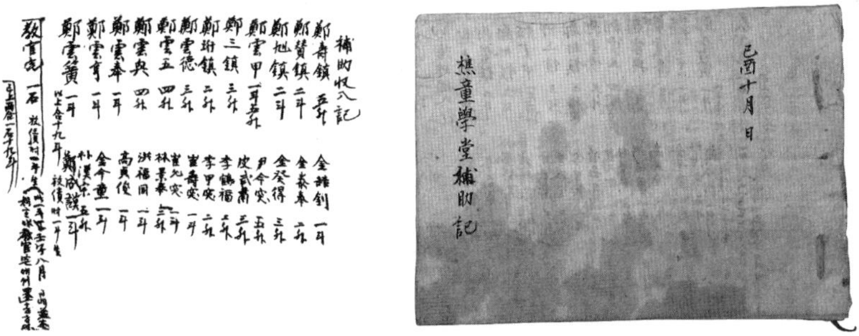

<그림 39> 1909년 『초동학당보조기』 표지(우)와 본문(좌)

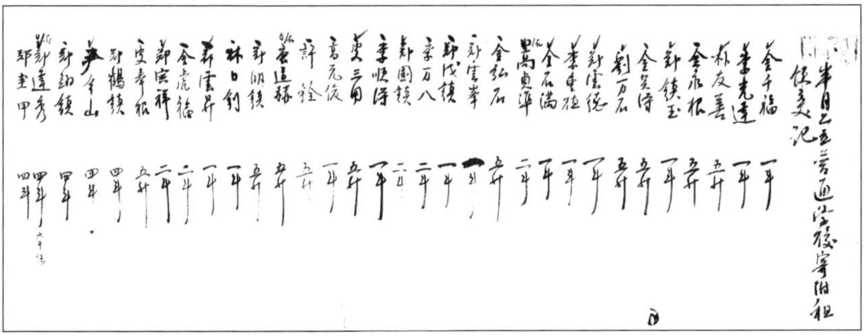

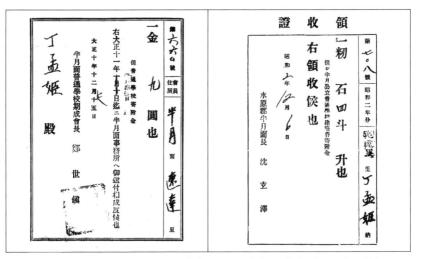

<그림 40> 半月公立普通學校 寄附租領收記

<그림 41> 1922년 보통학교 기부금 영수증(좌) 및 1927년 학교건축비 기부금 영수증(우)

동시에 주민에게 판매하여 그 수익을 학교 운용비로 사용하기도 하였다. 이와 같은 학교의 운용은 결국 해당 학교들이 속달의 동계 차원에서 운영되고 있었다고 할 수 있다. 그리고 이를 주도한 것은 역시 종택이었다.

이후 공립학교로서 반월보통학교의 설립과 운영에도 종택의 역할은 지대하였던 것으로 보인다. 1913년 6월에는 당시 반월학교 기성회장이었던 정세진에게 반월면장이 감사의 표시로 은배(銀杯) 1조(組)를 증정하였으며, 1922년 2월에는 150원의 학교기부금을 납부한 데 대한 감사의 편지를 받기도 하였다. 앞서 메이지신궁봉찬회나 군인후원회의 헌금납부 금액과 포상내역을 비교할 때, 종택의 교육에 대한 공헌과 대가가 비할 바가 아니었음을 쉽게 알 수 있다. 그도 그럴 것이, 정세진은 기성회장으로서 많은 기부금을 납부한 것뿐만 아니라, 회장으로서 적극적인 활동을 통하여 1920년대까지 많은 주민으로부터 기부금을 수령하여 반월보통학교의 발전을 위한 기금을 지속적으로 마련하여 제공해 왔던 것이다.

1910년대에는 동래정씨 대종중차원의 문중사업도 활발하게 진행되었고, 종택은 여기에도 주도적으로 참여하고 있었다. 문중사업의 계기가 된 것은 문중 내에서 수백 년 이래 숙원사업으로 인식하고 수차례에 걸쳐 발통(發通)하였으나 성과를 거두지 못하고 있었던 『동래정씨대동보(東萊鄭氏大同譜)』 간행사업이었다. 1915년 10월 28일에 문중에서는 다시금 대동보 간행을 위한 보소(譜所)를 서울에 설치하고, 통문을 각파 제위의 문중구성원에게 발송하였다. 통문에 따르면 각 파에서는 유사(有司)를 정하여 각기 족보단자를 수합하여 상세히 기록하고, 그 결과를 보소에 올리되 명전(名錢)으로 성인은 40전, 아동은 20전을 각각 거두어 함께 올리도록 하였다.

당시 종손이던 정규선은 해당 보소의 조직 시점부터 주도적으로 간여하고 있었다. 교정유사(校正有司)로서 중앙 보소의 임원직을 맡고 있었으며, 동시에 정광보의 후손들을 대표하는 창원공파의 책임자로서도 동시에 이름을 올리고 있었던 것이다.

대동보 작성을 계기로 시작된 동래정씨의 문중사업은 이듬해 1916년에 들어서 보다 체계화, 공식화되었다. 1916년 10월 8일에 동래정씨 대종회를 개최하여 동래정씨종약소(東萊鄭氏宗約所) 설치를 의결함과 동시에 종약소 규칙을 제정하여 통과시켰다. 동시에 동래정씨대동보소의 규칙 역시 함께 제정하여 의결하였다. 이를 통하여 전체 동래정씨 차원의 공식적인 규약과 조직을 갖춤으로써 공식적이고 강제력을 지닌 조직과 집행부를 성립했던 것이다. 이때 정규선은 대동보소의 금전출납을 담당하는 장재(掌財)와 종약소의 고문에 함께 선임되었다.

정규선은 이렇게 중앙조직의 임원으로서, 특히 재정을 담당하는 장재이자 고문으로서 중앙의 문중조직에 적극 간여하였다. 동시에 속달에서 정광보를 파조로 하는 창원공파의 족보단자와 명전을 수합, 정리하는 일에도 힘을 다하였다. 이에 따라 당시 종택에는 대동보소의 재정운용과 관련한 각종 영수증 및 치부기록들과 종약소의 업무에 해당하는 문중 내 각종 현안과 각지 선산에 대한 수호 및 제사와 관련한 규약이 쌓여 갔다. 동시에 속달과 인근 및 광주 등지의 창원공파 제위들로부터 수합한 족보단자와 명전관련 치부기록들, 기타 족보 편찬에 소용되는 각종 재원의 수합과 관련한 다양한 기록들이 생산되었다.

그러나 당시 안팎으로 공사다망한 활동을 하던 정규선은 특히 대동보소의 장재역에 어려움을 느끼게 되었다. 이에 따라 1917년 1월과 3월의 두 차례에 걸쳐 거듭 신병으로 보소의 장재직을 수행하기 어려우니 그 직을 면하게 해 달라는 요청을 하기에 이른다. 그러나 대동보소에서는 이를 받아들이지 않았으며, 면직 청원서를 다시 정규선에게 봉환(封還)하였다. 이에 따라 정규선의 문중 직임은 1910년대 말까지 지속된 것으로 보인다. 이후 중앙에서의 활동은 정규선의 장자 정세진이 이어받아 수행하게 된다. 정세진은 1919년 6월 동래정씨종약소의 평의원으로 선정되어 문중의 일에 본격 참여하게 되었으며, 6개월 후 1919년 12월에는 정우홍 등과 함께 이미 간행한

『동래정씨일통보(東萊鄭氏一統譜)』의 개간을 요청하는 취지서를 작성하여 문중원들에게 알리는 등 활발한 활동을 전개하였다. 정세진은 이후 1920년대에도 동래정씨종약소의 임원으로 문중구성원들의 헌성금과 신입관련 업무를 총괄하는 등 적극적으로 문중활동에 참여하고 있었다.

Ⅱ. 영광 외간 연안김씨가의 지주경영과 경제활동

1. 조선후기 연안김씨가의 사회경제적 성장

1) 연안김씨가의 영광 정착과 가계계승[1]

전라남도 영광군 군남면 동간(東澗)지역 평야가 보이는 산 아래에 125칸 규모의 영광 연안김씨 종택이 존재한다. 연안김씨의 집성촌으로 연안김씨 직강공파 가운데 이곳에 자리 잡은 일문을 동간의 옛 이름을 따라 '외간종중 (外澗宗中)'이라 부르며 해당 종택이 바로 이 외간종중의 종택이다.

영광 군남면 동간리의 연안김씨가문은 남도의 넓고 기름진 땅을 배경으로 400여 년을 현 지역에서 세거하여 왔다. 이 역사는 중앙과 지역사회에서 역사의 부침을 함께해 가며 사회적 지위와 경제적 지위를 신장시키고 유지해 온 역사였다. 연안김씨의 이러한 역사는 현재까지 잘 보존되어 온 4천여 점의 문헌자료들에 상세히 기록되어 있다.

영광군은 전라남도의 북서해안 노령산맥이 해안으로 뻗어 들어가는 곳에 위치하고 있다. 쌀과 소금, 목화, 눈이 많아 4백(四白)의 고장이라 불린

---

1) 연안김씨의 가계는 특별한 언급이 없는 한 연안김씨가문에서 펴낸 『임자대동보』(延 安金氏譜所, 『延安金氏族譜』 1~20, 1913)와 『병술대동보』(延安金氏大宗會, 『延安金氏大 同譜』 1~4, 2006)를 바탕으로 하였다.

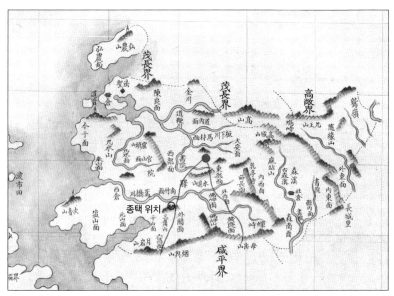

〈그림 1〉『八道地圖』영광 부분(19세기, 장서각 K2-4583)

영광은 물산이 풍부하고 특히 논농사가 발달한 지역이다. 또한 '선비는 문예를 숭상하고, 백성은 농상(農桑)에 힘쓰는' 곳으로 일컬어져 왔다.[2] 고택은 영광군 군남면 동간리, 노령산맥의 끝자락 삼각산에서 떨어져 나온 야트막한 산의 북쪽 기슭 넓은 대지에 남도의 너른 들을 북으로 바라보면서 자리하고 있다. 예전에는 외간(外澗)으로 불렸던 이곳에 자리한 고택은 '영광 연안김씨 종택(靈光延安金氏宗宅)'이라 칭해진다.[3] 고종 5년(1868)에 안채를 상량한 기록이 있으나, 동학농민운동 당시 안채를 제외한 대부분의 건물이 소실되어 이후에 다시 지었다 한다. 별도 건물만 12채, 125칸에 달하는 현재의 규모로 증축한 것은 일제강점기의 일이다. 풍수지리상 매화꽃이 떨어지는 형국 또는 학 형국이라고 일컬어지는 길지(吉地)에 넓게

---

2) 『輿地圖書』, 全羅道 靈光 風俗條.
3) 1914년의 군면 폐합조치로 외간면은 이웃한 마산면, 육창면과 함께 군남면으로 통합되었다.

〈그림 2〉 영광군 군남면 동간리 연안김씨 종택 위성사진(DAUM 위성지도, 그림
상의 "A" 부분이 종택의 위치)

북향으로 위치한 이 고택은 현재 중요 민속문화재로 지정되어 있다.[4]

바깥대문은 14세손 김진과 19세손 김재명, 20세손 김함 삼대가 효성이
지극하다 하여 나라에서 세워준 정려문이다. 보기 드물게 2층 누각형 대문으
로 세워졌는데, 3인의 효행에 대하여 내려진 명정(命旌)을 모시기 위한 정문
(旌門)을 대문 위에 누각으로 얹은 것으로, 3대의 효성을 기려 '삼효문(三孝門)'
이라 한다. 종택 내부에는 서당이 존재하는데, 대청을 사이에 두고 동재와
서재가 있어 선생을 초빙해 집안의 자제나 마을의 학동들을 교육하였다

---

4) '영광연안김씨종택(靈光延安金氏宗宅)', 문화재청 홈페이지(www.cha.go.kr).
　종택에 대해서는 "『중요민속자료(제234호) 기록화보고서 한국 전통가옥 영광 연안
　김씨 종택』, 문화재청, 2008년"에 실측과 더불어 자세한 해설이 소개되고 있다.

한다. 안채 맞은편에 있는 정면 9칸, 측면 2.5칸의 곳간채는 종택의 경제규모를 단적으로 보여준다. 이 외에도 행랑간과 창고 뒤편에 쌀 100가마니가 족히 들어갈 수 있는 비밀창고가 있는데, 일제강점기 때의 곡식 공출에 대한 대비로 제작한 공간이라 한다.

삼효문이 있는 문간채를 들어서면 사랑채 영역이 나타난다. 여기에는 사랑채를 중심으로 마부집, 서당, 연못 등이 있다. 사랑채에 붙은 안대문을 따라 안채의 영역으로 들어가면 뒤주간과 창고건물을 거느린 'ㄷ'자 구조의 안채를 중심으로 맞은편에 9×2칸 규모의 'ㅡ'자형 곳간채가 위치한다. 사랑채와 안채 사이 뒤편에 사당이 위치하고 있으며, 그 뒤에 둘러쳐진 담장 밖으로 호지집이 위치한다. 이러한 종택은 5,000㎡의 넓은 대지 위에 125칸 규모로, 총 12채의 건물이 배치되어 있다.[5] 이와 같은 종택의 위치와 규모, 공간구성은 물산이 풍부하고 전답이 기름진 남도를 배경으로 하는 종가의 경제력을 잘 보여준다.

연안김씨가 이곳에 세거하기 시작한 것은 종택 건물의 역사보다 훨씬 이른 시기이다. 김영(金嶸, 1540~1598)이 영광의 수령으로 부임해 온 중부 김세공(金世功, 1521~?)을 따라와 영광 불갑면에 터를 잡았고 셋째 아들 김인택(金仁澤, 1575~1666)이 현재의 위치인 당시 외간에 터를 잡아 세거하기 시작하였다. 연안김씨 내에서는 영광 외간에 자리한 일족을 '외간종중(外澗宗中)'이라 칭하고 있다.

영광 군남면 동간리의 연안김씨가문은 남도의 넓고 기름진 땅을 배경으로 400여 년을 현 지역에서 세거하여 왔다. 이 역사는 중앙과 지역사회에서 역사의 부침을 함께 해 가며 사회적 지위와 경제적 지위를 신장시키고 유지해 온 역사였다. 역사와 규모에 걸맞게 종택에는 조선후기로부터 근대에 걸친 방대한 양의 자료가 남아 있다. 종택에는 대대로 물려온 교지·관복·

---

5) 이진경, 「고택탐방 영광 연안김씨종택」, 『문화유산신문』 2012년 7월 20일.

① 三孝門(바깥대문)

② 사랑채 영역

③ 안채 영역

④ 안채

〈그림 3〉 영광 연안김씨 종택

호패 등 100여 점에 달하는 유품이 소장되어 있으며, 수세기에 걸쳐 생산된 4,300여 점에 달하는 문헌이 전해지고 있다.

　김인택 이래 지금까지 4백여 년을 이어 온 종가와 외간종중은 경제력 못지않게 인물도 지속적으로 배출하여 왔다. 앞서 살핀 효정(孝旌) 3인을 비롯하여, 문과 2인과 무과 2인을 배출하였으며, 소과에도 4인을 배출하였다. 이와 같이 영광 군남면의 연안김씨 일족은 이른바 '문·무·효(文·武·孝) 삼덕을 구비한 재향명문으로서 조선후기에 명성을 떨친' 가문으로 평가된다.6)

―――――――――――

6) 세사편찬위원회, 『연안김씨세사』 제2집, 1984, 390~391쪽.

① 영광 연안김씨의 선대와 영광 입향

〈그림 4〉 연안김씨 가계도 1-1

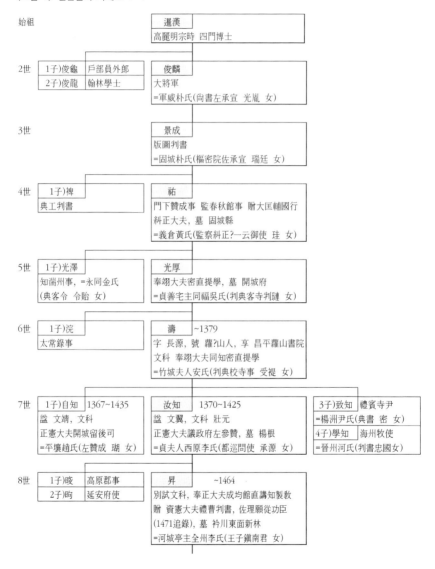

始祖　｜　暹漢
高麗明宗時 四門博士

2世　1子)俊龜　戶部員外郎
　　　2子)俊龍　翰林學士

俊麟
大將軍
=軍威朴氏(尙書左承宣 光胤 女)

3世　景成
版圖判書
=固城朴氏(樞密院佐承宣 瑞廷 女)

4世　1子)裨　典工判書

祐
門下贊成事 監春秋館事 贈大匡輔國行
紏正大夫, 墓 固城縣
=義倉黃氏(監察紏正?一云御使 珪 女)

5世　1子)光澤　知端州事, =永同金氏
　　　　　　　　(典客令 令眙 女)

光厚
奉翊大夫密直提學, 墓 開城府
=貞善宅主同福吳氏(判典客寺判蓮 女)

6世　1子)浣　太常錄事

濤　~1379
字 長源, 號 蘿?山人, 享 昌平蘿山書院
文科 奉翊大夫同知密直提學
=竹城夫人安氏(判典校寺事 受褆 女)

7世　1子)自知　1367~1435
諡 文靖, 文科
正憲大夫開城留後司
=平壤趙氏(左贊成 瑚 女)

汝知　1370~1425
諡 文翼, 文科 壯元
正憲大夫議政府左參贊, 墓 楊根
=貞夫人西原李氏(都巡問使 承源 女)

3子)致知　禮賓寺尹
=楊洲尹氏(典書 密 女)
4子)學知　海州牧使
=晉州河氏(判書忠國女)

8世　1子)暧　高原郡事
　　　2子)昫　延安府使

昇　~1464
別試文科, 奉正大夫成均館直講知製教
贈 資憲大夫禮曹判書, 佐理願從功臣
(1471追錄), 墓 衿川東面新林
=河城亭主全州李氏(王子鎭南君 女)

116

<그림 4> 연안김씨 가계도 1-2

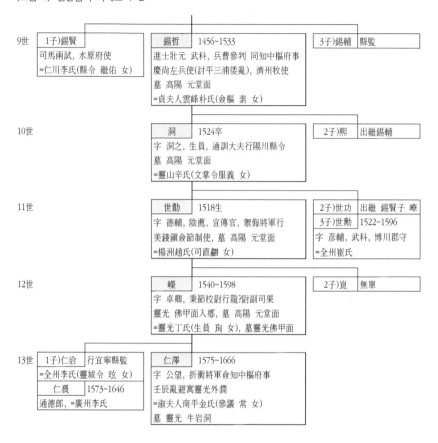

연안김씨는 고려 명종(1170~1197)조 문신 김섬한(金暹漢)을 시조로 한다. 김섬한은 신라의 종성(宗姓)으로 왕에게 직간을 하다 고염성(鼓鹽城)으로 유배를 당한 인물의 후손이라 하지만 김섬한의 선대 계보를 확인할 수 있는 기록은 남아있지 않다. 이후 고염성이 연안으로 개칭됨에 따라 본관을 연안으로 하게 되었다 한다. 김섬한은 무신정권기 개성에 올라가 사마시와

문과에 급제하고 국자감의 사문박사(四門博士)에 올랐다. 이후 연안김씨는 고려후기와 조선시대 전 시기를 거쳐 주요 문벌가문으로서 지위를 유지해 왔다.

연안김씨는 8세에 분파하여 현재 총 22개의 파가 있다. 그 가운데 여기서 살피고자 하는 영광의 연안김씨는 김승(衿昇, ?~1464)을 파조로 하는 직강공 파에 속한다. 김승은 김여지(金汝知, 1370~1425)의 3남으로, 김여지는 1389년 (창왕 1) 문과에 장원급제하고 형조판서와 예조판서 등의 관직을 두루 거치 며 태종과 세종의 성세에 일익을 담당한 여말선초의 문신이다. 조부 김도(金 濤, ?~1379) 역시 공민왕 때 향공으로 관직에 나가 문신으로 활동하였다. 김승 역시 1460년(세조 6) 별시문과에 을과 3등으로 급제하여 관직에 나아가 성균관직강(成均館直講)을 역임하였다. 사후 예조판서에 추증되었으며, 1471 년(성종 2) 좌리원종공신(佐理願從功臣)에 추록되었다.

김승에게는 세 아들이 있었는데, 모두 관직에 진출했다. 장자 김석현(金錫 賢)은 1472년(성종 3) 생원과 진사 양시에 입격하여 수원부사를 역임하였고, 3자 김석보(金錫輔)도 진사시를 거쳐 현감을 지냈다. 가장 현달한 아들은 차자 김석철(金錫哲, 1456~1533)로, 1477년(성종 8) 진사시에 장원을 하고 연이어 같은 해 치러진 무과에서 장원으로 급제하여 무신으로 관직에 진출하 게 된다. 이후 황해목사와 평안병사, 경상우병사, 제주목사, 병조참판 등의 주요 무반직을 역임하였으며, 1510년(중종 5) 삼포왜란이 발발했을 때 경상 우도병마절도사로서 이를 진압하였다.

연안김씨가 영광에 자리잡게 된 것은 김석철의 증손 김영(金嶸, 1540~ 1598)에 의해서이다. 김영의 중부 김세공(金世功, 1521~1586)은 1552년(명종 7) 무과에 장원급제한 후 관직에 진출, 1571년(선조 4) 영광군수로 영광에 부임하게 된다. 이때 영은 중부와 함께 영광에 와서 영광정씨와 혼인, 영광 불갑면(佛甲面)에 터를 잡으면서 영광 연안김씨 입향조가 된다.

그러나 곧이어 터진 임진왜란은 가족의 이산을 초래하였다. 김영의 장자 김인흡(金仁洽)은 의사(義士)를 모집하고 군량을 모아 전쟁을 돕기도 하였으나 형제들의 이산을 막지는 못하였다. 와중에 김영의 3자 김인택(金仁澤, 1575~1666)이 전쟁을 피하여 현재의 종택이 위치한 당시의 외간면(外澗面)에 우거하게 된다.[7] 바로 그가 영광 군남면 연안김씨, 이른바 외간종중의 입향조가 된다.

② 연안김씨의 외간 정착과 기반 강화

김인택이 외간에 입향한 이후, 연안김씨는 명문가로서 지위를 공고히 하면서 기반을 강화해 나가기 시작하였다. 대를 이을 봉사손을 생산하지 못하여 양자를 통하여 입후하는 일이 세 차례나 발생하는 등 위기도 있었으나 동시에 다수의 구성원들이 생원·진사시와 문·무과에 합격하였으며 효자를 배출하는 등 가격(家格)을 높여 나갔다. 이와 함께 경제력의 측면에서도 안정적인 기반을 확보해 나갔다.

김인택의 아들 김전(金瑱, 1599~1680)은 조선중기의 문신이자 의병장인 강항(姜沆, 1567~1618)에게서 수학하였으며, 1636년(인조 14) 증광사마시에 생원 2등 18인으로 입격하였다.[8] 특히 효행으로 이름이 높았는데, 1666년(현종 7) 아버지 김인택이 죽자 70의 나이에 반의(斑衣)를 입고 죽을 먹으며 삼년상을 치렀다 한다.[9]

김전은 세 아들을 두었는데 그 중 셋째 아들 김찬오(金儹五, 1646~1725)가 또한 1705년(숙종 31) 사마시에 진사 3등 6인으로 입격하였다.[10] 그러나 장자 김양오(金良五, 1626~1696) 이후 2대에 걸쳐 봉사손을 생산하지 못하여 양자를 들일 수밖에 없는 상황에 놓이게 된다.

---

7) 金鍾琯 序, 『佛甲面柹木亭九峰墓所永慕條案』, 1907, 장서각 MF 35-09450.
8) 『乙亥增廣司馬榜目』, 장서각 MF 35-09447.
9) 『輿地圖書』, 全羅道 靈光 人物條.
10) 『乙酉式年司馬榜目』, 장서각 MF 35-09447.

김양오의 대를 이은 것은 김대(金澩, 1667~1701)로, 영광 입향조 김영의 둘째아들 김인개(金仁漑, 1573~1646)의 손자 김명오(金鳴五, 1632~1677)의 둘째아들이었다. 그러나 김대 또한 대를 이을 아들을 낳지 못하여 김상립(金相立, 1685~1768)으로 재차 입후를 하였다. 김상립의 초명은 상정(相正), 김대의 생부인 김명오의 장자 김속(金涑, 1660~1713)의 둘째아들이었다.

이후 김상립은 김훤(金煊, 1716~1777)과 김훤(金烜, 1723~1778) 두 아들을 두었으며, 1744년(영조 20) 사마시에 생원 3등 17인에 입격하였다.[11] 6년 후인 1750년(영조 26)에는 장자 김훤(金煊)이 사마시에 진사 2등 17인으로 입격하게 되니,[12] 김전으로부터 5대에 걸쳐 4인의 생원과 진사를 배출하게 된다. 그뿐 아니라 김훤(金煊)이 1761년(영조 37) 별시문과에, 김훤(金烜)은 1751년(영조 27) 무과에 각각 급제하게 된다.

이후 장자 김훤(金煊)은 예문관한림(藝文館翰林), 사헌부장령(司憲府掌令), 사간원헌납(司諫院獻納) 등을 거쳐 당상관의 자리인 승정원좌부승지(承政院左副承旨)의 자리에까지 오르게 된다. 특히 김훤이 승정원 재직 당시인 1762~1763년(영조 38~39)의 『경연일기(經筵日記)』 35책이 현전하고 있다.[13] 차자 김훤(金烜)도 선전관(宣傳官), 용양위부사과(龍驤衛副司果), 판관(判官)과 첨정(僉正) 등을 거쳐 당상관 통정대부첨지중추부사(通政大夫僉知中樞府事)의 자리에까지 올랐다.

김훤(金煊)의 대는 경제적으로도 안정을 도모해 나간 시기로 볼 수 있다. 자세한 기록은 알 수 없으나 처 의성김씨(義城金氏, 1717~1771) 형제들의 화회(和會)로 10개 처의 전답 40두락 등을 분급 받는 등 경제적 기반이 안정화된 것을 확인할 수 있다. 이후 1894년(고종 31) 김종관(金鍾琯, 1870~1943)이 문과에 급제하기까지 과거와의 인연은 소원해졌다. 그러나

---

11) 『崇禎再甲子式年司馬榜目』, 장서각 MF 35-09447.
12) 위의 자료.
13) 『經筵日記』, 장서각 MF 35-09453.

〈그림 5〉 연안김씨 가계도 2

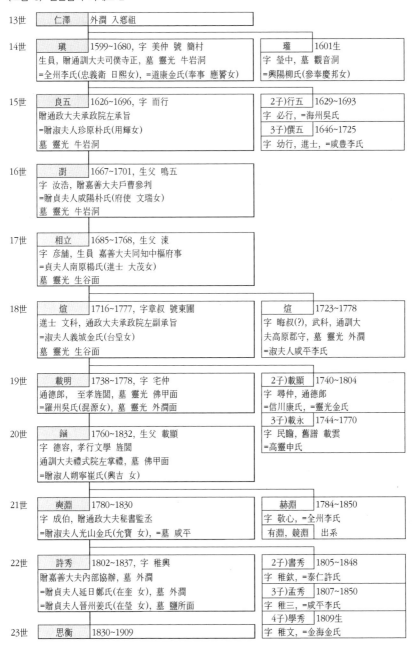

13世	仁澤	外澗 入鄕祖		
14世	瑱	1599~1680, 字 美仲 號 簡村 生員, 贈通訓大夫司僕寺正, 墓 靈光 牛岩洞 =全州李氏(忠義衛 日熙女), =道康金氏(奉事 應賫女)	瓘	1601生 字 瑩中, 墓 觀音洞 =興陽柳氏(參奉慶邦女)
15世	良五	1626~1696, 字 而行 贈通政大夫承政院左承旨 =贈淑夫人珍原朴氏(用輝女) 墓 靈光 牛岩洞	2子)行五 3子)僕五	1629~1693 字 必行, =海州吳氏 1646~1725 字 幼行, 進士, =咸豊李氏
16世	渭	1667~1701, 生父 鳴五 字 汝浩, 贈嘉善大夫戶曹參判 =贈貞夫人咸陽朴氏(府使 文瑞女) 墓 靈光 牛岩洞		
17世	相立	1685~1768, 生父 涑 字 彦輔, 生員 嘉善大夫同知中樞府事 =貞夫人南原楊氏(進士 大茂女) 墓 靈光 生谷面		
18世	煊	1716~1777, 字章叔 號東圃 進士 文科, 通政大夫承政院左副承旨 =淑夫人義城金氏(台垕女) 墓 靈光 生谷面	烜	1723~1778 字 晦叔(?), 武科, 通訓大 夫高原郡守, 墓 靈光 外澗 =淑夫人咸平李氏
19世	載明	1738~1778, 字 宅仲 通德郎, 至孝旌閭, 墓 靈光 佛甲面 =羅州吳氏(混源女), 墓 靈光 外澗面	2子)載顯 3子)載永	1740~1804 字 尋仲, 通德郎 =信川康氏, =靈光金氏 1744~1770 字 民贍, 舊譜 載雲 =高靈申氏
20世	鏑	1760~1832, 生父 載顯 字 德容, 孝行文學 旌閭 通訓大夫禮式院左掌禮, 墓 佛甲面 =贈淑人朔寧崔氏(興吉 女)		
21世	奭淵	1780~1830 字 成伯, 贈通政大夫秘書監丞 =贈淑夫人光山金氏(允寶 女), =墓 咸平	赫淵	1784~1850 字 敬心, =全州李氏 有淵, 競淵　出系
22世	詩秀	1802~1837, 字 稚興 贈嘉善大夫內部協辦, 墓 外澗 =贈貞夫人延日鄭氏(在奎 女), 墓 外澗 =贈貞夫人晉州姜氏(在瑩 女), 墓 鹽所面	2子)書秀 3子)孟秀 4子)學秀	1805~1848 字 稚欽, =泰仁許氏 1807~1850 字 稚三, =咸平李氏 1809生 字 稚文, =金海金氏
23世	思衡	1830~1909		

문학에 힘쓰고 효열을 다하는 기풍은 한층 더 고양되었다.

김재명(金載明, 1738~1778)은 초명이 재협(載協)으로, 효도와 문학을 겸비한 인물로 이름이 높았다. 김재명의 동생 김재현(金載顯, 1740~1804)의 장자로서 김재명에게 출계하여 종가의 대를 이은 김함(金鍼, 1760~1832) 역시 지극한 효성과 문학을 겸비한 인물로 알려졌다. 이들 김재명과 김함 부자는 앞의 김전과 더불어 1899년(광무 3) 정려를 받게 되며, 종택을 상징하는 삼효문의 주인공이 된다.

이후 김시수(金詩秀, 1802~1837)의 처 진주강씨(晉州姜氏, 1809~1900)가 열행(烈行)을 행함으로써 연안김씨는 효와 열을 겸비하게 된다. 김시수는 본래 연일정씨(延日鄭氏, 1804~1828)와 혼인하였으나, 연일정씨가 후사를 낳지 못하고 사망하자 진주강씨와 재혼을 하였다. 이후 얼마 지나지 않아 김시수는 36세의 나이로 요절하였다. 그러나 강씨는 이후 92세까지 절개를 지켜 수차례에 걸쳐 예조에 열행으로 천거되기에 이르렀다. 또한 김시수와 사이에서 낳은 김사형(金思衡, 1830~1909)이 현달하게 되면서 그 열행이 보다 빛나게 되었다.

③ 사회·경제적 지위의 고양

19세기 후반 이후 우리 역사의 격랑 속에서 연안김씨 구성원들 역시 자유로울 수 없었다. 그것은 중앙의 관직에 나아간 인물뿐 아니라 영광과 같은 향촌사회에서 활동한 경우도 마찬가지였다. 국가의 위기와 더불어 중앙관직에서는 물러났지만, 향촌사회에서 연안김씨는 가계 기반을 유지, 확대해 가면서 지역사회의 주요 가문으로서의 지위를 확립해 나갔다.

김훤(金煊) 이후 문학에 힘씀에도 불구하고 과거 및 관직과는 연이 닿지 않았던 연안김씨가문은 1885년(고종 22) 김사형이 선공감감역(繕工監監役)으로 관직에 진출하면서 다시 중앙 관계에 발을 들여놓게 된다.[14] 김사형은 이후 용양위부호군(龍驤衛副護軍), 돈녕부도정(敦寧府都正)을 거쳐 1905년(광

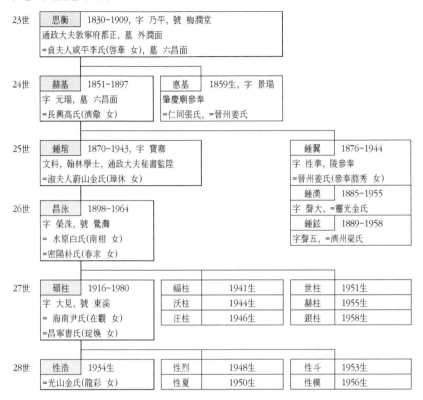

〈그림 6〉 연안김씨 가계도 3

무 9)에는 시종원부경(侍從院副卿)으로 칙임관(勅任官) 3등의 자리에까지 나아간다. 그러나 당해 말 을사늑약이 체결되는 중에 관직을 버리고 낙향하였다.[15]

사형의 손자 김종관(金鍾琯, 1870~1943) 역시 유사한 경로를 밟게 된다. 김종관은 1894년(고종 31) 조선왕조의 마지막 문과에 병과 29인으로 급제하면서 관직에 나아간다. 벼슬은 한림학사(翰林學士), 홍문관응교(弘文館應敎),

---

14) 김사형이 관직에 나아가게 된 경위는 확실치 않으나 문음(門陰)이나 유일(遺逸)을 통하여 충원하였던 감역의 성격을 통해 볼 때, 문음을 통한 것으로 추정할 수 있다.
15) 현재 김사형이 작성한 사직 상소의 초본이 현전한다.

봉상사전사(奉常司典祀)를 거쳐 당상관 통정대부비서감승(通政大夫秘書監陞) 에까지 나아갔다. 그러나 1905년 11월 을사늑약이 체결되자 이에 반발하여 송병선(宋秉璿, 1836~1905)이 '청토흉적소(請討凶賊疏)'를 올리고 고종을 알현하여 을사오적의 처벌과 조약의 폐기를 요청하는 일이 발생한다.[16] 이때 비서감승으로 자리를 함께한 김종관은 이 일을 계기로 자리에서 물러나 사저에 머물다 상소를 올려 사직하고 고향으로 내려간다.

19세기 후반에서 20세기 초, 중앙 관계의 진퇴와는 별개로 지역사회에서 연안김씨가문의 경제력과 사회적 지위는 점차 강화되어 갔다. 특히 변화하는 사회 경제적 상황 속에서 적극적인 경제활동을 통하여 대지주로서의 경제적 지위를 확보하였고, 이러한 경제적 지위는 곧바로 사회적 지위의 강화로 연결되었다.

연안김씨의 경제적 성장 역시 주로 김사형과 김종관에 의한 것임을 남아있는 관련 문서와 치부류 문헌들을 통하여 확인할 수 있다. 종택의 현재 모습 역시 이때 이루어진 것인데, 1868년(고종 5) 김사형의 시기에 현재의 안채가 갖추어졌고, 1942년 김종관의 말년에 아래채를 세우면서 125칸에 달하는 현재의 종택의 모습을 갖추게 되었다. 종택의 규모와 더불어 토지의 집적을 통한 대지주로의 성장도 함께 이루어졌다. 김사형과 김종관의 대에는 기존의 재산을 유지, 관리하면서 적극적인 매득과 식리(殖利)활동을 통하여 토지를 확대해 나갔다.

1900년대에는 선영 관리와 제사 운영 등을 목적으로 하는 다양한 문중계를 조직하고, 계전을 마련하여 활발하게 식리활동을 수행해 나가기도 하였다. 김재명과 배위 나주오씨(羅州吳氏)를 위한 구봉계(九峰稧)를 비롯하여 월곡계(月谷稧), 양지계(陽地稧), 외간계(外間稧), 시목정계(枾木亭契) 등이 연안김씨 후손들을 구성원으로 조직하여 운영되었다. 운영액수는 1909년의 경우

---

16) 『고종실록』 46권, 고종 42년 12월 20일 ; 『고종실록』 47권, 43년 1월 18일.

3,500냥이 넘는 규모였으며, 운용대상이 되는 채무자수도 208명에 달할 정도였다.

이와 같은 연안김씨가의 경제규모와 사회적 지위는 김종관 이후로도 후손들의 노력을 통하여 현재까지도 이어져 내려오고 있다. 김종관의 대를 이은 김창영(金昌泳, 1898~1964)은 일제의 통치에 반발하여 신학문을 거부하고 한문을 독학함으로써 선대의 전통을 지켜나가려 하였다. 또한 경제적으로도 무단통치 속에서 종가의 가산이 적몰됨에 온 힘을 다하여 환수받음으로써 종가의 자산을 수호, 유지해 나갔다.[17]

김창영의 장자 김석주(金碩柱, 1916~1980)는 일본 유학을 통하여 신문물을 습득하였고, 해방정국에 정계에 투신하여 광주전남지역에서 정치활동을 도모하였다. 그러나 1960년 5·16 군사쿠데타 후 정치를 중단하고 고향에 돌아와 지역사회 발전에 이바지하였다.[18]

2) 재산의 형성

① 상속

상속은 한 세대의 재산 형성과 운영에 있어 기본이라 할 수 있는 수단이다. 한 세대의 경제 주체로서 경제활동의 기반이 되는 재산은 많은 경우 상속을 통하여 마련되었다. 또한 일생의 경제활동을 통하여 이루어진 재산은 결국 상속이라는 경제적 행위를 통하여 다음 세대로 전달된다.

상속이 재산 형성의 기본이 되는 경제행위라 해서, 그것이 항상 재산의 형성과 축적에 유리한 것만은 아니다. 왜냐하면 상속이란 것이 한 세대에서 축적한 재산이 다음 세대로 온전하게 옮겨지는 것만을 의미하지는 않기

---

17) 그러나 현존하는 자료를 볼 때, 김창영은 경제적인 측면에서 근대적 자본가로의 변모를 위한 노력을 경주하였으며, 그 과정에서 위기를 맞이하기도 하는 모습을 보여준다. 이에 대해서는 뒤에서 보다 자세히 살필 것이다.
18) 「東溪延安金碩柱功績碑」, 영광군 군남면 동간리 마을회관 앞.

때문이다. 상속이라는 사적 경제행위에 상속세나 증여세와 같은 공적 수취를 강제하는 현재는 물론이거니와, 그와 같은 공적 수취가 존재하지 않았던 조선시대에도 이는 마찬가지였다. 대체로 상속은 대상이 하나인 경우보다 둘 혹은 그 이상인 경우가 많았고, 이로 인하여 한 세대에서 다음 세대로의 상속은 보통 재산의 분할을 동반하였기 때문이다.

세대 간 상속으로 인한 재산의 분할은 자본의 운용에 있어 규모의 이점을 제약하는 중요한 요소일 수밖에 없다. 이것은 모든 자녀에게 재산을 균분상속하였던 조선중기까지의 우리 사회에서 보다 분명하게 나타날 수밖에 없었다. 그러나 이와 같은 우리의 재산상속 관행은 조선후기로 접어들면서 적장자 중심의 단독상속으로 변화되어 갔다.

조선중기까지의 자녀균분상속이 한 가문의 재산 축적에는 유리하지 않았을지라도, 영광의 연안김씨 가문으로서는 그렇지만은 않았으리라 생각된다. 앞서 언급하였듯, 연안김씨가가 영광에 자리하게 된 것은 입향조인 김영이 1571년(선조 4) 영광군수로 부임하게 된 중부 김세공을 쫓아 영광에 와서 지역의 토성인 영광정씨와 혼인함으로 인한 것이었다. 이후 연안김씨가의 재산형성은 18세기 중엽 김상립 대부터, 특히 19세기 중엽 이후 김사형과 김종관에 의하여 본격적으로 이루어졌다. 따라서 이전 시기인 연안김씨가의 영광 정착 초창기에는 처변(妻邊)으로부터의 재산 이전이 큰 도움이 되었을 것이다.

현재 연안김씨가에는 그러한 실례를 보여주는 문서가 하나 존재한다. 1754년(영조 30) 김훤(金煊)의 처 의성김씨(義城金氏)의 분재기(分財記)가 그것으로, 이 문서는 김태후(金台垕) 사망 후 자녀들이 모여 재산을 분재한 화회문기(和會文記)이다. 여기에는 장자를 대신하여 부인 유씨(長兄嫂 柳氏), 차녀를 대신하여 남편 김훤(長妹 進士 金煊), 그리고 차자 김중호(金重護) 3인이 참여하여 재산을 분할하였다.

이때의 분재 당시 재산은 제위(祭位)·묘위조(墓位條)와 장형 김중소(金重

〈그림 7〉 1754년 金烜 妻 의성김씨 남매 和會文記(장서각 MF 35-9637)

韶)의 처 유씨의 몫[長兄重韶妻柳氏衿], 장매의 남편 김훤의 몫[長妹金烜衿], 차제 김중호의 몫[次弟重護衿] 넷으로 나누었으며, 문장(門長) 김태언(金台彦) 이 증인으로 참석하였다. 제위·묘위조를 차치하고 삼남매의 몫을 살펴보면, 전과 답, 노와 비를 구분하여 철저하게 균분하고 있음을 알 수 있다.

의성김씨 남매들이 분재하고 있는 총 재산은 전 11필지 30.5두락, 답 40필지 171두락, 노 9구, 비 10구였다. 이 가운데 우선 제위·묘위조로 전 12두락(39.3%), 답 50두락(29.2%), 노 5구(55.6%), 비 4구(40%)를 할당하고, 나머지에 대하여 세 남매가 균등하게 나누고 있음을 알 수 있다.

처변으로부터의 재산 상속을 보여주는 자료로 현전하는 것은 이 분재기뿐 이다. 그러나 이 분재기가 연안김씨가 영광에 입향한 지 200여 년 가까이 지난 18세기 중엽의 비교적 후기의 자료이고, 애초 연안김씨의 영광 정착이 혼인과 더불어 이루어졌음을 고려할 때, 처변으로부터의 재산상속은 이

〈표 1〉 1754년 김훤 처 의성김씨 남매 화회분재 내역

	田	畓	奴	婢
祭位·墓位條	3필지 12두락	11필지 50두락	5구	4구
長兄 重韶妻 柳氏衿	4필지 6.5두락	9필지 40두락	2구	2구
長妹 金烜衿	2필지 6두락	10필지 41두락	1구	2구
次弟 重護衿	2필지 6두락	10필지 40두락	1구	2구
합	11필지 30.5두락	40필지 171두락	9구	10구

외에도 여러 차례 이루어지지 않았을까 추정할 수 있다. 이와 같은 처변으로
부터의 상속은 연안김씨의 영광 정착에 중요한 경제적 기반이 되었으리라
생각된다.

이렇듯 18세기 중엽까지도 처변의 상속을 통하여 경제적 기반을 확충해가
던 연안김씨가였지만, 이후의 재산상속에 있어서는 장자 중심의 단독상속을
통하여 재산의 규모를 유지하고 안정적으로 확대해 가는 모습을 보여준다.
이와 같은 모습은 특히 연안김씨가의 본격적인 재산축적을 도모한 두 주인공
김사형과 김종관의 재산상속에서 단적으로 드러난다.

1907년(융희 원년) 8월 17일, 김사형은 손자 김종관에게 재산을 상속하였
다. 이 상속은 동일한 날짜에 김사형에 의해 작성된 2종 3건의 문서를
통하여 확정이 되었는데, 그 내용과 양식을 통하여 당시 연안김씨가의 재력
과 상속양상을 살필 수 있다.

〈그림 8〉이 그 하나로, 문서상의 제명은 "장손승지종관허깃급명문(長孫承
旨鍾琯許衿給明文)"이다. 김사형이 원재주(原財主)로서 자필 날인하였고, 도
문장(都門長)인 김규연(金奎淵)과 차문장(次門長)인 김병수(金秉秀)가 참여하
여 작성되었으며, 2점이 남아 있다. 다른 하나는 〈그림 9〉로, "유서우종손승
지종관(遺書于宗孫承旨鍾琯)"의 제명이 기록되었으며, 김사형이 원재주로서
자필 작성, 날인한 문서이다. 이 2종의 문서 내용은 대동소이하나 이와
같이 작성된 것은 종손으로서 손자 김종관에게 재산이 넘어가는 것에 대하여
문중구성원의 동의를 구하고, 종손으로서 김종관의 권한과 의무를 분명히
밝히기 위함이었다.

해당 문서의 내용을 살피면 김사형이 지금은 사망한 김종관의 부 김혁기
(金赫基)를 비롯한 세 아들에게 토지를 분재한 내용이 언급되고 있다. 당시에
분급한 토지는 100여 석락(石落)에 달하는 엄청난 양으로, 누년에 걸쳐 매득
해 온 토지라고 하였다. 이와 같은 언급은 김사형 당대의 전답의 규모와
축재 과정을 단편적으로나마 알 수 있게 해 준다. 이때의 분재는 연안김씨가

128

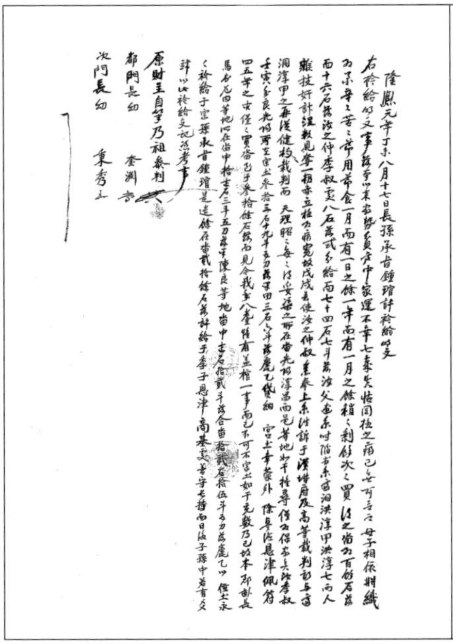

〈그림 8〉김종관 衿給文記 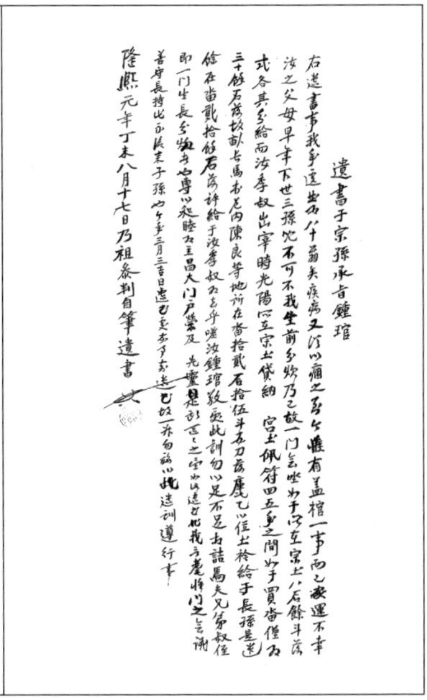   〈그림 9〉김사형 遺書

의 재산 대부분에 대하여 이루어진 것으로, 종손 김혁기에 집중적으로 상속을 행하였다. 전체 토지 중 김종관의 중부와 숙부에게 분급된 토지는 8석락씩 16석락에 불과한 것이었고, 나머지 74석 7두락의 토지를 김혁기에게 분급하였던 것이다.

이제 1907년에 김사형이 분급하고 있는 토지는 남아있는 토지에 대한 정리 차원의 것으로, 김사형의 나이는 이미 78세의 고령이었고, 실제 2년 후인 1909년 4월에 명을 달리하게 된다. 위 2종의 문서를 통해 보면, 남아있는 토지는 40여 석락 정도로, 분급은 비교적 다른 자식들을 배려하면서 이루어졌다. 우선 남은 종토(宗土) 8석락 가량을 각기 분급하였고, 영광군 무장소재 답 2필지 12석 15두 5승락(升落)에 대해서는 위토로써 김종관에게 다시 깃급(衿給)하였으며, 나머지 답 20여 석락을 계자(季子) 김상기(金商基)에게 허급하였다.

1907년의 분재만을 놓고 본다면, 재산의 분급에 있어 여러 자식들을 배려하는 분급이 이루어졌다고 볼 수도 있다. 그러나 전체 토지의 분급현황을 살펴본다면, 종손에 집중되었음을 분명히 알 수 있다. 두 차례에 걸쳐 분급된 토지의 총액은 130여 석락에 달하고 있는데, 이 가운데 종손으로서 김종관에게 상속된 토지는 김혁기를 거쳐 독자 김종관에게 상속된 토지를 합하여 90여 석락에 달한다. 반면 나머지 세 아들에 대해서는 나머지 40여 석락을 분급했을 따름이었다. 이와 같은 재산의 상속은 김사형이 누대에 걸쳐 상속된 재산과, 당대의 매득을 통하여 확충한 토지를 큰 손실 없이 다음 세대에게 전달하는 것이었다. 그리고 이와 같은 재산의 안정적인 상속을 통하여 19세기 후반부터 20세기에 걸쳐 연안김씨가는 영광 지역의 대지주로서 경제적 지위를 유지, 확장해 갈 수 있었다.

② 산송(山訟)을 통한 민간 개간지의 사유화

김사형이 유서를 통하여 언급하였듯, 19세기 중엽 이후 연안김씨가가 토지소유를 확대해 간 주요한 수단은 매매를 통해서다. 이에 대해서는 뒤에서 다시 다루겠거니와, 여기에서는 연안김씨가의 특수한 사례로서, 조선후기 이후 진행된 산지의 사유화 경향 속에서 발생한 1905년경의 민간 개간지에 대한 소유권 취득 사례를 살펴보고자 한다.

기본적으로 조선은 산지에 대한 사유를 인정하지 않았다. 전답과는 달리 산림과 천택(川澤)은 공유를 원칙으로 하였고, 그렇기 때문에 조선시대에는 산지를 '소유(所有)'한다고 말하지 않고 '점유(占有)'한다고 일컬었다. 이러한 성격의 산지를 개인이 독점적으로 이용하기 위한 가장 일반적인 방법은 입장(入葬) 후 수호금양(守護禁養)하는 것으로, 산지에 선조의 묘를 쓴 후 주위의 산지에 대한 타인의 침범을 막고, 그 국내(局內)에 생장하는 송추(松楸) 등 나무의 벌목을 금지함으로써 배타적 점유권을 획득하는 것이었다. 이와 같은 방법으로 획득한 산지에 대한 점유권이 누대에 걸쳐 지속됨에 따라 산지에 대한 배타성이 강화되면서 점차 사유화되는 경향을 보였고, 이에 따라 산지에 대해서도 여타의 전답과 같이 상속이나 매매를 하게 된 것이 조선후기의 상황이었다.[19]

이와 같이 산지에 대한 권리가 사유화됨에 따라 조선후기에는 산지 소송이 아주 빈번하게 발생하였고, 중요한 사회 문제로까지 대두되었다. 산송에서 가장 중요한 문제는 경계에 대한 것으로, 해당 산지에 묘를 쓰고 수호금양해 온 사인(私人)에 대하여 배타적 권리의 지역적 경계를 어디까지로 정할 것인가의 문제였다.

조선후기 산송에서 경계를 판정하는 데에 적용한 주요 기준은 용호(龍虎)였다. 조선후기에 풍수지리설이 널리 유행하면서 분묘의 사산(四山)을 중시하게 됨에 따라 그 안에 입장하는 것을 허용하지 않는 풍조가 있었다. '사산'이란 묘를 중심으로 앞으로는 안산(案山), 뒤로는 주산(主山), 좌로는 청룡(靑龍), 우로는 백호(白虎)를 말한다. 사산 중에도 특히 청룡과 백호를 중시하였는데, 이와 같은 풍조 속에서 1676년(숙종 2) 분묘의 청룡과 백호 안의 양산처(養山處)에는 타인의 입장을 금지하되, 용호의 바깥은 양산이라 할지라도 임의로 광점하지 못하도록 하는 임금의 교(敎)가 내려지기에 이르렀다. 이에 따라 산송의 판결에 있어 '용호'가 중요한 기준이 되었으며, 1686년(숙종 12) 임금이 경외(京外)의 산송을 모두 이 규정에 따라 시행토록 재차 지시함으로써 용호가 산송의 판결 기준으로 확고히 자리하게 되었다.[20]

1905년(광무 9) 민간의 설촌(設村)과 개간에 대한 소유권 획득으로 귀결된

---

19) 전경목, 「山訟을 통해서 본 조선후기 司法制度 운용실태와 그 특징」, 『法史學硏究』 제18호, 1997, 6~7쪽.

20) 위의 글, 10~11쪽. 이후 1905년(광무 9) 5월에 공포한 『형법대전(刑法大全)』의 제32조 「분묘계한(墳墓界限)」을 통하여 종친과 관인, 서인(庶人)의 신분과 종친·관인의 품계에 따른 분묘의 계한을 새롭게 규정하였다. 이에 따르면 분묘의 범위는 종친으로 1품인 자에 대하여 무덤을 중심으로 4면 100보(步)부터 서인의 4면 10보까지 걸쳐있다. 여기서의 "보(步)"는 6주척(周尺)에 해당하는 단위로, 1주척이 20cm이므로 1보는 120cm에 해당한다(「奏本 度量衡規則」 1902년(광무 6) 10월 10일).

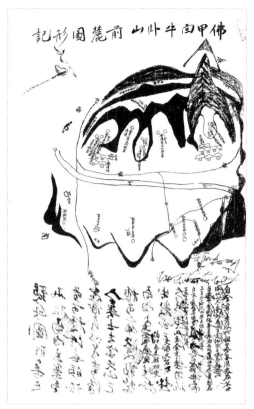

〈그림 10〉 1900년 영광 불갑면 연봉정 산송 시 圖形(장서각
MF 35-9637)

연안김씨가의 산송 역시 당시 대부분의 산송이 그러했듯 애초에는 투장과
나무의 벌목을 둘러싼 소송으로 시작되었다. 1900년에 시작된 소송은 연안
김씨가의 선산인 영광 불갑면의 연봉정(蓮峰亭)을 중심으로 한 산지에 대한
것으로, 김규련(金奎蓮)과 김사형 등 연안김씨 문중의 문장(門長)과 주요
구성원을 원고로 하고, 홍문석(洪文石)과 이광칠(李光七) 등의 산지 주민을
피고로 하여 진행되었다.

1900년(광무 4) 5월, 김규련 등 연안김씨 문중 구성원이 영광군수에게
단자(單子)를 올렸다. 이는 김규련 외에 김형수(金亨秀), 김병수(金秉秀), 김사

132

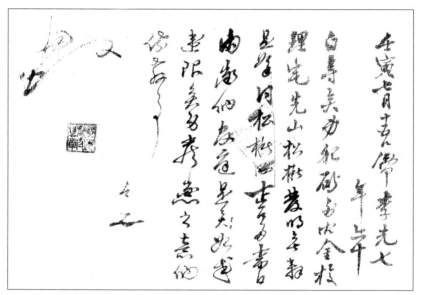

〈그림 11〉 1902년 이광칠 다짐[侤音](장서각 MF 35-9637)

옥(金思玉), 김갑기(金甲基) 등 5명의 외간리 둔전(屯田) 연안김씨 인물들이
대표 발의하고, 전부사(前府使) 김헌수(金瀗秀)와 목사(牧使) 김갑수(金甲秀)
를 비롯하여 서울과 전라 각지의 주요 연안김씨 구성원 14명이 연서(連書)하
여 제출한 문서였다. 이에 따르면 누대에 걸쳐 산지기(山直)였던 홍문석이
선산인 불갑면의 연봉정에 부모 산소를 투장하였으니, 관에서 파내도록
처분할 것과 홍문석을 처벌해 줄 것을 요청하는 것이었다. 이에 대하여
관에서는 적간색리(摘奸色吏)로 하여금 형세를 파악하고 도형(圖形)을 그리
도록 하여 연봉정의 형국 및 연안김씨 선조들의 무덤과 홍문석 부모의
무덤과의 거리를 파악하였고 결국 관에서는 홍문석을 잡아들이고 무덤을
옮기도록 처분하였다.

다른 한편, 1902년(광무 6)에는 이광칠이 해당 산지의 나무를 베어내는
일이 발생하였다. 해당 산지는 연안김씨가의 선산으로 누대에 걸쳐 수호금
양해 온 곳이었다. 따라서 이곳의 나무를 함부로 벌목하는 것은 연안김씨가

의 배타적 권한을 침범하는 것이었다. 이 사건에 대하여 이광칠은 1902년 7월 15일, 김종관에게 해당 선산에서 베어 낸 송추(松楸)의 값으로 100냥을 납부하기로 하고, 이를 약속하는 다짐(侤音)을 작성하였다.

이렇듯 마무리가 되어가는 듯했던 홍문석의 투장과 이광칠의 벌목을 둘러싼 두 소송은 1904년 새로운 국면으로 전개된다. 1904년 12월, 김규련 등과 김사형은 관찰사에게 또 하나의 단자를 올린다. 이미 지난 산송을 통하여 내려진 판결을 이행하지 않은 홍문석 부모 묘의 이굴(移掘)과 이광칠의 송추값 지불을 관찰사에게 요청하는 문서였다. 여기에는 이 외에 이들과 관련한 별도의 내용이 포함되었는데, 연봉정의 산록(山麓)에 임의로 가옥을 짓고 촌락을 이루어 거주하며 개간한 것에 대해 세전(稅錢)을 받아 내 주길 요청하는 내용이었다. 이와 같은 소에 대하여 관찰사는 연안김씨의 손을 들어주는 판결을 내리게 된다.

이듬해인 1905년 1월, 관찰사의 판결을 근거로 연안김씨 문중은 영광군에 다시 한 통의 소지(所志)를 올리게 된다. 외간 둔전의 김병수와 김사옥, 김봉기와 김정기 등이 올린 소지는 그 요청이 한층 구체화되어 있다. 우선 선산인 불갑면 연봉정에 투장(偸葬)·투작(偸斫)하고 기간작전(起墾作田)하여 산기슭에 촌락을 이룬 홍문석과 아들 홍구주 및 이광칠 등에 대하여 이굴과 송속전(松贖錢)의 이행을 요청하고, 이와 더불어 가대세전(家垈稅錢)의 징납을 요구하였다. 여기서 요구된 것은 홍구주에 대하여 가대세 5년분 25냥과 송속전 50냥, 이광칠의 송속전 100냥, 신태옥의 가대세전 5냥이었다. 이와 같은 연안김씨가의 요청에 대하여 영광의 관에서는 동월 18일자로 실상의 조사를 위하여 홍구주 등 3인을 잡아오도록 한 후, 최종적으로 20일에 연안김씨가의 요구를 이행토록 하는 판결을 내리게 된다.

최종적인 판결이 내려지고 얼마 후인 음력 1월 12일에 김영준과 신태옥 등 14인이 가대와 전에 대하여 납세하기로 하는 다짐[侤音]을 작성하여 연안 김씨가에 전달하였다. 가대에 대한 다짐은 연안김씨 선산의 산기슭에 집을

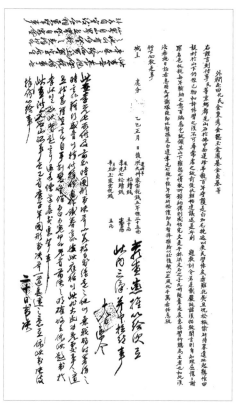

〈그림 12〉 1905년 연봉정 산송과 관련하여 연안김씨가에서 영광군에 올린 소지

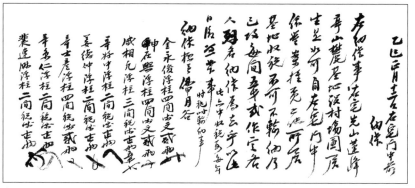

〈그림 13〉 1905년 연봉정 산록의 가옥에 대한 가대세 납부 다짐[侤音]

짓고 촌락을 꾸려 살아가는 데 대하여 가옥의 매 칸(間)당 5전(戔)의 세를 납부하기로 작정(作定)하는 것이었다. 전에 대한 다짐은 연안김씨 선산의 산기슭에 밭을 개간하여 경식한 데 대하여 전과 면전(綿田), 저전(苧田)에 따라 각기 납세하기로 하였다. 그리고 이에 따른 인별 납세내역을 기록하였는데, 그 내용은 다음의 표와 같다.

〈표 2〉 연봉정 산록 개간 주민들의 연안김씨가에 대한 납세 약정 내역

납세자명	가옥규모	家垈稅額	전답 규모	田稅額
김영준	浮柱 4칸	2냥	苧田 1斗落, 綿田 7升落	4냥
신재흥	浮柱 4칸	2냥	苧田 5升落	1냥
함상범	浮柱 3칸	1냥 5전		
신호중	浮柱 2칸	1냥		
강덕중	浮柱 2칸	1냥		
신사언	浮柱 4칸	2냥	苧田 7升落, 綿田 3升落	3냥
신경인	浮柱 2칸	1냥		
배연숙	浮柱 2칸	1냥		
신태옥	浮柱 4칸	2냥	田 5升落, 苧田 1斗落	4냥
최선겸	浮柱 2칸	1냥		
함상문	浮柱 3칸	1냥 5전		
신정범	浮柱 2칸	1냥		
이경화	浮柱 4칸	山堂		
임성범			苧田 5升落	1냥 5전

이와 같은 연안김씨가의 산송사례는 1900년 무렵 산지에 대한 사유화가 고도화되어, 그 결과 배타적이고 독점적인 소유권의 확립이 이루어지고 있었음을 잘 보여준다. 연안김씨가 선산으로서 영광 불갑면 연봉정의 산지에 대한 권한을 이미 불가침의 것으로 장악하고 있었음을 산송의 과정을 통해 분명히 알 수 있다. 홍문석이란 인물이 해당 산의 산지기로서 누대에 걸쳐 거주해 온 인물임에도 불구하고, 해당 산에 부모의 묘를 쓴 것이 투장으로 간주되었다. 또한 해당 산에 대한 벌목 역시 엄격히 금지되었고, 이를 어긴 경우의 처벌도 매우 무거운 것이었다. 나아가 연안김씨가는 선산에 대한 배타적 권리를 바탕으로 그 산기슭에 촌락을 이루고 개간하여 살아가는

이들의 가옥과 밭에 대하여 땅의 주인으로서 세를 받아내는 데 이르고 있던 것이다.

③ 노비의 추이

조선시대 가장 중요한 재산은 노비와 전답이었다. 따라서 노비와 전답에 대한 소유권 확보와 관리는 매우 중요하게 다루어졌다. 연안김씨가의 경우도 마찬가지였다. 그 매매와 취득을 증명하는 문서를 비롯하여 운영과 관련한 각종의 치부기록들이 남아있는 것도 그러한 이유에서였다.

그런데 연안김씨가에 있어 노비와 전답에 관련한 자료의 현황이 다소 차이를 보이고 있다. 문서의 양에 있어 전답 매매문서가 노비에 비해 압도적으로 많이 전하고 있다. 1910년 이전까지 전답매매문기는 400여 점에 달하는 반면 노비매매문기는 사급입안(斜給立案)을 합한다고 해도 10점에 불과하다. 그렇다고 해서 노비의 수가 적은 것도 아니었다. 1753년(영조 29) 김상립 준호구(準戶口) 문서에 62구의 노비가 등재되는 등 결코 적지 않은 노비를 누대로 보유하고 있었기 때문이다. 그럼에도 불구하고 노비의 매득과 관련한 문서가 적은 것은 문서행위를 거치지 않고 이루어진 노비의 취득과 운영에 기반하고 있었던 것이 아닐까 추정해 볼 수 있다.

노비와 전답 관련 자료의 또 다른 차이는 전답의 취득과 운영에 관한 문서가 19세기, 주로는 19세기 중엽 경부터 집중적으로 존재하고 있는 반면, 노비문서의 경우는 17세기 전반부터 1900년대까지에 걸쳐 골고루 분포하고 있다는 사실이다. 이와 같은 노비문서의 존재는 노비의 취득에 있어 그것이 문서행위를 동반한 것이었다면 시기를 불문하고 문서를 보관해 왔음을 보여주는 것이다. 그럼에도 불구하고 현존하는 노비문서의 수가 미미한 것은 결국 노비의 취득에 있어 문서행위를 거치지 않은 경우가 많았음을 반증한다고 하겠다.

현재 연안김씨가에 남아 있는 노비문서의 경우 대부분이 다른 노비주와 거래한 문서이다. 두 건만 생계와 채무로 인하여 자기의 딸과 어린 누이를 노비로 방매하는 경우이고, 다른 8건의 경우는 노비의 주인으로서 자신의 노비를 방매하고 있는 것이다. 해당 10건의 노비문서를 시대별로 나열하면 다음과 같다.

- 1639년 노비매매입안 : 김생원댁(金生員宅) 노 독금(禿金)의 명의로 노주(奴主) 양인 이의남(李義男)에게 영광거주 노비 3구를 정목(正木) 80필에 매득.

- 1685년 노비매매입안 : 유학 김양오(金良五)가 비주(婢主) 유학 이연경(李衍慶)에게 영광거주 비 1구를 조(租) 3석에 매득.

- 1697년 노비매매문기 : 유학 김대(金渭)가 유학 정하상(丁夏相)에게 노 수매(守每)가 양처병산(良妻幷産)한 아이 등 비 4구를 조 8석에 매득.

- 1730년 노비매매입안 : 김상정(金相正=相立의 초명)이 노주 서육촌동생(庶六寸弟) 김상린(金相獜)에게 노 2구를 전문 15냥에 매득.

- 1833년 노비매매문기 : 사노(私奴) 선말복(宣莻卜)이 납세와 생계유지를 위하여 자신의 1소생 여(女) 오목덕(五目德)을 그 후소생(後所生)을 포함하여 전문(錢文) 20냥에 상중인 인물(金禀淵으로 추정)에게 방매.

- 1876년 노비매매문기 : 노비주 김상현(金商玹)이 자신의 비 월매(月每)와 그 1소생 남(男) 열금(悅金), 2소생 여 농금(弄金) 등 3구를 전문 23냥에 방매.

- 1882년 노비매매문기 : 노비주 고승주(高勝柱)가 교전도비(轎前道婢) 쌀금(莻今)과 그 1소생 노 여수복(呂守福)을 전문 30냥에 종매형(從妹兄) 김현기(金現基)에게 방매.

- 1889년 노비매매문기 : 비주(婢主) 정헌수(鄭憲洙)가 교전비(轎前婢) 옥단(玉丹)과 그 2소생 여 오목례(五穆禮)를 그 후소생을 포함하여 전문 40냥에 방매.

- 1889년 노비매매문기 : 김감역댁(金監役宅=김사형)이 비주 유학 장진원(張

振源)에게 전래비(傳來婢) 시단(時丹)과 그 4자녀 및 후소생을 함께 전문 70냥에 매득.

· 1904년 노비매매문기 : 이장근(李長近)이 빚을 갚을 방도가 없어 어린 누이 자근례(者斤禮)를 전문 90냥에 김교리댁(金校理宅=김종관)에 방매.

비록 10건에 불과한 노비문기이지만 그 시기는 연안김씨가 외간에 우거한 직후인 1639년(인조 17)부터 이미 신분제가 공식적으로 폐지된 1904년(광무 8)까지에 걸쳐 나타나고 있다. 조선시대의 노비는 거주형태에 따라 주가(主家)와 독립해 살아가는 외거노비(外居奴婢)와 주가의 솔하에 거주하는 솔거노비(率居奴婢)로 구분된다. 또한 주가에 대한 의무의 형태에 따라 신공(身貢)을 바치는 납공노비(納貢奴婢)와 노역(勞役)을 수행하는 앙역노비(仰役奴婢)로 구분된다. 그러나 이와 같은 구분은 별개의 것이 아니라 서로 밀접하게 연관된 것으로 이해해야 한다.

솔거노비의 경우는 기본적으로 앙역노비로서 주가를 운영하기 위한 잡다한 일들을 수행하게 된다. 반면 납공노비는 기본적으로 외거노비로서 주가와 독립하여 생계를 유지하고, 노비로서 주가에 일정한 신공을 바치는 것으로 노비의 역을 대신하는 존재이다. 그러나 그 경계가 항상 뚜렷한 것은 아니었다. 비록 거주는 독립되어 있으나, 주가의 역을 수행하면서 주가로부터의 생계지원이나 주가의 전답을 경작함으로써 생계를 영위해가는 노비들이 존재하였다. 이러한 존재로서 가장 대표적인 노비들이 선산과 묘소를 관리하는 노비들이었고, 그 밖에도 주가의 가작지(家作地) 경작에 동원되는 노비들이 대체로 이와 같은 처지에 놓여 있었다.

이렇게 보면 노비들의 주인에 대한 의무는 크게 세 가지 정도로 구분할 수 있다고 생각된다. 하나는 신공을 바치는 노비로서, 실제 주거와 생활은 주가에 그다지 예속되지 않으며 거의 독립적인 생활을 할 수도 있었던 노비들이다. 다른 하나는 주가의 가작지 경작이나 선산, 묘소 등을 관리하는 노비들로, 자신들의 노동력을 제공하는 대가로 일정한 전답을 지급받아 경식하여 생계를 유지하는 노비들이었다. 그리고 마지막은 주가에 예속되어 생활했던 노비들로, 송사(訟事)나 매매와 같은 집사 역할부터 허드렛일까지 집안의 대소사에 동원되었던 노비들이다.

특히 연안김씨와 같은 일문의 종갓집으로 대규모 종택과 전답을 경영했던 집안의 경우 가사의 경영을 위해서는 주가의 온갖 일을 수행할 앙역노비들이 필수적이었다. 현재의 연안김씨 종택을 보면, 안채와 마주한 정면 9칸, 측면 2칸 반의 건물이 하나 있는데, 이 건물은 방앗간과 창고, 그리고 행랑으로 구성되어 있다. 행랑은 흔히 그렇듯 집안의 일을 돌보는 이들이 기거하는 공간으로, 조선시대에는 노비가 거주하였고, 이후에는 살림이 어려운 연안김씨 일가가 기거하며 집안일을 돌봤다 한다.[21] 이밖에도 삼효문을 들어서자마자 존재하는 사랑채 공간에는 마구간을 관리하는 이가 기거하던 마부간이 별도로 있다. 또한 연안김씨 종택에는 현재도 종택 담에 인접하여 두 채의 호지집이 존재한다. 이와 같은 노비들이 기거하는 다양한 공간이 해당 종택의 경영에서 노비노동력이 차지하는 비중을 잘 보여준다.

노비매매를 보면 이미 노비제가 철폐된 1904년에도 자근례라는 어린 여아를 노비로 매득하고 있는데, 이는 종택의 허드렛일을 수행할 노동력의 요청에서 비롯된 것으로 추정된다. 이와 같은 노동력의 요청은 일제강점기까지 이어지고 있다. 연안김씨가에는 1923년부터 1931년 사이에 체결된 4건의 고용계약서가 존재한다. 이 고용계약의 주체는 당시 종택의 가장이었던 김창영과 10세 미만의 어린 여자아이들이었다. 물론 계약당사자가 어린 아이였기 때문에 실제로는 대리인으로서 부모 등이 계약을 체결한 것이었다. 이때의 고용기간은 15년, 25년, 30년 등 장기간이었던 반면, 그 대가인 고용임금은 20원, 25원, 17원 등에 불과하였다. 이 계약은 어린 여자아이들을

---

21) 『중요민속자료(제234호) 기록화보고서 한국 전통가옥 영광 연안김씨 종택』, 문화재청, 2008년, 42쪽.

〈그림 14〉 연안김씨 종택의 호지집

식모로 들이는 고용계약이었고, 그 내용에 있어서는 이전의 노비노동의
대체에 다름 아니었다.

　연안김씨가가 소유한 노비 양상에 대하여 보다 구체적으로 검토해 보자.
〈표 3〉은 1732년(영조 8)부터 1888년(고종 25)까지 연안김씨가의 호구문서
47건을 대상으로 천구질(賤口秩)의 내용을 검토한 것이다. 총 29개 식년에
걸쳐 작성되었는데, 동일 식년에 호주를 달리하는 별도의 호구문서가 다수
존재한다. 호구문서의 검토에 있어 종손이 호주로서 작성한 호구문서의
내용을 보다 면밀하게 파악할 필요가 있으며, 그렇지 않은 호구문서도 참고
로 함께 나타내었다.

　〈표 3〉을 보면 1732년의 34구를 시작으로 18세기 중·후반에는 50~60구까
지 증가하고 있는 모습을 보여준다. 그러나 1790년을 전후하여 점차 감소하
는 경향을 보여주는데, 18세기 말에서 19세기 초에는 30~40구 정도로 감소하
고 있다. 그러던 것이 19세기 중엽 이후 종가인 김사형의 호구문서를 볼
때 10구 수준으로 급감하는 상황을 보이고 있다. 이와 같이 호구단자에
수록되는 노비수의 감소는 당시의 일반적인 양상이었는데, 연안김씨가의

〈표 3〉 연안김씨가 호구문서를 통해 본 노비의 현황

식년	호주명	노	비	미상	합계	식년	호주명	노	비	미상	합계
1732	김상립	16	11	7	34	1819	합	8	29		37
1744	김상립		1		1		김갑	1	2		3
1753	김상립	33	29		62		김경연		2		2
1765	김상립	22	26	4	52		김재대	1			1
1771	김훤	27	18		45		김함	6	25		31
1774	김재명	1	1		2	1822	김경연	1	1		2
1777	김훤	25	23		48	1828	김경연	1	1		2
1780	김선		1		1	1858	김사형		2		2
1783	김함	24	27		51	1861	김사형		3		3
1786	김재현	2	2		4	1864	합	3	9		12
1789	합	9	29		38		김사경	3	5		8
	김함	8	28		36		김사철		1		1
	김훈	1	1		2		김사형		3		3
1795	합	8	31		39	1870	김사형		2		2
	김일	1	2		3	1876	합	11	9		20
	김함	7	29		36		김긍수	1			1
1798	김함	7	30		37		김사경	7	5		12
1804	김함	6	27	2	35		김사형	3	4		7
1807	김함	8	27		35	1879	김사형	4	7		11
1810	합	1	7		8	1882	합	9	14		23
	김병연		2		2		김사경	6	5		11
	김함	1	5		6		김사형	2	8		10
1813	합	6	30		36		김태연	1	1		2
	김경연	1	1		2	1888	합	4	10		14
	김함	5	29		34		김갑기	2	2		4
1816	합	5	28		33		김사형	2	8		10
	김경연		2		2	누계		241	435	13	689
	김함	5	26		31						

경우 가내 앙역노비 중심의 재편 결과로 볼 수 있다. 이와 같은 추정은 노와 비의 구성비 변화를 통하여 유추 가능한데, 18세기 초·중엽에는 노가 우세하거나 노와 비의 수가 비슷한 양상을 보이던 것이, 이후 노의 수가 감소하고 비의 비중이 높은 경향을 보이는 방향으로 전환되고 있는 것이다.

한편, 〈표 3〉에는 1744년 김상립 호구문서나 1810년의 김함 호구문서와 같이 전후와 비교하여 갑자기 노비수가 급감하는 상황을 볼 수 있다. 이와 같은 상황은 실제 노비수의 변화라기보다는 노비를 기재하는 원칙의 변화에 따른 것으로 이해해야 한다. 즉 도망노비와 외거노비에 대한 기재의 배제가 해당 문서에서의 노비수의 급감으로 나타나고 있는 것이다. 이와 같은 상황을 보다 잘 이해하기 위해서는 〈표 3〉의 현황에 대하여 도망과 외거상황을 함께 살펴볼 필요가 있다. 이는 연안김씨의 노비현황에 대해서도 보다 자세한 현황을 파악할 수 있게 해 준다. 〈표 4〉는 동일한 호구문서를 대상으로 수록된 노비의 도망과 외거현황을 수치로 파악하여 나타낸 것이다.

〈표 4〉에서 "[솔거]"로 분류한 것은 실제 솔거질(率居秩)로 기재된 것이 아니라, 문서에서 도망이나 외거의 기록이 나타나지 않는 노비에 대하여 임의로 분류한 것이다. 〈표 4〉를 보면 19세기 들어서면서부터 호구문서에서는 외거노비를 거의 확인할 수 없게 됨을 알 수 있다. 반면 도망노비의 경우는 18세기 초·중엽에 다수가 등재되고 있으며, 그 이후 시기에도 비록 수는 적으나 지속적으로 등장하고 있음을 확인할 수 있다.

이와 같은 현상은 공히 외거노비의 등재와 관련되는 것으로, 외거노비의 경우 솔거노비에 비하여 도망이 훨씬 용이할 수밖에 없다. 따라서 외거노비가 많이 등재된 18세기에 도망노비 역시 집중적으로 등장하게 되는 것으로 이해할 수 있다. 반면 19세기 들어 외거노비를 확인할 수 없음에도 소수의 도망노비가 지속적으로 등장하는 것은 결국 솔거·앙역노비의 도망으로 이해할 수 있을 것이다.

연안김씨가의 호구문서에 나타나는 노비 등재의 이와 같은 변화상은 단순한 기재상의 문제가 아닌 현실의 사회상에 대한 반영이라 할 수 있다. 시기별로 변동이 있긴 하였지만, 기본적으로는 부모 가운데 어느 한편이 노비이면 노비의 신분이 세습되는 일천즉천(一賤則賤)의 노비세전법(奴婢世傳法) 하에서 노비의 양산이 이루어지고 있던 조선사회는 양란 이후 조선후기에 접어들면서 점차 변화하기 시작하였다. 조선후기는 양인 수의 감소로 인하여 양역(良役)을 근본으로 하는 역체계의 혼란이 초래되었고, 사회경제

〈표 4〉 연안김씨가 호구문서에 등재된 노비의 외거-도망 현황

식년	호주명	外居	逃亡	[率居]	합계	식년	호주명	外居	逃亡	[率居]	합계
1732	김상립	24	4	6	34	1819	합		6	31	37
1744	김상립			1	1		김갑		1	2	3
1753	김상립	19	13	30	62		김경연			2	2
1765	김상립		50	2	52		김재대		1		1
1771	김훤	1	41	3	45		김함		4	27	31
1774	김재명			2	2	1822	김경연			2	2
1777	김훤	3	4	41	48	1828	김경연			2	2
1780	김선		1		1	1858	김사형			2	2
1783	김함	1	2	48	51	1861	김사형		1	2	3
1786	김재현			4	4	1864	합		1	11	12
1789	합	1	2	35	38		김사경			8	8
	김함	1	1	34	36		김사철			1	1
	김훈		1	1	2		김사형		1	2	3
1795	합	1	1	37	39	1870	김사형			2	2
	김일			3	3	1876	합		2	18	20
	김함	1	1	34	36		김긍수		1		1
1798	김함	1	1	35	37		김사경			12	12
1804	김함	1	1	33	35		김사형		1	6	7
1807	김함	1	1	33	35	1879	김사형			11	11
1810	합			8	8	1882	합		5	18	23
	김병연			2	2		김사경		4	7	11
	김함			6	6		김사형			10	10
1813	합		1	35	36		김태연		1	1	2
	김경연			2	2	1888	합			14	14
	김함		1	33	34		김갑기			4	4
1816	합		3	30	33		김사형			10	10
	김경연			2	2	누계		53	140	496	689
	김함		3	28	31						

적 변동 속에서 신분제도의 변화가 급속도로 발생하고 있었다. 이러한 상황 속에서 조선의 위정자들은 노비의 수를 축소시키는 정책을 취하게 되었고, 18세기에 들어서면 종모법(從母法)과 면천종량(免賤從良)이 법제화되기에 이르렀으며, 1801년(순조 1)에는 내수사(內需司)와 각 궁방(宮房) 및 각사(各司)의 노비들을 혁파하게 되었다.

또한 끊임없는 노비의 도망과 신분제의 해체는 노비에 대한 관리, 유지와

이들을 기반으로 하는 농업경영을 보다 어렵게 만들고 있었다. 이에 따라 노비보다는 고공(雇工)과 같은 예속인이나 소작경영의 방향으로 전개되면서 사회 전체적으로 노비가 차지하는 비중이 점차 감소하고 있었던 것이다. 연안김씨가의 호구문서에서 보이는 이와 같은 노비 기록의 변화는 바로 이와 같은 조선후기 상황을 반영한 것이라 할 수 있다.

3) 토지소유의 확대와 농업경영

① 토지의 매득

앞서 김사형이 김종관에게 남긴 유서에서 언급하였듯, 연안김씨가는 1907년 무렵 100여 석락(石落)에 달하는 토지를 보유하고 있었으며, 그 다수가 매득을 통하여 취득한 것이었다. 이에 걸맞게 현재 연안김씨가에는 상당한 수의 매매문서가 현전하고 있다. 그 가운데 1910년 이전의 것이 총 363점으로, 종류별 현황은 다음의 〈표 5〉와 같다.

〈표 5〉 1910년 이전 연안김씨가 매매문서의 현황(단위 : 건)

구분 연대	田畓매매			山地매매			家舍 매매	奴婢 매매	動産 매매	총합계
	新文記	舊文記	합	新文記	舊文記	합				
문서수	280	43	323	21	3	24	4	10	2	363
백분율(%)	77.1	11.8	88.9	5.8	0.8	6.6	1.1	2.8	0.6	100

가장 다수를 차지하고 있는 것은 전답매매와 관련한 문서이다. 총 323점으로 전체의 90% 가까운 비중을 차지하고 있다. 실제 연안김씨의 매매문서가 아닌, 매매 과정에서 증빙 문서로 함께 건네진 구문기(舊文記) 43점을 제외하더라도 280점으로, 전체의 77%에 달하고 있다. 신문기(新文記)만 대상으로 하면 1833년(순조 33)의 것이 가장 오래된 것이며, 1870년대 이후의 것이 대부분이다. 이 가운데는 5점의 전당문기(典當文記)가 포함되어 있다. 이를 포함한 이유는 이들 전당문기가 전답을 담보로 하여 금전을 차용하되, 정해

진 기한 내에 상환하지 못한 경우 담보로 제공한 전답의 소유권을 대신 넘기는 것을 약정하고 있기 때문이다. 그리고 매매문기의 소유를 통하여 소유권을 확정하던 당시의 매매관행상 이 문기를 채무자에게 돌려주지 않고 채권자인 연안김씨가에서 소유하고 있다는 것은, 차용금의 상환이 제대로 이루어지지 않음에 따라 해당 토지의 소유권이 연안김씨가로 넘어갔음을 의미하기 때문이다. 이와 같이 채권자에게 귀속된 전당문기는 그 자체가 매매문기로서의 의미를 지닌다고 할 수 있다.

전답 외에 산지를 매매한 문서가 24점, 이 중 구문기 3점을 제외하면 21점으로, 모두 1870년대 이후의 것이다. 전답매매문서에 비하면 매우 적은 수라 할 수 있다. 그러나 산지가 개인 소유 부동산으로 인정된 것이 비교적 최근이고, 매매할 수 있는 대상과 주체가 전답에 비하여 극히 소수라는 점을 상기한다면 결코 적은 수라고는 할 수 없으며, 오히려 상당한 규모의 산지거래를 하였다고 할 수 있다. 이에 대해서는 뒤에서 좀더 자세히 살피기로 한다.

가옥에 대한 매매문서는 4점에 불과한데 그 중 하나가 구문기이다. 연안김씨가 실제 매득한 3점은 1904년(광무 8)과 1907년(융희 1), 1910년(융희 4)에 작성한 것이다. 1904년의 것은 초가 7칸의 가옥을 480냥에 매득한 것이고, 1907년의 매매는 불갑면의 가옥 2채 2칸과 부속 채전(菜田) 3두락을 95냥에 매득한 것이며, 1910년의 것은 7칸의 가옥을 150냥에 매득한 것이다. 이 가운데 1907년의 매매는 전당문기인데, 1907년 10월 13일에 가옥을 전당하고 95냥을 1년 기한으로 빌려주었다가 이를 상환하지 못하여 저당한 가옥을 획득한 것이다. 이러한 가옥의 매매는 전답이나 산지의 매매에 비하면 상대적으로 적은 것이고, 그 시기도 1900년대에 국한되어 있다.

2점이 존재하는 동산의 매매문서는 타인 선묘(先墓)의 석물(石物)을 매득한 것이다. 2건 모두 납세와 생계를 위하여 자신의 선조 무덤의 석물을 매도하고 있는데, 1889년(고종 26)과 1904년(광무 8)에 각각 체결되었다.

1889년의 거래는 강성회(姜聖會)라는 인물이 영광 원산면(元山面) 봉병촌(鳳
棟村) 증조모 묘소의 상석(床石) 1좌(座), 망주(望柱) 1쌍(雙), 향로석(香爐石)
1좌 및 대석(臺石)을 20냥에 방매한 것으로, 같은 시기 전답의 매매가에
비교하면 답 3~4두락의 매매가에 해당한다. 그리고 1904년의 매매는 해당
가문의 종손인 김학이(金鶴履)라는 인물이 외간에 있는 6대조 묘소의 비갈(碑
碣) 체석(體石) 1좌와 상석 1좌, 망주석 1쌍을 60냥에 방매한 것으로, 같은
시기의 전답에 비교하면 역시 답 3두락 정도의 매매가에 해당한다. 그
밖에 노비의 매매와 관련한 문서가 7점의 매매문서와 입안 3점을 포함하고
있다. 자세한 내용에 대해서는 이미 앞에서 언급하였기에 여기에서는 생략
하도록 한다.

이상의 매매문서 현황을 통하여 연안김씨가 재산증식의 성향을 정리하면
기본적으로 전답을 집중적으로 매득하여 농업경영을 확대해가는 일반적인
지주로서의 모습을 보여주고 있다. 동시에 산지와 석물에 대한 취득이 이루
어지고 있는데, 이는 한 가문의 종가로서 일가(一家)를 넘어 일문(一門)의
경영과 현양(顯揚)을 염두에 둔 움직임이라고 할 수 있다. 또한 산지의
활발한 매득은 산지의 사유화와 개간이 이루어지는 당시의 상황 속에서
부동산과 농지를 확대해 가는 방안으로도 볼 수 있을 것이다.

계속해서 연안김씨의 전답매매에 대하여 좀더 구체적으로 검토해 보기로
한다. 검토의 대상은 연안김씨가 실제 전답을 매득한 280점의 매매문기이다.
우선 시기별로 매득의 추이를 면적을 중심에 두고 검토해 보자. 다음의
〈표 6〉은 연안김씨가의 전답문서 280점을 대상으로 시기별로 건수와 면적을
수치로 나타낸 것이다.

일단 전과 답의 매입규모의 총합은 2,750두락에 달하고 있어, 1907년
김사형이 유서에서 언급한 바와 같이 매득을 통하여 획득한 100여 석락이
과장이 아니었음을 알 수 있다. 전과 답의 매득 총액을 보면 답이 전에
비해 월등히 많은 것을 알 수 있다. 건수에 있어 답은 234건으로 전 46건에

〈표 6〉 연안김씨가 전답매득의 시기별 현황 1(면적)

구분 연대	매매건수			매득면적(두락)			건당평균매득면적(두락)		
	畓	田	합	畓	田	합	畓	田	합
1831~1840	1		1	5.0		5.0	5.0		5.0
1841~1850	1		1	19.7		19.7	19.7		19.7
1851~1860	3		3	12.5		12.5	4.2		4.2
1861~1870		1	1		8.0	8.0		8.0	8.0
1871~1880	5	4	9	22.0	10.0	32.0	4.4	2.5	3.6
1881~1890	8	6	14	29.7	20.5	50.2	3.7	3.4	3.6
1891~1900	47	9	56	448.7	38.0	486.7	9.5	4.2	8.7
1901~1910	169	26	195	2,007.5	128.9	2,136.4	11.9	5.0	11.0
총합계	234	46	280	2,545.1	205.4	2,750.5	10.9	4.5	9.8

비해 5배 이상 많다. 이와 같은 양상은 매득 면적에서 더 증폭되어 나타나는데, 답이 총 2,545두락으로 전 205두락에 비해 12배 이상이나 많은 면적을 매득하고 있다. 이는 결국 평균 매입면적에 있어 답이 전에 비해 높다는 것으로, 답의 평균 매입면적은 11두락임에 비해 전은 4.5두락으로 2배 이상의 차이를 보여주고 있다.

매득 시기별로 살피면, 빈도수에서 유의미한 1870년대 이후 시간이 흐를수록 전답을 매득하는 수와 면적이 증가하고 있음을 알 수 있다. 특히 1890년 이후의 증가가 눈에 띄며, 20세기로 접어든 1901~1910년의 시기 동안 집중적으로 전답을 매득하고 있음을 확인할 수 있다. 해당 시기에 매득한 전답은 건수로는 195건으로 전체의 70%에 달하며, 면적으로는 2,136두락으로 전체의 78%에 달하고 있다. 또한 시기가 갈수록 평균 매득면적 역시 증가하고 있는데, 1880년대까지 평균 3.6두락에 불과하던 평균 매득면적이 1890년대에는 8.7두락, 1900년대에는 11두락으로 급속히 증가하고 있다.

토지 매매에 있어 평균 매득면적의 급증은 해당 시기 연안김씨가의 전답매득이 단지 매득 건수만 증가한 것이 아니라 보다 넓은 전답의 매득이 증가하였다는 사실을 보여준다. 또한 시기별 매득의 추이는 전보다는 답에 집중되고 있으며, 그것은 보다 많이, 보다 넓은 면적의 답을 매득하는 방향으로 나타났다. 이와 같은 토지매득의 경향은 이 시기 연안김씨가가 매우 공격적인 토지획득을 통하여 본격적으로 대지주의 지위에 올라섬으로써, 급속히 성장해 갔음을 의미한다.

이와 같은 연안김씨가의 전답매득에는 몇 가지 의문이 존재한다. 1900년대에 195건의 토지매득을 통하여 2,136두락의 전답을 획득하는 것이 어떻게 가능했고, 이렇게 급작스럽게 늘어난 전답들은 과연 어떻게 운영되었을까? 이를 살펴보기 위하여 우선 이와 같은 전답의 매득에 소용된 자본의 규모가 과연 얼마나 되었는지 알아보도록 하자. 〈표 7〉은 위 〈표 6〉과 같은 기준으로 해당 면적의 전답을 구입하기 위하여 연안김씨가에서 지불한 금액을 정리한 것이다.

〈표 7〉을 보면 총 건수가 〈표 6〉에 비해 3건이 줄어든 것을 볼 수 있다. 이는 1890년대 전과 답 각 1건 및 1900년대 전 1건에 있어, 가격을 공란으로 비워둔 매매문기가 존재하기 때문이다. 금전의 차용과 함께 작성된 매매문기로 추정되나, 구체적인 금액을 알 수가 없으므로 분석에서는 제외하였다.

〈표 7〉을 통해 보이는 전답 매득가의 추이 역시 〈표 6〉의 매득면적과 동일한 양상을 보여준다. 시간이 갈수록 점점 증가하는 모습을 보이는 가운

〈표 7〉 연안김씨가 전답매득의 시기별 현황 2(금액)

구분 연대	매매건수			매득가격(兩)			건당평균매득가격(兩)		
	畓	田	합	畓	田	합	畓	田	합
1831~1840	1		1	55		55	55.0		55.0
1841~1850	1		1	177		177	177.0		177.0
1851~1860	3		3	71		71	23.7		23.7
1861~1870		1	1		83	83		83.0	83.0
1871~1880	5	4	9	398	89	487	79.6	22.3	54.1
1881~1890	8	6	14	210	118	328	26.3	19.7	23.4
1891~1900	46	8	54	11,024.4	198	11,222.4	239.7	24.8	207.8
1901~1910	169	25	194	61,637	1,786	63,423	364.7	71.4	326.9
총합계	233	44	277	73,572.4	2,274	75,846.4	315.8	51.7	273.8

데, 1890년대 이후의 증가폭이 두드러지며, 특히 1900년대의 비중이 압도적이다. 평균 매득가격의 추이 역시 마찬가지여서, 시간이 갈수록 평균 매득가가 증가하는, 다시 말해 규모가 큰 거래가 점점 늘어가는 양상을 보여주고 있다. 건당 평균 매득가격을 보면 답의 전체 평균은 315.8냥으로 전의 51.7냥의 6배를 넘어서고 있다. 앞서 〈표 6〉에서 살핀 답과 전의 평균 매득면적이 10.9두락과 4.5두락이었음을 고려한다면, 대체로 답이 전에 비해 2.5~3배 정도의 가격으로 거래되었음을 알 수 있다.

전체적으로 볼 때, 277건의 매매를 통하여 전답을 매득하는 데에 소용된 총 금액은 7만 5,846냥에 달했다. 이미 1890년대에 1만 냥을 넘어섰으며, 1900년대에는 6만 3,423냥이 전답매득에 소용되었다. 그렇다면 이와 같은 전답의 매득은 어떻게 가능했던 것일까? 그것은 우선 통화와 결세(結稅)를 둘러싼 당시의 사회 경제적 상황과 밀접한 관련이 있다고 생각할 수 있다.

우선 통화에 있어서는 악화발행으로 인한 인플레이션의 문제가 심각하였다. 조선은 이미 당오전(當五錢)으로 인한 인플레이션 문제를 겪었음에도 또다시 백동화(白銅貨)를 발행하여 문제를 야기하였다. 조정은 1894년(고종 31) 7월 은본위제를 채택한 화폐제도로 「신식화폐발행장정(新式貨幣發行章程)」을 제정하여 공포하였다. 또한 본위화폐인 은화에 대하여 보조화폐로 백동화를 규정하였는데, 정작 본위화폐는 발행하지 않고 백동화만을 주로 발행하였다. 그런데 백동화는 실제가치가 명목가치에 미달하였고, 정부의 남발과 위조화폐의 다량 유통으로 인하여 인플레이션을 초래하게 되었다. 백동화로 인한 화폐가치의 하락은 특히 1902년 말부터 현저하게 나타났으며, 1904년에 접어들면서 매우 심각한 상황에 돌입하여 사회 전반적으로 심각한 물가폭등을 야기하였다.[22]

---

22) 하원호, 『한국독립운동의 역사 제2권 개항 이후 일제의 침략』, 독립기념관 한국독립운동사연구소, 2009, 200~201쪽 ; 오두환, 「한국개항기의 화폐제도 및 유통에 관한 연구」, 서울대 박사학위논문, 1984, 3~4장.

당시 정부가 늘어난 재정수요를 확보하기 위한 방법으로 결가(結價)를 증가시켜 간 것 역시 주목해야 할 배경이다. 1894년 갑오개혁을 통하여 토지 1결당 결가를 30냥으로 정식화하였는데, 이것을 1900년에는 50냥으로, 1902년에는 80냥으로 급격히 증액하였다. 더구나 각종 잡세의 수취가 여전히 이루어짐으로써, 이와 같은 인플레이션과 결세를 포함한 세금의 증가로 인하여 농민, 특히 소농과 빈농의 토지방매가 증가하고 있었던 것이다.[23]

이와 같이 빈농과 소농을 중심으로 파산과 토지의 방매를 강제하고 있었던 사회적 상황 속에서 지주들의 토지 집적은 보다 급속하게 진행될 수 있었다. 이와 같은 당시 조선의 사회 경제적 배경 속에서 연안김씨가는 매우 적극적으로 전답을 매득해 나갔다. 그것은 이 시기에 들어 연안김씨문중에서 다수의 문중계(門中契)가 설립되었고, 계전(契錢)을 마련하여 상당히 공격적으로 운영하였다는 사실과 밀접하게 관련된다. 이렇게 급속도로 증가된 전답에 대해서는 토지를 방매한 농민들을 소작인으로 전환시키면서 경영을 재편해 나갔는데, 실제 당시 연안김씨가의 농업 운영에 있어서는 가작의 비중이 감소하는 경향을 보이는 반면, 소작경영의 비중은 급속히 증가하는 모습을 보여주고 있었다. 이에 대해서는 차차로 살펴보겠거니와 여기에서는 시야를 돌려서 연안김씨가에 전답을 방매한 이들이 어떤 사람들이었는지 살펴보기로 한다.

〈표 8〉은 각 건의 토지매득을 매매문기에 기재된 방매 사유별로 분류하여 전답의 면적대별로 나타낸 것이다. 전체 건수가 291건으로 분석 대상 280건에 비해 11건이 많은데, 이는 매매문기에 방매사유가 둘 이상으로 나타나는 경우 각각의 사유에 중복하여 계산하였기 때문이다. '납세'와 '생계'가 동시에

심각한 인플레이션을 초래한 화폐였던 백동화는 결국 1904년부터 시작된 '화폐정리사업' 과정에서 주조가 정지되었고, 1905년부터 본격 환수되었다. 다른 한편 화폐운용의 혼란을 초래한 「신식화폐발행장정」은 1901년(광무 5)에 이미 폐지된 상태였다.
23) 하원호, 앞의 책, 260쪽.

<표 8> 연안김씨가 전답문기에 나타난 매매사유에 따른 면적별 현황

면적대＼사유	납세	생계	채무	移居, 移買	門中事	기타	要用所致	미상	합계 건(%)
0~5두락	39	11	8	10		4	24	53	149(51.2)
5~10두락	7	5	3	2	2	1	17	39	76(26.1)
10~20두락	6	5	2	1	1		11	17	43(14.8)
20~30두락	1			1	1		1	2	6(2.1)
30~40두락							1	1	2(0.7)
40~50두락	2	2			1		1	2	8(2.7)
50~60두락								2	2(0.7)
90~100두락			2	1					3(1)
100두락~				1			1		2(0.7)
합계 건(%)	55 (18.9)	23 (7.9)	15 (5.2)	16 (5.5)	5 (1.7)	5 (1.7)	56 (19.2)	116 (39.9)	291 (100)

거론된 경우가 10건이었고, 나머지 1건은 '납세'와 '채무'가 동시에 거론된 경우였다. 방매사유의 구분에 있어 채무에는 일반적인 채무 외에 도조(賭租)의 납부와 혼사 및 장례, 그리고 이를 위한 채무 상환을 포함하였다. '문중사(門中事)'의 구분은 문중이나 문계(門契) 운영상의 일로 전답을 방매하는 경우로, 대체로 문중답이 방매대상이 되었다. 기타는 전답이 연안김씨가의 묘소 구역 안[局內]에 들어가게 된 세 경우와 후에 무르는 것[還退]을 조건으로 친족이 매득하였다가 다시 방매하는 두 경우가 해당된다. '요용소치(要用所致)'의 구분은 조선후기 매매문기의 작성에서 상투적으로 등장하는 '긴요하게 쓸 곳이 생겨서[要用所致]', '꼭 쓸 곳이 있어서[切有用處]', '부득이하여[不得已]' 등의 기록을 합한 것으로, 실제로는 기록이 없어 '미상'으로 분류한 경우와 별반 다르지 않다고 할 수 있다.

　이와 같은 분석이 가능한 것은 연안김씨가의 토지매득 관련 문서가 매우 자세하게 작성되었기 때문이다. 대체로 조선후기가 되면 매매문서 작성에 있어 소유경위나 매매사유 등의 부차적인 내용들이 생략되거나 상투화되는 경향이 강하게 나타난다. 그러나 연안김씨가의 경우에 있어서는 전통적인 매매문기를 근대적인 매도증서나 매매계약서가 대체하는 순간까지 소유경위나 매매사유 등에 대한 내용을 기록하고 있다. 이와 같은 매매문기의 작성은 연안김씨가의 토지거래에 임하는 태도를 단적으로 드러내는 것이다.

그렇지만 이는 어디까지나 상대적인 것으로, 연안김씨가 역시 방매사유를 생략한 경우가 116건으로 전체의 40%를 차지하고 있으며, '요용소치'와 같은 상투적 기록을 보이는 경우도 56건 19.2%로, 양자를 합한 수치는 전체 291건에 대하여 172건, 60%의 비중을 차지하고 있다. 나머지 119건, 40%에는 구체적인 사유가 기록되어 있는데, 이 가운데 납세를 위한 경우가 55건으로 19% 정도를 차지하고 있으며, 생계와 채무가 각각 23건 7.9%와 15건 5.2%의 비중을 차지한다. 이 세 경우 모두는 넓은 의미에서 생계를 위한 방매로 볼 수 있으며, 따라서 생계형 거래가 93건 32%로 나머지의 4/5를 차지하고 있다. 이로 미루어 볼 때, 연안김씨가에 전답을 방매한 다수의 농민들은 생계 유지를 위하여 자기 소유의 토지를 방매한 것이었다고 할 수 있다.

이와 같은 농민들의 토지방매는 방매한 토지의 규모를 통해서도 엿볼 수 있다. 5두락 이하의 작은 면적을 대상으로 하는 거래가 149건으로 전체의 51%를 차지하고 있으며, 10두락 이하로 확대한다면 그 비중은 225건 77.3%로 늘어나고 있다. 이와 같이 규모가 작은 전답들이 거래의 다수를 차지하고 있었다는 사실은, 소규모의 자작지를 경영하고 있는 소농민들이 생계를 위하여 자기 토지를 방매한 것을 의미한다. 이와 같은 방매사유와 방매규모는 당시 연안김씨가에 전답을 방매하던 이들이 누구인지 잘 보여주고 있다. 이들은 대체로 소규모 농지를 보유하고 경작하여 생계를 유지해 가던 빈농 또는 소농들이었으며, 당시 물가폭등 및 결세상승과 같은 사회 경제적 상황의 악화 속에서 생계를 위하여 자신의 토지를 방매할 수밖에 없었던 이들이었다.

이는 당시 지주에게 집중된 토지가 주로 지주소작관계를 통하여 경영되는 상황에서, 자신의 토지를 방매한 빈농과 소농이 자작농에서 소작농으로

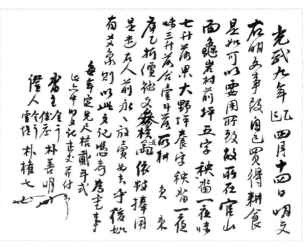
〈그림 15〉 1905년 박선명·전답매매문기

전락함을 의미하는 것이었다. 1890년대 이후 연안김씨가의 주요한 전답운영
역시 소작경영이었고, 여기에서도 토지를 방매함과 동시에 소작인으로 전락
하는 농민의 사례를 어렵지 않게 찾아볼 수 있다.

〈그림 15〉는 1905년(광무 9) 4월에 영광의 영마면에 거주하던 박선명(朴善
明)이란 인물이 자기가 매득하여 경작하던 관산면의 앙답(秧畓) 1두락을
35냥에 방매하는 문서이다. 그런데 문서의 말미에 보면 "매년 선척(先尺)
12두씩으로 정함[每年定先尺拾貳斗式]"이라 부기하여, 매년 12두의 도조(賭租)
로 소작계약을 하고 있다. 선척은 풍흉에 관계없이 도조를 미리 정하는
정액지대 방식이다. 〈그림 16〉 역시 마찬가지이다. 허순홍(許順弘)이란 인물
이 영광 외간에 거주하였는데, 1903년(광무 7) 12월에 흉년의 납세 및 생계를
위하여 밭 2두락을 20냥에 방매하였다.(〈그림 16〉의 왼편 문서) 이와 동시에
밭 2두락에 대하여 풍흉을 물론하고 선척 8두로 정하여 시작(時作)하기로
하는 계약을 체결하고 있다.(〈그림 16〉의 오른편 문서) 〈그림 16〉의 두
문서를 보면 허순홍의 신분이 전답을 방매하는 매매문기에는 "전주(田主)",
시작계약 수표에는 "전시작표주(田時作標主)"로 기록되어 있어 소작인으로

154

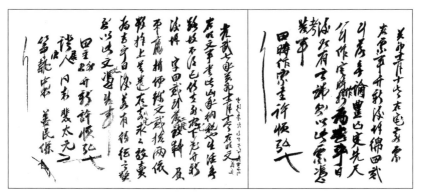

〈그림 16〉 1903년 허순홍 전답매매문기(좌) 및 시작계약 수표(우)

신분이 변동했음을 분명히 알 수 있다.

이 외에도 연안김씨가에는 자신의 전답을 방매한 뒤, 방매한 전답에 대하여 소작계약을 체결하는 사례가 다수 존재하고 있다. 이러한 경우 대체로는 납세와 생활 및 채무상환 등을 위한 생계형 방매가 다수였다.

그러나 모든 경우가 이와 같은 생계형 방매는 아니었다. 특히 대규모로 이루어진 거래의 경우, 생계 목적보다는 이매(移買)라던가 장례비용의 마련 등의 사유로 이루어진 경우가 많았다. 단일 거래로 두 번째로 큰 규모였던 1903년(광무 7) 5월 12일의 거래는 주사(主事) 박수겸(朴受謙)이란 인물이 자신의 몫으로 분재받아[衿得] 소작으로 경영하던 영광 무장면의 답 4처 19두락 등 영광과 무장 일대의 답 5석 9두락을 3,700냥에 방매한 것인데, 이 방매의 목적이 이매를 위한 것이었다.

연안김씨가의 많은 전답 매득만큼, 매수 대상이 되는 토지 역시 다양하였다. 역시 대다수는 빈농이나 소농에게서 매득하는 작은 규모의 전답이었으나, 다른 지주에게서 구입하는 대규모 전답 역시 존재하였고, 그 외에도 향교 전답이나 문중 전답과 같은 경우도 있었다.

향교 전답에 대한 매입은 1910년 10월에 이루어졌다. 매도 주체는 향교직원인 나종운(羅鍾雲) 등이었으며, 외간의 면장과 동변리의 이장이 증인으로 참여하였다. 이때 매도한 토지는 양사재(養士齋)에서 도조(賭租)를 받아 재정에 보태 사용하던 외간의 답 2처 6두락으로, 성묘(聖廟)의 제사 비용을 마련하기 위하여 150냥에 방매한 것이었다. 문중전답의 매입은 1904년 7월에 봉산(奉山)의 박씨문중 전답을 매입한 것이다. 매도 주체는 문장인 박영실(朴永實)을 비롯한 문중구성원으로, 문중의 사정으로 인하여 박씨문중의 각인이 소유하고 있던 전답을 방매하게 된 것이었다. 이때 방매한 전답은 봉산의 면전(綿田) 39두락과 답 8두락으로, 화곡(禾穀)과 함께 510냥에 방매하였다.

이와 같이 연안김씨가의 전답 매득은 규모와 대상에 있어 상당히 다양하게 이루어지고 있었지만, 역시 중심이 되는 것은 소규모 농지에 대한 생계형 매도 전답에 대한 매득이었다. 그 시기는 1890년대 이후, 특히 1900년대에 집중되고 있었다.

전답매득의 이러한 양상은 산지 매득에서도 유사하게 나타나고 있다. 1910년 이전에 이루어진 거래로 확인할 수 있는 연안김씨가의 산지 매득은 총 21건이다. 이 가운데 1870년대 3건, 1880년대와 1890년대가 각 1건씩이고, 나머지 16건이 1900년대에 이루어졌다. 매입규모에 있어서는 아무래도 광활한 면적의 산지를 대상으로 하다 보니 상대적으로 큰 규모의 거래가 존재한다. 거래규모를 알 수 없는 4건을 제외한 17건 중 300냥 이상의 거래가 5건으로 30% 정도를 차지하고 있다. 그러나 100냥 이하의 소규모 거래가 10건으로 다수를 차지하고, 10~20냥 수준의 작은 거래도 5건이나 존재한다. 이 같은 거래규모는 산지매매에 있어서도 생계형 거래가 다수를 차지함을 보여주는 것으로, 방매 사유를 살피면 납세가 10건으로 가장 많은 비중을 차지하고 있으며, 생활이나 채무상환을 위한 경우도 2~3건이 존재하는 등 생계형 거래라고 볼 수 있는 경우가 다수이다.

연안김씨가에서 1900년대에 산지를 적극적으로 매입한 것은 경제력이 강화되면서 종가로서의 역할 또한 신장된 것으로 볼 수 있다. 그것은 1889년과 1904년에 이루어진 석물의 매입을 통해서 보다 분명하게 드러나기도

한다. 실제 이 시기에 매득한 산지의 위치는 외간과 불갑 등 종택 인근이 대부분으로, 이 지역은 현재까지도 연안김씨가의 선산으로 남아 있다. 즉, 당시 연안김씨가의 토지매입은 동시기 사회경제적 변화 속에서 빈농과 소농의 생계형 전답매도에 적극적으로 대응함으로써 급속한 토지의 확장이 이루어진 것이라고 할 수 있다. 이와 같은 경제력의 신장 속에서 종가로서의 위상과 역할 또한 강화해 나가고 있었다.

② 농업경영의 추이

매득을 통하여 보유 전답이 급속히 증가함에 따라 연안김씨가의 농업경영에서 소작이 차지하는 비중 역시 증가하고 있었다. 현재 연안김씨가에는 당시의 전답보유와 경영형태를 보여주는 다양한 치부류 성책자료가 다수 전하고 있다. 여기에서는 이들 자료를 활용하여 19세기 후반부터 1910년 이전까지 연안김씨가의 농지보유와 농업경영의 양상에 대하여 살펴보기로 한다.

연안김씨가의 전답 치부 자료들에서 아쉬운 것은 그 어떤 자료로도 연안김씨가의 토지보유현황 전체를 복원할 수 없다는 사실이다. 이들 성책들은 비록 그 수가 많다고는 하지만, 당시 연안김씨가의 방대한 토지규모 전체를 복원할 수 있는 정도는 아니며, 지역과 시대에 따라 부분적으로만 남아 있을 따름이다.

『양안책자(量案冊子)』라는 자료는 1907년(융희 1) 8월에 작성되었는데, 영광군의 무장면과 마촌면, 도내면, 진량면에 소재한 답의 자호(字號)와 결부 및 두락수, 그리고 작인명을 기재한 것이다. 이 자료는 정작 종택이 소재한 외간면이 누락되어 있다는 점과 답만을 대상으로 하고 있다는 점에서 영광군 내에 소재한 소작답을 파악한 자료로 판단된다.

기술 방법에 있어서는 다소 차이를 보이지만, 연안김씨가에는 영광지역의 소작답을 파악하고 있는 자료가 두 건 더 존재한다. 하나는 1857년(철종

〈그림 17〉 1907년 『양안책자』 표지(우) 및 본문(좌)

8)으로 추정되는 정사(丁巳)년에 작성된 『영광군소재답고타량성책(靈光郡所在畓庫打量成冊)』이고, 다른 하나는 표제와 작성시기가 나타나지는 않으나 19세기 후반 경으로 추정되는 영광군에 소재한 답의 소작현황을 기록한 것이다. 전자의 경우는 기재 양식에 있어 양안의 그것과 거의 일치하고 있는 것으로 보아 양안을 기본으로 작성한 것으로 보이며, 제일 하단에 양안상의 작인과 현재의 작인을 "量○○"와 "時○○"로 나타내고 있다. 반면 후자는 기록이 상당히 소략하여 지역별로 작인과 해당 답의 면적을 두락과 야미로 나타내고 있을 따름이다.

각 자료에 수록된 내용을 보면 가장 이른 시기인 1857년 작성된 『영광군소재답고타량성책』은 14필지의 41.5두락에 해당하는 답을 수록하였다. 그러나 표제 미상의 19세기 후반 경의 자료에는 34필지의 93두락이 수록되었으며, 1907년의 『양안책자』에는 58필지의 250.5두락이 수록되어 있다. 이들 세 자료의 경우 자료의 성격에 있어 차이를 보이지만, 연안김씨가의 농업경영에 있어 19세기 후반 이후 영광 지역의 소작답의 비중이 상당한 속도로 증가하고 있었음을 보여준다.

1910년 이전의 전답경영과 관련한 치부자료로 가장 잘 남아 있는 자료는 깃기[衿記]이다. "깃기[衿記 또는 襟記]", "결사(結史)", "고결(考結)" 등의 제명으

〈그림 18〉 1869년 깃기책 『결사』의 표지(우) 및 본문(좌)

로 전해지는 깃기책들은 총 34책이 전해지고 있으며, 1869년(고종 6)부터 1908년(융희 8)까지 40년에 걸친 자료들이 남아 있다. 이 자료들은 연안김씨가의 결세 납부대장이라 할 수 있는데, 앞의 자료들과는 정반대로 종택이 위치한 영광군 외간면 동변의 토지만을 수록하고 있다.

〈그림 18〉을 통해 볼 수 있듯이 깃기의 기재 양식은 매우 간단하다. 내용의 앞부분에 "오필(五必 또는 五弼)", "오목상(五木尙)", "수복(水福 또는 水卜)"과 같이 인명을 쓴 후 이어서 해당 토지의 자호, 지번을 기록하고 면적을 결부(結負)로 나타냈다. 여기에 기재된 "오필"이나 "수복"과 같은 인명은 노비명으로 보이나, 실제로는 양안상에 기재된 연안김씨가의 호명(戶名)으로 추정된다. 즉 오필이나 수복과 같은 노비의 이름은 양안의 기주(起主)란에 연안김씨의 이름 대신에 기재되는 명칭이었다.

앞서 『양안책자』 등이 외간을 제외한 영광 일대의 소작답 현황이라면, 이 깃기책들은 종택이 위치한 영광군 외간면 동변에 소재한 연안김씨가의 결세납부대상 토지장부라 할 수 있다. 반면 영광 외간면 동변 이외의 지역에 대해서는 이와 같은 결세납부대상으로서의 깃기책이 전혀 존재하지 않는다. 이와 같은 자료적 특성에 대비해 볼 때, 이들 깃기책들은 결세 납부대장일뿐 아니라, 가작지(家作地)의 성격을 지니는 토지대장이기도 하였다고 추정할 수 있다. 따라서 이들 깃기책의 내용을 통하여 종택 인근인 영광 외간면

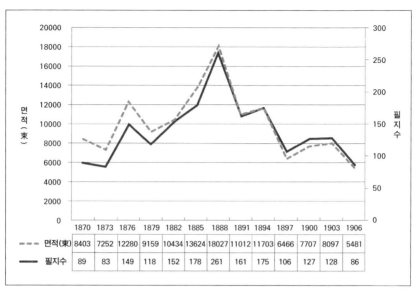

	1870	1873	1876	1879	1882	1885	1888	1891	1894	1897	1900	1903	1906
---- 면적(束)	8403	7252	12280	9159	10434	13624	18027	11012	11703	6466	7707	8097	5481
── 필지수	89	83	149	118	152	178	261	161	175	106	127	128	86

〈그림 19〉『깃기(衿記)』를 통해 본 연안김씨가 가작지(家作地)경영의 추이

동변에 소재한 연안김씨가의 가작지 경영의 추이를 살필 수 있다.[24] 〈그림 19〉는 깃기책들에 기록된 내용을 토대로 연안김씨가 가작지의 필지수 및 면적 추이를 나타낸 것이다.

1870년(고종 7)을 시작으로 1906년(광무 10)까지 매 3년마다 깃기책을 대상으로 수록 현황을 나타낸 〈그림 19〉는 해당 시기 연안김씨가의 가작경영 추이를 보여준다. 전체적인 추이를 보면 가작지는 1870년 이후 급격히 증가하여, 1888년(고종 25)에 정점에 이른 후, 이후 증가폭만큼이나 급속히 위축되는 모습을 보여준다. 1870년대 초까지만 해도 80~90필지의 7~8결 수준이던 가작 면적은 1880년대에 급속한 증가를 보이기 시작하면서 1888년 에는 261필지의 18결까지 증가하고 있다. 그러나 이후 갑작스럽게 감소하면

---

24) 물론 외간에 소재한 전답이라고 해서 모두 가작지만 존재했던 것은 아니다. 외간 내에도 소작지가 존재했으며, 이 토지들의 현황은 이어서 살필『추감기(秋監記)』 자료들을 통하여 구체적인 파악이 가능하다.

서 1906년에는 86필지의 5결 50부 수준으로 1870년보다도 낮은 수준으로 감소하고 있다.

가작지의 면적이 급감하는 시기는 1890년 무렵 이후로, 이 시기는 앞서 언급하였듯이 사회 경제적으로 인플레이션과 결세를 포함한 세금의 증가로 인하여 농민, 특히 소농과 빈농의 파산과 토지방매가 증가하던 시기였다. 또한 이 시기는 연안김씨가가 적극적인 토지 매득을 통하여 토지 집적에 박차를 가하던 시기와도 겹치고 있다. 이와 같은 사실은 1890년대 이후 연안김씨가의 경제행위가 농업경영 자체보다는 토지집적에 초점을 맞추고 있었음을 보여준다. 또한 소유 전답이 급증하고 있음에도 불구하고 농업경영에 있어 가작지가 급감하고 있다는 사실은 결국 경영에 있어 소작경영의 비중이 급격히 증가하고 있다는 것이다. 이는 곧 당시 연안김씨가의 토지와 농업에 대한 태도에 있어 직접적인 농업경영을 중시하는 농업경영자로서의 입장보다는 전적으로 토지의 소유를 우선으로 하고 경작권을 임대함으로써 소작료를 수취하는 지주로서의 입장이 보다 강해지고 있음을 의미한다.

연안김씨가의 소작경영 양상을 보다 구체적으로 검토해 보자. 연안김씨가에는 소작경영과 관련한 다수의 치부자료들이 다양하게 존재한다. 자료의 성격에 따라 살펴보면, 가을 추수 이후 수확량을 조사하여 소작료를 확정한 장부인 추감기(秋監記)를 비롯하여, 풍흉에 관계없이 미리 정한 도지(賭地)액을 기록한 도조기(賭租記), 소작료의 수납 현황을 기록한 소작료 수납기,

〈그림 20〉 1898년 광양군 『추감기』의 표지(우) 및 본문(좌)

미수현황과 납부약정 내용을 기록한 미수기 등으로 분류할 수 있다. 그러나 앞의 토지보유현황과 마찬가지로, 이들 자료 역시 당시의 연안김씨가 소작 내역 전체를 조망하기에는 상당히 한계가 있다. 이는 각 자료들이 시기별, 지역별로 연속적이지 않기 때문으로, 각각의 자료들은 당시 연안김씨가의 소작지 경영의 극히 일부분만을 담고 있기 때문이다. 이들 자료 가운데 당시 연안김씨가의 소작지 현황과 추이를 엿볼 수 있는 자료는 영광지역 중 외간면을 제외한 소작답 현황을 담고 있는 앞의 세 자료를 포함하여 23책 정도로 그 현황은 〈표 9〉와 같다.

〈표 9〉를 통해 제시한 자료들은 연안김씨가에 현전하는 소작 전답 관련 치부성책 전체는 아니지만 대체를 보여주는 자료들이다. 지역적으로는 영광과 광양, 함평, 무장 4개 군에 걸쳐 나타나며, 시기적으로는 1857년의 것도 존재하나 대부분은 1890년대 말 이후의 것들이다.

〈표 9〉 연안김씨가의 소작 전답 성책 현황

대상 郡	연대	제명	대상 面	비고
영광군	1857년	靈光郡所在畓庫打量成冊	영광 각면(외간면 제외)	답만 수록
	19세기 후반	제명 미상	영광 각면(외간면 제외)	답만 수록
	1905년	家捧秋監記	관산·남죽·마산·불갑·서부·외간·육창·황량면	
		家捧秋監記	금마·관산·구수·동부·봉산면	
		家捧秋監記	대안·무장면	
		家捧秋監記	무장·마촌·도내면	
		家捧秋監記	봉산면	
		家捧秋監記	내서·외서·삼남·삼북·대월·현내면	
		家捧秋監記	삼북면 일부(대동평 등)	
		家捧秋監記	염소·원산면	
		家捧秋監記	육창·원산·마산면	
	1906년	秋監記	대안·마산·삼북·염소·원산·육창면	
		秋監記(家捧)	서부·황량면	
	1907년	量案冊子	무장·마촌·도내·진량면	답만 수록
	1909년	穀史(田畓主賭租野草記)	육창면	답만 수록

광양군	1898년	秋監記	옥곡·월포·진하면	
	1899년	光陽郡所在田畓及柴竹蘆田秋監記	옥곡·월포·진상·진하면	
		賭租捧上冊	옥곡·월포·진하면	
	1900년	光陽津下面畓秋監記	옥곡·월포·진상·진하면	
		親屯畓秋監記	옥곡·월포·진상·진하면	
	1901년	光陽津下月浦玉谷三面畓秋監記	옥곡·월포·진상·진하면	
함평군	1905년	家捧秋監記	신광면 일부(보전평 등)	
무장군	1906년	秋監記	신산·대사·원송면	

문제는 〈표 9〉를 통해서도 엿볼 수 있듯이 연안김씨가의 소작 전답 관련 자료들이 비균질적인 자료들로서 분석이 용이하지 않다는 사실이다. 분석의 중심이 되어야 할 영광지역의 자료는 자료의 성격이 다소 다르다는 점과 시계열적 연결이 우선 문제가 될 수밖에 없다. 더욱이 남아 있는 자료들도 영광군 내 지역별로 별개로 책을 묶다 보니 그 결락에 대하여 알 수가 없으며, 서로 다른 시기에 대한 비교도 용이하지 않은 상황이다. 그러나 1905년에는 9책의 『추감기』가 작성되었고, 당시 영광군의 다수 면을 수록하고 있음을 확인할 수 있다. 따라서 이 자료들을 통하여 당시 영광지역 소작 전답의 최소한의 규모를 알 수는 있다.

그나마 광양군에 대해서는 분석 대상이 되는 지역이 대체로 일치하고 있으며, 시계열에 있어서도 비록 4년간이지만 1898년부터 1901년까지 연속적으로 존재하고 있다. 다만 1899년과 1900년의 관련 자료가 각각 2건씩 존재하는 것으로 확인되는데, 수치에 있어서는 다소 차이를 보이고 있으나 기본적으로는 동일한 대상에 대해 작성한 자료들이다. 아마도 가을 추수 이후 수확량 점검 및 소작료 확정 때 작성한 것과 소작료를 수취할 때에 작성한 자료 두 종류가 아닐까 추측된다.

나머지 함평과 무장의 경우에는 자료도 각 1건씩이고, 대상 전답의 면적도 그리 넓지는 않다. 또 하나의 문제는 이들 자료가 과연 연안김씨가의 모든 소작 전답을 대상으로 작성된 자료들인가 하는 점이다. 위 자료의 제명을 보면 "가봉(家捧)"이라던가 "친둔답(親屯畓)"이라는 기록을 확인할 수 있는데, 이와 같은 명칭을 통하여 이 자료들이 연안김씨 종택에서 소작료를 직접 수취한 전답에 대해서 작성한 것임을 추정할 수 있다. 문제는 이 경우 마름을 두어 관리하면서 소작료로 수취한 곡물 등을 별도의 곳에 보관 관리하는 전답의 경우는 애초에 작성대상이 아니었거나, 혹은 별도의 주체가 작성하여 보관하고 있었던 것은 아닌가 하는 점이다.

이상의 한계들을 염두에 두면서 〈표 9〉에서 제시한 자료를 통하여 소작 현황을 검토해 보도록 하자. 〈표 10〉은 해당 자료에 기록된 소작 전답의 면적과 소작료의 합을 나타낸 것이다. 내역을 보면 영광의 경우 가장 많은 소작 전답 현황을 보여주는 1905년의 소작면적은 1,912두락으로 거의 100여 석락에 달하는 면적이며, 해당 전답의 소작료 총액은 9,918두로 500여 석에 달하고 있다. 광양의 경우 가장 많은 전답과 소작료를 보여주는 자료는

〈표 10〉 연안김씨가의 소작 전답 현황

대상郡	연대	면적(斗落)			소작료(斗)			자료명	대상 面
		畓	田	합	畓	田	합		
영광	1857년	41.5		41.5				靈光郡所在畓庫打量成冊	외간 제외
	19세기 후반	93.0		93.0				제명 미상	외간 제외
	1905년	1,815.2	96.7	1,911.9	9,570	348	9,918	家捧秋監記 9책 합	외간 포함
	1906년	384.2	10.0	394.2	2,746	40	2,786	秋監記	대안 등 6면
		37.5		37.5	353		353	秋監記(家捧)	서부 등 2면
	1907년	250.5		250.5				量案冊子	무장 등 4면
	1909년	97.0		97.0	623		623	穀史	육창면
광양	1898년	665.4		665.4	9,109		9,109	秋監記	옥곡 등 3면
	1899년	670.9	66.0	736.9	10,007	432	10,439	光陽郡所在田畓及柴竹蘆田秋監記	옥곡 등 4면
		674.4	19.0	693.4	9,957	130	10,087	賭租捧上冊	옥곡 등 3면
	1900년	674.9	66.0	740.9	12,716	263	12,979	光陽津下面畓秋監記	옥곡 등 4면
		662.9	66.0	728.9	9,697	236	9,933	親屯畓秋監記	옥곡 등 4면
	1901년	672.4	66.0	738.4	5,047	263	5,310	光陽津下月浦玉谷三面畓秋監記	옥곡 등 4면
함평	1905년	71.3		71.3	399		399	家捧秋監記	신광면 일부
무장	1906년	32.0		32.0	271		271	秋監記	신산 등 3면

1900년의 『광양진하면답추감기』인데, 전답의 면적은 740.9두락이고 소작료 총액은 12,979두로 650여 석에 달하는 분량이다. 이 외에 함평과 무장 등지에도 많지는 않지만 소작 전답의 소재를 확인할 수 있다. 이상에서 봤을 때, 비록 지역과 시기의 차이로 인하여 정확한 파악은 곤란하나, 대체로 전체 소작 전답의 면적은 최소 2,700두락 이상에 달하고, 한 해에 수취하는 소작료 역시 풍흉에 따라 큰 차이를 보이기는 하지만 2만여 두, 즉 1천석을 넘기는 것도 어렵지 않았다고 할 수 있다.

그런데 위의 현황을 보면 시기와 지역별로 소작료가 큰 차이를 보이고 있음을 알 수 있다. 1905년 영광군의 두락당 평균 소작료는 5.2두인데 반하여, 1900년『광양진하면답추감기』에 수록된 전답들의 두락당 평균 소작료는 3배가 넘는 17.5두락에 달하고 있다. 〈표 11〉을 통하여 확인할 수 있듯이 1905년의 영광은 가장 적은 평균 소작료를 보여주는 반면, 1900년 광양의 경우는 반대로 가장 많은 평균 소작료를 보여준다. 그러나 이와 같은 차이를 고려하더라도 영광과 광양, 특히 다른 지역과 비교한 광양의 소작료가 매우 높은 수준임을 알 수 있다.

〈표 11〉 연안김씨가의 두락당 평균 소작료

대상 郡	연대	평균소작료(斗/斗落)			자료명
		畓	田	합	
영광	1905년	5.3	3.6	5.2	家捧秋監記 9책 합
	1906년	7.1	4	7.1	秋監記
		9.4		9.4	秋監記(家捧)
	1909년	6.4		6.4	穀史
광양	1898년	13.7		13.7	秋監記
	1899년	14.9	6.5	14.2	光陽郡所在田畓及柴竹薦田秋監記
		14.8	6.8	14.5	賭租捧上冊
	1900년	18.8	3.9	17.5	光陽津下面畓秋監記
		14.6	3.6	13.6	親屯畓秋監記
	1901년	7.5	4.0	7.2	光陽津下月浦玉谷三面畓秋監記
함평	1905년	5.6		5.6	家捧秋監記
무장	1906년	8.5		8.5	秋監記

영광의 경우 1906년 서부면 등의 37.5두락만이 수록된 추감기의 소작료가 평균 9.4두인 경우를 예외로 하면, 5~7두 정도의 평균 두락당 소작료 현황을 보여준다. 이는 함평도 마찬가지이고, 무장의 경우는 평균 8.5두로 다소 높은 수준이기는 하지만 광양의 수준에 미칠 정도는 아니다. 반면 광양의 경우는 1900년의『광양진하면답추감기』를 제외하더라도 평균 13~15두의 수준으로 다른 지역에 비하여 매우 높은 소작료율을 보여준다. 다만 확인할 수 있는 마지막 연도인 1901년의 경우는 평균 7.2두로 다른 지역과 비슷한 수준으로 감소하고 있다. 즉 1898년부터 1900년까지 3년간의 소작료가 여타 지역 및 시기에 비하여 2배 정도 높게 나타나고 있다.

이같이 높은 광양지역의 소작료율에 대하여 그 이유를 알 수 있는 자료는 확인할 수 없다. 다만 지역적 성격과 관련하여 추정해 볼 여지는 있는데, 광양의 해당 4개면이 섬진강 하류, 남해와 만나는 지역에 위치하고 있다는 점이다. 섬진강이 남해와 만나는 지점으로 서편에 연하여 진하면과 월포면이 합쳐진 진월면이 소재하며, 다시 백운산을 발원으로 남해로 흐르고 있는 수어천을 접하여 북쪽에 진상면이, 남쪽에 옥곡면이 소재하고 있다. 즉 섬진강과 수어천 두 강이 남해와 만나는 하구 지역에 연안김씨가의 광양지역 전답 700여 두락 이상이 존재하는 것이다. 이는 해당 전답들의 기원과 경영에 있어 개간 혹은 보(洑)의 수축을 통한 안정적인 농업용수의 공급과 같은 연안김씨가의 주도적 역할이 존재하였음을 추정할 수 있게 하는 대목이다. 즉, 연안김씨가는 해당 지역의 전답에 대하여 주요한 역할을 수행하였고, 이를 통하여 3년에 걸쳐 매우 높은 수준의 소작료를 수취할 수 있었다고 미루어 짐작할 수 있다.[25]

25) 광양지역이 높은 소작료율을 보이는 시기가 1898~1900년이고, 영광 등지의 사례시 기가 1905년 이후라는 점에서 광양의 높은 소작료율이 시기의 변화에 따른 전반적인 소작료율이나 또는 물가 등 경제적 상황의 변동으로 말미암은 것일 수도 있다. 그러나 1898년 〈추감기〉로 처음 등장한 광양지역의 소작 전답이 700두락 내외의 넓은 면적이었음에도 불구하고 이전에는 이 지역과의 경제적 연고 등을 뚜렷이

또한 〈표 10〉을 보면 연안김씨가의 소작경영에 있어 답이 압도적인 비중을 차지하고 있음을 알 수 있다. 전과 답을 함께 살펴볼 수 있는 경우 전의 면적은 전체의 10% 이내에 머물러 있었으며, 소작료에 있어서는 전이 차지하는 비중이 5% 이내에 불과한 상황이었다. 즉 연안김씨가는 19세기 후반 이후 매득을 통하여 급속히 집적해간 전답, 특히 답에 대하여 소작경영을 적극적으로 강화해가면서 지주로서의 위치를 보다 공고히 하고 있었다.

③ 식리활동의 확대

마지막으로 연안김씨가의 전답 매득의 주요한 배경이 되었던 식리(殖利) 활동에 대하여 살펴보기로 한다. 당시 연안김씨가가 매득한 전답의 방매사유에 있어 채무로 인한 방매가 주요한 이유였음은 이미 살펴본 바와 같다. 이때의 채무는 대개 연안김씨가에 대한 채무였고, 채무자는 대체로 소농 또는 빈농이었다. 즉 연안김씨가는 식리활동을 통하여 이윤을 창출하고 동시에 소농과 빈농들의 토지를 채권의 회수라는 방법을 통하여 집적해 나갔던 것이다.

당시의 식리활동과 나아가 대규모 토지의 매득을 추진하기 위한 재원에서 주목할 것은 연안김씨 문중의 계전(契錢)이었다. 연안김씨가에는 19세기 말경부터 다양한 문중계의 운영을 보여주는 자료가 다수 존재한다. 그러한 문중계로는 구봉계(九峰契), 불갑월곡계(佛甲月谷稧), 월곡계(月谷稧), 외간양지계(外間陽地稧), 시목정계(枾木亭契) 등이 있었다. 이 중 구봉계는 효자공(孝子公) 김재명의 선영과 제사를 운영하기 위한 문계이다. 나머지 계의 경우도 목적과 대상을 분명히 할 수는 없으나, 대체로 선조의 제사와 묘소의 관리 등을 목적으로 해당 선조의 후손들끼리 별도의 계를 구성했으리라는 것을

발견할 수 없었다는 점 등을 고려할 때, 이 지역 전답의 기원과 경영에 있어 연안김씨가의 특별한 역할과 지위를 가정하는 것이 넓은 토지의 획득과 경영을 설명하는 데에 보다 타당하다고 생각된다.

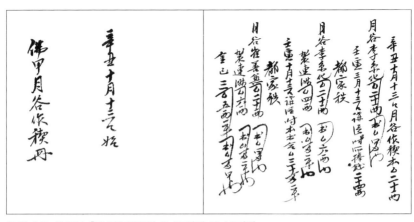

〈그림 21〉 1901년 『불갑월곡작계책』의 표지(좌) 및 본문(우)

일반적인 사실로 추정할 수 있다.

　현존하는 문헌자료들을 통하여 각 계의 운영시기를 검토하면 대체로 1890년대부터 1910년대 초까지로 집중되며, 일제강점기와 해방 이후에도 운영이 확인되는 계가 존재한다. 구봉계의 경우 1903년부터 1911년까지의 계전 운영장부가 존재하며, 이후 1924년부터 1947년까지의 것도 별도로 존재한다. 불갑월곡계의 경우는 1901년부터 1908년까지, 월곡계는 1905년부터 1909년까지 확인할 수 있으며, 외간양지계는 1908년부터 1912년까지의 계전 운영장부를 확인할 수 있다. 가장 오랜 기간에 걸쳐 운영된 것으로 확인할 수 있는 것은 시목정계로 1892년부터 1895년까지의 계전 미수기(未收記)가 존재하며, 1898년부터 1911년까지의 계전운용기와 1926년부터 1945년까지의 계전 운영 장부가 또한 존재하고 있다. 그 밖에 박산화수계(博山花樹稧)와 양현시제작계(陽峴時祭作稧)와 같은 계들에서 해방 이후인 1956년에서 1969년의 운영장부가 확인된다.

　여기에서는 각 계의 계전운영책 가운데 1898년부터 1912년까지의 28책을 대상으로 해당 시기 연안김씨가의 계전운영과 식리활동에 대하여 검토한다. 해당 자료를 통해 보면 총 채무자수는 1,221명에 달하며, 이들이 연안김씨

〈표 12〉 연안김씨가의 계전운용 현황

연도	九峰禊 채무자(명)	채무액(냥)	佛甲月谷禊 채무자(명)	채무액(냥)	外間陽地禊 채무자(명)	채무액(냥)	月谷禊 채무자(명)	채무액(냥)	梻木亭禊 채무자(명)	채무액(냥)	총합 채무자(명)	채무액(냥)
1898									1	10.00	1	10.00
1901			1	20.00					47	1,078.15	48	1,098.15
1902			5	59.20					98	1,640.54	103	1,699.74
1903	13	187.00	11	144.10					82	1,133.90	106	1,465.00
1904	15	267.00	15	255.20					70	1,016.96	100	1,539.16
1905			18	325.00			9	144.00	71	1,041.61	98	1,510.61
1906	4	160.00	22	494.00			20	317.49	66	1,118.79	112	2,090.28
1907	2	23.00	21	594.30			10	210.00	96	1,557.50	129	2,384.80
1908	21	236.74	6	371.36	46	1,537.01			103	837.95	176	2,983.06
1909	44	633.34			59	2,020.42	3	168.80	102	933.44	208	3,756.00
1910	31	273.37			29	837.18			32	361.62	92	1,472.17
1911	18	156.90			12	250.63			12	158.49	42	566.02
1912					6	140.27					6	140.27
총합	148	1,937.35	99	2,263.16	152	4,785.51	42	840.29	780	10,888.95	1,221	20,715.26

문중계에서 차용한 총 채무액은 2만 700냥을 넘어서는 액수로, 1인당 평균 17냥의 금액을 차용하고 있었다. 이 가운데 가장 중심적인 역할을 한 것은 시목정계의 계전으로 12년간에 걸쳐 780명에게 1만 900여 냥을 대여하여 전체의 52.6%에 달하는 비중을 차지하였다. 이어서 외간양지계가 5년에 걸쳐 152명에게 4,800여 냥을 대여하여 23.1%를, 다음에는 불갑월곡계가 8년간 99명에게 2,263냥을 대여하여 10.9%를, 구봉계가 8년에 148명에게 1,937냥을 대여하여 9.4%, 마지막으로 월곡계가 4년간 42명에게 840냥을 대여하여 4.1%의 비중을 차지하고 있다.

시기별로 살펴보면 채무자수는 1901년 48명을 시작으로 본격적으로 증가하여, 1900년대 전반에는 100명 내외의 수치를 보이다가, 1900년대 후반에 본격적으로 상승하기 시작하여 1909년에 208명으로 정점을 찍은 후 급격히 감소, 1912년에는 유명무실한 수준을 보여준다. 금액에 있어서도 그와 같은 추세는 대동소이하다. 1901년 1,100여 냥을 시작으로, 1900년대 전반에는 1,500냥 전후의 금액을 보여주며, 1900년대 후반에 본격적으로 급증하여

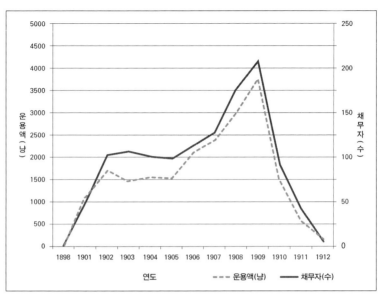

운
용
액
(
낭
)

채
무
자
(
수
)

연도   ---- 운용액(냥)   —— 채무자(수)

〈그림 22〉 연안김씨가의 계전운용 추이

1909년에 3,800여 냥까지 상승한 후 급격히 감소하고 있는 것이다. 이와 같이 채무자수의 추이와 운용액의 추이가 거의 동일하게 움직이고 있다는 사실은 계전의 운용에 있어 그 대상과 방법이 거의 동일하게 운영되고 있었음을 의미한다. 이미 앞서 당시 연안김씨가에 전답을 방매한 대다수가 소농 또는 빈농이었음을 살핀 바와 같이, 연안김씨가의 계전을 차용한 대부분은 소액의 차용이었다는 점에서 연안김씨가의 계전 운용 대상이 전답의 매득 대상과 사회 경제적 상황이 동일한 소농 또는 빈농이었음을 짐작할 수 있다. 다음의 〈표 13〉은 이를 보다 자세히 검토하기 위하여 연안김씨가의 계전을 차용하고 있는 채무자들의 차용금액을 연도별로 나타낸 것이다.

〈표 13〉에 나타나는 채무자의 총수는 1,219명으로 앞의 1,221명에 비해 2명이 감소하였는데, 이는 1902년 금전이 아닌 미(米) 6두를 차용한 2명을 제외하였기 때문이다. 전체의 현황을 살피면, 10냥 미만의 소액 차용자가 437명으로 전체의 35.8%를 차지하며, 10냥에서 20냥 미만을 차용한 이들도

<표 13> 연안김씨가 계전 차용인의 차용금액-연도별 분포

채무액	1898	1901	1902	1903	1904	1905	1906	1907	1908	1909	1910	1911	1912	합계(%)
10냥 미만		23	52	46	33	24	20	32	79	77	33	18		437(35.8)
10~20냥	1	11	23	35	42	45	48	50	51	72	33	14	3	428(35.1)
20~30냥		7	18	16	11	18	28	23	15	18	8	2	1	165(13.5)
30~40냥		3	2	2	4	3	6	5	2	13	9	6	1	56(4.6)
40~50냥			1	3	4	4	4	7	10	10	8	2	1	54(4.4)
50~60냥		1	1	2	3	4	4	8	10	4				37(3.0)
60~70냥				2		1	2	6	6					17(1.4)
70~80냥									1	2	1			4(0.3)
90~100냥			1					2		4				7(0.6)
100냥 이상			3	2	1		1		2	2				14(1.1)
합계	1	48	101	106	100	98	112	129	176	208	92	42	6	1,219(100)

428명으로 35.1%를, 20냥 미만을 차용하는 경우가 전체의 70% 이상의 다수를 차지하고 있다. 이 수치는 30냥 미만으로 확장하면 85%로 증가하고 있으며, 50냥 미만까지 확장하면 95% 정도까지 확대된다. 이와 같이 소액 채무자가 전체의 대부분을 차지하는 것은 결국 앞서 말한 것과 같이 연안김씨가가 계전을 운영하는 대상이 대부분 소농이나 빈농이었음을 의미한다고 하겠다.

〈그림 23〉은 연도별 현황을 보다 알기 쉽게 살피기 위하여 누적비로 나타낸 것으로, 왜곡을 피하기 위하여 사례수가 극히 적은 1898년과 1912년을 제외하였다. 이를 통해 보면 모든 연도에 있어서 30냥 미만 차용자들의 누적비율이 80~90% 사이를 지속적으로 차지하고 있음을 알 수 있다. 그러나 그 안에서 연도별로 다소 변화를 보이고 있는 것이 눈에 띈다. 1901년과 1902년에는 10냥 미만이 50% 정도를 차지하였으나, 그 비중은 1906년까지 20%선으로 감소하였으며, 다시 증가하기 시작하여 1908년 이후에는 40~50% 정도로 증가하고 있다. 그러나 이러한 변동을 금전 차용의 성격이 변화한 것이라고 보기는 어려우며, 여전히 소농과 빈농 중심의 생계형 차용이 주류를 이루는 가운데 오히려 그들의 생활이 어려워짐으로써 차용액이 다소 증가하고 있었다고 보는 것이 타당할 것이다.

계전의 차용은 대체로 매년 3월 15일과 10월 15일을 기준으로 이루어지고

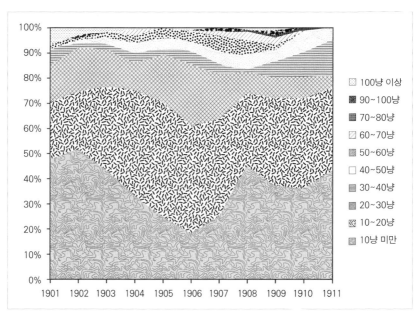

<그림 23> 계전 차용인의 연도별 누적 분포 추이

있었다. 즉 3월 15일에 차용하는 경우 같은 해 10월 15일에 상환하고, 10월 15일에 차용하는 경우는 이듬해 3월 15일에 상환하는 식이다. 이날은 연안김 씨 문중의 봄과 가을 강신일(講信日)로, 정확히 이 날짜가 아니더라도 이 두 일자를 즈음해서 계전의 정산과 차용이 이루어지고 있었다.

따라서 차용기간은 3월에 차용하는 경우는 7개월 후가 상환일이 되며, 10월에 차용하는 경우는 5개월 후가 상환일이 된다. 5개월과 7개월에 대한 이자율은 일률적이진 않으나 대체로 20~30% 수준으로 책정되고 있었다. 전체 1,221건 가운데 37%인 447건이 15~25% 사이의 이자율을 보여주고 있으며, 44%인 540건이 25~35%의 이자율을 보여주고 있다. 또한 14%인 172건은 "5변례(邊例)"로 기록되고 있는데, 이는 매달 5%의 이자를 의미하는 것이다. 이는 곧 5개월인 경우에는 25%, 7개월인 경우에는 35%의 이자율을 의미하는 바, 앞서 25~35%의 범주에 든다고 하겠다. 또한 이율이 15~25%인 경우에는 가을에서 이듬해 봄까지 5개월간의 차용인 경우가 많으며, 25~35%인 경우에는 반대로 봄에서 가을까지 7개월간의 차용인 경우가 상대적으로 많이 확인되고 있다. 이렇게 볼 때, 결국 연안김씨가의 계전은 거의 대부분인 95% 정도가 20~30% 선의 이자율로 운영되고 있었다는 것인데, 이는 연리(年利)로 환산할 경우 50%가 넘는 이자율이었다고 할 수 있다.

당시에는 장리(長利)도 드물지 않게 행해지고 있었고, 이로 인하여 많은 문제가 대두되고 있었다. 장리는 기본적으로 빌려준 돈이나 곡식의 50% 혹은 그 이상을 이자로 부과하는 것이다. 그러나 이 역시 기한이 1년이 아닌 봄부터 가을까지 약 7개월의 기간이었다. 이와 비교하면 연안김씨가의 이율은 그리 높다고는 할 수 없다. 오히려 당시의 법정 이자율에 근접한 것으로 이해되는데, 대한제국이 1906년 9월 반포한 〈법률 제5호 이식규례(利息規例)〉에 따르면 계약상의 이자는 원금에 대하여 1년간 4/10를 넘지 못하도록 하였고, 당사자간 계약이 없는 경우에는 1년간 2/10로 간주하도록 하고 있었기 때문이다.[26)]

물론 이와 같은 이자율은 당시의 사회문제로 대두되는 경우에 대비하여 상대적으로 적다는 것이지, 절대적인 의미에서 부담이 되지 않는다는 것은 아니었다. 연 50%의 이자는 당시의 금리상황과는 관계없이 절대적인 수준에서 감당하기 어려운 수준이었다. 그리고 그것은 연안김씨가의 계전을 차용하고 있는 사람들이 주로 소농이나 빈농과 같이 생계가 어려운 이들이었다는 점에서 더욱 가혹할 수밖에 없었다.

금전차용인의 실제를 보여주는 구체적인 근거로 계전운영자료 가운데 금전차용사유기록이 있다. 이와 같은 사례는 166건으로 많지는 않으나, 159건이 공납 및 결세(結稅) 등 세금과 관련한 내용이었고, 나머지 7건도 생계와 관련한 금전의 차용이었다. 이러한 금전의 차용 이유는 앞서 전답의

---

26) 「법률 제5호 利息規例」, 『官報』 1906년 9월 28일.

방매 사유와 동일한 것으로, 연안김씨가의 계전을 차용하는 대상 역시 전답의 방매 대상과 동일한 소농 또는 빈농이었음을 확인할 수 있다. 또한 70여 건의 경우에는 차용 담보물에 대하여 수록하고 있는데, 이 경우 거의 모두가 5두락 이내, 특히 3두락 이내의 전답과 가옥을 저당으로 잡혀 있는 것으로 확인된다. 이러한 사례는 생계와 납세를 위하여 연안김씨가의 계전을 차용한 농민들이 자신의 농지를 방매하고, 결국에는 소작인으로 전락하게 되는 상황을 단적으로 보여준다 하겠다.

2. 한말~일제초 제도 변화와 연안김씨가의 소유권 강화

대한제국기에서 일제강점 초기 연안김씨가를 이끌었던 인물은 김종관으로, 조부 김사형과 더불어 중앙 관직을 두루 역임하였다. 한말 우리의 역사와 부침을 함께한 김사형과 김종관의 사환이었으나, 중앙정계의 사환 경험은 지역사회에서 연안김씨의 사회, 경제적 지위를 확립하고 성장시키는 주요 기반이자 경험이 되었다. 특히 급변하는 사회 경제적 상황 속에서 적극적인 경제활동을 통하여 대지주로서의 경제적 지위를 확보하고 유지, 성장시켜 나가는 데는 이 같은 중앙에서의 경험과 지위가 큰 힘이 되었음은 추측하기 어렵지 않다.

실제 김사형과 김종관은 현재까지 이어지는 연안김씨가의 경제력의 기반을 마련하고 성장시킨 당사자였다. 특히 전답매매를 비롯한 김종관의 경제활동은 1900~1910년대 토지제도의 변화 및 토지조사사업의 실시라는 상황 속에서도 위축되지 않고 이루어졌다. 오히려 변화하는 상황 속에서 적극적으로 대응해 가며 경제규모를 확대시키는 모습을 보여주고 있다. 김종관이 한말의 토지조사와 일제의 토지조사사업에 대하여 어떻게 인식하고 대응해 나갔는지를 직접적이고 구체적으로 보여주는 자료는 없다. 그러나 당대에 생산된 상당량의 문서와 기록들을 통하여 간접적으로나마 이를 추적해 볼 수는 있다. 이 장에서는 연안김씨가의 고문서 가운데 1900~1910년대를 중심으로 생산된 문서와 기록들을 토대로 연안김씨 가문, 특히 김종관이 이 상황에 대응해 가는 모습들을 추적해 보고자 한다.

1) 전답매매문기의 작성

토지조사사업의 핵심이 토지소유권과 경계의 확인을 통한 배타적 토지소유권의 확립이었다고 볼 때, 토지소유권을 확고히 하기 위한 김종관의 노력은 이미 1900년 무렵부터 뚜렷이 나타나고 있었다. 그러한 노력은 특히 새로운 토지의 매득에서 확인할 수 있다.

일제가 조선을 강제로 병합하고 1911년 무렵 매매계약서를 통한 토지매매를 본격화하기까지, 조선의 토지매매는 전통적인 매매문기의 작성방식으로 이루어졌다. "명문(明文)"이라고도 일컬어지는 매매문기는 문서의 서두에 매매연월일을 쓰고 이어서 "(매득자)前明文"이라 기록한 후 본문에 구체적인 내용을 기록한다. 본문에는 우선 해당 토지의 취득경위(買得, 衿得 등)와 경영상황(耕食, 收稅 등)에 이어 매도사유(移買, 納稅 등)를 기록하였다. 그리고나서야 해당 토지에 대하여 소재지(군현-면-동리-坪員)와 양안상 내용(字號와 地番, 四標, 結負數) 및 면적(斗落, 日耕 또는 夜昧) 등을 기록하였다. 이어서 매매가를 기록하고, 관련문서(新·舊文記)의 지급 여부를 기록한 후에 이 문기를 통하여 매매 사실을 증명한다는 진술을 기술함으로써 본문이 마무리되었다. 마지막으로 문서의 끝에는 토지주와 증인, 필집(筆執)이 각각 신분과 성명을 기록한 후 서명(手決, 手寸 등)을 함으로써 증거력을 갖게 되었다. 매매가 이루어지면 이와 같이 매매문기를 작성하였으며, 이를 신문기라 하였다. 그리고 이전의 거래나 상속 등으로 이미 작성되어 토지주가 가지고 있던 문기를 구문기라 하여 신문기와 함께 매수자에게 건네졌다.

이와 같은 매매 관행은 1910년경까지 주된 매매 방법으로 지속되었다. 그러나 구체적인 사항으로 들어가면 내용이 점차 간소화되면서 문기의 작성이 형식화하는 경향이 나타나고 있었다. 우선 양안상의 기록이 대폭 생략되면서 자호와 결부 정도만 기재되는 경향을 보인다.[27] 그리고 토지의 유래와 경영 및 매매 사유에 대한 정형화가 나타나는데, 특히 매매 사유에 있어 구체적인 사유를 적는 것이 아니라 일반적인 "요용소치(要用所致)"라는 용어로 투식화하는 경향이 뚜렷이 나타난다. 또한 구문기에 대해서도 언급과 지급의 중요성이 점차 감소하는 경향을 보여준다.

1903년 순천지역에서 답 5두락을 300냥에 방매하면서 작성된 〈그림 24〉의 매매문서를 통해서도 그러한 경향을 관찰할 수 있다. 우선 토지의 유래에

〈그림 24〉 1903년 순천지역의 전답매매문기(고려대장경연구소 소장)

---

27) 이는 1720년의 경자양안 이후로 이를 대체하는 양안이 작성되지 않음으로써 양안이 현실의 토지를 반영하지 못하는 것에서 말미암은 것으로 추정할 수 있다. 여기서의 결부는 양안상의 결부일 수도 있겠지만, 매매 당시 해당 토지의 결세액으로 보아야 할 것이다.

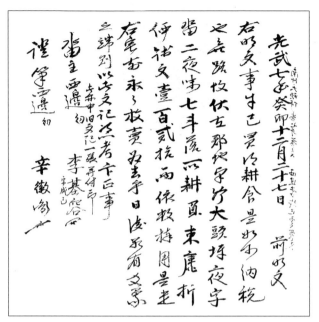

<그림 25> 1903년 연안김씨가의 전답매매문기(장서각 MF 35-9637)

대하여 단지 "유래답(由來畓)"이라고만 표기하고 있어 그 기원이 자신의
깃득(衿得)인지, 아니면 처변(妻邊)이나 모변(母邊)인지 등을 알 수가 없다.
매매 사유에 대해서도 "요용소치"는 아니나 "세부득이(勢不得已)"라 하여
구체적인 사유를 기록하지 않는 것은 마찬가지이다. 토지의 내용에 있어서
는 소재지와 자호, 두락, 결부만을 기록하였고, 구문기에 대해서도 단지 "신구문
기영영방매(新舊文記永永放賣)"라고만 기록하여 실체를 알기가 어렵다.

　그러나 이와 같은 매매 관행의 흐름에도 불구하고 연안김씨, 특히 김종관
의 토지매매는 상당히 철저하게 이루어졌다. 〈그림 25〉는 1903년 유학
이기용으로부터 남죽면의 답 7두락을 120냥에 매득하면서 작성한 전답매매
문기이다. 이를 보면 토지의 유래에 대해서는 "자기매득(自己買得)", 경영에
대해서는 "경식(耕食)", 판매 사유에 대해서는 "납세무로(納稅無路)"로 구체적
인 내용을 기록하고 있다. 토지의 내용에 있어서는 양안상의 기록이 생략되

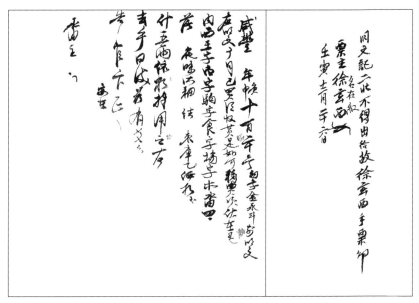

〈그림 26〉 필지를 분할 매득하면서 반으로 잘라 수령한 구문기(장 　〈그림 27〉 구문기를 대신하여 작성한
서각 MF 35-9638) 　 手標(장서각 MF 35-9638)

는 것은 어쩔 수 없지만, 〈그림 24〉에 비하면 야미(夜味)기록이 확인된다. 그리고 구문기에 대해서는 본문이 끝나고 별도의 행에 "구문기일장병부(舊文記一張幷付)"라 하여 그 내용을 분명히 기록하고 있다. 연안김씨가의 매매문기 작성은 구체적인 표현에 있어서는 다소 다르게 나타나지만 기본적인 양식에 있어서는 거의 대다수가 동일한 모습을 보여준다.

특히 구문기에 대해서는 상당히 철저하게 확인하고 있는 모습을 보여주는 것이 특징적이다. 〈그림 25〉와 같이 구문기를 인수하는 경우는 상관없으나, 그렇지 못한 경우 사유를 "본무(本無)", "유실(遺失)/서실(閭失)", "타문기병부(他文記幷付)/도문기병부(都文記幷付)" 등으로 정확히 기록하고 있다. 필지를 분할하여 매득하는 경우 〈그림 26〉과 같이 구문기를 반으로 잘라 첨부하거나, 〈그림 27〉과 같이 구문기를 내어 줄 수 없음을 확인하는 수표(手標)를 작성하거나, 〈그림 28〉과 같이 구문기를 대신하여 입지(立旨)의 발급을 요구하

여 수령하기도 하였다. 이와 같은
구문기의 철저한 확인은 새로 매
득한 토지에 대한 소유권 분쟁의
여지를 차단하고 자신의 소유권
을 확고히 하고자 하는 데서 비
롯한 것으로, 김종관의 소유권
에 대한 인식을 알 수 있다.

　토지의 매득과 문서의 작성에
있어 김종관의 철저함은 증참
(證參)에서도 드러난다. 매매문
기의 작성에서 드물지 않게 확
인할 수 있는 방매자와 이해관
계에 있는 형제 등 친인척의 증
참은 물론, 면장이나 동·이장의
확인을 받는 경우도 확인할 수
있다. 또한 전답의 매매에 있어
거간(居間)이 존재할 경우 거간
을 증참으로 참여시키기도 하였

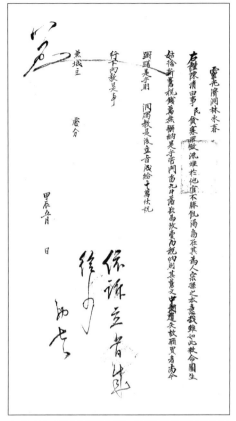

〈그림 28〉 1904년 전답매매를 위하여 발급받아 구문기로
건네진 효音(장서각 MF 35-9638)

다. 심지어는 동일한 전답의 매
매에 대하여 모자를 대상으로 각각 2건의 매매문기를 작성하여 수령하기도
하였다. 이 경우는 1903년 영광 현내면 윤씨가로부터 삼남·삼북면 일대
답 5처 4석14두락을 2,600냥에 매득하면서 발생하였다. 윤씨가는 가장의
사망 후 장례로 인한 적채(積債)와 흉년으로 인하여 경영이 어려워진 상황에
서 해당 전답을 방매하게 되었고, 이에 대하여 김종관은 망부처(亡夫妻)
오소사와 그 아들 윤흥석을 대상으로 각각의 매매문기를 작성하였던 것이다.
이 경우는 거래규모가 큰 데다가 가장의 사망으로 인하여 경제권의 귀속이 불분명한 상황에서 이후에 발생할 수도 있는 분쟁을 막고 소유권을 확보하고자 하는 의도에서 비롯한 것이라고 할 수 있다.

종관은 이렇게 매매문서의 철저한 작성은 물론 구문기에 대한 확실한 처리를 통하여 매득으로 인한 소유권의 이전을 분명히 하였다. 그뿐이 아니었다. 이 시기에 이루어진 토지매매문서를 살펴보면 신문기와 구문기의 매매문기로만 구성된 것이 아니라 매매와 관련하여 발생한 제반 행위에 대한 문서들이 첨부되고 있는 것을 어렵지 않게 발견할 수 있다.

그 가운데 가장 일반적으로 첨부되는 문서가 수표였다. 수표는 전답의 방매가에 대한 수령을 확인하는 문서로, 주로 전답의 방매자가 작성하여 김종관에게 건네졌으며, 그 외에 방매자의 대리인이나 경우에 따라서는 거간이 작성하기도 하는 등 실제 금액을 수령한 당사자가 작성하였다. 납세를 위한 토지의 방매에서 자주 확인되는 소토지자작농이 토지를 방매하고 자신은 해당 토지의 작인이 되는 경우에는 해당 병작의 계약에 대한 수표를 작성하여 함께 보관하였다. 반면 대규모의 토지매매에서는 해당 토지의 소재지와 면적, 작인과 도조(賭租)액 등이 기록된 전답치부를 첨부하는 경우도 존재하였다.

〈그림 29〉~〈그림 31〉은 1904년 김봉우로부터 원산면의 답 4처 18두락을 430냥에, 전 4처 10두락을 120냥에 매득하면서 작성된 문서들로, 이러한 문서의 구성을 보여주는 한 예이다. 김종관은 이때 전과 답에 대한 매매문기를 별도로 작성하였는데, 〈그림 29〉는 그 중 전의 매매문기로 3월 14일에 작성되었다. 문서의 작성에 참여한 이 가운데 증인 김학중은 다름 아닌 이 거래를 중개한 거간이었다. 그리고 〈그림 30〉은 전답을 방매한 김봉우가 전답가 중 400냥을 수령하면서 작성한 문서로, 두달 후인 5월 16일에 작성되었으며, 거간 김학중의 언급이 보인다. 마지막으로 〈그림 31〉은 김봉우가 방매한 전답 중 전 10두락에 대하여 소작계약을 맺은 수표로, 5월 8일에 작성되었다.

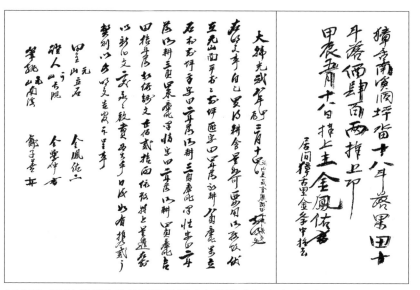

〈그림 29〉 1904년 김봉우가 전 10두락을 방매하면서 작성한 매매문기 (장서각 MF 35-9638)

〈그림 30〉 김봉우가 전답가 400 냥을 수령하면서 작성한 수표(장 서각 MF 35-9638)

이와 같은 김종관의 토지매매와 문서의 확보 노력은 당대의 소유권을 확실히 하는 것임은 물론, 이후 진행될 토지조사사업에 있어서도 해당 토지에 대하여 자신의 배타적 소유권을 증명할 수 있는 유력한 증거가 되었을 것이다. 그리고 이러한 토지조사사업 이전 시기, 전통적 매매관행 속에서 견고한 소유권 확보와 그에 대한 분명한 인식은 토지조사사업에 대한 이해와 적응은 물론, 이후의 지주제 강화와 경영에서 발빠른 대응과 확장을 가능하게 하

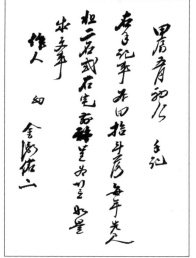

〈그림 31〉 김봉우가 소작계약을 맺으며 작성한 수표(장서각 MF 35-9638)

는 배경이 되었다고 보여진다.

1905년까지 중앙관직에서 활동한 경력이 김종관의 소유권에 대한 인식에 중요한 밑거름이 되었음을 추측하기 어렵지 않다. 이 시기는 조선이 대한제국을 선포하고 근대화를 위한 본격적인 정책을 계획하고 수행해 나가던 시기였다. 그 정책 중에는 재정 확보와 부세제도의 개혁, 그리고 무엇보다 양지아문과 지계아문에 의해 추진된 양전사업과 지계발급사업이 포함되어 있었기 때문이다.

이와 더불어 1901년에 시작하여 이듬해까지 진행된 황인수와의 산송(山訟)도 김종관의 토지소유권에 대한 인식의 주의를 환기시키는 중요한 계기가 된 것으로 보인다. 현전하는 연안김씨가의 토지매매문기를 검토할 때, 이 시기를 기점으로 이미 살핀 바와 같은 매매의 경향이 강하게 나타나는 모습을 보이고 있기 때문이다.

2) 황인수와의 산송

황인수와의 산송은 외간면 도촌(島村)의 산지를 둘러싸고 황인수 등 황씨 일족과 김종관 등 연안김씨 일가 사이에 벌어진 소유권 분쟁으로, 양자가 모두 해당 산지가 자신의 선조를 모신 선산이며 상대방이 투장을 하였다고 주장하면서 대립하였다. 소송의 과정에서 관의 실측을 통하여 작성된 〈그림 32〉의 도형(圖形)을 통해서도 알 수 있듯이, 연안김씨가와 황씨일족의 분묘는 매우 가까운 거리를 두고 위치해 있었다. 그 거리만큼이나 치열하게 전개된 양측의 소송전은 관련 매매문서와 소송문서 등 연안김씨 측의 문서와 더불어 황인수 측의 관련문서도 합하여 30여 점이 현전하면서 그 전모를 알려주고 있다.[28]

---

28) 해당 자료들은 연안김씨가 고문서 가운데 소차계장류의 소지류로 분류되어 있다.
(장서각 MF 35-9637)

사건은 1901년 10월 무렵, 도
촌의 정등(亭嶝)에서 무덤을 이
장하려는 김종관 등 연안김씨가
와 묘소를 이장해 나가려는 황인
수 등 황씨일족이 충돌하면서 발
생하였다. 김종관은 당시의 황
씨일족의 행위를 투장으로 간주
하였고, 황씨일족의 일꾼들을
결박하여 구타하고 즉시 무덤을
들어내도록 겁박하였다. 사태
가 이에 이르자 황인수 등은 김
교리댁에서 권세를 앞세워 자신
들을 겁박한다며 영광관아에 소
를 제기하였고, 김종관 역시 이에
대응하여 소장을 올리게 된다.

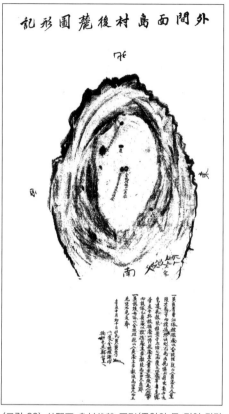

황인수 등은 소를 제기하면서
해당 산지가 자신의 증조가 모
셔진 곳으로, 이미 예전부터 자

〈그림 32〉 外間面 島村後麓 圖形(중앙의 두 점이 각각
연안김씨와 황씨일족의 분묘이다. 장서각 MF 35-9637)

신들의 선산이었다고 주장하였다. 무엇보다 1851년 당시 해당 산지를 보유
하고 있었던 김씨일족의 장손 김달철과 차손 김석룡을 산지주로 하여 황씨일
족인 유학 황종혁이 143냥에 해당 산지를 매득한 것을 증명해 주는 산지매매
문기를 증거문서로서 제출하였다. 반면 김종관 등은 해당 산지가 대대로
자신들의 선산으로 산직을 두어 수호금양(守護禁養)해 온 곳이었음을 주장하
면서 이에 맞섰다.

소송은 원척(原隻)을 바꿔가며 영광군수와 관찰사, 평리원까지 몇 차례씩
이나 오가면서 진행되었다. 황인수 등은 산지문기를 근거로 영광군수, 관찰

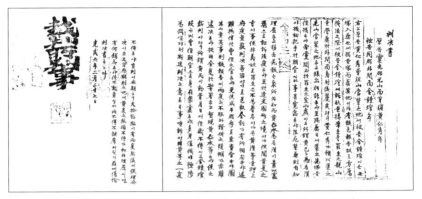

〈그림 33〉 황인수의 소에 대하여 재판소 판사가 내린 판결서(장서각 MF 35-9637)

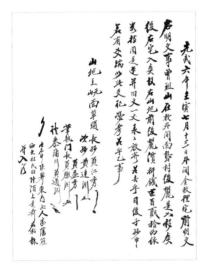

〈그림 34〉 황인수가 김종관에게 산지를 방매하는 매매문기(장서각 MF 35-9637)

사, 평리원에 걸쳐 김종관의 무력행위와 투장에 대한 처벌을 요청하였다. 그리고 김종관 역시 황인수 등이 자신의 선산에 투장했다고 주장하며 영광군수, 관찰사, 평리원에 소장을 제출하였다. 다른 한편 자신에게 유리한 함평군에도 소장을 올려 영광이 아닌 함평에서 도형을 적간하도록 시도하기도 하였다.

한때 관찰사로부터 황인수 등을 잡아들이라는 판결을 받기도 하였으나, 결국 패소한 것은 김종관이었다. 심지어 김종관은 이로 인하여 1902년 정월에 투옥되는 상황까지 맞이하게 되었으며, 황인수는 연안김씨가에게 무덤 이굴 및 소송비용 보상을 요청하기에 이르렀다.

사건은 양측의 합의에 의하여 최종적으로 종결된다. 일단 평리원의 최종판결을 통하여 본래 황씨일족의 산지로, 황인수의 증조부를 장사지낸 이후 연안김씨가에서 김종관의 망모(亡母) 분묘를 만든 사실이 인정되었다. 그에

184

따라 김종관은 망모의 무덤 인근의 산지에 대하여 황인수로부터 120냥에 매득하는 것으로 해결을 보게 되었다. 그리고 해당 산송의 판결과 뒤이은 합의에 따라 황인수 등은 산송과 관련한 전후 문서들을 김종관에게 넘김으로써 해당 사건은 종결되게 된다.

김종관은 황인수가 "김교리댁(金校理宅)"이라고 칭하고, 조관(朝官)으로서의 권세를 언급한 것처럼 중앙관리였다. 이러한 배경을 통하여 소의 관할을 함평으로 옮겨 자신에게 유리한 판결을 받아내기도 하였다. 그러나 최종적으로는 소송에 패소하였고, 심지어는 옥에 갇히는 수모를 당하기도 하였다.

황인수는 비록 김종관이 "부민(富民)"이라 칭하기는 하였으나, 소장과 판결문들을 검토할 때 사회 경제적 상황에서 김종관과 연안김씨가에 비해서는 한미한 위치에 있었음은 어렵지 않게 알아낼 수 있다. 그럼에도 불구하고 소송에서 승리할 수 있었던 것은 무엇보다 해당 산지에 대한 소유권을 증명해 낼 수 있었기 때문이었다고 볼 수 있다.

황인수 측의 소유권을 확인함에 있어, 당사자의 심문과 관계자들의 증언, 현지의 조사와 도형의 작성 등과 같은 다양한 방법이 이루어졌다. 여기에는 증빙문기의 역할도 주요했고, 이 지점에서 황인수가 제시한 1851년의 산지매득문기가 힘을 발휘했으리라 추정할 수 있다. 결국 이와 같은 산송의 진행과 결과는 김종관에게 소유권의 확인과 이를 위한 증거의 확보가 무엇보다 중요하다는 인식을 심어주는 주요한 계기가 되었을 것으로 여겨진다.

3) 토지문서와 토지조사사업

현전하는 연안김씨가의 문헌자료 가운데 토지조사사업의 진행과 관련한 연안김씨가의 대응 모습을 직접적이고 구체적으로 보여주는 자료는 마땅히 존재하지 않는다. 그러나 이미 살핀 바 김종관의 토지매득과 관련문서의 확보 양상을 통해 볼 때, 김종관을 중심으로 하는 연안김씨가에 있어 토지조사사업에 대한 대응은 별로 어려운 일이 아니었을 것이다. 또한 토지조사사업이 배타적 소유권의 확립이라는 점에 있었음을 고려할 때, 소유권의 확보의 필요성과 그에 대한 인식이 뚜렷했던 김종관의 입장에서 상당히 적극적으로 대응해가지 않았을까 여겨진다.

이러한 정황은 당대에 작성되어 전해지는 여러 매매와 증명문서 등을 통해서도 유추할 수 있다. 실제 1910년대에 작성된 문서들을 검토해보면 토지조사사업은 물론, 이전의 〈토지가옥증명규칙〉이나 〈과세지견취도〉의 작성 등과 관련되는 다양한 문서들을 다량으로 확인할 수 있다. 이와 같은 문서의 존재는 당대의 제도적 변화에 대하여 김종관과 연안김씨가가 매우 적극적으로 대응하고, 쉽게 적응해 갔음을 반증하는 것이라 하겠다.

일제가 조선에 통감부를 설치하고 본격적인 보호국화를 추진해나가던 1906년 무렵부터 일제는 〈토지가옥증명규칙(土地家屋證明規則)〉[29]이나 〈토지·가옥의 매매·교환·양여·전당에 관혼 법률〉[30] 등을 통하여 조선의 토지와 가옥 등 부동산의 매매를 위한 제도들을 제정해 나갔다. 그러나 이들 제도의 의도 자체가 일본인을 염두에 둔 외국인의 부동산 취득을 가능하게 하고, 그 소유권을 확실히 하기 위한 것이었던 만큼, 외국인과의 거래나 주요 도시지역을 중심으로 하는 거래에 제한적으로 시행될 따름이었다. 조선인 간의 거래, 그리고 전국적으로는 아직까지도 전통적인 매매문기의 작성을 통한 매매관행이 지속되고 있었다.

그것은 김종관이 중심이 된 연안김씨가의 부동산 거래에 있어서도 마찬가지였다. 중앙정계의 경험과 소유권 확보를 위한 노력에도 불구하고 부동산 거래는 여전히 전통적인 매매문기와 수표의 작성에 의존하고 있었다. 이와 같은 매매 관행의 변화가 나타나기 시작한 것은 일제의 강제 병합 이후인

---

29) 「法部令 第4號 土地家屋證明規則」, 『官報』 光武 10年 11月 30日.
30) 「法律 第6號 土地·家屋의 賣買·交換·讓與·典當에 關혼 法律」(1906년 10월 16일), 『한말 근대법령 자료집』 V, 273~4쪽.

1911년 무렵이었다. 이 시기부터 이제까지의 전통적인 매매문기의 작성이 감소하는 대신 매매계약서의 작성이 점차 증가하여 1913년 무렵이면 거의 완전히 대체되어 가는 모습을 보여준다.

하지만 다시 말하면 이는 매매계약서 작성이 시작되고도 2년 이상 전통적인 매매문기가 여전히 그 역할을 수행하고 있었다는 것이다. 매매계약서가 제도로서 제시되었고 동장의 보증참여 및 부군청에의 제출과 확인을 통한 소유권의 공적 보장으로서의 측면이 있었음에도 불구하고 그것이 연안김씨가의 전통적인 매매관행을 대체하는 데에는 3년의 시간이 소요되었다.

이와 관련하여 흥미로운 매매문서가 존재한다. 1913년 1월 7일, 연안김씨가는 김영수(金榮洙)를 매득 주체로 하여 김종현(金宗鉉)으로부터 현내면의 답 2두락을 56엔(円)에 매득하였다.31) 이에 대하여 매매 당사자들이 두 건의 매매문서를 작성하였는데, 하나는 〈그림 35〉로 전통적인 매매문기의 양식과 유사한 문서였고, 다른 하나는 〈그림 36〉으로 정형화된 매매계약서

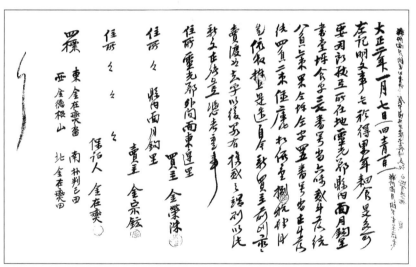

〈그림 35〉 김종현이 김영수에게 답을 방매하는 매매문기(장서각 MF 35-9638)

31) 영수는 김종관의 장자인 김창영(金昌永, 1898~1964)의 字이다.

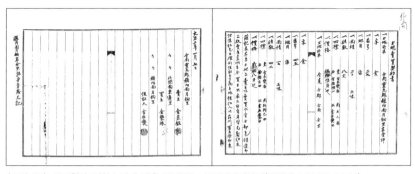

〈그림 36〉 김종현이 김영수에게 답을 방매하는 토지매매계약서(장서각 MF 35-9638)

였다. 이와 같이 동일한 날, 동일한 매매당사자 및 보증인이 동일한 매매건에
대하여 각각 신·구 양식의 문서를 작성하는 것은 상당히 이례적이라 할
수 있다. 매매계약서를 작성함에도 불구하고 이와 같이 전통적인 매매문기
를 함께 작성하는 것은, 이제까지 경험적으로 확인해 온 강력한 소유권
증명 문서로서의 매매문기의 역할을 새로운 매매계약서로 대체하기에는
아직 확신이 부족했기 때문은 아니었을까 생각해 볼 수 있다.

1909년에는 역둔토조사의 와중에 무장군 장자산면에 소재한 답 5두락이
공토로 편입되는 일이 발생하기도 하였다. 해당 지역에 소재한 답 10두락을
시작을 주어 경작해 왔는데, 1909년 10월에 공토측량(公土測量)을 하러 온
마름(舍音)이 그 중 5두락을 제언모경답(堤堰冒耕畓)으로 측량하고 작인에게
도조 1석 10두를 성화같이 독촉하니 이에 작인이 연안김씨가에 허락받지도
않고 도조를 납부하였다. 이후 1910년에 다시 마름이 도조를 정하여 징수를
하려 하니, 이에 사실을 알게 된 연안김씨가에서는 〈그림 37〉과 같이 김종관
의 아우 종익(鍾翼)과 작인 정명숙(丁明叔)의 명의로 각각 관청에 청원을
하였다. 이때에도 소유권을 확인할 수 있는 가장 중요한 자료로서 제시한
것이 매매문권이었다. 이와 같이 전통적인 매매문기와 기타 증빙문서들을
보유하고 이를 통하여 소유권의 확인이 가능한 상황은 매매계약서와 더불어
여전히 매매문기를 작성하게 된 배경이 되었을 것이다.

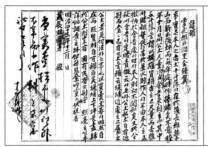

〈그림 37〉 김종익이 무장군수에게 올린 청원서 (장서각 MF 35-9637)

〈그림 38〉 토지매매이동신고서(장서각 MF 35-9638)

연안김씨가에서는 여전히 전통적인 매매문기의 작성을 통하여 토지를 매득하곤 하였지만, 이제는 이와 더불어 새로운 제도에 따라 소유권의 이전에 대한 공적인 확인을 동시에 수행하고 있었다. 김종관은 매매당사자 간에 매매문기나 매매계약서를 작성하면서 동시에 〈그림 38〉과 같은 이동신고서를 작성하였다. 그리고 매매문기와 해당신고서를 관청에 제출하여 공부(公簿)상 소유자의 이동을 신고, 수정하였다.

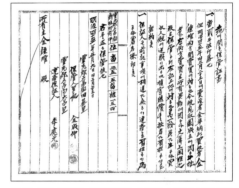

〈그림 39〉 이장이 김종관에게 지급한 보관증서(장서각 MF 35-9638)

1912년 음력 3월 23일에 김종관은 김준병으로부터 육창면의 답 2두 5승락을 매득하는 거래를 체결하고 매매문기를 작성하였다. 그런데 당시는 과세지견취도를 작성하던 시점으로, 매매로 인한 소유권의 이동이 문부(文簿)상 곤란한 상황이었다. 이에 따라 김종관은 이를 뒤로 미루고, 대신하여 매매사실과 매매문기의 확인을 보증, 보관하는 〈그림 39〉의 증서를 이장으로부터 작성하여 수령하였다. 그리고 해당 매매는 이듬해인 1913년 3월 28일 김준병과 김종관 간에 새로운 매매문기를 작성함으로써 비로소 확립되게 된다.

이와 같은 사례는 당시 연안김씨가의 토지매매가 단지 개인 간의 문기 작성과 지급에 그친 것이 아니라, 공부(公簿)의 수정과 확인까지 거침으로써 공적으로 확고히 하였다는 사실과 함께, 과세지견취도의 작성을 비롯한 제반 사업에 적극적으로 대응하고 있었음을 보여준다.

과세지견취도의 제작뿐 아니라 이후의 토지조사사업에 있어서도 연안김 씨가는 소유권을 확고히 하기 위하여 철저하게 대응하였다. 이 시기에도 지속적인 토지의 매득이 이루어지고 있었음에 따라 새로 매득한 토지에 대한 소유권의 확보를 위해서도 이는 반드시 필요한 일이었다. 현재에도 연안김씨가에는 이와 관련한 〈소유권보존등기신청서〉나 〈토지매매증명신청〉, 〈토지소유권이전증명신청〉 등의 다양한 문서들이 다량으로 전해지고 있다.32)

특히 1910년대 후반에 수행한 영광 일대 소유 토지에 대하여 관의 증명을 득한 서류들을 『부동산등기제증(不動産登記濟證)』이라는 하나의 책으로 철 해 보관하고 있다. 여기에 묶여진 서류들은 크게 세 종류로, 〈토지소유권보 존증명신청서(土地所有權保存證明申請書)〉와 〈토지표시변경등기신청서(土 地表示變更登記申請書)〉, 〈각의인표시경정등기신청서(各義人表示更正登記申請 書)〉 및 첨부서류들이다. 토지소유권보존증명신청은 1915년, 1916년에 걸쳐 이루어졌다. 토지소유권보존증명은 김종관의 소유권 보존을 위한 것으로, 이미 1913년에 진행한 토지소유권보존증명에 대하여 새로운 행정구역 개편 으로 인한 갱신과 새로 취득한 토지에 대한 증명을 목적으로 하였다. 우선 1915년에는 염산면에 소재한 32개 필지에 대한 소유권보존증명을 신청하였 다. 결수연명부등본과 부동산도면을 첨부하였고, 이와 함께 1913년에 이미 봉산면 소재 토지로 소유권보존증명을 받았던 소유권보존증명신청서부본 을 함께 첨부하였다. 1916년에는 군서면과 묘량면, 백수면, 불갑면, 진양면에

---

32) 장서각 MF 35-9643~7 참조.

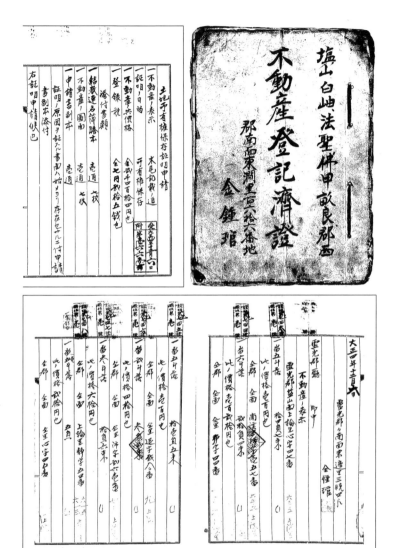

<그림 40> 『부동산등기제증』(토지소유권보존증명신청서철, 장서각 MF 35-9453)

소재한 41개 필지의 소유권보존증명을 신청하였다. 역시 결수연명부등본과
부동산도면을 첨부하였으며, 1913년에 이미 금마면 소재 토지로 소유권보존
증명을 받은 14개 필지에 대해서는 해당 소유권보존증명신청서부본을 함께

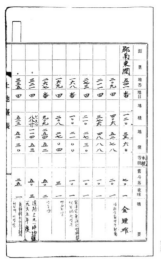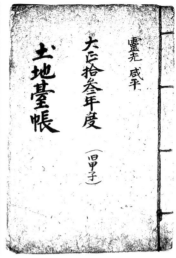

〈그림 41〉『土地臺帳』표지 및 본문(장서각 MF 35-9452)

첨부하였다.

1919년에는 토지표시변경등기신청과 명의인표시경정등기신청이 진행되었다. 여기에는 이미 소유권보존증명을 받았던 지역인 군서면과 묘량면, 백수면, 법성면(구 진양면), 불갑면, 염산면의 토지를 대상으로 하였는데, 그 수는 더 늘어나 토지표시변경은 111필지, 명의인표시경정은 116필지를 대상으로 하였다. 토지표시변경은 토지조사사업의 사정의 결과로 토지의 지번과 면적의 단위가 변경된 것을 반영하기 위한 것으로, 사정 전의 지번, 두락과 사정 후의 지번, 평(坪)을 기록하여 증명을 받았다. 명의인표시경정은 1915년과 1916년 소유권보존신청 당시 잘못된 명의인의 주소를 바로잡기 위한 것과, 토지조사사업의 사정으로 인한 소유자의 주소지번 변경을 반영하기 위한 것이었다.

토지조사사업이 완전히 종료된 이후의 자료로서 주목할 만한 자료로는 1924년에 작성한 『토지대장(土地臺帳)』이 있다. 이 장부는 영광은 물론 함평과 임실, 광주 지역에 소재하는 토지를 토지대장 용지에 작성하여 철한 것으로, 토지대장 상의 지주명별로 구분한 후 소재 군, 면, 동, 리에 따라 필지별로 지번과 지목, 지적, 지가, 두락과 야미수를 기재하였다. 그리고 맨 하단 적요란에는 해당 토지의 유래와 이후의 변경사항을 기록하였다. 『토지대장』에 기록된 지주명에는 김종관 본인은 물론, 김영수와 김철주 등의 아들과 손자, 사위인 백영규, 김종관 등의 명의로 되어 있는 시목정(柿木亭) 등의 문중이 등장하고 있다. 이 자료는 토지조사사업 이후 연안김씨가의 토지소유현황과 관리형태 및 유래와 이후의 변화 등을 보여준다.

이상의 자료들을 통해 볼 때, 연안김씨가는 토지조사사업을 비롯한 제도적 변화에 적극적으로 대응해 갔음을 알 수 있다. 또한 행정구역의 개편이나 주소지번의 변경, 토지면적단위의 변경 등 과정상에 변화가 발생하였을 때에는 그에 대한 관의 증명을 받아 철저하게 관리함으로써 자신의 소유권을 확고히 할 수 있었다.

3. 일제강점기 연안김씨가의 농업경영과 경제생활

연안김씨가는 19세기 후반 이후 본격적인 토지집적과 지주-소작 경영을 통하여 대지주로서의 면모를 갖추기 시작하였다. 이후 한말부터 일제강점기 초기의 토지조사와 제도의 변화 속에서 자신의 토지소유권을 보다 공고히 함으로써 지주로서의 지위를 완성할 수 있었다.

1910년 이후에 연안김씨가의 경제활동을 주도해 나간 것은 역시 김종관이었다. 김종관은 1940년경까지 집안의 가장으로서, 주요한 경제 행위의 주체로서 역할을 수행하였다. 그와 동시에 그 아들 김창영과 손자 김석주, 그리고 김창영의 배우자 수원백씨의 경제적 역할도 점차 증가하고 있었다.

김창영의 경우 일제의 통치에 반발하여 신학문을 거부하고 한학을 독학하여 선대의 전통을 지켜나가려 하였다. 그러나 일제의 무단통치 속에서 연안김씨가의 가산이 적몰되는 상황을 맞이하게 되자 이를 환수받기 위한 백방의 노력을 수행하는 등 종가의 자산을 수호하고 유지해 나가는 데도 주의를 기울였다.[33] 동시에 경제적으로는 토지지주로서의 역할을 넘어서 기업에 참여함으로써 연안김씨가의 경제적 지위를 변모시키려는 노력을 적극적으로 수행해 나갔다. 반면 김창영의 아들 김석주는 아버지와는 반대로 일본 유학을 통하여 신문물을 적극 습득하였고, 농촌지역에서 청소년 교육과 계몽활동에 기여하기도 하였다. 해방 이후에는 정계에 투신하여 지역정계에서 활동하였으나, 1960년 5·16군사쿠데타 이후 고향에 돌아와 지역사회발전에 힘쓰게 된다.[34]

이와 같이 지주로서 기본적인 경제적, 제도적 지위를 확고히 한 연안김씨가에 있어 배타적 소유권을 기본으로 하여 식민정책을 추진해 나갔던 일제의 조선통치기는 경제적인 측면에 있어 큰 위기의 시기이자 동시에 또 다른 기회의 시기이기도 하였다. 1910년부터 1945년까지의 시기 동안 연안김씨가는 지주로서 사회경제적 지위를 유지·확장해 나감과 동시에 근대적 자본가로의 길을 모색하기 시작하였다. 그러나 이는 어디까지나 소유토지에 기반한 만큼 토지자본가로의 성장이었다고 할 수 있는 것이었다. 여기에서는 일제강점기를 배경으로 연안김씨가의 지주적 모습을 검토하고, 이어서 토지자본가로서의 움직임을 살펴본다.

1) 토지의 매득

이전과 마찬가지로, 1910년 이후에도 연안김씨가의 토지매매는 매우 활발하게 진행되었다. 물론 연안김씨가는 지주로서 토지를 소작을 주어 수확량

---

33) 이와 같은 김창영의 활동은 연안김씨 『병술대동보』(연안김씨대종회, 『연안김씨대동보』, 2006)에 의거한 것이다.
34) 「東溪延安金碩柱功績碑」, 영광군 군남면 동간리 마을회관 앞 위치.

의 일부를 지대로 수취하는 것을 경제적 토대로 삼고 있었다. 그러나 토지에 대한 투자 자체에도 상당한 비중을 두어 토지거래는 매우 빈번하고 때로는 매우 큰 규모로 이루어지곤 하였다.

토지거래 분석은 그 자체가 일제강점기 연안김씨가의 경제적 토대에 대한 접근임과 동시에, 경제활동에 있어 기본적인 성격과 방향성을 파악하는 것으로서 의미를 지닌다. 그러나 이 분석은 쉬운 일이 아니다. 우선 거래문서 자체가 400건 이상에 달할 정도로 매우 많은 분량인데다가, 문서의 종류가 다양하게 존재한다. 1910년대 초기까지는 전통시대의 방식을 답습한 매매문 기가 작성되었고, 제도화된 이후에도 매매계약서와 매도증서가 동시에 존재 했다. 구체적인 내용에 들어가면 단순한 매입뿐 아니라 매도문서도 존재하 며, 매매와 더불어 임대차 및 금전차용과 동시에 진행된 근저당설정 관련 문서들이 동일한 양식의 문서로 작성된 것이다.

문서의 종류와 성격이 다양하다 보니 단위 역시 다양하게 존재한다. 일제강점기 면적의 단위는 평(坪)으로 기준을 삼았지만, 초기의 문서들에는 두락이 여전히 사용되었고, 임야에는 정보(町步)가 함께 사용되고 있었다. 금전 단위에서도 기본적으로 "원(圓)"과 "엔(円)"의 표기가 함께 사용되는 가운데, 초기에는 "냥(兩)"도 쓰이고 있었다.

이 외에 문제를 가장 어렵게 만드는 것은 동일 거래에 대하여 두 건 이상의 문서가 작성된 경우가 다수 존재한다는 사실이다. 1910년대 초에는 시대적 변화에 대응하기 위하여 구양식과 신양식의 거래문서를 동시에 만들기도 하였고, 임시문서를 우선 작성한 후 법적 효력을 지니는 문서를 작성하기도 하였다. 또는 당사자 간에 매매계약서를 작성하고, 관에 등기하 면서 매도증서를 작성하는 경우가 존재하였다. 문제는 그 내용이 상이한 경우로, 동일한 매매에 대하여 작성되었으면서도 매매금액이 다르거나, 한 토지에 대하여 차용문서와 매매문서를 동시에 작성하기도 하였다.

이상의 문제들을 최대한 고려하면서 문서를 선택하고 시기별로 매매건수와 금액을 나타낸 것이 〈표 14〉이다. 여기에는 연안김씨의 토지매득과 매도, 그리고 연안김씨로부터 토지를 담보로 금전을 차용한 경우들을 포함한다. 최종적으로 선별한 총 거래 건수는 278건이고, 1910년부터 1945년까지 대상으로 한 것이다. 동일한 건에 대하여 2건 이상의 문서가 작성된 경우는 엄밀하게 검토하여 1건만 남기고 배제하였으며, 그 내용이 다른 경우에는 전후 맥락을 검토하여 실제의 거래라고 믿을 수 있는 문서만을 선택하였다. 또한 거래가 끝까지 완료되지 못하고 중간에 불발된 경우 또는 그렇게 추정되는 경우 역시 배제하였다. 이와 같은 경우는 특히 연안김씨가의 대규모 방매에서 나타나는데, 1920~1921년 사이에 1만 5천원에서 8만원에 이르는 대규모 거래들이 그러하다.

금액에서는 '100전=1원'을 기준으로 모든 화폐단위(戔, 兩, 圓, 円)를 '원'으로 전환하였다. 〈표 14〉에서는 다루고 있지 않지만 면적에 있어 모두를 '평'으로 환산하였다. 연안김씨가의 문서에서 확인되는 1두락의 면적은 대략 150평에서 250평 사이에 걸쳐서 나타나는 바, 여기에서는 1두락은 200평으로 간주하여 환산하였다.35) 임야에 한하여 나타나는 '정보'의 경우는 1정보당 3,000평으로 환산하였다.

확인할 수 있는 토지거래문서를 기준으로 할 때, 1910년부터 1945년까지 연안김씨가에서 거래한 토지거래는 총 278건으로, 누적액은 14만 7,187원에 달하고 있다. 문서로 확인하지 못한 거래와 연안김씨가에서 동양척식주식회

---

35) 동일 거래에 대하여 두 건의 문서를 작성하면서 하나엔 '두락', 다른 하나엔 '평'을 단위로 하여 작성한 사례를 통하여 두락의 면적을 알 수 있다. 예를 들어, 1924년 5월 18일에 유상은이 김영수에게 영광 불갑의 답 2필지를 245원에 방매하는 경우에, 한 문서에는 450평으로 다른 문서에는 3두락으로 표기되어 있어 이 경우 1두락은 150평이었음을 알 수 있다. 또 다른 사례는 1927년 1월 26일에 김영식이 김종관에게 영광 불갑의 전을 80원에 방매하는 것으로, 한 문서에는 전 796평으로, 다른 문서에는 전 3두락과 신기답 1두락으로 기록되어 있다. 이 경우에는 1두락이 거의 200평에 해당한다. 또 다른 경우로는 1924년 5월 16일, 구시절이라는 인물이 김영수에게 영광 불갑의 답을 205엔에 매도하는 것으로, 여기에서는 726평을 3두락으로 하여 1두락의 면적이 242평에 달하고 있다.

196

〈표 14〉 일제강점기 연안김씨가의 토지거래 현황

연대	매입		매도		저당		전체 합	
	거래건	거래액	거래건	거래액	거래건	거래액	거래건	거래액
1910년	18	521.1					18	521.1
1911~15년	107	*3,976.2	1	500.0	10	606.0	118	*5,082.2
1916~20년	20	84,996.0	1	46.0			21	55,042.0
1921~25년	23	2,931.0	3	9,763.0	2	260.0	28	12,954.0
1926~30년	31	**3,405.5	2	2,140.0	18	2,042.1	51	**7,587.6
1931~35년	26	***3,678.6	1	60.0	1	89.2	28	***3,827.8
1936~40년	7	2,792.0	3	7,208.0			10	10,000.0
1941~45년	3	2,173.0	1	20,000.0			4	22,173.0
총합	235	104,473.4	12	39,717.0	31	2,997.3	278	147,187.3

* 1912년 영광 마촌의 3칸 가옥 매입액 조(租) 17두와 1912년 2칸 가옥 매입액 미(米) 6두는 거래액에서 제외함
** 1928년 광주 송정의 임야 7정2무보와 수목을 매입한 거래액을 알 수 없어 거래액에서 제외함
*** 1933년 영광 군남의 가대 387평을 매입한 거래액을 알 수 없어 거래액에서 제외함

사 등 금융기관에 토지를 담보로 대출을 받은 경우를 고려한다면 해당 건수는 보다 증가할 것이며, 특히 누적 금액은 훨씬 큰 폭으로 증가할 것이다. 연안김씨가의 금융기관으로부터의 대출에 대해서는 뒤에서 보다 자세하게 다루도록 하고, 여기에서는 개인 간의 거래를 기준으로 한 매입과 매도, 그리고 연안김씨가에서 타인에게 토지를 저당으로 잡고 금전을 빌려주는 계약에 한하여 〈표 14〉를 중심으로 살펴보기로 한다.

우선 거래 건수를 살펴보면 연안김씨가가 타인으로부터 토지를 매입한 경우가 235건으로 전체 278건의 84.5%를 차지하고 있다. 연안김씨가가 매도한 경우는 12건으로 4.3%, 토지저당 금전차용의 경우가 31건으로 11.2% 정도이다. 그러나 실제 연안김씨가로부터 토지를 담보로 하여 금전을 차용하는 경우는 위 31건을 훨씬 상회한다. 금전 차용 후 상환 기일까지 원금과 이자를 상환하지 못하면 저당잡힌 토지를 연안김씨가에 넘겨야 했고, 이 경우 매매계약서나 매도증서를 작성하여 토지를 넘겨줌으로써 금전차용계약은 소멸하고 토지매매계약으로 전환되기 때문이다. 즉, 〈표 14〉에서 매입으로 파악하고 있는 235건 중에는 금전 차용 후 원리금을 상환하지 못하여

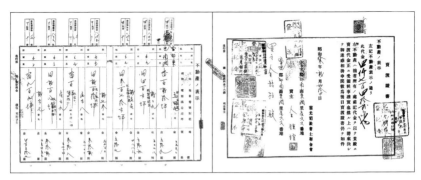

〈그림 42〉 1938년 김종관이 김철주에게 전답을 넘기는 매도증서(우)와 첨부된 부동산의 표시(좌)

토지를 넘긴 사례가 다수 포함되어 있다.

연안김씨가에서 토지를 매도하고 있는 경우는 12건으로 4.3%에 불과하지만 총 거래액은 3만 9,717원으로, 전체 거래액의 27%에 달하고 있다. 이는 연안김씨가가 토지를 매도하는 경우 그 거래규모가 상당히 컸음을 의미하는 것으로, 1건당 3,310원의 평균거래액을 보여준다. 연안김씨가의 대규모 토지방매에 대해서는 토지의 자본화라는 측면에서 추후에 살피도록 한다. 다만, 이 가운데는 매도와 매수의 주체 모두가 연안김씨가의 구성원으로, 매매의 형식을 나타내고는 있지만 실제로는 상속이라 할 수 있는 거래가 존재하는바, 그 내용과 의미를 짚어볼 필요가 있다.

1922년 9월 5일에 김종관은 영광 군남의 가대 2,846평을 761원에 백영규에게 넘기고 있는데, 백영규는 다름 아닌 김종관의 며느리로, 장자인 김창영의 처이다. 그리고 이듬해 1923년 10월 24일에는 김창영이 정읍 우순의 답 1,673평을 502원에 방매하고 있는데, 그 매수 주체 역시 백영규로, 자신의 처 명의로 변경하고 있는 것이다. 1938년 2월 24일에는 영광 각지에서 김종관으로부터 그 손자에게 이루어진 토지 상속이 매매의 형식을 띠고 대규모로 진행되었다. 우선 가대 293평과 답 9,092평, 전 8,695평, 임야 106,436평을 4,742원에 김철주에게 넘기고 있는데, 김철주는 김종관의 장손인 김석주의 초명이었다. 또한 이와 별건으로 전 685평과 임야 55,212평을

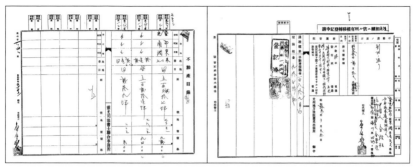

〈그림 43〉 1938년 김현주의 유산상속에 의한 소유권이전등기(우)와 첨부된 부동산목록(좌)

383엔에 역시 김철주에게 넘겨주었다. 또 다른 손자 김현주에게는 가대
685평과 답 5,887평, 전 6,395평을 2,083엔에 넘겨주었는데,[36] 김현주는
직전인 2월 16일에 모친 백영규의 사망 후 유산으로 가대 521평과 전 576평을
상속하기도 하였다.

연안김씨가의 가족 간 거래에 보이는 특징은 실제 거래 전답에 비해
매매가가 상당히 적다는 것이다. 연안김씨가의 방매 사례만 가지고 검토해
보면, 1915년 김영수가 김종봉에게 영광 불갑의 답 1,382평을 방매한 가격은
500원이었고, 1927년 김창영이 최정열에게 정읍 우순의 답 1,981평을 방매한
가격은 1,090원이었다. 그러나 1923년 김창영이 처 백영규에게 정읍 우순의
답 1,673평을 방매한 가격은 502원에 불과하였다. 각각의 평당 단가를 살펴
보면 1923년 김창영과 백영규 간 가족 내 거래의 경우 평당 거래액은 0.30원
으로, 4년 후인 1927년의 평당 거래액 0.55원에 비하여 절반을 약간 넘는
수준에 불과하였고, 8년 전인 1915년의 평당 거래액 0.36원 보다도 적은
금액이었다.

---

36) 김현주의 경우 족보상으로는 확인할 수 없는데, 김창영과 백영규 사이에서 태어난
김종관의 손자로, 김석주와는 형제사이로 추정되며, 아마도 일찍 사망한 것이
아닌가 여겨진다. 족보상으로 남아있는 2자는 김복주로 1941년 생인데, 이때는
백영규가 사망한 후로, 2자 이후로는 모두 김창영과 후처인 밀양박씨 사이에서
태어난 자식들이다.

1938년 김종관이 김현주에게 전답을 넘기는 경우에도 가대와 전답을 합하여 12,967평을 2,083원에 방매하고 있어 평당 판매가는 0.16원에 불과하다. 반면 1930년 1월 13일 김철주가 조진규에게 영광 군남의 답 912평을 1,050원에 방매하였는데, 이 경우의 평당 매도액은 무려 1.15원에 달하고 있어 7배가 넘는 차이를 보이고 있다. 물론 1930년의 거래는 답만을 대상으로 하고 있고, 1938년의 거래는 답 외에 가대와 전을 포함하고 있기는 하지만, 그렇다고 해도 그 가격의 차이는 엄청나다고 할 수 있다.

이와 같은 정황을 살펴볼 때, 이상 가족 간 토지거래는 매매의 형식을 빌린 증여와 상속으로 볼 수 있는 여지가 상당히 크다. 그 목적은 상속세로 부담하게 될 세금의 부담을 줄이기 위한 것으로 추정할 수 있다.[37] 1938년의 상황이 이를 잘 보여주는데, 당시는 백영규의 사망에 대하여 김현주 명의로 〈유산상속에 의한 소유권 이전 등기신청〉을 하던 때였다. 당시 이미 69세의 고령이었던 김종관 명의의 토지 역시 이때에 아들이 아닌 손자에게 매매의 형식으로 명의를 이전하였다고 볼 수 있다.[38]

이와 같이 토지의 매매에 있어 거래액을 실제 지가에 비해 낮추는 것은 연안김씨가 내부 거래뿐 아니라 타인과의 거래에서도 다수 확인할 수 있다. 〈표 15〉는 일제강점기 연안김씨가의 토지거래문서 가운데 거래 당사자 간에 작성한 매매문서와 이를 관에 신고하기 위하여 작성한 매도증서에서

---

37) 이에 대하여 당시의 실제 거래가격이 아니라 공시지가로 신고한 결과로 볼 수도 있다. 그러나 이어서 살필 타인과의 거래에서 나타나는 사례와 비교할 때, 가족 간의 거래에서 유난히 실거래가와 신고가의 차이가 크다는 점에 유의할 필요가 있다.

38) 1916년 4월 1일 시행한 〈조선등록세령〉에 따르면 상속으로 부동산의 소유권을 취득한 경우 가격의 7/1,000을 등록세로 납부하도록 하였으며, 증여·유증 기타 무상명의로 취득한 경우에는 50/1,000을 등록세로 납부하도록 하였다. 상속세 등은 시간이 지나면서 누진적 과세로 변화해 갔다. 1937년 4월 1일자로 시행한 〈조선상속세령〉에 의하면, 호주상속과 함께 이루어지는 직계비속의 상속에 있어 과세액은 과세가격의 범주에 따라 5~130/1,000이 부과되었으며, 호주상속을 수반하지 않는 기타의 자에 대한 재산상속의 경우에는 17~210/1,000이 부과되고 있었다.

<표 15> 일제강점기 연안김씨가의 토지매매에 있어 거래금액이 상이한 2건의 문서가 존재하는 사례

	매매 시기	토지 소재	지목	면적	매매계약서	매도증서	비고
1	1923년 4월	영광 군남	답	809평	220원	140원	
2	1924년 4월	영광 불갑	답	545평	160원	120원	
3	1924년 5월	영광 불갑	답	450평	245원	120엔	
4	1924년 5월	영광 불갑	답	387평	160원	100원	
5	1924년 5월	영광 군남	전	666평	72엔	60엔	
6	1924년 6월	영광 군남	전	528평	78원	68원	
7	1924년 6월	영광 군남	답	459평	65원	50엔	
8	1925년 4월	영광 군남	전	381평	33원	26원	
9	1927년 1월	영광 불갑	전	796평	80원	30엔	
10	1928년 9월	영광 불갑	전	283평	30엔	24원	
11	1932년 7월	영광 무량	임야	5단6무보	130원	25원	매매계약서에는 미등기 신기답 포함
12	1934년 8월	영광 군남	대·답	238평	150원	53원	
13	1935년 4월	영광 군남	답	757평	430원	360원	
14	1938년 4월	영광 불갑	답	1,026평	750원	432엔	
15	1924년 5월	영광 군남	전	662평	48원	60엔	
16	1923년 9월	영광 군남	전	587평	42원	60원	

확인되는 거래금액이 차이를 보이는 사례를 정리한 것이다.

이와 같은 경우는 1923년부터 1938년까지 16건이 확인된다. 그러나 이 경우는 어디까지나 동일 거래에 대하여 거래 당사자 간에 작성한 문서와 관에 신고하기 위한 문서 2종이 모두 남아있는 경우에 한정한 것임을 유의할 필요가 있다. <표 14>를 통하여 확인할 수 있는 연안김씨가의 토지거래 283건 대부분은 하나의 문서만 남아 있어 그 실제가 어떠했는지 확인할 방도가 없다. 다만 위 <표 15>를 통해 볼 때, 그 시기가 1920~1930년대에 걸쳐 나타난다는 점에서 이 시기에 이루어진 토지거래의 상당수가 이와 같은 방식으로 이루어졌을 것이라고 추측할 수 있을 따름이다.

<표 15>에서 '매매계약서'로 나타낸 것은 토지의 매도인과 매수인 간에 작성한 문서를 일컫는 것으로, 실제 문서명은 '매매계약서' 외에도 '매도증서' 등으로 나타나기도 한다. 기본적인 형식은 공문서로서 매매계약서 양식을

따르고 있으나, 정식 용지에 작성되지 않은 경우가 많으며, 매도인과 보증인의 날인으로 문서의 효력을 확인하고 있다. 반면 '매도증서'로 나타낸 것은 토지소유권의 이전 신청을 위하여 토지의 매매를 증명하기 위해 작성하여 관에 제출한 문서이다. 매도증서용지에 작성되었으며, 매도인의 날인 외에 인지를 붙이고 관인을 통하여 공증을 받고 있다.

이와 같은 사례로 가장 먼저 확인되는 1923년 4월의 거래는 정수익이 영광 군남의 답 809평을 백영규에게 매도하는 것이다. 〈그림 44〉는 이와 관련한 문서들이다. 우선 〈토지매도증서〉를 보면 해당 매매대금을 220원으로 밝히고 있고, 매수인과 보증인이 날인하고 있다. 〈영수증〉을 통해 볼 때 이 금액이 실제의 매입금액으로 정수익에게 건네진 것으로 판단된다. 그러나 또 다른 〈매도증서〉를 보면 매매가액은 140원으로 확인되며, 이때 매매된 토지가 영광 군남의 답 809평임은 첨부된 〈부동산표시〉를 통하여 확인할 수 있다. 이 〈매도증서〉에는 인지를 발급받아 붙이고 관인을 받아 공증된 문서임을 알 수 있다.

이와 같이 실제 거래금액을 낮추어 관에 신고하고 있는 경우로 확인할 수 있는 사례는 〈표 15〉의 마지막 2건을 제외한 14건이다. 절반 이하로 축소하여 신고하는 경우가 있는가 하면, 80% 수준에 머무는 경우도 있어 축소의 폭은 일정하지 않다. 일종의 "다운계약서"를 작성한 것으로 추정된다. 오늘날 부동산 매매에 있어 다운계약서의 작성은 마찬가지로 실거래가를 줄여서 신고하는 것으로 취득세 및 양도세의 축소와 직접적으로 관련된다. 당시 역시 부동산 가격에 비례하는 등록세 및 거래세, 그리고 일종의 재산세인 지세와 관련된 것으로 생각해 볼 수 있다. 이와 같은 토지의 거래는 앞서 매매의 형식을 통한 증여와 상속의 실현에서와 마찬가지로 세금의 부담을 줄이기 위한 방편이었다 할 수 있다.[39]

---

39) 실제 거래가격과 신고가격의 차이가 크지 않은 경우, 특히 거래규모가 크지 않은 경우에는 세금의 회피보다는 공시지가 대로의 신고라고 볼 수 있는 여지도 있을

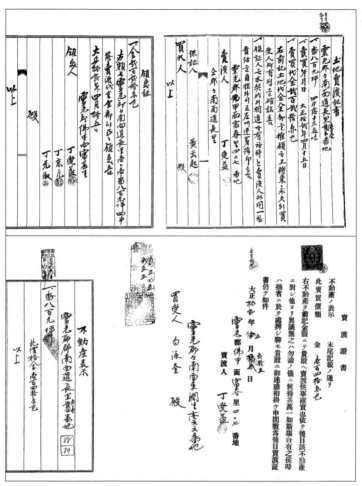

〈그림 44〉 1923년 4월 정수익이 영광 군남의 답 809평을 백영규에게 220원에 매도하는
〈토지매도증서〉와 〈영수증〉 및 140원에 매도하였다는 내용의 〈매도증서〉와 〈부동산표시〉

　　그런데 〈표 15〉를 보면 반대의 사례도 2건이 확인되고 있다. 하나는
1924년 5월에 영광 군남의 전 662평을 매입한 것이고, 다른 하나는 1923년

것이다. 그러나 두 가격의 차이가 크고 거래규모도 큰 경우에는 세금회피의 목적으
로 보는 것이 타당하다고 판단된다. 일례로, 1916년 4월 1일 시행된 〈조선등록세령〉
에 따르면 매매로 취득한 부동산의 경우 가격의 35/1,000를 등록세로 납부하도록
하고 있었다.

9월에 영광 군남의 전 587평을 매입한 것이다. 이들의 실제 매입가는 48원과 42원으로 확인되나 등기시의 매매가는 공히 60원으로 증가하고 있다. 이와 같은 이유에 대해서는 불확실하다. 그러나 전자의 경우 실제 거래에 있어 매도인은 조계중으로 확인되는 반면, 등기상의 매도인은 최사빈으로 나타난다. 즉, 실소유자와 등기상 소유자가 달랐던 것인데, 이로 인하여 실제 가치에 비해 낮은 가격으로 매도하고 있는 것이 아닌가 추정된다. 후자의 경우는 실제 거래가 이루어진 날은 1923년 9월이나, 등기가 이루어진 시기는 1924년 2월로 반년 가량이나 지난 이후이다. 이로 볼 때, 이 거래는 1923년 9월에 금전의 차용과 더불어 매매계약서를 작성하였다가 상환기일까지 원리금을 상환하지 못하여 원리금을 합한 금액인 60원으로 1924년 2월에 등기를 한 것으로 보인다. 이와 같은 토지매득은 이른바 유질계약(流質契約)으로 추정되는 것으로, 유질계약은 당시 연안김씨가가 토지를 매득해가는 주요한 방법이었다.

이미 1907년 2월에 통감부는 「토지가옥전당집행규칙」을 공포하여 토지·가옥을 대상으로 한 전당집행에 대하여 유질계약을 가능하게 하였다. 이를 통하여 채무자가 기일을 경과하여 채무를 상환치 않을 때 채권자는 경매할 수 있도록 하였는데, 이 조치는 1906년 10월 「토지가옥증명규칙」을 통하여 인정한 일본인의 토지소유를 강화하는 조치로 평가된다.[40]

유질계약은 금전의 차용계약에 있어 채무자가 담보로 제공한 물건에 대해서 채권자는 질권을 설정하며, 채무자가 상환기일 내에 채무 이행을 하지 않을 경우, 채권자가 질권의 소유권을 취득하거나, 질권을 임의로 처분하여 그 매매대금을 우선적으로 채권변제에 충당하는 계약이다. 이러한 채권자의 권리를 '유질권'이라고 하며, 유질권을 전제로 하는 채무계약은 채무자의 경제적 빈궁을 이용하여 채권자가 부당한 이익을 보기에 매우

---

40) 이영학, 「통감부의 조사사업과 조선침탈」, 『역사문화연구』 제39집(한국외국어대학교, 2011년 6월), 248쪽.

유리한 것으로서, 당시 소농이나 빈농을 비롯한 사회적 약자의 사회경제적
지위를 악화시키는 등 심각한 문제를 야기하고 있었다. 현재는 전당포 등의
예외적인 경우를 제외하고는 금지하고 있으며, 당시에도 이미 일본 본국에서
는 금지된 거래행위였다. 그러나 조선에서는 이와 같은 거래가 인정되었으
며, 매우 관행적으로 행해짐으로써 많은 사회적 문제를 야기하고 있었다.

연안김씨가의 토지거래에는 앞의 사례와 같이 유질계약으로 판단되는
거래들이 상당수 존재하며, 앞의 〈표 14〉에서 토지를 담보로 금전을 빌려준
경우가 대부분 이에 해당한다고 보아도 무방하다. 그러나 보다 직접적으로
유질계약임을 확인해 주는 사례들도 상당수 존재한다. 이 경우는 〈전당계약
서〉 등을 통하여 유질계약임을 언급하고 있는 사례는 물론이고, 동일한
시기에 동일한 토지에 대하여 전당계약과 매매계약이 동시에 이루어지고
있는 사례들도 포함된다. 이러한 경우에는 전당계약과는 별개로 해당 토지
에 대한 매매계약을 체결하고 이후에 이를 수행할 수 있는 위임장과 인감증명
등 다양한 서류들이 함께 작성되어 연안김씨가에 건네지고 있다. 이와 같이
유질계약을 직접 확인할 수 있는 사례들을 선별한 것이 다음의 〈표 16〉이다.

〈표 16〉 일제강점기 연안김씨가의 유질계약 현황

	계약시기	상환기일	담보부동산	차용금액	비고(작성 문서)
1	1912년 7월5일	1912년 12월30일	전답 5두2승락	400엔	토지저당계약서
2	1912년 8월9일	1913년 1월말일	가옥 6간, 택지 1승락	60엔	토지가옥전당계약서, 토지매매계약서
3	1912년 8월10일	1913년 1월말일	가옥 3간, 택지 5승락	16엔	토지가옥전당계약서, 토지매매계약서
4	1912년 8월24일	1912년 12월30일	초가 6간, 택지 3승락	20엔	토지전당계약서, 가옥매매문기
5	1912년 9월1일	1913년 4월말일	답 2두5승락	20엔	토지전당계약서, 토지매매계약서, 토지소유자이동신고서
6	1922년 9월27일	1922년 10월30일	桑木 3,000本, 초가 6간	95엔	계약서, 매도증서, 위임장
7	1928년 8월5일	1928년 12월25일	임야 1정9무보	82.25원	임야매매특약서
8	1928년	1929년	임야 5정 8단6무보	240엔	금전차용증서, 근저당권포기

	10월19일	3월말일			증서, 부동산의 목록, 계약서, 영수증, 임야매도계약서
9	1928년 12월26일	1929년 6월20일	전 2,392평, 답 1,141평	345원	토지매도시약서
10	1929년 4월7일	1929년 9월말일	전답(미상)	118원	토지매매특약서
11	1929년 11월15일	1930년 5월5일	전 727평, 답 1,141평	94.4원	차용증
12	1929년 11월28일	1930년 5월20일	답 345평, 대 99평, 전 809평	59원	토지매도특약서, 보존등기, 매도증서(금액공란), 이전등기신청에 관한 위임장
13	1929년 11월28일	1930년 5월20일	전 431평, 답 972평	118원	토지매도특약서, 보존등기신청에 관한 위임장, 매도증서(금액공란), 이전등기신청에 관한 위임장
14	1930년 1월20일	1930년 3월15일	답 693평	128.4엔	토지매매특약서
15	1930년 음1월13일	1930년 음9월말일	대 398평, 초가 2채 9간	45엔	토지건물매도특약서, 매도증서
16	1930년 음1월13일	1930년 음9월말일	전 189평	24.6원	토지매도특약서, 매도증서
17	1930년 5월30일	1930년 11월20일	대 135평	36.2원	토지건물전당계약서
18	1930년 7월25일	1930년 12월15일	대 295평, 전 83평, 초가 2채 5간	24엔	차용증서, 매도증서
19	1930년 9월25일	1930년 11월30일	전 627평, 대 238평, 답 1,635평, 초가 2채 9.5칸	140원	토지건물매도시약서, 보존등기, 이전등기신청에 관한 위임장(백지위임장), 매도증서(금액 공란)
20	1931년 11월24일	1932년 3월25일	답 654평	89.2원	토지매매계약서, 매도증서(금액 공란), 이전위임장, 백지위임장, 보존위임장

이상의 유질계약 현황을 보면, 시기는 1912년부터 1931년까지 상당기간에 걸쳐 확인되고 있다. 이미 19세기 말 이래로 금전대부를 통한 토지매득이 꾸준히 이루어져 왔음을 고려하면, 연안김씨가에 있어 금전대부를 매개로 한 토지획득은 19세기 말부터 일제강점기의 기간까지 지속적으로 진행되었음을 알 수 있다. 금전을 차용한 날로부터 상환기일까지의 기간은 대체로 6개월 내외로 확인되며, 이는 해당 금전차용이 생계 등의 시급한 사유로 이루어지는 것임을 미루어 알 수 있게 해 준다.

단 하나의 문서로써 유질계약을 체결하는 경우는 6건이 확인되는데, 이때 계약의 증거로 작성한 문서는 차용증부터 저당 또는 전당계약서, 매매특약서와 매도계약서 등으로 다양하게 나타난다. 크게는 금전 차용 사실을 위주로 하면서 유질조건을 설정하는 경우와, 토지매매를 주로 하고 비고로서 금전차용과 상환 불이행시의 매도시행을 부기하는 경우의 두 유형으로 나누어 볼 수 있다.

나머지 14건은 2건 이상의 문서를 작성하고 있는데, 이 경우는 모두가 상환 불이행 즉시 부동산 소유권을 이전할 수 있는 증빙서류를 미리 갖추어 놓고 있는 경우이다. 그 형식적인 제목이 무엇이건 간에 차용문서가 기본문서가 되며 나머지 문서들을 부속서류로 제공하는 것으로, 상환기한을 어길시 채권자에게 제공한 이전등기에 관한 일체 서류를 즉시 채권자의 명의로 이전등기를 완료할 것임을 규정하는 방식이다. 때에 따라서는 금액란을 비운 매도증서나 백지위임장, 심지어는 인감증명까지 부속서류로 첨부하기도 하였다.

〈그림 45〉는 1930년 9월 25일 박동주가 영광 군남면의 토지를 담보로 제공하고 140원을 차용하면서 작성한 문서들이다. 〈토지급건물매도시약서〉를 통하여 차용내용과 11월 30일까지 변제하지 못할 경우 함께 제공한 문서들을 통하여 소유권을 이전할 것을 명시하였다. 그리고 부속서류로서 〈보존등기〉와 〈이전등기신청에 관한 위임장〉, 그리고 〈매도증서〉를 함께 제공하고 있음을 기록하고 있다. 이 가운데 〈보존등기〉는 확인할 수 없으나, 〈위임장〉과 〈매도증서〉는 확인이 가능하다. 그런데 〈매도증서〉의 경우 금액란이 공난으로 비어있으며, 〈위임장〉에서도 위임주체로서 채무자인 박동주의 주소·성명과 날인만이 되어 있을 뿐 이하 내용은 모두 비어있는 상태이다. 이는 말 그대로 채권자에게 모든 것을 일임한다는 의미로, 상환기일을 넘길 경우 원금 외에 이자도 고려해야 하는 등 상황의 변화에 대비하여 구체적인 내용을 비워둔 것이라 할 수 있다.

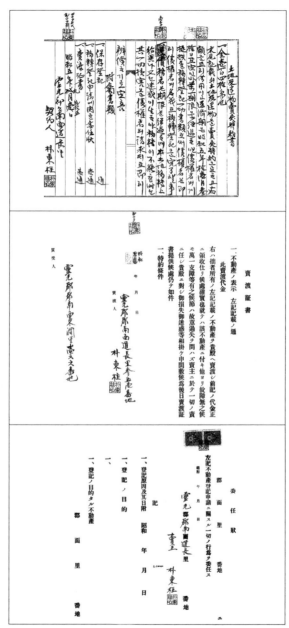

〈그림 45〉 1930년 9월 25일 박동주가 140원을 차용하면서 작성한
〈토지급건물매도시약서〉(상)와 〈매도증서〉(중) 및 〈위임장〉(하)

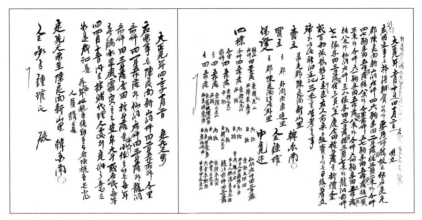

〈그림 46〉 1912년 한경남이 김종관에게 자신의 전답을 방매한 매매문서(우)와 소작계약 수표(좌)

이와 같이 상환기일을 지키지 못하여 담보로 제공한 토지가 채권자에게 넘어가는 경우가 허다하였고, 이는 연안김씨가에서도 마찬가지였다. 경제적 상황이 열악한 소농이나 빈농에게서 보다 빈번하였다. 유질계약을 통해서뿐 아니라, 여타의 이유로 자기가 소유한 토지를 방매한 농민은 결국 소작농으로 전락할 수밖에 없었다.

〈그림 46〉의 오른편은 1912년 10월 2일 영광 진량면의 한경남이 김종관에게 자신이 경작하던 진량면의 전 10두락을 200냥에 방매하면서 작성한 매매문기이다. 한경남은 자신의 토지를 방매함과 동시에 소작계약을 체결하고 있는데, 그 계약문서가 왼편의 문서이다. 이에 따르면 한경남은 자신이 방매한 전 10두락을 소작하고 매년 피모(皮牟)를 대두(大斗)로 2석씩 선도지(先賭地)로 납부하기로 하고 있다. 납부기일은 음력 4월 15일이며, 도지를 받는 김종관의 대리인 즉 마름에게 기한에 맞추어 전달하기로 하였다. 이 문서에는 또한 지세를 비롯한 각 항의 세금을 소작인이 부담하는 것으로 규정하고 있다. 한경남의 이와 같은 사례는 당시 소농 또는 빈농의 소작인화 경향을 잘 보여주는 사례이다.

이와 같은 방식으로 진행된 연안김씨가의 토지거래는 매우 활발하게 이루어지고 있었으나, 일제강점기 전체에 걸쳐 균질적으로 진행된 것은 아니었다. 〈표 14〉를 통해서도 볼 수 있듯이, 1910~1935년의 시기까지는 매우 활발하게 진행되던 토지거래는 이후 급감하는 경향을 보여주고 있다. 이와 같은 경향은 당시의 조선을 비롯한 국제정세와 세계경제의 흐름과도 관련되는 것으로 추정되나, 보다 직접적으로는 연안김씨가의 경제주체 변화에 기인한다고 판단된다.

기본적으로 연안김씨의 토지거래에 있어 가장 중심이 되는 인물은 김종관이었다. 19세기 후반 이후 1900년까지의 토지거래에서도 그랬듯이, 1911~1915년 사이의 주목할 만한 토지거래도 김종관이 주축이 되어 진행해 간 것이었다. 이후의 토지거래 역시 김종관이 중심이 되어 진행해 갔으나, 이 시기에 들어서는 김종관의 며느리 백영규가 토지거래의 또 다른 주인공으로 등장하고 있었다. 그러나 이미 살폈듯 1938년에 백영규가 사망하게 되고, 김종관 역시 이 시기에 들어서면서 노령으로 인하여 자신 명의의 토지를 상속하는 등 경제활동에서 한 발 물러서는 모습을 보여준다. 이후 연안김씨가의 경제활동은 김창영과 아들 철주(석주의 초명)가 중심이 되어 수행해 나가고 있으나, 김종관과 백영규 시절만큼 활력을 보이지는 못했다.

2) 농업경영과 식리활동

일제강점기 연안김씨의 농업경영과 식리활동은 기본적으로 이전 시기의 연장선에 놓여 있었다. 농민들과 소작계약을 체결하고 지대로 소작료를 수취하는 소작경영과 문중계의 계전을 통한 식리운영은 이전부터 지속되어 온 것이었다. 하지만 토지의 자본화를 통하여 농업경영 이외의 영역으로 경제활동을 확장해 가는 새로운 모습 또한 출현하였고, 보다 역점을 두어 역동적으로 진행해 나가기도 하였다. 일제강점기의 새로운 경제활동에 대해서는 이어서 살피도록 하고, 여기에서는 이전 시기의 연장에서 진행되어

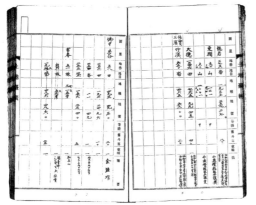

〈그림 47〉 연안김씨가 『토지대장(土地臺帳)』의 표지(우)와 본문(좌)

간 소작경영을 중심으로 하는 농업경영과 식리활동 등에 대하여 검토하고자
한다.

농업경영을 검토하기 위해서는 당시 연안김씨가의 토지소유 현황을 우선
살펴볼 필요가 있다. 다행히도 일제강점기 연안김씨가의 토지보유 현황을
보여주는 자료로 『토지대장(土地臺帳)』이 존재한다. 이 자료는 공식 토지대
장 용지에 작성되었으나 관에서 작성한 것은 아니며, 연안김씨가에서 자신들
이 보유한 토지의 현황과 관리를 위하여 작성한 것이다.

이 책자를 최초로 만든 시점은 1924년이며, 이후 지속적으로 수정되었다.
수정 내용들은 본문의 적요란에 작은 글씨로 기록되었으며, 그 내용의 하한
은 1974년까지 내려오고 있어 해방 후에도 이『토지대장』을 기본으로 토지를
파악, 관리해 갔음을 알 수 있다. 여기에는 영광과 함평을 중심으로 광주와
임실의 토지도 함께 수록되어 있어 연안김씨가가 보유한 상당수의 토지를
수록한 것으로 추정된다.

그 내용을 살피면 토지소유 명의인을 우선 기준으로 하고, 이어서 토지
소재 군·면을 단위로 기록되어 있다. 양식을 보면, 맨 위에는 면(面)을 기록하
고 있는데, 이는 토지가 소재한 면명으로, 면이 달라지면 소유명의인이

동일하더라도 용지를 달리하여 작성하고 있다. 면에 이어서는 리(里)명과 지번, 지목을 기록하였다. 이어서 지적을 기록하였는데, 지적은 평(坪)을 단위로 하였고, 임야의 경우는 정보(町步)로 기록하였다. 지적에 이어서는 지가와 토지의 등급을 기록하고, 구두락(舊斗落)과 야미(夜味)를 기록하도록 하였다. 마지막으로는 적요란이 있는데, 첫 번째 칸에는 토지소유 명의인의 성명을 기록하였다. 동일한 명의일지라도 용지를 달리하면 다시 첫 번째에 이름을 적어 용지별로 동일한 명의인의 것임을 알 수 있도록 하였다. 적요에는 또한 이후의 변동사항을 작은 글씨로 적고 있어, 1924년『토지대장』이 작성된 이후 변동된 상황을 파악할 수 있다.

『토지대장』은 1924년에 처음 만들어진 후 토지보유 양상이 바뀌면 편철이 다시 이루어지곤 하였던 것으로 보인다. 그러나 일정 시점 이후로는 편철은 유지한 채 내용만 수정하는 방식으로 바뀌고 있는데, 그 시기는 대체로 1935~1938년경으로 추정된다. 왜냐하면 토지 명의인으로 독립적으로 편철되어 있는 가장 후대의 사람이 1934년생인 김성호(金性浩)이고, 1938년에 사망으로 김현주에게 유산상속이 진행된 백영규가 아직 독립된 명의인으로 편철되어 있기 때문이다. 따라서 편철을 기준으로 했을 때, 마지막으로 편철을 수정한 시기는 1935년에서 1938년 사이로 볼 수 있다.

〈표 17〉은 명의인별로 마지막 편철이 이루어진 1935~1938년을 기준으로 『토지대장』에 수록된 토지 428필지의 지목과 소재지별 면적 현황을 나타낸 것이다. 앞서 토지의 거래에서 살펴보았듯이, 1935년 이후는 이미 연안김씨가의 토지거래가 많이 위축된 시기이다. 또한 다음 장에서 살피게 될 토지의 자본화로 인하여 토지소유의 절정기는 이미 지난 상태임을 염두에 두어야 한다.

1935~1938년경 연안김씨가가 보유하고 있었던 토지는 55만 899평에 달하지만, 이 가운데는 40만평 이상의 산지가 포함되어 있다. 이 시기가 되면 산지의 수목 매매를 통하여 수익을 거두고는 있으나, 산지의 보유 목적이

〈표 17〉 1935~38년경 『토지대장』 기준 연안김씨가의 토지보유 현황(단위 : 坪)

군	면	전	답	대지	산&임야	도로	합계(%)
영광	합	53,908.0	67,730.5	13,980.8	338,915.0	85.0	474,619.3(86.2)
	郡南	*33,041.0	*47,662.0	11,647.8	255,378.0	85.0	347,813.8(63.1)
	郡西	2,472.0		858.0			3,330.0(0.6)
	大馬				833.0		833.0(0.2)
	畝良	1,710.0	3,417.0		177.0		5,304.0(1.0)
	白岫	6,135.0	4,644.5				10,779.5(2.0)
	法聖	44.0		55.0			99.0(0.0)
	佛甲	4,940.0	7,367.0	908.0	82,527.0		95,742.0(17.4)
	鹽山	5,566.0	4,640.0	512.0			10,718.0(1.9)
임실	任實·三溪		465.0		78.0		543.0(0.1)
함평	新光	4,755.0	2,190.0	146.0	50,340.0		57,431.0(10.4)
광주	松汀				18,306.0		18,306.0(3.3)
합계 (%)		58,663.0 (10.6)	70,385.5 (12.8)	14,126.8 (2.6)	407,639.0 (74.0)	85.0 (0.0)	550,899.3(100)

* 저전(苧田) 42평 포함   ** 왕골답 14평 포함

경영에 있는 것이 아니었으므로 산지를 함께 고려하는 것에는 주의가 필요하
다. 산지, 그리고 영광 군남면의 도로 85평을 제외하고 전·답·대지에 국한해
본다면 14만 3,175.3평이다. 1905년 무렵 연안김씨가가 영광지역에서 보유
하고 있었던 전답만 1,900여 두락, '1두락=200평'으로 환산하면 38만여 평의
면적에 달하였다. 이에 비해 이 시기 연안김씨가의 토지보유는 절반 이하로
감소되었다고 볼 수 있다. 또한 『토지대장』에는 광양지역의 토지가 전혀
확인되지 않는데, 연안김씨가는 1900년을 전후한 시기에 광양지역에 700여
두락 이상의 전답을 보유하고 있었다.

『토지대장』에서 보이는 이와 같은 감소폭은 단순한 가세의 축소, 또는
토지의 자본화로 인한 결과만은 아니었다. 『토지대장』을 통해서 확인할
수 있는 토지 명의인은 모두 김종관과 그의 가족들 및 문중계이다. 다시
말해 이 『토지대장』은 관에서 작성한 공부(公簿)로서의 토지대장에서 김종관
가족 명의의 토지만을 편철한 것일 가능성이 존재한다. 실제 당시 연안김씨
가의 토지거래와 관리에 있어 연안김씨 일족이 아닌 대리인 또는 마름으로
보이는 인물들이 거래 당사자나 토지소유자로 등장하는 경우가 다수 존재하

는데, 이들 토지에 대한 파악 없이는 연안김씨가가 소유한 토지 전체를 확인하기가 상당히 어려울 수밖에 없다. 여기에서는 이와 같은 한계를 염두에 두고, 『토지대장』을 통하여 의미를 유추해 볼 따름이다.

우선 토지의 지목별로 보면, 산과 임야가 74%를 차지하는 가운데, 답이 7만 385.5평 이상으로 12.8%, 전이 5만 8,663평으로 10.6%의 비중을 차지한다. 이 같은 전답의 비율은 1900년대와 비교하여 상당한 차이를 보이고 있는데, 당시 전 : 답의 비율이 1 : 9 정도였음에 비하면 현재의 이와 같은 전답비는 매우 의외의 현상으로, 전의 면적만을 놓고 보면 오히려 3배가량 증가하고 있다.

지역별로 보면, 전체의 86.2%인 47만 4,619평이 영광에 소재해 있으며, 그 중에서도 종택이 위치한 군남면에 전체의 63.1%인 34만 7,813.8평이 소재한다. 그 밖에는 영광 불갑면에 17.4%에 달하는 9만 5,742평이 소재하고, 백수면과 염산면에도 산지가 없이 전·답 및 가대만으로 1만평 이상의 토지가 소재한다. 영광 외 지역으로는 함평에 5만 7,431평으로 10% 정도의 토지가 분포하나, 산지를 제외한 토지는 7천여 평에 불과한 상황이다.

〈표 17〉을 통하여 1935~1938년경 연안김씨가의 토지보유 현황을 보면, 우선 전체 소유토지가 한말에 비하여 상당히 감소하고 있다. 특히 답이 큰 폭으로 감소한 반면 전의 경우에는 오히려 상당히 증가하고 있다. 지역적

〈표 18〉 1935~38년경 『토지대장』의 토지소유 명의인별 토지보유 현황(단위 : 坪)

명의인	전	답	대지	산&임야	도로	전체합(%)	전·답·대합(%)
김종관	*22,259.0	**21,347.5	3,461.0	158,640.0		205,707.5(37.3)	47,067.5(32.9)
김영수	2,056.0	5,838.0	337.0	3,452.0		11,683.0(2.1)	8,231.0(5.7)
백영규	5,639.0	7,271.0	4,552.0			17,462.0(3.2)	17,462.0(12.2)
김철주	16,376.0	27,191.0	4,142.0	123,924.0	85.0	171,718.0(31.2)	47,709.0(33.3)
김현주	8,329.0	5,887.0	1,206.0	9,123.0		24,545.0(4.5)	15,422.0(10.8)
김성호		900.0				900.0(0.2)	900.0(0.6)
보전문중계	3,177.0	854.0	73.0	50,340.0		54,444.0(9.9)	4,104.0(2.9)
시목정문중계	783.0	1,097.0	167.0	62,160.0		64,207.0(11.7)	2,047.0(1.4)
미상	44.0		188.8			232.8(0.0)	232.8(0.2)

* 저전(苧田) 42평 포함   ** 왕골답 14평 포함

으로는 영광지역에 집중되어 있었고, 특히 종택 근처인 군남면에 60% 이상 분포하고 있었다.

이어서 『토지대장』에 토지소유자로 등재된 명의인별 토지현황을 검토해 보면 1935~1938년을 기준으로 토지소유 명의인으로 총 8인이 등장한다. 그 가운데 6인은 김종관을 중심으로 하는 가족구성원이고, 나머지 둘은 보전(甫田)문중계와 시목정(枾木亭)문중계이다. 문중계의 경우에는 이와 함께 개인의 인명이 함께 기록되어 있어 공부(公簿)상에는 개인 이름으로 등재하였고, 가문 내 장부에 이와 같이 구분하고 있는 것으로 생각된다. 보전문중계는 김종관 성명과 함께 있어 공부상에는 김종관 명의로 올라 있었으리라 여겨진다. 반면 시목정문중계는 김종관 외 5인의 공동명의, 또는 김창영 외 3인의 공동명의로 함께 기록되어 있다.

가장 많은 토지소유자로 등장하는 인물은 역시 김종관이다. 김종관은 전체 20만 5,707평, 산지를 제외하면 4만 7,067평의 소유자로 등장하는데, 이는 전체의 1/3에 해당하는 면적이다. 그에 못지않은 토지소유자로 이름을 올린 이는 손자 김철주(석주)이다. 김철주는 전체 17만 1,718평의 토지소유 자로 이름을 올리고 있으며, 전·답·대지에만 국한한 경우에는 4만 7,709평으로 오히려 김종관보다도 넓은 면적의 명의인으로 등장한다. 이어서 김현주와 백영규, 김영수의 순으로 나타나는데, 전체 면적으로는 2~5%정도의 비중이지만, 산지를 제외한 경우 백영규는 1만 7,462평으로 12.2%, 김현주는 1만 5,422평으로 10.8%, 김영수는 8,231평으로 5.7%의 비중으로 늘어나고 있다. 즉 산지는 현 종손 김종관과 김종관의 주손 김철주에게 집중되어 있으며, 나머지 가족 구성원들은 전답 및 가대 중심으로 이름을 올리고 있는 것이다.

보전문중과 시목정문중은 각각 5만 4,444평과 6만 4,207평으로 10% 내외의 토지를 보유하고 있는 것으로 나타난다. 그러나 산지를 제외한 토지면적은 4,104평과 2,047평으로 크게 줄어들고 있으며, 비중도 2.9%와 1.4%로

〈그림 48〉 1920년 『도조봉상책등본기』의 표지(우)와 본문(좌)

축소되고 있다. 결국 양 문중계 역시 산지 중심의 부동산을 보유한 것으로, 이들 문중계의 성격이 조상의 묘소와 산지에 대한 보호와 제사운영에 있었던 만큼 당연한 결과라 할 수 있다. 또한 이들이 소유하고 있는 전답과 대지는 대체로 제위전답 및 산직 등의 거소라고 볼 수 있다.

당시 연안김씨가의 토지소유는 집안의 종손이자 가장인 김종관이 중심이 되었으나, 상당부분 아랫대로의 상속이 진행되고 있었다고 할 수 있다. 특히 주손 김철주에게 상속이 상당히 진행되었으며, 며느리 백영규 명의의 토지가 상당한 점도 특징적이다. 또한 문중계 소유의 토지는 대체로 묘소 및 제사와 관련한 것이었다.

연안김씨가에서 보유한 전답은 종택과 인접한 경우에는 가작을, 그렇지 않은 경우에는 소작을 통하여 경영하였다. 현재 연안김씨가에는 1920년도에 작성된 『도조봉상책등본기(賭租捧上冊謄本記)』가 남아 있어 그 경영의 일단을 알 수 있다. 이 자료는 1920년 8월 30일 김영수가 영광과 장성 일대의 전답 111필지, 81,942평을 김영대에게 40,000원에 방매하는 계약 중에 증빙문서 가운데 하나로 작성한 것이다. 해당 매매는 방매하는 토지의 소작료를 기준으로 추수 1석당 금 100원씩으로 결정하였으며, 이를 위하여 실지조사를 수행한 결과가 이 자료인 것이다.

이 자료는 표지에 법성면과 백수면, 염산면, 불갑면 등 영광 소재 4개 면을 기록하고 있다. 그러나 실제 내용을 살피면 이 외에도 군서면과 무량면 도 포함되어 있는데, 이는 앞서 『토지대장』에서 살핀 토지 중 영광군 내에서 는 종택이 소재한 군남면을 제외한 모든 면에 해당한다. 물론 이 자료에 포함된 토지가 『토지대장』과 일치하는 것은 아니지만, 이를 통하여 영광군 내에서도 군남면 외의 지역에서 소작경영이 이루어지고 있었음을 미루어 짐작할 수 있다.

『도조봉상책등본기』에는 총 369두락의 전답이 수록되어 있다. '1두락=200 평'으로 환산하면 7만 3,800평으로, 이 수치는 『토지대장』에 수록된 영광지역 의 전과 답 가운데 군남면을 제외한 4만 935평보다 훨씬 넓은 면적이다. 여기에는 총 62명의 작인이 94필지의 전답을 소작하고 있는 것으로 확인된 다. 이들은 전에서는 모(牟)와 백태(白太)로, 답에서는 조(租)로 소작료를 납부하였는데, 종류를 막론하고 총 262석 5두 6승의 소작료를 연안김씨가에 납부하였다.[41] 따라서 작인 1인당 평균 소작면적은 6.0두락이며, 평균적으 로 납부하고 있는 도조액은 4석 2두 3승이었다.

면적에 있어 전과 답의 비는 전이 60.3두락으로 16.3%를 차지하는 반면, 답은 308.7두락으로 83.7%를 차지한다. 『토지대장』의 상대적으로 높은 전의 비중이 다시 낮아지고 답의 비중이 높아지고 있어, 소작경영이 전보다는 답이 중심이 되었음을 알 수 있다. 가장 많은 면적을 차지한 지역은 백수면이 고 두 번째는 염산면이다. 반면 불갑면은 답 16두락에 그쳐 상당히 적다. 이것은 이 자료가 방매를 목적으로 하는 토지를 대상으로 작성된 것이라는 점에서, 여기에서 배제된 군남면과 더불어 불갑면의 토지가 연안김씨가의 농업경영에서 중요한 지위를 차지하고 있었음을 반증하는 것으로 볼 수 있다.

---

41) 『도조봉상책등본기』는 대두(大斗)를 기준으로 작성되었으며, 10두가 1석으로 환산 된다.

도조액은 기본적으로 전에서는 두락당 대두(大斗)로 2두, 답에서는 8두를 기준으로 하였음을 〈표 19〉를 통하여 알 수 있다. 답 4두락이 포함된 군서면에서만 6두 5승으로 다소 낮게 나타날 뿐, 다른 지역의 전답 모두 이 기준에서 거의 벗어나지 않고 있다. 이에 따라 해당 전답에서 수취한 도조액의 총량은 262석 5두 6승이며, 이 가운데 95% 이상인 250여 석을 답에서의 도조가 차지하고 있다.

〈표 19〉『도조봉상책등본기』에 나타난 영광 각면별 소작현황

영광군 면	면적(두락)			도조액(석)			두락당도조액(석)	
	전	답	합	전	답	합	전	답
군서면		4.0	4.0		2.60	2.60		0.65
무량면	18.0		18.0	3.60		3.60	0.20	
백수면	4.3	163.5	167.8	0.86	130.75	131.61	0.20	0.80
법성면	19.0		19.0	4.15		4.15	0.22	
불갑면		16.0	16.0		12.70	12.70		0.79
염산면	19.0	125.2	144.2	3.80	104.10	107.90	0.20	0.83
합계	60.3	308.7	369.0	12.41	250.15	262.56	0.21	0.81

이와 같은 『도조봉상책등본기』의 내용은 결국 당시 답을 중심으로 소작경영이 이루어지고 있었음을 말해 준다. 소작인은 평균적으로 약 6두락 정도의 전답을 소작하였고, 그에 대하여 4석 2두 정도의 소작료를 납부하고 있었다. 이를 토대로 연안김씨가의 전체 한해 소출량을 추정하면 약 3천여 석에 달하는 것으로 볼 수 있다.[42]

물론 해당 자료는 방매 대상 전답을 대상으로 한 것으로, 연안김씨가에서 소작경영을 통하여 운영하는 농업경영의 전모를 살필 수는 없다. 다만 연안김씨가가 경영한 소작경영의 대체적인 양상을 이와 같이 정리할 수 있을 따름이다.

일제강점기 조선은 일제의 저임금과 생활안정의 유지를 위한 식량 생산기

---

42) 이는 앞서 살핀 14만 3천여 평의 전답 및 대지를 감안, '1두락=200평'으로 환산하여 추정한 액수이다.

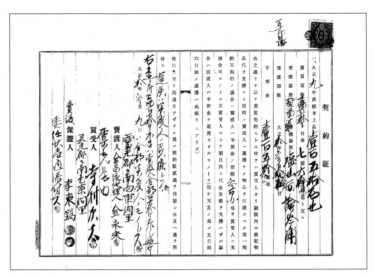

〈그림 49〉 1921년 3월 미곡매매계약서

지로서의 역할을 수행함과 동시에 일본에서 생산한 공산품 소비시장으로서의 역할을 수행하였다. 이는 조선 내에서 생산된 미곡의 일본 반출을 의미하는 것으로, 조선 전체로 볼 때는 미곡의 부족과 미곡가의 앙등을 야기하는 것이었으나, 미곡의 판매주체인 지주의 입장에서 봤을 때는 미곡의 상품가치가 올라감으로써 더 많은 이윤을 남길 수 있는 기회이기도 하였다.

이와 같은 상황에서 연안김씨가 역시 예외는 아니었다. 연안김씨가는 농업경영을 통하여 획득한 곡식을 대규모로 일본인 상인들에게 매도하고 있었고, 이를 통하여 적지 않은 자본을 획득할 수 있었다. 현재 연안김씨가에는 곡식을 대규모로 방매한 문서 3점을 확인할 수 있는데, 이들은 모두 1921년 2월과 3월에 작성된 미곡매매계약서로 판매 대상은 일본인이었다.

1921년 2월 4일, 김창영은 군산에 주소지를 두고 있는 도다 사타로(戶田佐太郎)에게 영광군 백수면과 염산면 일대에서 거두어들인 조(租) 100석을 매도하였다. 가격은 매 석당 8원으로, 전체 800원 규모였다. 얼마 후인 3월 9일에는 영광 읍내의 데라무라 쓰기오(寺村次夫)에게 영광 군남면과 장성 삼계면 등지의 곡식을 방매하였다. 이 매매는 김창영의 대리인 김영채가 진행하였으며, 영광 군남의 벼 150석과 장성 삼계의 벼 217석을 매도하였다. 이때 매도한 곡식은 1920년산 인미(籾米) 상품(上品)으로, 매매가는 매 석당 7원 60전, 전자는 1,140원, 후자는 1,650원이었다.

이와 같이 연안김씨가는 1921년 당해에만 470여 석의 미곡을 일본인에게 판매하였으며, 이를 통하여 3,600여 원에 달하는 금액을 획득할 수 있었다. 이때 연안김씨가의 곡식을 사들인 일본인들의 주소지가 영광읍내와 군산이었다는 점에서 군산항과 목포항을 통하여 일본으로 유출되었으리라 상정하는 것은 그리 어려운 일이 아니다.

일제강점기 동안 연안김씨가에서 수행한 대규모 방매는 이뿐만이 아니었다. 비록 농업경영의 결과물인 곡식은 아니었지만, 연안김씨가가 보유한 매우 넓은 산지의 수목들이 그 대상이 되었다. 다만 수목의 경우 특성상 곡식처럼 연례적으로 판매될 수 있는 것은 아니라, 일회성에 그쳤던 것으로 보인다. 그러나 그 규모는 곡식을 판매하는 것보다 훨씬 큰 것이었다.

수목의 매매는 일제강점기 말기인 1943년 1월에 진행되었다. 매도 주체는 김철주였고, 매입자는 문명좌라는 개인이었으나 실제로는 남선임업회사였다. 이때 남선임업회사에 매도한 것은 정확히 말하면 벌채권이었다. 김철주는 영광 군남 동간리 산2번지 임야 14정보에 달하는 임야를 대상으로, 해당 지역의 적송 중 6촌 이상의 건축용 재목에 대해 만 2년간의 벌채 작업기간을 남선임업회사에 허가하였다. 대상 목재는 약 3만주로 예상하였으며, 이에 대한 대금은 무려 2만 8천엔에 달하였다.

이와 같이 일제강점기 연안김씨가는 토지보유를 기반으로 한 소작경영을 중심으로 농업경영을 진행해 갔다. 이것은 기본적으로 일제강점기 이전부터 지속해 온 지주적 입장과 농업경영의 연장선에 놓여 있는 경제행위라 할 수 있다. 그러나 조선이 일본의 식량공급지 역할을 하게 되고, 이로 인하여 조선의 농지에서 생산한 미곡의 일본 유출이 활발하게 이루어지는 변화된

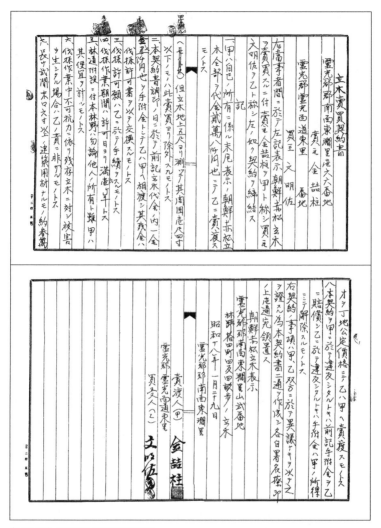

〈그림 50〉 1943년 입목매매계약서

상황 속에서 일본상인과의 대규모 거래를 통하여 대응하고 있었다. 이와 같은 모습은 이전에는 나타나지 않았던 일제강점기의 새로운 경제행위라 할 수 있다. 또한 일제강점기 말기에는 소유한 산지의 목재벌채권을 매도하는 새로운 양식의 대규모 경제행위를 수행하기도 하였다. 이렇듯 일제강점기 연안김씨가의 경제행위는 이전부터 지속되어온 지주-소작관계에 기초한 농업경영의 토대 위에서 새로운 방식의 경제행위를 수행하는 양상을 보이고 있었다.

다른 한편, 1900년 무렵부터 활발하게 진행되어 온 문중계의 계전을 통한 식리활동 역시 일제강점기에도 지속적으로 이루어지고 있었다. 그러나 1912년까지 시목정계와 구봉계, 양지계, 월곡문계 등의 각종 계를 통해 200명 이상을 대상으로 많으면 3,700여 냥의 계전을 운영하던 것에 비해서는 상당 부분 축소된 모습을 보여주고 있다.

1912년까지의 자료들을 제외하면 1924년부터 1945년까지의 자료가 남아 있기는 하지만, 내용이 매우 소략하다.[43] 당시까지 운영되고 있던 문중계는 시목정계와 구봉계 정도였고, 운영에서도 이전처럼 적극적인 계전의 식리운영을 보여주는 것은 아니며, 수입지출부 성격의 운영장부들이 대부분이다. 이 가운데 계전의 식리현황을 보여주는 자료로『구봉계전기(九峰稧錢記)』와 『시목정문중금전대부장(枾木亭門中金錢貸簿帳)』이 존재한다.『구봉계전기』는 1932년부터 1938년까지 7년간의 내용이 수록되어 있으나,『시목정문중금전대부장』의 경우 1937년의 내용만 남아 있다. 따라서 구봉계와 시목정계의 상황을 동시에 알 수 있는 1937년을 대상으로 계전의 식리현황을 살펴보면 〈표 20〉과 같다.

〈표 20〉 1937년 구봉계와 시목정계의 식리활동

	인원(명)	원금(엔)	이자(엔)	원리합(엔)
구봉계	17	217.84	44.8	262.64
시목정계	6	76	29.8	105.8
총합계	23	293.84	74.6	368.44

---

43) 이 시기의 문중계 운영을 보여주는 자료로는『九峰陽峴門稧收入支出簿』(1924~1947), 『九峰稧錢記』(1932~1938),『枾木亭門中收入金支出簿』(1937~1945),『枾木亭門中金錢支出簿』(1937),『枾木亭門中金錢貸簿帳』(1937),『枾木亭稧冊』(1926~1935) 등이 있다.

1937년 구봉계와 시목정계에서 개인에게 지출한 금액이 293엔 84전, 이에 대한 이자가 74엔 6전으로 원리금을 합한 금액은 398엔 44전이다. 1900년대 중반의 규모는 3,700여 냥이었다. 1900년대를 기준으로 본다면 증가했다고도 볼 수 있는 금액이다. 그러나 양 시기에는 30년의 시간이 놓여있다. 1910년 무렵 서울에서 5~6원이었던 상등의 벼 1석은 1935년 기준 14원 정도로 상승하였다. 상승폭이 매우 미흡하던 임금 역시 1912년에 44전 정도였던 조선인 보통 인부의 전국 평균임금이 1933년에는 70전으로 상승하였다.[44] 이와 같은 물가상황을 고려한다면 1937년 당시 계전운용액의 규모는 1900년대에 비하여 상당히 축소된 것이라고 할 수 있다.

이는 계전을 차용하는 채무자를 보면 보다 확실히 드러난다. 구봉계의 경우 17인, 시목정계는 6인으로 1937년에 연안김씨 문중계전을 차용하고 있는 인물은 23인에 불과한 상황이었다. 1900년대의 200인을 넘어가던 규모와 비교하면 불과 1/10로 감소한 상황이었다. 1인당 평균 채무액은 14엔 정도로 당시 벼 1석 정도의 금액이었다.

물론 문중계의 수입원이 이것만 있었던 것은 아니었다. 구봉계의 경우 돈이 아니라 곡식을 빌려주기도 하였는데, 최영진과 모권서라는 인물에게 17석 6두를 빌려주고 8석 8두 정도를 이자로 받고 있었다. 이 중 모권서라는 인물이 빌려 쓴 곡식이 대부분으로 15석 6두에 달한다. 그런데 모권서는 다름 아닌 구봉의 산지기였다. 모권서는 산직의 역할을 수행하면서 그 대가로 거주 가옥과 답 2두락, 전 4.6두락을 경작하고 있었다. 소작료는 없었으나, 세금은 자신이 부담하는 조건이었다. 이 외에도 전 2두락을 별도로 경작하고 있었고, 이에 대해서는 5두의 조(租)를 소작료로 구봉계에 납부하고 있었다.

모권서의 경우와 같이 작인들의 소작료가 문중계의 또 다른 수입원이 되고 있었다. 구봉계의 경우 소작료가 없는 산직의 전답을 제외하고도 전

---

44) 국가통계포털(http://kosis.kr/), 광복이전 통계 중 임금 및 벼 시세 참조.

10두락과 답 1.5두락, 대 2처 0.9두락을 보유하였고, 여기에서 조 5석을 소작료로 수취하였다. 시목정계의 경우는 산직인 김세동이 모든 토지를 소작하였는데, 대 1두락과 답 1.2두락, 전 3두락에 대해서는 산직의 대가로 세금만을 부담하였고, 그 외에 답 6두락에 대하여 3석의 조를 소작료로 납부하고 있었다.

이와 같이 일제강점기의 문중계는 그 수와 운영에 있어 1900년대에 비해 상당히 축소된 모습을 보이며 그 수익도 상당히 줄어들고 있었다. 이와 같은 상황 속에서 구봉계와 시목정계의 자산과 운영은 철저히 그 설립목적에 맞춰지고 있었다. 실제 지출 내역을 살피면 제사와 묘소 및 인근 산지 관리, 그리고 지세 및 농회비 등의 부가금 납부에 치중되고 있었으며, 이것이 위 이자와 소작료의 수입을 통하여 운영할 수 있는 한계였다. 결국 일제강점기 연안김씨가의 경제활동에 있어 문중계의 역할이 감소하고, 종가인 연안김씨가의 독자적인 비중이 증가하고 있었다고 하겠다.

3) 토지자본가로서의 경제활동

연안김씨가문은 조선후기 이래로, 특히 한말에서 일제강점기 초기의 시기에 김종관을 중심으로 상당한 양의 토지를 집적하였다. 그리고 소유권에 대한 분명한 인식과 토지조사사업에 대한 적극적인 대응을 통하여 토지에 대한 소유권을 확고히 해 나갈 수 있었다.

그뿐이 아니었다. 연안김씨가는 1920년을 전후한 시기부터 토지를 바탕으로 하는 지주경영에서 더 나아가 새로운 길을 적극적으로 모색하기 시작하였다. 그것은 호남물산주식회사와 제주물산주식회사, 남선임업회사 등의 회사에 지분을 투자하고, 운영에도 참여하는 것이었다. 이를 통하여 연안김씨가는 전통적인 지주로서의 모습을 넘어 본격적인 자본가로의 길을 모색해 나가게 된다. 이에 필요한 화폐자본은 이제까지 집적하고, 확보해 온 토지를

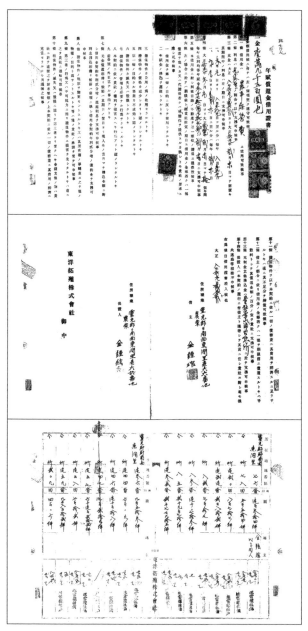

〈그림 51〉 1919년 11월 김종관의 동양척식주식회사 차용증서

통하여 충당해 나갔다.

연안김씨가에서 대규모로 화폐자본을 확보하기 위한 방법은 크게 두 가지였다. 하나는 소유한 토지를 담보로 하여 금융기관으로부터 자금을 대출받는 방법이었다. 현재 자료를 통하여 확인할 수 있는 이 시기 대규모의 대출은 동양척식주식회사와 조선식산은행으로부터 받은 4차례의 대출이었다. 이 밖에도 영광금융조합으로부터 상대적으로 소규모의 대출이 여러 번에 걸쳐 이루어졌다. 다른 한 가지 방법은 보유 토지의 방매였다. 연안김씨가에서는 1920~1921년 무렵 김종관과 그의 아들 김영수의 명의로 네 차례에 걸친 대규모의 토지방매를 진행하였다.

우선 대출의 경우를 살펴보면 연안김씨가는 1919~1920년에 동양척식회사로부터 세 차례에 걸쳐 전답을 담보로 대출을 받았다. 첫 번째 대출은 1919년 9월 10일에 김종관을 차주(借主)로 하여 진행되었다. 총 8,400원을 농사경영비 명목으로 대출받았으며, 연리 9푼5리로 2년 거치 15년 원리금 균등 상환의 조건이었다. 그로부터 두 달 후인 1919년 11월 22일에 두 번째 대출이 이루어졌다. 이 역시 차주는 김종관이었으며, 총 19,500원을 농업경영비 명목으로 대출받았다. 연리 9푼8리로 1922년 2월 말일까지 거치하고 10년간 원리금을 균등 상환하는 조건이었다. 동양척식회사로부터의 마지막 대출은 1920년 4월 27일에 이루어졌다. 이때의 차주는 김종관의 아들 김영수였으며, 김종관이 보증인으로 참여하였다. 역시 농사경영자금 명목으로 4,000엔을 연 1할1푼으로 대출하였다. 원금은 1920년 12월 31일까지 거치하고 5년간 원리 균등으로 상환하는 조건이었다.

1920년대에 발생한 마지막 대규모 대출은 동양척식주식회사가 아니라 주식회사인 조선식산은행으로부터 1928년 5월 27일에 이루어졌다. 차주는 김영수이고 역시 김종관이 연대보증인으로 참여한 이 대출은 10,000원을 연리 9푼3리로 대출하였으며, 원금은 1928년 11월 25일까지 거치하고 10년 동안 원리금 균등 상환 조건이었다.

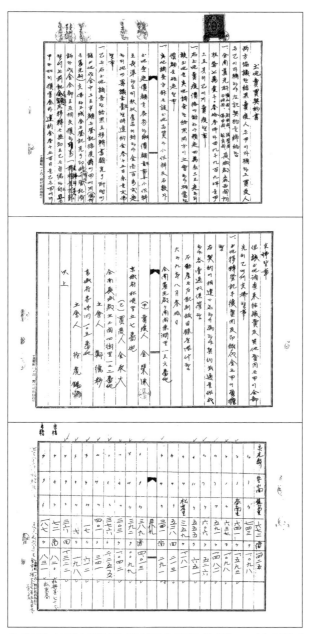

〈그림 52〉 1920년 김영수가 김영대에게 전답을 방매하는 토지매매계약서

이때의 대출에는 연안김씨가에서 소유하고 있는 전답이 담보로 제공되었다. 연안김씨가에서 전답을 담보로 하여 많은 자금을 구하는 것은 이때가 처음은 아니었다. 이미 1911년 10월 21일(음력)에 박치욱이란 인물에게 영광의 전답을 담보로 2천엔을 차용한 적이 있었다. 당시 담보로 제공된 전답은 영광의 육창면과 황량면, 무장면, 마촌면, 도내면의 답 13석 16두 2승락이었으며, 그 소유권을 증명하는 토지문기 45매를 증거로 제공하였다. 해당 금액의 상환은 이듬해인 1912년 4월 19일에 이루어졌으며, 이자 350엔을 포함한 원리금 2,350엔을 상환하고 담보로 제공한 전답의 토지문기와 차용계약서를 돌려받았다. 이와 같은 전답을 담보로 하는 거액의 차용은 당시 연안김씨가 공격적인 토지매득 등을 통해 경제활동을 할 수 있는 기반이 되었다.

연안김씨가는 조선후기 이래 매우 활발하게 경제활동을 전개해 나갔으며, 시간이 지날수록 그 규모와 활동의 폭이 넓어지고 있었다. 따라서 많은 자본이 필요할 수밖에 없었고, 이와 같이 차용을 통하여 필요자본을 충당하는 것은 연안김씨가의 경제활동에서 매우 중요한 일일 수밖에 없었다. 그러나 이렇게 1910년대 초까지도 개인 간의 거래를 통하여 자본을 확보하던 연안김씨가는 1920년 무렵 주요 금융기관을 통하여 보다 안정적인 자본의 확보가 가능하게 되었다. 1919~1920년과 1928년에 동양척식주식회사와 조선식산은행으로부터 전답을 담보로 한 대출을 수행한 것이 대표적이다.

이전 시기 개인으로부터의 대출과 이때의 금융기관으로부터의 대출은 많은 차이가 있었는데, 그것은 지주로서의 경제적 지위를 지닌 연안김씨가에게는 매우 유리하게 작용하였다. 우선 전자의 경우 대출로부터 상환일까지가 6개월에 불과하였으며, 그 기간에 17.5%인 350엔을 이자로 붙여서 한꺼번에 상환하였다. 그리고 담보로 제공한 답 13석 16두 2승락도 채무액 2천엔에 비하면 지나치게 많은 전답이었다. 당시 연안김씨가의 매매문서를 살피면 답 2~3두락에 50엔 정도의 매매가를 보이고 있다. 이를 기준으로 하면,

담보물의 가치는 5천엔을 상회한다고 할 수 있으며, 이 금액은 원금은 물론 이자를 포함한 총 액수에 대해서도 두 배를 넘는 액수였다.

반면 동양척식주식회사나 조선식산은행 같은 금융기관을 대상으로 하는 대출은 이자 자체가 상대적으로 저렴했다. 1919년 9월의 대출이자는 연리 9.5%였고, 11월의 대출이자는 9.8%, 이듬해 4월은 11%였으며, 1928년의 대출이자는 9.3%였다. 이 이자율은 모두 연리로, 앞서 박치욱에게 금전을 차용한 경우의 이자가 6개월간 17.5%, 연리로 환산하면 35%임에 비교하면 1/3도 되지 않는 수준이었다. 물론 이와 같이 상대적인 저리로 대출을 수행할 수 있었던 것은 전답이라는 부동산을 담보로 제공하면서 그에 대한 근저당권을 설정함에 따라 담보에 대한 안정성이 강화된 것과, 이 대출이 농업경영을 위한 목적성 대출자금이었다는 점도 크게 작용하였다.

또한 원금과 이자에 대해 장기간에 걸쳐 균등상환을 할 수 있었다는 점도 큰 이점이 되었다. 첫 번째 대출은 8,400원의 대출금에 대하여 2년 거치, 15년 원리 균등 상환으로 총 18,041원 55전을 상환하는 것이었다. 그리고 두 번째 대출은 19,500원의 대출금에 대하여 2년 3개월 거치, 10년간 원리균등상환으로 총 30,787원 30전을 상환하도록 되어 있었다. 세 번째 대출은 4,000엔의 대출금에 대하여 8개월 거치, 5년간 원리균등으로 총 5,411엔 40전을 상환하기로 하였으며, 마지막 대출은 10,000엔의 대출금에 대하여 6개월 거치, 10년간 원리균등으로 총 15,575엔 8전을 상환하기로 하였다.

물론 이와 같이 장기간에 걸친 상환은 원리금의 일시상환에서 오는 부담은 줄여주는 반면, 상환해야하는 절대 이자액은 크게 증가시킨다. 그러나 기본적으로 저리였으며, 일정한 수수료만 감당한다면 조기 상환을 통하여 이를 크게 줄일 수 있었다. 실제 1928년 조선식산은행으로부터의 대출의 경우 만기일은 1938년 11월 25일이었으나 1936년 2월 26일에 모든 원리금을 조기 상환한 사례를 확인할 수 있으며, 연안김씨가는 이와 같은 금융기관으로부터의 대출을 적극 활용하여 안전하게 자본을 확보함으로써 자신들의 경제활동을 수행해 나갔다.

금융기관으로부터의 이상 네 차례의 대출에는 영광과 장성에 소재한 전답 261필지, 226,113평이 담보물로 제공되었다. 동양척식주식회사와 조선식산은행은 담보로 제공받은 토지에 근저당권을 설정하였고, 이에 따라 연안김씨가의 재산권 행사는 제한되었다. 1919년 9월의 대출에는 영광군 군남면과 묘량면 일대의 전답 82필지 50,610평이, 동년 11월의 대출 역시 영광 소재 전답 95필지 91,278평이 담보가 되었으며, 1920년 4월의 대출에는 영광군 묘량면에 소재한 답 32필지 28,066평이 담보로 제공되었다. 1928년 5월의 대출에는 장성군 삼계면과 삼서면에 소재한 답 52필지 56,159평이 담보물로 근저당이 설정되었다. 해당 대출별 담보 전답의 면적 현황은 〈표 21〉과 같다.

〈표 21〉 연안김씨가의 대규모 대출시 담보전답 현황(단위 : 평)

地目	소재군	소재면	대출기관 대출일	동양척식주식회사			조선식산은행	총합계
				1919년9월	1919년11월	1920년4월	1928년5월	
답	영광군	군남면		25,793	75,820			101,613
		묘량면		11,669		28,066		39,735
		염산면			720			720
	장성군	삼계면					3,954	3,954
		삼서면					52,205	52,205
	답 합			37,462	76,540	28,066	56,159	198,227
전	영광군	군남면		8,894	14,738			23,632
		묘량면		4,254				4,254
	전 합			13,148	14,738			27,886
총합계				50,610	91,278	28,066	56,159	226,113
차용금(엔)				8,400	19,500	4,000	10,000	41,900

동양척식주식회사 같은 금융기관은 대출의 체결에 있어 당시 공식적으로 산정된 지가를 기준으로 담보를 설정하였으며, 해당 담보 토지에는 근저당을

설정하여 소유자의 재산행사를 제한함으로써 안정성을 확보하였다. 따라서 개인 간 차용에서와 같은 무리한 담보의 제공이 이루어지지 않았으며, 유질 계약을 통한 담보물의 소유권 이전과 같은 처분도 일어나지 않았다. 비록 장기간에 걸쳐 소유권이 제한되지만, 이는 매매나 또 다른 담보제공 등 물권 및 질권에 대한 것일 뿐이었다. 다시 말하면 해당 토지의 소유자로서 지대의 수취, 즉 토지를 임차하고 그 대가로 받는 소작료 등의 수취는 여전히 가능했기에 지주로서의 지위를 유지하면서 경제활동을 확장해 가는 데에는 매우 유리한 전략이었다.

연안김씨가는 〈표 21〉에서 보듯이 1919~1920년 동양척식주식회사로부터의 대출을 위하여 영광의 군남면과 묘량면, 염산면의 전답 17만평 가량을 담보로 제공하였다. 이 면적은 1935~1938년경 『토지대장』에서 확인할 수 있는 영광군 각 면에 소재한 토지 474,619평의 36%에 달하는 면적이다. 반면 1928년 조선식산은행으로부터의 대출에는 장성군의 답 56,159평을 담보로 제공하고 있다. 이렇게 토지를 담보로 대출한 자본은 새로운 토지 획득에 쓰였을 가능성이 매우 높은데, 1928년의 담보가 된 장성군의 답을 획득하는 데 1919~1920년에 대출한 자금을 활용한 경우가 해당한다. 이는 결국 보유하고 있는 토지를 담보로 대출을 수행하고, 대출금을 통하여 다시 토지를 획득하며, 그렇게 획득한 토지를 담보로 다시 대출을 수행하는 부동 산투자의 한 방식으로 볼 수 있다. 전답을 통한 경제활동이 이 수준에까지 이른다면, 이 시기 연안김씨가의 경제활동은 지주로서의 지대수취와 농업경 영 및 생산물 판매와 같은 농업에 기반한 경제활동을 넘어 토지 그 자체를 자본으로 하여 이윤을 창출해 내는 자본가의 영역에 발을 들여놓고 있었던 것이라 할 수 있다.

연안김씨가가 대규모로 대출을 받은 기관이 동양척식주식회사와 조선식 산은행이라는 점도 주목할 필요가 있다. 이 두 기관은 단순히 이윤을 추구하 는 민간회사가 아니라, 일제의 조선에 대한 식민지배 중에 설립되었고,

식민통치의 경제적 배경을 제공함과 동시에 식민정책의 추진을 지원하기 위한 활동에 주력하던 기업들이었다.

동양척식주식회사는 1908년 한·일 양국에서 제정, 공포한 〈동양척식주식회사법〉에 근거하여 설립된 국책회사였다. 최초에는 한국정부가 출자한 토지 1만 8천여 정보를 자산으로 하였으며, 이후의 매입과 특히 토지조사사업 완료 후의 국유지 불하를 통하여 1920년 말에는 9만 700여 정보의 토지를 자산으로 보유하였다. 이러한 토지들은 일본의 조선경영 정책에 따라 일본인들의 농업이민에 불하, 양도하는 방식으로 운영되었으며, 다수의 직영지도 존재하였다. 이 외에도 식민당국의 농업정책에 따르는 자산운용, 즉 부동산담보대출 등의 활동 역시 주력산업 중의 하나였으며, 1930년대 이후에는 공업화정책에 따라 공업건설에의 투자도 활발하게 벌여 나가는 등 일제의 식민통치를 위한 경제부분에서의 첨병 역할을 수행하였다.

조선식산은행 역시 조선총독부가 조선에서의 농업생산을 극대화하기 위해 설립한 대형 개발은행이었다. 자본금 1,000만원의 30%를 조선총독부가 출자한 조선총독부 산하의 산업정책금융기관으로, 조선 내에서 조선총독부 다음으로 경제정책에서 중요한 역할을 수행하는 금융정책기관으로 출범하였다. 주식과 사채를 발행하여 식민지 개발에 요구되는 장기자금을 조달하는 한편, 산업·공공대부라는 정책대출을 행하였고, 예금으로도 자금을 조성하여 일반대출도 겸행하였다. 조선 내 대출의 40% 정도를 담당하는 조선 최대의 금융기관으로서, 1930년대 중반까지 일제의 산미증식계획의 지원과 농업개발을 적극 지원하였다. 이에 해당하는 항목이 농업경영대출, 수리사업대출, 토지개량대출 등으로, 연안김씨가가 받은 대출이 이에 해당하였다. 중일전쟁을 기점으로 해서는 이전의 농업금융으로서의 활동에서 군수공업화의 지원으로 방향이 전환되지만, 이때 역시 농업금융으로서의 역할은 지속적으로 수행하였다.

이와 같은 두 회사의 성격에 비추어 볼 때, 그 대출 역시 기본적으로는 일제의 정책방향을 따라가고 있었다고 할 수 있다. 특히 산미증식계획의 정책 방향 속에서 경지 구입 및 개척과 정리에 상대적으로 저금리의 대출이 이루어지는 상황에서, 연안김씨가는 이와 같은 대출을 적극적으로 활용하여 자본을 마련하고 있었다. 이렇게 확보한 자본은 한편으로는 기존의 민간 고리부채를 대체하였으며, 다른 한편으로는 소농과 빈농을 대상으로 하는 식리활동과 토지매득을 위한 자본으로 활용되었다. 이러한 연안김씨가의 경제활동은 역으로 당시 일제의 조선통치의 농업정책이 누구를 위한 것이었 는지를 분명하게 보여주는 사례로서, 실제 농업에 종사하는 농민들이 아니라 지주, 그것도 대지주를 중심으로 하는 농업정책이 이루어지고 있었음을 보여주는 것임을 알 수 있다.

연안김씨가는 대규모 자본을 확보하기 위하여 대출 이외에도 보유한 토지의 대규모 방매를 시도하였다. 일제강점기 연안김씨가의 대규모 토지방 매는 1920~1921년에 걸쳐서만 네 차례가 시도되었는데, 공교롭게도 모두 중간에 수포로 돌아가고 말았다. 첫 번째 거래는 1920년 2월 12일 김종관이 사다이 시카지로(定井鹿次郎) 등에게 영광과 장성 일대의 답 392두락과 전 62두락을 80,600원에 방매하기로 한 계약이었다. 이 계약에는 신만우라는 인물이 중개인으로 개입하여 김종관의 대리인 역할을 수행하였다. 그런데 신만우는 단순히 위임장을 통하여 권한을 위임받은 것이 아니라, 김종관과의 사이에 매매계약서를 공식 체결하고, 그에 근거하여 해당 토지의 소유자로서 거래를 진행하였다. 그러나 당해 6월 28일까지 거래가 이루어지지 않고 신만우가 계약상의 역할을 수행하지 않음에 따라 양자 사이의 형식적 토지매 도 계약서와 토지대금 영수증을 돌려받고 신만우와의 매도계약을 무효로 하였다. 또한 사다이 시카지로(定井鹿次郎) 등에 대해서는 타인의 재산을 약취할 목적으로 김종관의 대리인 신만우를 유인하여 계약을 체결하려 하고 선지급한 신만우 소유의 답 60두락과 위약금을 편취하고자 한 혐의로 소송을 제기하였다.

두 번째 거래는 1920년 8월 30일 김영수와 김영대 간에 진행되었다. 이 거래는 매도자가 김영수로 되어 있으나, 이는 토지의 명의인이 김영수였기 때문이고, 실제 매도인은 김종관이었다. 김종관은 매수인인 경성의 김영대와 영광과 장성의 보유전답을 방매하는 계약을 체결하였다. 그 내용은 답 71,033평과 전 9,909평을 예정가 4만원으로 하고, 실지 조사 결과를 양방 입회하에 상당한 가격으로 확정하는 것이었다. 실지 조사는 해당 토지의 품질과 소작료 및 수확량과 토지사정가액을 참고하고, 전답가는 소작료를 기준으로 하여 추수 1석에 대하여 금 100원씩 정하기로 하였으며, 이후 계약을 위반할 경우에는 위약금 3,500원을 지불하기로 하였다. 토지조사를 마무리하는 대로 서류의 이전을 완료하고, 등기를 접수하면서 매수인이 토지대금의 절반을 매도인에게 지급하며, 나머지 잔액은 등기가 완료된 즉시 등기제증과 상호 교환하기로 하였다. 그리고 만일 잔액을 지불하지 못한 경우에는 이미 지급한 금액과 서류의 이전은 무효로 하고, 매수인이 손해금 외 위약금 3,500엔을 매도인에게 지불하기로 하였다. 단 해당 토지조사의 왕래 여비 및 기타 비용은 매도인이 매수인에게 지불하고, 토지이전등기수속 비용과 인지대금 역시 매도인이 부담하는 조건이었다. 그러나 해당 거래 역시 성립되지 못하고 불발로 끝나 버렸다. 잔금 지불을 요구하는 내용의 간찰이나, 계약 해지를 위해 변호사와 계약하고 권리를 위임하는 문서 등이 남아 있는 것으로 볼 때, 해당 거래는 순조롭게 진행되지 못하였다. 나아가 위약금만 해도 3,500원에 달하는 만큼, 계약의 불발에 대한 책임 소재 등을 둘러싸고 소송이 진행되기에 이르렀다.[45)]

세 번째 매도 시도는 1921년 4월 4일에 김종관과 이강덕 사이에 이루어졌다. 영광에 소재한 전답 85필지 답 42,768평과 전 8,287평을 방매하기 위한

---

45) 현재 연안김씨가에는 미처 정리되지 못한 다량의 문서들이 존재하며, 이 가운데 다수가 소송문서이다. 이에 대한 정밀한 검토를 통하여 토지거래 과정의 문제로 인한 소송의 내용과 결과를 파악할 수 있으리라 기대한다.

것으로, 해당 전답의 추수량은 270석에 달했고 사정가액은 8,600여 엔이었다. 해당 토지는 15,000원에 거래되었다. 이 거래에서는 김종관을 대리한 김기환이 매도인의 역할을 수행하였다. 여기서 매도하고 있는 토지는 이전의 금전 차용으로 인하여 김영도란 인물에게 담보로 제공된 토지였다. 따라서 거래에 앞서 이를 상환하여 토지에 대한 권리증을 환수해야 했다. 이때의 거래는 이강덕이 400원을 선금으로 미리 지급하였고, 1920년도 도조봉상책 등본과 토지대장관람부를 통하여 토지를 확인하는 등 상당히 진전되었다. 이후의 거래에서는 이후 매매토지에 대한 권리증을 영수한 후 양방이 계속하여 매매계약에 관한 사항을 충분히 협의하여 성립시켜 나가기로 하였다. 그러나 최종적으로 계약은 무효가 되면서 이제까지 발급한 모든 문서들도 효력을 상실하게 되었는데, 이는 해당 채무관계를 정리하는 과정에서 문제가 발생하면서 초래된 것으로 추정된다.

마지막 거래는 1921년 9월 11일, 김종관과 이임근 사이에 진행되었다. 영광과 장성에 소재한 전답 143필지를 대상으로 하였으며, 이 가운데 답이 411두 4승락, 전이 58두 5승락으로, 34,639원 50전에 방매하는 내용이었다. 계약 당일 이임근은 계약금으로 1,000원을 김종관에게 지급하였고, 나머지 금액 전부는 9월 30일에 동양척식주식회사 목포지점에 지불하기로 하였다. 그리고 잔금의 지불 즉시 동양척식주식회사 목포지점에서 소유권이전등기 수속을 밟기로 하였다. 만일 기한을 어기면 계약금은 매수자가 취득하기로 하였고, 소유권이전 비용은 매도자가 부담하기로 하였다.

이 거래를 복잡하게 만든 것은 당시 연안김씨가의 새로운 경제활동이었다. 해당 거래는 앞서 살핀 동양척식주식회사로부터의 대출에 대한 원리금 상환을 위한 것이었다. 그리고 매도하려는 토지에는 이 대출로 인하여 동양 척식주식회사에서 근저당권을 설정해 놓은 토지가 포함되어 있었다. 이와 함께 동해실업회사로부터의 근저당이 설정된 토지도 일부 포함되어 있었는데, 김종관은 1917년 9월 16일에 해당 회사로부터 150엔을 연 25%의 이자로 차용한 상태였다.

이임근의 토지매득은 김종관이 동양척식주식회사로부터 대출한 원금과 이자를 정산하여 그 금액을 동양척식주식회사 목포지점에 지급하고, 나머지 잔액을 김종관에게 지불하는 방식으로 진행될 예정이었다. 그런데, 의외로 동해실업회사의 근저당이 설정된 토지가 존재하였고, 이를 핑계로 이임근은 대금의 지불이 불가하다고 요구하며 정해진 날짜에 동양척식주식회사에 나타나지 않았다. 이에 김종관은 이임근이 계약을 어긴 것으로 간주하여 계약금 1,000엔을 귀속시키고 지난 토지매매계약을 무효화하려 하였다. 이 거래는 쌍방의 주장이 대치되는 가운데 협의점을 찾아, 11월 16일자로 계약을 해소하고, 이임근의 계약 위반을 인정하되, 계약금 1,000엔에 대해서는 김종관이 동정의 표시로 400엔을 돌려주는 것으로 마무리된다.

이렇듯 연안김씨가는 1919년 이후 대규모 자본의 마련을 위하여 동양척식주식회사 등으로부터의 대출과 보유토지의 대규모 방매를 시도하였다. 이는 특히 1919~1921년에 집중적으로 나타나고 있는데, 당시 연안김씨가의 경제적·사회적 지위를 변신하려는 노력과 밀접하게 관련된다. 이 무렵부터 연안김씨가는 주식회사를 비롯한 여러 회사에 출자하는 한편, 때로는 그 창립과 운영에도 긴밀히 관여하고 있었다. 1921년 무렵에는 제주물산주식회사와 전남진흥관 설립에 긴밀히 관여하고 있었으며, 1927년이 되면 호남물산주식회사 및 정읍상업조합의 창설과 운영에 개입하고 있었다. 즉, 당시 연안김씨가는 기업가 또는 자본가로의 변신을 도모하고 있었고, 이를 위하여 요구되는 대규모 자본을 이상의 대출과 토지방매를 통하여 확보하려 하였던 것이다.

제주물산주식회사는 1919년경에 창립된 것으로 보이며, 1921년 4월 30일 현재 자본금 20만원, 주식 4천주 규모의 회사로, 김종관은 창립 때부터 출자를 했던 것으로 보인다.[46] 1921년 6월 12일을 기준으로 56인의 주주가 4천주 모두를 보유하고 있는데, 이 가운데 김종관이 100주를 보유하고 있었던 것으로 확인된다. 1주당 50원의 가치를 지니기 때문에 100주는 5,000원에 해당하며, 이 금액은 당시 답 1만여 평에 해당하는 금액이었다. 56인의 주주 가운데 김종관보다 많은 주식을 보유한 인물은 250주를 보유한 문재철 등 9인에 불과하였다. 김종관은 제주물산주식회사의 창립에 출자금을 내고, 주요 주주 가운데 한 명으로 자리하였다. 그러나 회사의 운영 및 의사결정과 관련하여 뚜렷하게 활동한 흔적은 보이지 않는다.

연안김씨가는 제주물산주식회사와는 달리 전남진흥관에 대해서는 최초 설립과 출자자의 모집 때부터 주도적으로 간여하였다. 전남진흥관은 공익목적의 재단으로 1921년 전라남도 광주에 설립되었다. 설립 취지는 '반도의 보고인 전남과 그 수부(首府)로서 철도의 개통과 공히 일층 발전이 기대되는 광주에 있어 이 지위와 기회를 이용하여 문화의 진전과 공사공익에 공헌한다'는 것이었다. 전남진흥관의 구체적 목적은 동서양의 신구 도화(圖畵)와 서적 및 농공산품을 수집하여 일반에게 종람·판매하고, 사택을 갖추어 학생과 학부형의 숙박에 편의를 제공하여 공사의 공익을 기도하기 위한 것이었다. 이와 같은 전남진흥관의 성격에 비추어 볼 때, 연안김씨가가 이의 창립을 주도해 간 것은 해당 지역의 유지로서 사회적, 경제적 지위를 신장하고 그 역할을 수행하기 위한 것이었다고 볼 수 있다.

전남진흥관은 합자회사 일신상회(日新商會)의 영업을 통하여 설립하고 유지하는 방식을 취하였다. 따라서 일신상회가 운영을 담당하였고, 출자하는 인사들은 조합원으로 참여하는 방식으로 구성되었다. 따라서 각 출자자들은 합자회사 일신상회에 출자금과 출자신립서(出資申込書)를 제출하여 참여하였다. 1922년 음력 4월 28일(양력 5월 24일), 일신상회는 김창영에게 전남진흥관의 출자금 모금을 의뢰하여 계약을 체결하였다. 이 계약서에

---

46) 『濟州物産株式會社 第貳期 營業報告書』(장서각 MF 35-9647). 해당 보고서 상의 제2기는 1920년 5월 1일부터 1921년 4월 30일까지의 시기이다. 따라서 해당 회사의 창립시기는 1919년 5월경이라 미루어 추정할 수 있다.

따르면 김창영은 음력 6월말까지 다수의 금액을 모금하여 일신상회에 제공하기로 하고, 그 대가로 모금한 금액의 1/10을 보수로 지급받기로 하였다.

현재 연안김씨가에는 이때 모집한 출자신립서철이 존재하며, 이 철에는 41건의 출자신립서가 묶여 있다. 이 가운데 4건은 금액이 비워져 있으며, 나머지 37건의 출자신립서에 기록된 출자금은 총 9,530원에 달한다. 가장 많은 금액을 출자한 사람은 장흥군 부남면의 고동석으로 1,500원을 출자하였으며, 두 번째는 1,000원을 출자한 나주군 왕곡면의 최이상이다. 김종관은 500원을 출자하여 세 번째에 이름을 올렸으며, 김종관의 아우 김종현 역시 500원을 출자하였다. 출자한 이들의 거주지는 전라도 각지에 분포해 있는데, 고창(1인), 광주(6인), 나주(3인), 담양(3인), 무안(2인), 부안(1인), 영광(8인), 장성(6인), 장흥(1인), 정읍(5인), 함평(1인) 등이다. 김창영이 주도한 측면이 반영된 탓인지 영광이 8인으로 가장 많으며, 전남진흥관이 설립될 광주가 6인으로 그 뒤를 잇고 있다.

자료에 따르면 연안김씨가는 전남진흥관 관련 계약을 하기 1개월 정도 이전인 1922년 4월 22일에 일신상회와 곡식 임차와 처분에 대한 계약을 체결하고 있었다. 김종관의 아우 김종현이 '갑', 합자회사 일신상회 대표사원 윤채하가 '을'로 등장하는 이 계약은 연안김씨가의 벼 170석을 일신상회에 7월 말일까지 임차하고 처분토록 하되, 연안김씨가는 기간 내 언제든 임차한 벼에 대하여 대금을 청구하고, 이에 대하여 일신상회는 지체없이 대금을 지불하도록 하는 계약이었다.

이와 같이 연안김씨가는 지주로서 획득한 곡식의 임차와 판매를 위하여 계약을 맺은 일신상회와 더불어 전남진흥관의 설립을 도모한 것이었다. 그러나 그 결과는 좋지 않았다. 전남진흥관의 출자자모집이 한창인 음력 5월 5일(양력 5월 31일) 김창영은 물품의 방매를 도모하고자 군산 김의숙물산객주를 방문하였다. 이때 김창영이 지니고 간 물건은 철원주(鐵原紬)로, 해당 객주에 찾아온 일신상회 윤채하가 매각을 중개하기로 하여 견본상품

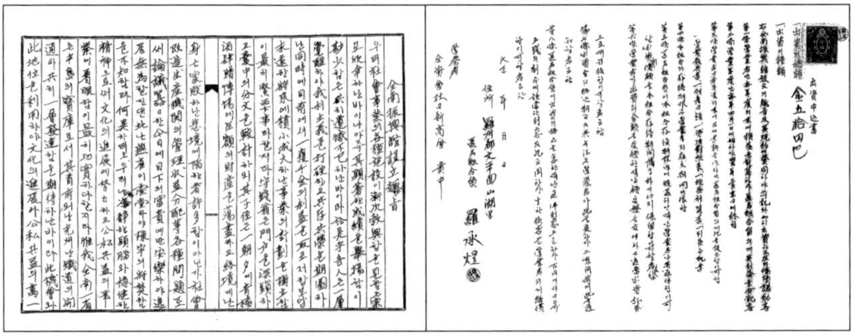

〈그림 53〉 전남진흥관 설립 취지서(좌)와 출자신립서(우)

4필을 지급하였다. 그러나 윤채하는 시간이 가도 해당 물품의 판매가를 지급하지 않았고 물품도 반환하지 않았다. 이에 김창영은 윤채하의 행위를 사기횡령으로 간주, 광주경찰서에 물품 또는 대금 60원의 반환을 요청하는 설유원(說諭願)을 제출하기에 이른다.

이후의 과정이 확실치는 않으나, 1923년 1월 16일 윤채하는 김창영에게 사고로 인하여 전남진흥관의 창립이 불성립하였음을 통보하면서 고동석과 백남식 등이 출자하기로 한 수형(手形)을 돌려줄 것을 통보하였다. 전남진흥관의 영업을 담당하는 일신상회의 대표가 창립의 취소를 공식화한 것이다. 이를 통하여 전남진흥관의 창립이 무산되었음을 확인할 수 있다. 그로부터 얼마 후인 1923년 2월 7일, 김창영은 윤채하를 사기횡령 혐의로 광주경찰서에 고소하기에 이른다. 연안김씨가가 주도적으로 진행한 전남진흥관의 창립은 이렇게 마무리되었다.

그와 유사한 시기인 1920년 연안김씨가의 김창영은 호남물산주식회사 설립에서부터 주주로 참여하였다. 호남물산주식회사는 1920년 3월 30일 주식총수 8,000주, 1주당 금 50원으로 영업을 개시하였다. 주주들의 제1회 불입금액은 주당 금 12원 50전이었고, 김창영은 90주를 보유하고 있었다. 그러나 호남물산주식회사는 영업 부진으로 인하여 설립 3년만인 1923년 5월 24일 임시주주총회를 개최하여 해산과 청산을 결의하였다. 이와 더불어 호남물산주식회사는 현존자산으로 채무를 완제할 능력이 없다는 이유로 1923년 6월 6일 각 주주에 대하여 제2회 불입으로 1주당 금 4원을 추가 불입하기로 결정하였다. 당시 김창영은 1922년 9월 10일에 김완열에게 5주를 양도한 상태로 당시 보유한 주식은 85주, 총 340원을 추가 불입해야 했다.

해당 추가 불입의 납입기한은 동년 8월 8일까지로, 만일 기한을 어기면 정관에 따라 납기일까지 100엔당 일변(日邊) 5전을 연체이자로 지불해야 했다. 그러나 김창영을 비롯한 8인의 주주들은 호남물산주식회사가 해산 당시의 잔존재산으로 채무를 완제하기에 충분한 자산을 가지고 있다고 주장하면서 회사의 추가불입 및 연체이자의 납입요구를 취소해 달라는 소를 제기하였다. 마찬가지로 호남물산주식회사에서도 해당 주주들에 대하여 정관에 따른 추가 불입금 납부와 지연에 따른 이자 지급을 요구하는 소를 제기하였다.

해당 소송은 1927년 11월 21일 광주지방법원에서 호남물산주식회사의 손을 들어주는 것으로 마무리 되었다. 광주지방법원은 호남물산주식회사는 해산 당시 합계금 96,691원 15전의 자산이 있었으나, 물가 하락으로 인하여 금 45,667원 66전의 손실을 입어 자산금은 51,023원 49전으로 감소한 반면 부채의 총합은 62,300원 72전으로, 금11,277원 23전이 부족하다고 파악하였다. 따라서 1923년 5월부터 금일에 이르기까지 지속된 회사의 청산수속에 있어 청산 비용과 채무 이자의 손실 등을 주식총수 8,000주에 따라 1주당 금 4원의 불입을 요구한 사실을 인정하였다. 이에 따라 회사에 각기 소지한 주식에 대하여 1주당 금 4원의 금액을 지불하고, 회사의 정관에 따라 이자를 지불할 것을 결정하였다. 또한 분쟁에 대하여 그 책임이 김창영 등에 있는 바, 소송비용 역시 주주들이 부담할 것을 판결하였다.

판결의 결과에 따라 김창영이 호남물산주식회사에 돈을 건넨 것은 1927년 12월 31일이었다. 김창영은 보유 주식 85주에 대한 2차 불입 금액 340원과 납입기한 다음날인 1923년 8월 9일부터 1927년 12월 31일까지 매일 5전의 이자 총합 272원 85전을 납부해야 했다. 그런데 이때 김창영이 회사에 납부해야 했던 것은 2차 불입액 관련 금액만이 아니었다. 주주로서 최초 출자한 원금 중 일부를 수형(手形), 즉 어음으로 지급했기 때문에, 해당 금액과 그에 대한 1921년 5월 1일부터 1927년 12월 31일까지의 이자도 납부해야 했던 것이다. 해당 원금은 1,574원이었고, 이에 대한 연리 6푼의 이자 총합이 629원 60전으로, 총 2,203원 36전이었다. 따라서 12월 31일에 김창영이 호남물산주식회사에 지급해야 할 총액은 2,816원 21전에 달하는 거액이었다.

김창영이 호남물산주식회사에 지불해야 할 이 금액은 연안김씨가가 회사로부터 지급받아야 하는 벼의 대금으로 상당 부분 상대되었다. 연안김씨가는 김종관 명의로 1922년 9월 7일 회사에 1,915원 35전에 달하는 벼를 제공하였다. 해당 금액 중 일부를 1924년 8월 20일에 수취하였는데, 이때를 기준으로 회사가 김종관에게 지급해야 할 금액은 원금 외에 2년여 간의 이자 745원 15전과 손해분 50원 10전 및 소송비용금 48원 84전을 합한 2,759원 44전이었다. 이에 대하여 8월 20일에 수취한 금액은 1,500원으로, 아직 1,259원 44전이 남아 있는 상황이었다. 해당 금액에 대하여 1927년 12월 31일 당일까지의 이자 847원 21전을 합한 2,106원 66전이 김종관이 호남물산주식회사에 수취할 금액이었다. 결국 호남물산주식회사와의 관계는 김창영이 지급할 2,816원 21전 가운데, 김종관이 수취할 2,106원 66전으로 상대하고 남은 잔금 709원 54전 중 450원을 별도로 지급, 나머지 259원 54전은 면제하는 것으로 마무리를 짓게 된다.

김창영은 당시 또 다른 회사인 합명회사 정읍상업조합에 1,000원의 자본을 출자하여 사원으로 참여하고 있었다. 정읍상업조합은 누룩(麯子)의 제조와 판매, 저포(苧布)의 매매, 그리고 금전 대부 및 그에 수반하는 일체의 영업을 목적으로 1922년 1월에 창립되었다. 김창영 등 7명이 1만원을 출자하여 사원으로 참여하고 있었는데, 이 가운데 박남칠이 3천원을 출자하고 김면동이 2천원을 출자하였으며, 김창영을 비롯한 5명은 1천원 씩 각각 출자하였다. 김창영의 지분은 이후 김종현에게 옮겨지게 된다.

가장 많은 자본을 출자한 박남칠이 대표사원으로 정읍상업조합을 운영하였으나, 이 역시 제대로 운영되지 못하였고 1927년 무렵이면 청산절차에 돌입하게 된다. 박남칠은 사원들이 출자하기로 약속한 2,500원의 지불을 요구하며 사원들의 토지, 정읍 용북면 등지의 전답 18만 2,500여 평에 대하여 채권가차압을 신청, 1927년 9월 13일 전주지방법원 정읍지청이 이를 받아들여 채무자들의 토지를 가차압하기도 하였다.

이 역시 결국에는 쌍방의 소송으로 결론을 내리게 된다. 정읍상업조합은 사원들이 출자를 태만히 하여 운영자금이 부족하였고, 이에 대하여 1923년 2월 25일 회사가 금 2,500원의 허위 차용증서를 발급하고, 사원들에게 그 채권을 순차적으로 양도한 것처럼 포장, 사원들이 해당 채권을 취한 것으로 하고 그 대가로 금 2,500원을 피고회사에 지불하기로 약속하였다고 주장하였다. 반면 김종현 등은 회사의 창립 과정은 인정하나, 채권은 허위가 아니고 거짓으로 양도한 사실도 없으므로, 회사에 대한 2,500원의 지불약속을 무효라고 주장하였다.

정읍상업조합과 김종현 등 사원들의 이와 같이 대립된 주장은 1928년 7월 24일 정읍상업조합 대리인 청산인 박남칠을 원고로 하고 김종현을 피고로 하여 진행된 전주지방법원 민사부 재판을 통하여 판결이 났다. 재판부는 1922년 1월 중에 박남칠 등 7인이 회사를 창립하고 채권을 양도한 사실은 인정하였으나, 원고가 채권과 그 양도에는 각 사원이 출자를 하지 않아 창립비용과 기타 비용을 거두기 위한 것으로 피고들이 원고회사에 2,500원을 지불하기로 약속하였다는 주장은 근거가 없다고 판단하였다. 이에 따라 원고의 청구를 기각하고 김종현 등 피고의 요구를 받아들였으며, 소송비용 역시 원고측의 부담으로 마무리 짓게 되었다.

연안김씨가는 일제강점기 들어서도 여전히 지주로서의 사회·경제적 지위를 굳건히 유지하였다. 토지의 지속적인 매득을 통하여 자신의 토지자산을 확충해 갔으며, 소작경영을 통하여 그 생산물을 획득하였고, 이를 당시의 변화된 시장 환경 속에서 일본으로의 수출 등을 통하여 상품화해감으로써 지주자본가로서의 지위를 성숙시켜 나갔다.

1920년을 전후한 무렵 연안김씨가는 지주로서의 토지자본을 바탕으로 상업자본에의 진출을 적극적으로 도모하였다. 1919년 창립된 제주물산주식회사에 김종관이 자본을 출자하여 주주로 참여한 것을 시작으로, 1920년에는 호남물산주식회사의 창립에 김창영이 자본을 출자하여 주주로 참여하였다. 1922년에는 역시 김창영이 합자회사 일신상회와 손을 잡고 전남진흥관의 창립을 진행하였고, 이에 김종관과 김종현이 500엔씩을 출자하였다. 역시 1922년에는 합명회사 정읍상업조합의 창립에 김창영이 1천원의 자본을 출자하면서 7인의 사원 중 1인으로 참여하였다.

그러나 이 시기 연안김씨가의 상업자본 진출은 그다지 성공적이지 못했다. 전남진흥관의 창립은 당시에 진행된 연안김씨가와 일신상회 간의 상업거래상의 문제 속에서 좌초되었다. 호남물산주식회사와 정읍상업조합 역시 별다른 재미를 보지 못한 채 1927~1928년의 시기에 청산절차를 밟게 되고, 최종적으로는 회사측과 연안김씨가와의 소송을 통하여 마무리되게 된다. 이로 인한 연안김씨가의 손실은 수천원 단위로, 호남물산주식회사 관련해서만 2,816원 21전의 손실을 보았고, 정읍상업조합 및 전남진흥관과 관련해서도 각각 1천원의 손실이 발생하였다.

1920년을 전후한 시기 연안김씨가에서는 동양척식주식회사 등으로부터 대규모의 부동산담보대출을 받고 있었으며, 다른 한편으로는 대규모 토지방매를 지속적으로 시도하고 있었다. 예전에는 보이지 않던 이와 같은 대규모 토지거래는 역시 같은 시기에 진행된 상업자본에의 진출과 관련된 것으로 보이는 바, 상업회사에의 투자를 위해, 또는 그 정리를 위하여 이와 같은 대규모 토지거래 및 대출이 이루어졌다고 할 수 있다. 이와 같이 연안김씨가는 기본적으로는 전 시대로부터 지주적 지위에 기반하고 있었으나, 이 시기들어 상업자본으로의 적극적 전화를 도모해 나갔다. 그러나 대지주로서의지위와 자본력으로도 그 변화는 쉽지 않았다.

Ⅲ. 강릉 선교장과 고창 황상익가의 농업경영

1. 조선후기 강릉 선교장의 지주경영

강원도 강릉 경포호에 접하여 소재한 선교장(船橋莊)은 전주이씨 효령대군
(孝寧大君) 후손가의 고택이다. 선교장은 효령대군의 11대손인 이내번(李乃
蕃, 1703~1781)이 현재의 위치에 자리잡고 안채 등을 조성하면서 그 역사가
시작되었다. 이후 선교장은 강릉을 대표하는 사족가문 가운데 하나이자,
최고의 경제력을 갖춘 양반지주가로 성장하였다.

양반지주가로서 선교장을 상징적으로 드러내는 말이 "만석꾼"이라는 호
칭이었다. 선교장은 경영하는 농지와 수확이 많아, 지역을 남북으로 나누어
주문진 북쪽에서 생산되는 수확은 북촌에서 저장했고, 강릉 남쪽으로부터
들어오는 수확은 남촌에서 저장토록 했으며, 정동(丁洞)을 중심으로 한 강릉
에서 생산되는 수확만을 본가에서 수납하여 저장했다. 또한 강릉을 중심으
로 영동지방 농민의 상당수가 이씨가의 소작인이었다고도 한다.[1] 농지의
면적도 매우 적고, 농업생산력도 낮았던 강원도에서 삼남이나 경기지방에서
도 최고의 부호를 부르던 호칭인 만석꾼이라는 칭호를 들었다는 사실만으로

---

1) 북촌은 선교장에서 부르던 주문진 일대의 호칭이고, 남촌은 묵호 일대를 지칭한다.
(李起墅, 『江陵 船橋莊』, 열화당, 1996, 66쪽)

도 선교장의 경제력을 가늠해 볼 수 있다.

선교장에 전해오는 문헌자료는 지주경영의 실체를 보여주는 각종 장부와 매매문서, 기타 자료들이 천여 점 이상 존재한다. 여기에서는 18~19세기의 지주경영을 보여주는 호구(戶口)문서와 매매문서 및 전답안(田畓案)과 추수기(秋收記) 자료를 통하여 조선후기 관동지방을 대표하는 양반지주가로서 선교장의 지주경영을 검토한다.[2] 500점 이상의 고문서자료를 통하여 선교장의 성립부터 19세기 전체에 걸친 지주경영을 검토함으로써 조선후기 한 지역을 대표하는 양반지주가의 또 다른 지주경영의 면모를 살펴본다.

1) 전주이씨가의 강릉 입향과 선교장의 가계계승

현재 선교장에는 1735년(영조 11)에서 1843년(헌종 9)까지 110여 년에 걸친 34건의 준호구(準戶口)와 호구단자(戶口單子)가 남아 있다. 이들 호구문서들은 모두 강릉부(江陵府)에서 발급한 문서들로, 이내번의 강릉 입향 초기부터 선교장이 세워지고 안정적으로 성장한 시기까지의 모습을 담고 있다.

호구문서는 매 3년마다 만들어졌으며, 호주를 중심으로 하는 일가의 구성원과 노비 등 예속인을 자세히 수록하고 있다. 따라서 이를 통하여 족보를 통해서는 알기 어려운 선교장 구성원의 실제 면모를 구체적으로 알 수 있다. 여기에서는 선교장의 호구문서와 기왕의 족보자료를 통하여 강릉 입향과 선교장의 성립 및 이후의 가계계승을 구체적으로 검토해 보기로 한다.

선교장은 조선 태종의 2남인 효령대군 이보(李補, 1396~1486)의 11대손인

---

2) 선교장의 고문서를 통한 지주경영 연구로는 이미 서병패의 연구가 있다.(徐炳沛, 「19世紀 兩班層 土地保有 狀況에 관한 硏究-江陵, 船橋莊의 秋收記 中心으로-」, 상명여자대학교 석사학위논문, 1991 ; 「朝鮮後期 江陵地方의 士族支配秩序와 經濟問題」, 상명대학교 박사학위논문, 1997) 그러나 자료면에서 추수기 자료에 집중하였고, 그로 인하여 시기적으로도 제한성이 있다.

내번으로부터 비롯되었다. 내번의 선대는 충주에 세거하였는데, 아버지 주화(胄華, 1647~1718)의 사망 후 어머니 안동권씨와 함께 외가가 있는 강릉으로 이거하였다. 내번과 어머니 안동권씨는 강릉 입향 초기에 오죽헌을 배경으로 하는 외가의 도움과 함께 강릉에 정착하였다.[3]

현재의 선교장을 통해서도 알 수 있듯이, 내번 이후 후손들의 강릉 정착은 매우 성공적이었다. 그리고 충주 법왕(法王)의 선산에 묘위답을 설치하고 운영을 하는 등, 문중 내에서도 중심적인 지위를 차지하였다.[4] 그런데 내번의 강릉 이주와 정착에 있어 충주의 본가로부터의 지원은 충분하지 못하였다고는 하지만,[5] 다른 형제 및 그 자손과의 관계는 긴밀히 유지되었던 것으로 보인다. 이는 호구문서를 통하여 확인할 수 있으며, 심지어 내번의 이주와 함께 당대에 강릉이 문중의 중심지가 되는 모습까지 읽을 수 있다. 이와 같은 내번의 강릉 입향 초기의 상황과 효령대군파에서 선교장의 위치를 이해하기 위해서는 충주에 세거해 온 선대에 대한 이해가 필요하다.

〈그림 1〉 강릉 전주이씨 효령대군파 선대(先代)의 세계(世系)

1世 孝寧大君 補 (1396~1486)	→	2世 3子) 寶城君 訡	→	3世 7子) 東陽君 徐	→	4世 長子) 江城正 堅孫	→	5世 4子) 孝彦
6世 3子) 景崊	→	7世 繼子) 惜 (1562~1624)	→	8世 長子) 光灝 (1593~1677)	→	9世 獨子) 集 (1619~?)	→	10世 獨子) 胄華 (1647~1718)

묘소의 위치로 볼 때, 내번의 선대 중 충주에 처음 자리잡은 인물은 효언(孝彦)으로 추정된다.[6] 효언은 효령대군을 파조(派祖)로 할 때 5대에

---

3) 차장섭, 『선교장, 아름다운 사람 아름다운 집 이야기』, 열화당, 2011, 20~21쪽.
4) 선교장의 전답안 가운데 19세기에 작성된 『喜畏案 大田庄錄付』와 『喜畏案 船橋·牛巖·羽溪合附』에서 충주 법왕의 묘위답을 확인할 수 있다.
5) 차장섭, 「강릉 선교장의 형성과 발전」, 『장서각』 39, 2018, 11쪽.
6) 족보기록을 살피면, 효언을 시작으로 묘소의 위치가 충주 서촌의 법왕으로 확인된

해당하는 지손으로, 이후 내번의 아버지 주화까지 6대가 충주에 세거하게 된다. 선교장을 비롯한 일가는 효언의 3자인 경두(景⾖)의 직계이다.[7] 경두 이후 내번의 선대에서 가장 중요한 인물은 경두의 대를 이은 성(惺)이다. 그는 효언의 장자 경금의 차자로 경두를 계후하였고, 초명은 성(惺)이다.

성은 이산해(李山海, 1539~1609), 이이첨(李爾瞻, 1560~1623), 정인홍(鄭仁弘, 1535~1623) 등과 더불어 대북파를 주도한 인물이다. 선조 말년에 광해군을 반대하고 영창대군(永昌大君, 1606~1614)을 지지한 소북파의 영수 유영경(柳永慶, 1550~1608)의 옥사에 관여한 공으로 1613년(광해군 5)에 정운공신(定運功臣) 3등에 책록되고 완계군(完溪君)에 봉해졌으며, 예조참판과 병조참판 및 공홍도감사 등의 벼슬을 지냈다.[8] 그러나 1623년 인조반정 및 유영경 등의 신원과 함께 자리에서 물러나고 정운공신은 폐삭(廢削)되었으며, 1624년(인조 2) 이괄(李适, 1587~1624)의 난 때 반역죄로 참수되기에 이른다. 이후 1627년에 신원되어 관작이 회복된다.[9]

1624년의 화는 성 자신뿐 아니라 가문 전체에도 큰 위기였다. 우선 성의 아들 광호 역시 화를 당했으며,[10] 집과 주화로 이어지는 가계 역시 매우 불안하게 이어져 내려온 것으로 보인다.[11] 이후 가문을 안정시킨 것은

다. 이 글에서 참고한 족보자료는 『孝寧大君靖孝公派譜』(선교장 소장)와 『璿源續譜(太宗大王子孫錄 孝寧大君派)』(장서각 K2-1131)이다. 이하의 가계에 대한 내용 역시 이들 두 족보자료의 내용을 바탕으로 한다.

7) 『효령대군정효공파보』에는 景㷭에 이은 차자로 경두가 등장하지만, 『선원속보』에는 경금과 景嵷에 이어 제3자로 경두가 등장한다.

8) 『광해군일기』, 광해 5년 3월 12일 경오 ; 광해 10년 9월 12일 정유 ; 광해 10년 10월 29일 갑신 ; 광해 10년 12월 25일.

9) 『인조실록』, 인조 1년 3월 18일 무신 ; 인조 2년 1월 25일 경진 ; 인조 5년 3월 21일.

10) 『선원속보』에는 이성의 아들로 광호만이 등장한다. 그러나 『효령대군정효공파보』에는 광호의 동생으로 光會라는 인물이 등장한다. 이름 외의 다른 내용 및 후손에 대한 기록은 없다. 광호의 졸년에 있어서도 의문이 존재하는데, 두 족보에 나타난 졸년은 丁巳년으로 1677년으로 볼 수 있지만, 실록에 따르면 아버지인 성이 참형에 처해진 두 달 후인 1624년 3월 25일에 참형에 처하라는 명이 내려졌다.(『인조실록』, 인조 2년 3월 25일)

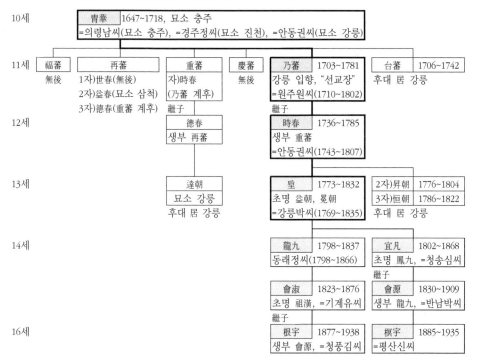

〈그림 2〉 강릉 전주이씨 효령대군파의 강릉 입향과 이후의 가계

10세
靑華 1647~1718, 묘소 충주
=의령남씨(묘소 충주), =경주정씨(묘소 진천), =안동권씨(묘소 강릉)

11세
福蕃 無後

再蕃
1자)世春(無後)
2자)益春(묘소 삼척)
3자)德春(重蕃 계후)

重蕃
자)時春
(乃蕃 계후)
繼子

慶蕃 無後

乃蕃 1703~1781
강릉 입향, "선교장"
=원주원씨(1710~1802)
繼子

台蕃 1706~1742
후대 居 강릉

12세
德春
생부 再蕃

時春 1736~1785
생부 重蕃
=안동권씨(1743~1807)

13세
達朝
묘소 강릉
후대 居 강릉

壆 1773~1832
초명 益朝, 冕朝
=강릉박씨(1769~1835)

2자)昇朝 1776~1804
3자)恒朝 1786~1822
후대 居 강릉

14세
龍九 1798~1837
동래정씨(1798~1866)

宜凡 1802~1868
초명 鳳九, =청송심씨
繼子

會淑 1823~1876
초명 祖潢, =기계유씨

會源 1830~1909
생부 龍九, =반남박씨

16세
繼子
根宇 1877~1938
생부 會源, =청풍김씨

槙宇 1885~1935
=평산신씨

다름 아닌 내번으로, 강릉에서의 공고한 지위를 바탕으로 가문을 안정시키고 조상의 위상도 향상시켜 나갔다.[12]

---

11) 선교장의 고문서 가운데 1735년부터 1780년까지 작성된 내번의 호구문서를 살피면 13건 모두가 증조 성, 조 광호, 부 주화로 기록하고 있어, 광호와 주화 사이의 집이 누락되고 있다. 집의 누락은 내번의 아들인 時春의 호구단자에서도 마찬가지로 나타난다. 이와 같은 호적상 4조 기록에서의 대수 누락은 성광호 당대의 위기상황이 초래한 결과로 추정된다.

12) 실제 내번의 호구문서를 보면, 1771년 이전까지의 자료에는 증조로 등장하는 성의 직역에 대하여 "嘉善大夫行吏曹參判兼春秋館事完溪君"과 같이 기록하고 있다가, 1774년 이후의 호구문서에는 "輸誠結義奮忠效節定運功臣嘉善大夫行吏曹參判行弘文館副提學知製敎兼經筵參贊官春秋館修撰官完溪君"과 같이 기록하고 있다. 비록 신원되어 관작이 회복되었다고는 하지만 공신 자체는 폐삭된 것이 여전하였다. 그럼에도 1774년부터는 "수성결의분충정운공신"이라는 功臣號를 호적에 떳떳하게 등재하기 시작하였으니, 내번 당대에 조상인 성의 복권을 이루어냈다는 선언적인 행위로도 볼 수 있을

내번의 강릉 입향 초기 동종 친족과의 관계와 문중의 중심 역할을 살펴보기 위해서는 족보자료 및 호구문서를 좀더 면밀히 검토해야 한다. 또한 내번 이후 선교장의 경제력이 축소되지 않고 계속 성장해 갈 수 있었던 배경 역시 이 시기 선교장의 가계계승을 통하여 엿볼 수 있다.

주화는 의령남씨와 경주정씨, 안동권씨 세 부인에게 총 6명의 아들을 얻었다. 이 가운데 장자 복번(福蕃)과 4자 경번(慶蕃)은 후사가 없었고, 주화의 대는 차자인 재번(再蕃)을 통하여 이어진다.[13] 재번에게는 세 아들이 있었는데, 장자 세춘(世春)은 후사가 없었고, 차자 익춘(益春)을 통하여 대가 이어졌으며, 3자 덕춘(德春)은 숙부인 중번(重蕃)을 입후하게 된다. 그런데 묘소의 소재지로 볼 때, 익춘 이하 주화의 종가 역시 세거지인 충주를 떠나 여러 곳을 이거하며 대를 이어간 것으로 보인다.[14]

주화의 3자 중번에게는 시춘(時春)이란 아들이 있었다. 그러나 중번의 대를 이은 것은 재번의 3자 덕춘이었고, 시춘은 내번에게 입후하여 선교장의 대를 잇게 된다. 그런데 1759~1765년의 세 식년에 걸친 내번의 호구문서를 살펴보면, 덕춘의 대를 이은 달조(達朝)와 그 처 강릉박씨 내외가 '솔사촌손(率四寸孫)' 및 그 처로 등재되어 있다. 그리고 연대 미상의 이장우(李壯宇) 호구단자 1건이 선교장에 소장되어 있는데, 이장우는 다름 아닌 달조의 증손이었다. 즉 중번-덕춘-달조의 가계 역시 강릉으로 이거하여 세거하였으며, 이것은 내번 및 선교장을 배경으로 한 것이었음을 알 수 있다.

내번이 강릉으로 이거할 때, 어머니 안동권씨만이 아니라 동생 태번(台蕃)도 함께 이거해 온 것으로 보인다. 가장 이른 시기인 1735년 호구문서를

것이다.
13) 장자인 福蕃의 이름은 『선원속보』에는 나오지 않는다.
14) 익춘의 묘소가 삼척에 소재한 것을 시작으로 그 대를 이은 碩箕의 묘소는 영월, 석기의 손자 恒植의 묘소는 울진으로 확인된다. 비록 묘소의 소재지로 거주지를 추정한 것이지만, 이를 통해 종가의 사회·경제적 지위가 상당히 불안정했던 것이 아니었을까 추정할 수 있다.

보면 호주인 내번과 처 원주원씨, 그리고 어머니 안동권씨 외에 솔제(率弟) 증번(增蕃)과 처 안동권씨가 함께 올라 있다. 그리고 1746년 호구문서에 솔제 태번과 처 안동권씨가 올라 있는데, 나이를 따져 볼 때 증번과 태번은 동일인이었다.[15] 즉 내번 이후의 강릉 정착은 안동권씨가 자신의 소생인 내번과 태번을 이끌고 친정이 있는 강릉으로 이거하여 이루어진 것이었다.

결국 주화의 대까지 충주에 세거하던 전주이씨가는 그의 아들과 손자 대에 모두 충주를 떠나게 되었다. 이 가운데 종손을 제외한 나머지 후손들은 강릉에 정착하였는데, 호구문서를 볼 때 그 중심은 내번이었다. 그리고 종가의 불안정한 상황 속에서 내번과 선교장이 문중의 중심적인 역할을 하게 되었다.

후사가 없던 내번의 대를 이은 것은 중번의 아들인 시춘이었다. 시춘은 1762년 호적에서야 내번의 아들로 등장하는데, 이때 이름은 봉춘(逢春)이었고, 나이는 27세였다. 호구문서는 1759년에 덕춘의 아들 달조 부부가 먼저 내번의 솔구(率口)로 등장하고, 그다음 식년인 1762년부터 시춘이 내번의 아들로 등장한다. 따라서 이 시기에 재번-중번-내번 형제 간 입후를 통한 계대가 이루어진 것으로 보인다.

시춘은 1762년에만 봉춘이라는 이름이었고, 1765년부터는 시춘으로 등장한다. 그러나 내번이 1781년 89세까지 선교장의 호주를 유지하였고, 시춘은 1785년에 50세의 나이로 사망하였기 때문에, 선교장의 호주로 등장하는 호구문서는 1783년 한 식년에 불과했다. 그다음 식년인 1786년부터는 시춘의 아들 후(垕)가 14세의 어린 나이로 호주를 계승하게 된다.

---

15) 1735년 호구문서에서 증번의 나이는 33세, 안동권씨의 나이는 23세였고, 1746년 호구문서에서는 각각 45세와 35세였다. 여기서 문서의 작성 시기의 차이는 11년인데, 두 사람 각각의 나이 차가 12년인 이유는 1746년이 식년의 전해로, 식년인 1747년을 기준으로 문서가 작성되었기 때문이다. 또한 호구문서에 따르면 태번의 생년은 1703년이고, 1747년 기준 45세의 나이이다. 그러나 족보에 따른 생년은 1706년, 졸년은 1742년으로 호구문서의 내용과는 차이를 보인다.

후는 1786년 14세를 시작으로 1832년 60세의 나이로 사망할 때까지 호주로 선교장을 지켜나갔다. 최초의 이름은 익조(益朝)였으며, 이후 면조(冕朝), 하조(廈朝), 면하(冕廈) 등으로 개명하다가 1828년 호적부터 '후'라는 이름을 쓰기 시작하였다.[16]

시춘에게는 후 외에도 승조(昇朝)와 항조(恒朝)라는 두 아들이 있었는데, 시춘이 사망한 1785년 당시 승조는 10세, 항조는 유복자로 이듬해인 1786년 정월에야 태어났다. 호적에 등장하기 시작한 것은 1792년 승조가 17세 때 부인 강화최씨와 함께였으며,[17] 항조는 13세이던 1798년부터였다. 승조와 항조는 후보다도 이른 시기에 사망하였는데, 승조는 1804년에 29세의 나이로 사망했고, 항조는 1807년(22세)부터 1816년(31세) 사이에 사망하였다.[18] 흥미로운 것은 승조와 항조의 사망 이후에 남은 가족들이 계속해서 후의 호에 솔구로 등장하고 있다는 점이다. 승조와 항조의 가족들은 공히 1822년 호적까지 솔구로 등장하였는데, 승조의 처 최씨는 자식이 없는 상태로 혼자였고, 항조의 처 서씨는 두 아들과 함께였다.

선교장의 가계에 대하여 이와 같이 자세히 검토하는 것은 이를 통하여 선교장의 경제력이 위축되지 않고 지속적으로 유지, 성장해 가는 중요한

---

16) 개명에는 여러 이유가 있을 수 있으나, 개명을 통하여 과거에 합격할 수 있는 길운을 얻고자 하는 경우도 있었다. 실제 영조 시대 경상도 진주의 河命祥(1702~1774)이란 인물 역시 다섯 차례나 개명을 하였는데, 그 이유가 이름의 불길함으로 인하여 과거에 낙방한 것이라는 생각에서였다.(『2015년 장서각 특별전 도록-시권(試券), 국가경영의 지혜를 듣다』, 한국학중앙연구원 출판부, 2015, 114쪽) 후 역시 여러 차례 과거에 응시하였으나 실패하였고, 두 아들이 생원시에 입격한 후 이미 영화로움이 집안에 가득하니 두터울 '厚'로 개명하여 더 큰 욕심을 경계하고자 하였다.(차장섭, 2018, 앞의 논문, 15~16쪽)

17) 승조의 처에 대해서는 『선원속보』에는 강화최씨, 『효령대군정효군파보』에는 강릉권씨로 차이를 보인다. 그러나 호적에는 최씨로 등장하고 있어, 『선원속보』의 기록이 정확한 것으로 판단된다.

18) 족보에 기록된 항조의 사망년도는 1822년이다. 그러나 호적의 기록을 살피면, 1807년에 처 달성서씨와 함께 후의 호적에 등장하며, 이후 1816년에는 그 처만이 '寡宅 徐氏'로 등장하고 있다.

배경을 알 수 있기 때문이다. 시춘의 경우 후와 승조, 항조 세 아들이 있었지만, 불행하게도 승조와 항조는 이른 나이에 사망하였고, 이로 인하여 형제 간의 분가는 억제되고 후대로 연기되었다. 아이러니하게도 이것은 결국 자손의 분가에 따른 재산의 분재가 최소화되었음을 의미한다. 조선후기 이른바 '종가형 지주'의 등장으로 재산의 분산으로 인하여 초래되는 자산 축소를 방지하는 경향이 나타나고 있었다고는 하지만,[19] 자녀의 분가로 인한 재산의 분재는 여전히 재산의 규모를 축소시키는 중요한 요인이었다. 따라서 후의 대에서 발생한 형제들의 이른 사망은 집안에서는 매우 큰 불행이었지만, 분가의 억제 및 연기를 통하여 선교장의 경제력을 유지시키는 결과를 가져왔다.

손이 귀한 선교장의 불행은 19세기 내내 지속되었고, 형제 간의 입후를 통하여 어렵게 대를 이어 나갔다. 후에게는 용구(龍九)와 의범(宜凡, 초명 鳳九)의 두 아들이 있었다. 용구는 1825년, 의범은 1827년에 각각 생원시에 입격하였다. 이후 용구는 1837년 사망할 때까지 강릉에서 선교장을 운영하였고, 의범은 서울과 지방에서 청안현감과 통천군수 등 다양한 관직을 수행하였다.

1837년 사망했을 때 용구에게는 15세의 회숙(會淑, 초명 祖潢)과 8세의 회원(會源) 두 아들이 있었고, 의범은 대를 이을 아들이 없는 상태였다. 용구 이후 선교장의 호주를 계승한 것은 어린 회숙이 아니라 의범이었다. 1843년 호적을 보면, 봉구(=의범)가 호주로서 형수 동래정씨와 장질자 조황(=회숙) 부부 및 차질자 종황(宗潢=회원)을 솔구로 등재하고 있음을 확인할 수 있다. 또한 항조의 아들 준구(俊九) 일가도 함께 솔구로 올라 있었다. 즉 용구의 사망으로 인하여 1843년 당시까지도 의범의 분가는 이루어지지 않았던 것이다.[20]

---

19) 김건태, 「17~18世紀 兩班地主層의 土地所有樣相」, 『成大史林』 12·13합집, 1997.

20) 당시 의범의 가족은 관직에 있으면서 서울에 거주하였다고도 한다. 그러나 이는

의범을 이어 선교장의 주인이 된 이는 용구의 장자인 회숙이었고, 차자인 회원은 숙부인 의범에게 입후하여 대를 잇게 된다. 그런데 용구와 의범에게 발생했던 위기는 회숙과 회원에게서도 또다시 반복된다. 이번에는 장자인 회숙이 대를 이을 아들이 없는 상태에서 1876년에 사망하였는데, 당시는 회원에게도 아들이 없는 상태였다. 그러나 다행스럽게도 1877년과 1885년에 근우(根宇)와 명우(槇宇) 두 아들을 얻었고, 근우로 하여금 회숙의 대를 이어 선교장의 주인이 되게 하였다.

이와 같이 강릉 입향 이후 선교장은 유난히도 손이 귀했고, 이로 인해 지속적인 위기가 거듭 발생하고 있었다. 그럼에도 불구하고 대가 끊어지지 는 않았으며, 형제 간의 입후를 통하여 위기를 극복해 나갔다. 이것은 매우 큰 위기였지만, 다른 한편으로 분가를 통한 재산의 분할을 최소화함으로써 선교장의 경제력이 큰 위축 없이 지속적으로 유지, 성장할 수 있었던 배경이 되기도 하였다.[21] 그리고 선교장을 중심으로 하는 전주이씨가의 결속이 강고하게 유지될 수 있었던 것도 이와 같은 배경에서 비롯하였다고 하겠다.

2) 선교장의 노비 보유양상

앞에서는 호구문서와 족보의 기록을 통하여 선교장의 가계를 복기하였다. 이를 통하여 선교장의 성립과 문중 내에서의 중심적 지위, 그리고 경제력이

분가로 보기 보다는 선교장의 서울집으로 보는 것이 정확하다.

21) 이것은 현재 선교장에 전해지고 있는 『딕틱』(大宅)과 『쇼틱』(小宅)이라는 두 추수기를 통해서도 확인할 수 있다. 두 추수기가 처음 시작된 것은 1820년으로 용구와 의범 형제 대였다. 따라서 『딕틱』은 용구, 『쇼틱』은 의범을 염두에 둔 것으로, 전답이 분재된 상황을 반영한 것으로 보인다. 그러나 두 책의 외관과 지질은 물론 기록 방식까지 거의 차이가 없는 것으로 볼 때, 동일인이 관리한 것임을 알 수 있다. 그리고 수록된 내용이 회숙의 사망시기까지 지속된 점을 고려하면, 그 주체는 회숙이 아니었을까 미루어 추정된다. 결국 용구와 의범 대에 큰집[大宅]과 작은집[小宅]으로 나뉘어졌지만, 경영에 있어서는 여전히 선교장에서 통합하여 운영하고 있었다.

유지될 수 있었던 배경에 대하여 살펴보았다. 여기에서는 호구문서의 나머지 부분인 '노비질(奴婢秩)'의 기록을 통하여 선교장의 노비 보유양상과 그 변화를 검토하고, 노비매매문서를 통하여 선교장의 노비 매득 양상을 살펴본다.

노비는 조선시대 양반가의 농업경영에 있어서 전답과 함께 가장 중요한 재산이자 생산수단이었다. 그러나 시대에 따라 그 양상은 다소 달라지는데, 조선후기 특히 19세기가 되면서 노비의 비중이 감소하고 전답의 비중이 증가하는 양상을 보인다. 이는 조선후기 신분제의 동요 속에서 노비의 도망이 증가하는 등 노비에 대한 직접 지배를 통한 생산의 장점이 줄어드는 반면 관리의 부담은 증가하는 상황과 관련된다. 다른 한편으로는 토지소유권과 지주제가 강화됨에 따라 전답의 소유를 배경으로 지주소작의 생산관계를 통한 지주제 경영이 발달함에 따른 결과이기도 하다. 선교장의 노비 보유와 농업경영 역시 여기에서 벗어나지 않고 있다. 호구문서의 기록을 통해 선교장의 노비 보유양상을 살펴보면 〈표 1〉과 같다.

가장 이른 시기의 호구문서인 1735년 호구단자에 기재된 노비는 4구로 매우 단촐하여, 세전된 비 1구와 그에게서 비롯된 노 2구, 그리고 고공 1구뿐이었다. 그들은 비 영금(永今)의 2소생인 비 경진(庚辰)과 경진의 두 아들, 그리고 머슴[雇工奴] 꾿단(旵端)이었고, 영금의 다른 소생인 비 금분(今分)은 갑인년인 1734년에 사망한 상태였다. 이후 선교장의 노비는 19세기 초까지 지속적으로 증가하는데, 특히 1760~1790년경에 13구에서 60구로 큰 증가를 보여준다. 이어지는 1800년대 초까지는 60구에 미치지 못하며 정체를 보여주다가 1807~1830년대에 80구 내외로 최대치를 보인 후 1843년에 52구로 급감한다.

1760~1790년은 내번의 장년기에 해당하며 아들 시춘이 선교장의 호주를 계승한 시기이다. 내번은 1756년 6월 20일 현재 선교장이 시작되는 가사(家舍)와 가대(家垈)를 매입한다.[22] 그리고 거의 비슷한 시기에 시춘을 계후자로

<표 1> 호구문서를 통해 본 선교장의 노비 보유

식년	현존 노비			매득 노비			도망 노비		
	奴	婢	합	奴	婢	합	奴	婢	합
1735	3	1	4						
1746	2	4	6	1	1	2			
1750	3	4	7	1	2	3			
1753	3	5	8	1	3	4			
1756	4	5	9	1	3	4			
1759	2	11	13	1	6	7			
1762	3	14	17	1	8	9			
1765	4	16	20	1	8	9			
1768	9	18	27	1	9	10			
1771	12	23	35	2	9	11	2		2
1774	14	23	37		8	8	1		1
1777	18	25	43		9	9			
1780	20	30	50	1	9	10	1		1
1783	21	29	50	2	9	11	1		1
1786	18	31	49	2	9	11		1	1
1789	20	34	54	2	11	13	2	3	5
1792	20	40	60	1	11	12	2	1	1
1795	15	36	51	1	2	3	2	1	1
1798	23	34	57	2	3	5	1	1	1
1801	22	33	55	2	1	3	1		1
1804	23	35	58	2	1	3	1		1
1807	34	46	80	1	1	2	2	2	4
1810	35	43	78	1	1	2	4	6	10
1816	35	46	81	1	1	2	5	2	7
1819	34	46	80	1	1	2	5	2	7
1822	34	48	82	1	1	2	7	2	9
1828	35	45	80	1	1	2	10	4	14
1831	34	41	75	2	1	3	7	4	11
1834	33	43	76	1	2	3	6	3	9
1843	18	34	52		1	1	4	8	12

* "현존 노비"는 호구문서에 등장하는 노비 가운데 사망 및 도망한 노비를 제외한 수치이다. 즉,"매득 노비"는 "현존 노비"에 포함되며, "도망 노비"는 포함되지 않는다.

세우면서 선교장을 본격적으로 운영, 확장해 나갔음을 알 수 있다. 선교장은 1785년 시춘이 사망하고 후가 어린 나이로 선교장의 호주를 승계하면서 10년여의 정체기를 맞이하게 된다. 그러나 후가 성장하면서 선교장의 주인으로의 지위와 역할이 성숙해지는 1800년대 중반이 넘어가면서 선교장은 길지 않은 정체기를 극복하고 전성기를 열어나간다.

18세기 후반 선교장은 적극적인 매득을 통하여 노비의 수를 늘려나갔다. 선교장의 매득 노비의 수는 1746년 노 정산(丁山)과 비 금례(金禮)의 2구를 시작으로 1771년 11구까지 지속적으로 증가해 갔다. 같은 시기 전체 노비는 6구에서 35구로 증가, 매득 노비와 전체 노비의 비는 대체로 1 : 3을 유지하고 있었다. 이는 기존의 세전 노비와 새로 매득한 노비들, 그리고 그들이 생산한

---

22) 「1756년 6월 20일 幼學 曹夏行 家基田買賣文書」.

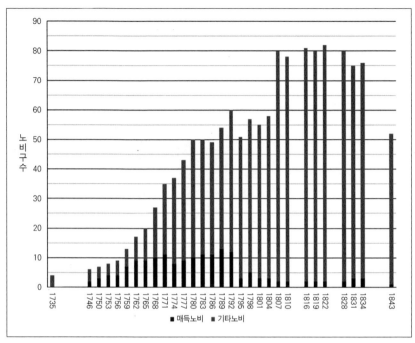

〈그림 3〉 선교장의 매득 노비와 전체 노비 수의 추이

다음 세대들을 포함한 수치였다.

이후 매득 노비의 증가세는 1792년까지 두드러지지 않는다. 이는 예전과 같이 적극적으로 노비를 매득하지 않았음을 의미하며, 이 시기 노비의 증가는 대부분 기존 노비가 다음 세대를 생산함에 의한 것이었다. 그러나 1세대 매득 노비의 사망을 고려할 때, 매득 노비의 수가 유지되고 적게나마 증가하기도 한다는 점에서 노비의 매득이 꾸준히 이루어지고 있었음을 알 수 있다. 그러다가 1792년을 기점으로 매득 노비의 수는 급감하는데, 이 시기는 시춘이 사망하고 후가 어린 나이로 선교장의 호주를 승계하면서 정체기가 시작하는 시점과 일치한다. 이 시기 매득 노비의 급감은 기존 1세대 매득 노비들이 노령으로 사망한 반면, 노비 매득과 같은 적극적인 경제활동을 펼치기에는 어려웠던 상황이 반영된 것이었다. 이 시기에 나타난 전체 노비

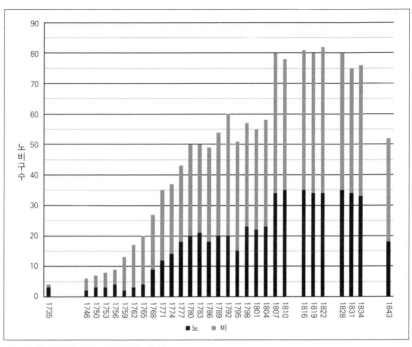

〈그림 4〉 선교장 노와 비의 구수 추이

수의 정체 역시 매득 노비의 급감으로 말미암은 것이었다.

　노비의 성별에 따른 양상을 보면, 많은 기간 동안 노에 비해 비가 1.5~2배 정도 많은 수치를 보이고 있다. 노비가 생산한 자녀의 소유권이 어머니인 비의 소유자에게 귀속된다는 사실을 고려하면, 비의 재산으로서의 가치가 노에 비해 높으며, 노비를 포함한 경제력의 확장을 도모함에 있어 비의 소유에 중점을 두는 것이 당연한 전략이다. 그러나 앞서 살핀 1735년에는 노 : 비=3 : 1로 오히려 노가 다수였으며, 선교장을 경영하기 시작한 해인 1756년에도 노 : 비=4 : 5로 이후 시기에 비해 노의 비중이 매우 높게 나타난다. 이와 같은 노비의 비율은 이 시기가 내번의 강릉 입향기로, 본격적인 성장 이전에 안정을 도모하던 시기였음을 반영한다.

　이후 1759년부터 노의 수에 비해 비의 수가 급증하면서 노비 수의 급증을

258

가져왔다. 이때 비의 숫자를 증가시킨 직접적인 원인은 비에 집중한 노비의 매득이었다. 매득 노비의 성별을 보면 노는 1~2구를 유지하는 반면, 비는 1구에서 11구까지 증가하고 있다. 즉, 선교장은 적극적인 비의 매득을 통하여 세대를 잇는 장기적인 노비의 확보를 도모하였음을 알 수 있다.

정체기가 마무리된 1807~1834년에도 선교장의 매득 노비는 증가하지 않고 있다. 그리고 다시 10여 년이 지난 1843년의 노비는 52구로, 1834년의 76구에서 24구나 감소하고 있다.[23] 이것은 조선후기 양반가의 노비소유에서 나타나는 보편적인 모습으로, 노비의 도망이 증가하는 상황과, 노비보다는 전답의 소유에 집중하는 양상이 선교장에서도 일정하게 나타나고 있다. 선교장의 도망 노비 추이를 보면, 1804년 이전까지 1~2구의 매우 적은 도망 노비만이 존재했다.[24] 그러나 1807년부터 증가하기 시작하여 10~15구까지 증가하는 모습을 보여준다. 이 시기에 선교장은 전답의 매득에 집중하면서 보유토지를 적극적으로 확대해 가고 있었다.

이와 같은 선교장의 노비보유 양상은 노비매매문서를 통해서도 확인할 수 있다. 선교장에는 16점의 노비매매문서가 존재한다. 그 가운데 1742년과 1748년에 작성된 가장 오래된 2점은 구문기이다. 1748년의 문서는 노비를 매득한 후 그 매득 사실을 관으로부터 공증받은 문서인 사급입안(斜給立案)에 점련된 노비매매문서이며, 14점의 신문기 중에도 1756년과 1765년의 2점이 사급입안이다.

---

23) 호구문서를 통해서는 확인할 수 없지만, 노비매매문서를 통하여 1843~1850년에 4차례에 걸쳐 노비 5구를 매득한 사실을 확인할 수 있다. 이것은 이와 같은 노비수 급감에 대한 대응 차원이 아니었을까 미루어 짐작된다.
24) 35~60구의 노비 가운데 1~2구에 불과한 도망 노비는 18세기라는 시대적 상황을 고려해도 매우 적은 수로, 선교장의 노비경영이 매우 안정적으로 이루어졌음을 반영한다고 할 수 있다. 유일하게 1789년만 5구의 도망 노비가 존재했는데, 이것은 1785년 시춘이 사망하고 아들 후가 14세의 어린 나이로 선교장의 호주를 계승한 직후의 상황으로, 역시 당시 선교장의 불안정한 상황을 보여주는 사례라 할 수 있다.

노비매매문서 중 1758년에 작성된 3점의 문서는 모두 동일하게 20여 세의 초정(草正)이란 여성이 스스로를 노비로 팔면서 작성한 자매(自賣) 문서이 다. 3월 27일에 작성된 것이 1점, 10월 16일에 작성된 것이 2점이나 내용은 대동소이하다.[25] 이 3점의 문서가 1건의 노비매매에 대한 것이므로, 14점의 노비매매문서를 통하여 확인할 수 있는 노비 매득은 총 12건이다. 초정 경우를 제외한 나머지 11건은 모두 노비의 주인으로부터 매득한 것이었다.

노비 매득의 경우 1848년에 비 2구를 한번에 매득한 경우를 제외하고는 모두 1구씩만을 매득하였고, 총 매득 노비 13구 중 비가 9구로 다수를 차지하였다. 매득 시기를 보면, 우선 1756~1789년에 7차례에 걸쳐 노 2구와 비 5구를 매득한 것을 확인할 수 있다. 이 시기는 1789년의 1건을 제외하면 내번과 시춘이 선교장을 운영하고 있었던 시기로, 선교장을 세우고 본격적으 로 경영하기 시작한 확장기였다. 앞서 호구문서에서도 살핀 것처럼, 노비의 수가 13구에서 60구로 인상적으로 증가한 시기가 바로 이 시기였으며, 그 배경에 이와 같은 노비의 매득이 있었음을 확인할 수 있다.

1790년 이후 선교장의 노비 매득은 1833년에 비 1구를 매득할 때까지 확인되지 않는다. 앞에서 검토하였듯이, 1800년대 전반기까지는 시춘이 사망하고 후가 어린 나이로 선교장의 호주를 승계함으로써 정체기가 시작되 는 시점이었다. 이어지는 1834년까지의 시기는 80여 구로 가장 많은 노비 를 보유했던 시기였지만, 이때 역시 매득 노비는 2구에 불과한 상황이었 다. 그리고 1843년에 52구로 노비의 수가 급감하고 있었다. 1833년에 비 1구를 매득한 선교장은 1843년부터 1850년의 시기에 4차례에 걸쳐 노 2구와 비 3구를 매득하여 이전과는 다르게 적극적으로 노비를 매득하는

---

25) 매매문서에 나타나는 초정의 자매사유는 매우 기구한 것이었는데, 흉년에 부모가 죽은 후, 죽은 아비의 白骨番布를 감당하고, 매장을 하기 위하여 15냥에 자신을 방매하였다. 초정은 「1759년 이내번 호구단자」에 22세 初丁으로 등장하고, 「1771년 이내번 호구단자」에 경인년(1770) 사망으로 나타난다. 사망 당시의 나이는 34세였 고, 乙수이란 딸을 하나 남겼다.

모습을 보여준다. 하지만 이후 더 이상의 노비 매득은 확인할 수 없는데, 1843년경까지 선교장의 보유 노비가 도망 및 사망으로 인하여 급감하자 이에 대한 인력의 확보를 위하여 단기간에 적극적으로 노비매입에 나선 것이라 볼 수 있다.

3) 선교장의 토지 매득과 농업경영

조선후기에 선교장이 토지소유를 늘려가면서 경영규모를 확대해 간 방법은 농법의 전환과 개간, 그리고 토지매매였다.[26] 그중에서도 토지매매를 통한 지주경영의 확대가 가장 중심이었다. 선교장의 토지매매는 현전하는 매매문서를 통하여 규모와 양상을 추적할 수 있다. 현재 선교장에는 1527년부터 1901년에 작성된 483점의 매매문서가 전해지고 있다. 여기에는 약 절반에 해당하는 240점의 구문기(舊文記)를 포함하고 있다. 그 매매 대상에 있어서도 전답이 다수를 차지하지만 전답 외에 가사(家舍)와 가대(家垈), 산지와 산목 등의 부동산과 염전, 노비에 이르는 매매문서가 존재한다. 이 장에서는 선교장에 세전되어 온 매매문서 가운데 선교장이 매입 주체로서 작성하여 보관하는 문서, 즉 구문기를 제외한 신문기를 검토함으로써 선교장의 지주경영을 살펴본다.

전답을 매매한 문서는 449점으로 전체 선교장의 매매문서 중 93% 정도를 차지한다. 구문기를 제외한 신문기만을 대상으로 해도 218점으로 90.5%의 수치를 보여주고 있어, 대부분이 전답을 매매한 문서이다. 그러나 비록 적은 숫자이긴 해도 전답 외의 다른 매매문서를 통해서도 선교장 지주경영의 중요한 단서들을 얻을 수 있다.[27]

---

26) 徐炳沛, 1997, 앞의 논문, 76~79쪽.
27) 노비매매에 대해서는 앞에서 이미 검토하였으므로, 여기에서 추가 설명은 생략하기로 한다.

<표 2> 선교장 소장 매매문서의 현황[28]

매매 대상	奴婢	鹽田	田畓	家舍/家垈	山地/山木	전체 문서
新文記	14	2	218	14	19	241
舊文記	2	1	231	18	15	242
합	16	3	449	32	34	483

　선교장에는 염전을 매득하면서 작성한 2점의 신문기와 매득시 증빙문서로 건네진 1점의 구문기가 존재한다. 하나는 1809년 5월 19일 양인(良人) 이귀동(李貴同)에게 견소(見召)의 염전 2부락지(釜落只, 가마지기)를 46냥에 매입하면서 작성한 문서이다. 이 염전은 '황자오분염전(荒字五分鹽田)'이라는 자호(字號)와 지번(地番)을 갖추고 있었으며, 1796년에 작성된 구문기와 함께 건네졌다. 이귀동은 염전의 방매 후에도 염전을 계속 경영하며 매년 45두(斗)를 세염(稅鹽)으로 납부하기로 하였다. 다른 하나는 30년 후인 1848년 5월 6일 선달(先達) 김수영(金秀英)에게 역시 견소에 있었던 대염전(大鹽田) 1곳[庫]을 110냥에 매입하면서 작성한 문서이다. 이 염전은 김수영가에서 직접 일구어 전해 온 것이었기 때문에 앞의 경우와는 달리 구문기나 자호, 지번이 존재하지 않았다. 역시 방매자인 김수영이 염전을 계속 경영하며 봄과 가을로 나누어 1년에 65두를 납부하기로 하였다.

　선교장은 내번이 어머니 안동권씨와 강릉에 입향한 초기부터 염전을 적극 운영하여 부를 축적하였고, 이를 바탕으로 전답을 늘려 나갔다고 알려져 있다. 그리고 그것을 보여주는 실례로 추수기와 전답안에 등장하는 염전 기록을 들고 있다.[29] 그런데 염전매매문서를 함께 살펴보면, 적어도 추수기와 전답안의 기록을 통하여 입향 초기의 염전 경영을 설명하는 것은 다소 어렵다고 생각된다.

---

28) 각 매매 대상별 매매문서의 합은 534건으로 전체 문서 483점보다 49건이 많은데, 이는 한 점의 매매문서에 전답과 산지, 가사 등을 함께 매매하는 경우가 존재하기 때문이다.

29) 차장섭, 2018, 앞의 논문, 12~13쪽.

현재 선교장에는 조선후기 전답의 보유와 경영을 보여주는 전답안과 추수기가 5책 존재한다. 전답안은 가장 이른 시기의 것이 1790년에 만들어진 『전장도록(田庄都錄)』이며,[30] 1811년에 작성되어 1820년까지의 내용을 담고 있는 『희외안(喜畏案) 대전장록부(大田庄錄付)』와 1834년에 작성되어 1854년까지의 내용을 담고 있는 『희외안(喜畏案) 선교·우암·우계합부(船橋·牛巖·羽溪合附)』의 3책이 존재한다. 추수기로는 선교장의 대택(大宅)과 소택(小宅)의 전답을 각각 수록한 『딕틱』과 『쇼틱』이 존재한다. 두 책 모두 1820년에 처음 작성되었으며, 1877년까지의 내용을 수록하고 있다.[31]

5책의 전답안과 추수기 가운데 염전을 수록하고 있는 것은 4책으로, 가장 이른 시기의 것인 『전장도록』에서는 염전의 존재를 확인할 수 없다. 그리고 『희외안 대전장록부』와 『희외안 선교·우암·우계합부』에서는 견소의 황자 5분염전 2부락지가 수록되어 있는데, 이것은 1809년 이귀동에게서 매입한 염전이다. 『딕틱』에는 견소의 염전 2필지를 확인할 수 있는데, 자호 및 지번은 확인할 수 없으며, 당시의 도조(賭租)로 정한 액수는 각각 60두와 100두였다. 전자는 1809년 이귀동에게서 매입한 염전이고, 후자는 1848년 김수영에게서 매입한 염전으로 추정된다.

『쇼틱』에는 '젼쥬'에 소재한 2부락지 복정 140두와 1부락지 복정 30두 2필지의 염전을 확인할 수 있다. 이 염전은 견소의 염전과는 달리 매매문기가 남아 있지 않다. 그러나 3책의 전답안에서 존재를 확인할 수 없다는 점에서 소유 시점이 오래된 것으로 보이지는 않는다. 결국 전답안과 추수기를 통해

---

30) 내표지에는 선교장의 다른 전답안과 마찬가지로 '喜畏案'이라는 제목이 기록되어 있다. '乾隆 55년 庚戌 4월 16일 丙寅 造成'이라 기록되어 있어 1790년에 작성하였음을 알 수 있다. 다른 전답안과 추수기가 최초 작성된 이후에도 오랜 기간 내용이 추가되며 사용되었음에 비해, 이 책에는 작성시기 이후 추가로 매득한 전답에 대한 기록을 거의 확인할 수 없다.

31) 앞의 각주 21 참조. 이상의 전답안과 추수기의 상한인 작성시기는 모두 표지의 '辛未 5월 15일 始書', '甲午8월일', '庚辰爲始' 등을 통하여 확인할 수 있다. 그리고 하한은 수록된 전답의 내용을 전답의 매매문서를 통하여 확인함으로써 추정하였다.

확인할 수 있는 염전은 선교장이 19세기에 경영한 사례라 할 수 있다. 경영 방식은 작인에게 매년 정해진 액수의 소금을 징수하는 정도조(定賭租)의 방식이었다. 매년 거두어들이는 소금은 『딕틱』과 『쇼틱』을 합하여 330두로, 12석 반이며, 돈으로 계산하면 100냥 정도였다.[32] 선교장의 경제규모로 볼 때, 전답의 확대를 위한 자본으로의 용도보다는 자급용으로 소용한 것으로 짐작된다.[33]

가사와 가대의 매득사실을 보여주는 14점의 매매문서는 선교장의 성립과 확장의 일단을 보여준다. 최초의 문서는 1756년 6월 20일 이내번이 유학(幼學) 조하행(曹夏行)에게 선교에 소재하는 가사와 가대전(家垈田)을 매득한 것이었다. 조하행의 방매는 부채의 상환을 위한 것으로, 내번은 백변(白邊)의 이서방이 매득한 김좌수의 구가(舊家)와 가대전에 100냥을 얹어서 값을 치렀다. 이 매매를 통하여 내번이 현재 선교장 위치에 자리 잡은 것으로, 이 문서는 선교장의 시점이 되는 문서라 하겠다.

이후 선교장은 1779년으로부터 1898년에 걸쳐 주로 정동과 대전 등 선교 인근을 중심으로 가사와 가대를 매입해 나갔다. 선교장의 가사와 가대 매입에서 특징적인 것은 전답과 산지, 산목 등 다른 종류의 부동산과 함께 매득이 이루어졌다는 점이다. 14건의 매매사례 가운데 1756년 1건과 1858년 2건, 1876년 1건의 4사례만 가사 및 가대만을 매득한 것이었고, 나머지 10건은 다량의 전답과 산지, 산목 등을 함께 매득하는 모습을 보여준다. 산지와 산목을 매득하는 사례 역시 마찬가지이다. 19건의 매매 가운데 3건을 제외한 16건을 전답 및 가사와 함께 매득하고 있었다.

이와 같은 매매는 대체로 한 지역에 집중되어 있는 전답 및 산지를 매입하면서, 해당 전답과 산지의 관리 및 창고 등으로 사용되는 부속 건물까지

---

32) 『萬機要覽』의 소금 1석의 作錢價가 8냥을 기준으로 하였다.
33) 따라서 내번의 입향 초기인 18세기 초의 염전 경영을 언급하기 위해서는 선교장의 매매문서 및 전답안과 추수기가 아닌 다른 설명이 필요하다.

함께 매입하는 방식이었다. 이 같은 방식의 부동산 매득은 19세기 후반, 1880년 이후에 집중적으로 나타나고 있었으나, 이전 시기에도 주목할 만한 대형 매매가 존재하였다.

비교적 이른 시기의 주목할 만한 대형매매가 1784년 1월 15일에 권노 점복(權奴 占福)과의 사이에 이루어졌다.[34] 이때 매입한 답의 위치는 검물리 [巨文里]와 우암(牛巖) 등 선교장의 북쪽에서 양양현의 남쪽에 걸친 지역으로, 19필지의 85부 4속, 227두락에 달하는 면적이었으며, 474냥을 지불하였다. 20년 후인 1804년 12월 15일에는 유학 신석린(辛錫獜)에게 선교장의 서쪽 가까이에 위치한 대전(大田)의 전답과 가사 및 주변의 산지와 과수잡목을 매입하였다. 전답 13필지 88부 4속, 195두락과 8칸짜리 와가(瓦家)와 초가 5칸, 사우(祠宇) 3칸의 가옥 3채, 그리고 집 주변의 산과 과수잡목을 845냥에 일괄 매입하는 거래였다. 다시 40년 후인 1844년 12월 9일에는 이종덕(李種德)이라는 인물에게 19개 필지 전답 88부 3속, 242두락을 540냥에 매입하였다. 이때 매입한 토지들은 구미(仇味), 주수(珠樹), 초답(草踏) 등 선교장을 중심으로 사천과 옥계 등지에 산재해 있었다. 이상의 매매는 선교장 초기의 기틀을 마련하고, 이후의 본격적인 확장 방향을 보여주는 것이었다.

19세기 후반의 대형 매매는 1880~1890년대에 선교장 인근을 대상으로 집중적으로 이루어졌다. 1880년 12월 20일에는 김종구(金鍾九)에게 선교장이 인접한 정동 등지의 전답 100여 필지, 4결 80부 7속에 달하는 전답을 9,910냥에 매입하였다. 답이 62석 13두락, 전이 15석 10두락에 달하는 면적이었고, 8칸 규모의 초가와 나무들이 함께 매매되었다. 함께 건넨 구문기만 68장에 달할 정도로 대규모 매매였다. 이듬해인 1881년 6월 22일에는 심생원 댁으로부터 역시 선교장과 멀지 않은 대전의 전답 9필지, 16부 2속과 8칸의 너와집[松皮家], 감나무 등 나무 8그루, 닥나무밭[楮田] 및 집 뒤의 산지를

---

34) 매매문서에서 거래 당사자가 'O奴 OO'의 형태로 기재되는 경우, 거래 주체는 노비가 아니라 노비주로 보아야 한다.

일괄 550냥에 매입하였다.

　1894년 12월에는 보름 간격으로 연속하여 매매가 이루어지기도 하였다. 12월 6일 노주서댁(盧注書宅)으로부터 무한수(無恨樹)와 이라(伊羅) 등지의 전 5필지 33부 3속 70두락과 10칸 와가와 7칸 초가, 1칸 묘우(廟宇)의 가옥 3채, 그리고 안산(安山)과 주변 나무 등을 일괄 1,050냥에 매입하였다. 그리고 20일에는 이노 임복(李奴 壬卜)에게 마정(馬井)의 전 5필지 27부 3속과 6칸 초가와 향랑(香廊) 4칸 및 집 뒤의 산을 590냥에 매입하였다.

　물론 이러한 대형 매매는 전답매매 전체의 일부에 지나지 않는다. 선교장에는 218점의 전답매매문서가 남아 있으며, 7건의 대형 매매는 매매 건수로는 3.2%에 불과한 수치이다. 그러나 7건의 거래를 통하여 8결 2부, 1,900두락 정도의 전답을 매득하였고, 대가로 지급한 금액은 1만 4천여 냥에 달했다. 218건 전체의 매득 전답 36결 1부, 8천여 두락에 비하면 23% 내외의 비중이었고, 전체의 비용 4만 6천여 냥에 대해서는 30%가 넘는 액수를 대형 매매에 지출하고 있었다.

　이와 같은 선교장의 대형 매매를 통한 일괄 매입은 선교장의 이른바 '장원(莊園)'이 어떻게 이루어졌는지를 잘 보여준다. 대형 매매는 대부분 선교장 인근이 대상이었다. 또한 대규모 단일 매매의 매도자는 인근의 유력 지주였을 것이다. 매매의 사유를 보면, 이거(移去)와 이매(移買)의 사유가 눈에 띈다. 1784년 1월 15일과 1894년 12월 6일의 매득은 매도자의 이거로 인하여 나온 매물을 한번에 매입한 것이었고, 1880년 12월 20일과 1881년 6월 22일은 이매의 목적으로 나온 매물을 매입한 것이었다. 즉 선교장은 인근 유력 지주들의 매물을 과감하게 매입함으로써 일대를 자신의 '장원'으로 구축해 나갔던 것이다.

　이어서 이상의 대형 매매를 포함하는 218점의 전답매매문서 전체를 검토해 보도록 하자. 218점의 전답매매문서는 1742년을 시작으로 1901년까지 걸쳐 있다. 매 20년을 단위로 전답매매의 추이를 표로 나타내면 〈표 3〉과 같다.

<표 3> 전답매매의 시기별 추이

시기구분	매매 件 (문서 수)	매입 면적(斗落)				매입 비용 (兩)	斗落/件	兩/件
		田	畓	미상	합			
1741~1760	21	162	337		499	783	23.8	37.3
1761~1780	42	228	568		796	1,810	19.0	43.1
1781~1800	14	39	397		436	907	31.1	64.8
1801~1820	24	232	550	320	1,102	4,781	45.9	199.2
1821~1840	29	36	957	45	1,038	3,546	35.8	122.3
1841~1860	51	207	1,213	50	1,470	6,403	28.8	125.5
1861~1880	7	240	1,065		1,305	10,801	186.4	1,543.0
1881~1901	30	190	1,022	100	1,312	17,395	43.7	579.8
합	218	1,334	6,109	515	7,958	46,425	36.5	213.0

선교장의 전답매매에서 보이는 특징은 매매 건수의 시기별 추이가 불규칙하다는 점이다. 1790년대의 위기상황을 고려한다 하더라도, 그 이후 시기에도 1761~1780년의 매매 42건을 넘어가는 것은 1841~1860년의 51건이 유일했고, 이어진 시기에 7건으로 역대 최소 건수를 보임으로써 19세기에 보였던 상승 추세도 완전히 무너졌다. 이와 같은 선교장의 매매 건수 추이는 다량의 매매문서를 통하여 조선후기의 전답 매매 양상을 확인할 수 있는 다른 양반지주가의 사례와는 상당히 다른 모습이다.

많은 경우 시기의 흐름에 따라 전답 매매가 활발해지는 모습, 즉 더 많은 전답매매문서를 남기는 것이 보통이다. 특히 삼정의 문란이 극에 달한 상황 속에서 화폐정책까지 실패함으로써 농민들을 몰락의 길로 내몰고 있었던 19세기 후반은 그 반대편에 있던 지주들이 몰락 농민들의 토지를 매득함으로써 어렵지 않게 토지소유를 확대해 나갈 수 있었던 시기였으며, 때로는 영광 연안김씨가의 사례에서와 같이 적극적인 식리(殖利) 활동을 통하여 보다 적극적으로 영세 농민들의 토지를 겸병해 갔다. 따라서 많은 양반지주가에서 19세기 후반에 전답의 매득이 증가하는 현상은 어렵지 않게 확인할 수 있지만, 선교장은 이와는 다른 현상을 보여주고 있는 것이다.

전답의 매득 건수에서는 증가 추세를 확인할 수 없지만 매득 면적에

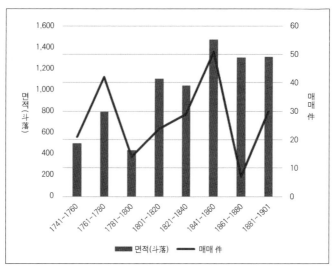

〈그림 5〉 전답매매의 시기별 매매 건수-면적 추이

있어서는 18세기 후반에서 19세기 전반, 그리고 19세기 후반으로 넘어가면
서 분명한 증가 추세를 나타내고 있음을 확인할 수 있다. 매득 면적에서도
1790년대 위기의 여파가 1781~1800년의 시기에 반영되어 나타난다. 이전
시기 796두락에서 이 시기에는 55% 수준인 436두락으로 급감하고 있는
것이다. 그러나 이어지는 1801~1820년에 이미 1,102두락의 전답을 매득함으
로써, 위기 이전 시기의 수준을 상당히 넘어서며 증가하고 있다. 이와 같은
증가 추세는 전답의 매득을 위해 지출한 비용에서도 마찬가지로 확인할
수 있다.

이와 같은 추세는 곧 상대적으로 개별 매득의 규모가 점차 커져 갔음을
의미한다. 모든 시기의 평균 건당 매득 규모로 따져도 선교장은 36.5두락으
로 매우 크다.35) 1784년과 1804년, 1844년, 1880년, 1881년, 1894년에 이루어
진 7건의 대형 거래를 제외해도 27.2두락의 평균 매입 규모를 보여준다.

---

35) 영광의 연안김씨가의 경우 19세기 건당 평균 매득 면적은 9.8두락으로 선교장의
1/4을 조금 넘는 수준이었다.

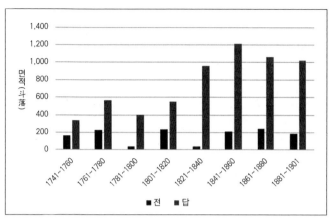

<그림 6> 전답매매의 시기별 전-답 면적 추이

그리고 그 규모는 시간이 감에 따라 증가 추세를 보이고 있다. 이는 조선후기 선교장의 토지 집적이 몰락하는 영세 농민의 소규모 토지를 헐값에 매입하는 전형적인 방식이 아니라, 상대적으로 안정적인 사회경제적 신분의 토지소유 자를 대상으로도 적극적으로 토지를 매득하는 방식으로 이루어졌음을 보여 준다.

이와 같은 선교장의 특징적인 전답 매입 양상은 선교장에서 매입하는 토지의 매도자 신분에서도 엿볼 수 있다. 선교장에 전답을 매도하고 있는 218건의 매도자 중 가장 다수를 차지하는 신분이 양반으로 추정되는데 양반가의 택호인 '~宅'으로 나타나거나 유학 또는 직역 기록을 통하여 확인할 수 있는 97건, 45%가 이에 해당한다. 그리고 대체로 양반으로 볼 수 있는, '○奴 ○○'와 같이 노(奴)의 이름으로 매도자를 기록하는 경우도 47건으로 22%를 차지하고 있었다. 나머지 74건 가운데 57건은 성명으로 매도자를 나타내는 경우였고, 17건만이 '이름+이(伊)'와 같은 기록으로 나타나는 하층 평민이나 확실한 천민이 매도자로 등장하고 있었던 것이다.

선교장이 집중적으로 매득한 대상은 대부분의 지주에게서와 마찬가지로 답이었다. 매매문기를 통하여 확인되는 전의 전체 매득 면적이 1,334두락인 반면, 답은 6,109두락으로 전의 4.5배 이상의 면적을 사들이고 있었다. 전의 경우 매 20년마다 200두락 내외 또는 30~40두락을 사들이는데 그친 반면, 답은 전을 훨씬 상회하고 있었다. 특히 19세기 중엽에 답의 매입은 매우 급증하고 있었다.

일반적으로 강원도 지방은 산지가 많아 답이 적고 전이 다수를 차지하는 것으로 알려져 있다. 따라서 답에 집중하는 선교장의 지주경영이 보다 부각될 수 있다. 그러나 강원도라 할지라도 동해안에 연한 관동지방은 다른 지역과는 다르게 이른 시기부터 논농사가 우세한 지역이었다. 18세기 중엽 『여지도서(輿地圖書)』에 수록된 각 읍의 전결조(田結條)에 따르면, 강릉의 실결수(實結數)는 답이 833결, 전이 608결로, 답 : 전의 비가 1.37로 나타난다. 이 수치는 전국 294읍의 평균 0.84보다 높은 것은 물론, 충청도의 1.19나 경상도의 1.08보다도 높다.[36] 물론 아무리 논농사가 우세한 지역이었더라도 산지가 많아 미곡 생산이 가능한 절대 면적 자체가 제한적이었던 것은 사실이다. 따라서 다수의 답을 경영한다는 것은 그 결과 생산된 미곡을 통하여 보다 유리한 입장에서 지주경영을 영위, 확대해 갈 수 있었던 것을 의미한다.

마지막으로 선교장의 지주경영을 전체적으로 조망할 수 있는 자료인 5책의 전답안과 추수기를 통하여 선교장의 지주경영의 변화 추이를 살펴보자.[37] 앞서 염전의 매득을 검토하면서 언급하였듯이, 5책의 자료는 1790년에 만들어진 『전장도록(내제 喜畏案)』과 1811년에 처음 만들어진 『희외안』,

---

36) 『輿地圖書』 각읍 田結條 ; 허원영, 「18세기 중엽 조선의 호구와 전결의 지역적 분포」, 『史林』 38, 2011, 26~29쪽.
37) 이 가운데 가장 내용이 풍부한 『딕틱』과 『쇼틱』 추수기를 대상으로 선교장의 농업경영을 분석한 연구가 이미 제출된 바 있다.(서병패, 1997, 앞의 논문) 자세한 분석은 해당 연구를 참고할 수 있으므로 이 글에서는 중복하여 분석하지 않았으며, 주요 현황의 시기별 변동을 검토하는데 집중하였다. 다만 기존 연구에서는 『딕틱』과 『쇼틱』 두 추수기를 최초 작성된 1820년을 기준으로 분석하였는데, 실제 1877년까지의 내용을 수록하고 있기 때문에 이해에 있어 주의가 요구된다.

1834년에 작성을 시작한『희외안』, 그리고 1820년에 조성된『딕틱』과『쇼틱』
이다. 이하 각 책의 명칭은 조성년도와 가장 늦은 시기 전답의 기록을
사용하여『1790년 희외안』,『1811~1820년 희외안』,『1834~1854년 희외안』,
『1820~1877년 대·소댁 추수기』로 구분하기로 한다.[38] 즉 이 자료들을 통하
여 1790년과 1820년, 1854년, 그리고 1877년을 기준으로 한 선교장의 지주경
영의 시기별 단층을 파악할 수 있으며, 그 결과를 비교함으로써 100여 년에
걸친 선교장 지주경영의 변화 양상을 살필 수 있다.[39]

　선교장의 전답 보유는『1790년 희외안』의 1,737두락에서『1820~1877년
대·소댁 추수기』의 10,061두락으로 90여 년간 5.8배나 증가하였다. 80%를
전후한 다수의 토지들이 선교 일대에 소재하였고, 새로 증가하는 전답의
대부분도 선교 일대에 소재하였지만, 그 밖의 지역에 대한 토지를 일정하게
확보함에 따라 선교 일대에 소재하는 전답의 비중은 다소 낮아지고 있었다.
우암 일대의 토지는 앞서 1784년 1월의 전답 매매를 통하여 그 취득을
확인할 수 있다. 선교 일대의 전답에 비해 많지는 않았지만, 선교장 초기부터
형성되기 시작하여 확장되어 갔음을 확인할 수 있다. 반면 강릉 남부에
해당하는 우계 일대의 전답은 19세기 중엽에 와서야 52두락이 확인되며,
이후에 427두락으로 상당히 증가하고 있다. 19세기 중엽 이후 선교장의
지역적 외연이 보다 넓어지고 있음을 보여준다. 그럼에도 선교장의 토지보
유는 대체로 강릉과 그에 인접한 지역을 벗어나지 않는 모습을 보여주며,
재지지주의 성격을 명확히 하고 있다. 이상의 세 지역에 해당하지 않는
기타 지역에는 현재의 평창, 충주, 음죽 등지에 소재한 전답을 포함하는데,

---

38) 전답매매문서와 비교함으로써 각 성책의 하한을 추정할 수 있다.『1811~1820년
　　희외안』은 1820년 12월 12일 金奴 白山에게 매입한 답까지 수록되어 있으며,『1834~
　　1854년 희외안』에는 1854년 10월 13일 李奴 己得에게 매입한 답까지 확인할 수
　　있다. 그리고『1820~1877년 대·소댁 추수기』에는 1877년 11월 23일 沈奴 道成에게
　　매입한 답까지 실려 있다.
39) 각 책의 기록을 살펴보면, 필지의 두락 수가 누락된 경우가 있다. 이 경우 해당
　　책에 수록된 전-답별 결부와 두락의 평균액을 산출하여 추정하였다.

<表 4> 선교장 소유 전답의 지역별 분포(단위 : 斗落)[40]

	1790년 喜畏案	1811~1820년 喜畏案	1834~1854년 喜畏案	1820~1877년 대·소대 추수기
船橋 일대	1,402(80.7%)	3,942(84.8%)	4,374(78.7%)	7,744(77.0%)
牛巖 일대	317(18.2%)	648(13.9%)	1,122(20.2%)	1,468(14.6%)
羽溪 일대			52(0.9%)	427(4.2%)
기타	18(1.0%)	57(1.2%)	12(0.2%)	28(0.3%)
미상				394(3.9%)
합	1,737(100%)	4,647(100%)	5,560(100%)	10,061(100%)

평창은 마전(麻田), 충주와 음죽은 선산(先山)의 위토(位土) 등의 목적을 가지고 매득한 전답이었다.

앞서 전답 매매에서 검토한 전의 총 매득면적은 1,334두락으로 17%, 답은 6,109두락으로 77% 정도를 차지하였다. 이러한 전과 답의 비율은 각 시기별 보유토지의 전답 현황에서도 유사하게 나타나고 있다. 그러나 그 시기별 추이는 전의 비중이 감소하고 답의 비중이 증가하는 추세를 분명히 보여주고 있다. 전은 26.4%에서 16.6%로 감소하는 반면, 답은 73.6%에서 80.8%로 증가하고 있는 것이다. 이러한 증가는 비중보다 절대 면적의 증가를 통해서 보다 분명하게 드러난다.

선교장이 전보다 답의 소유에 집중한 것은 답의 생산물인 미곡의 상품가치가 전곡에 비해 높은 것도 있지만, 지대로 수취하는 액수 자체도 답이 전에 비해 상당히 높았기 때문이었다. 각 자료에는 지대액을 수록하는 경우가 존재했는데, 이 경우를 살펴보면 1두락당 지대액은 전이 콩 등의 전곡(田穀)으로 2.2~2.5두였고, 답은 미곡(米穀)으로 3.5~4.4두로 상당한 차이를 보이고 있었다. 각 시기별로 보면, 전의 경우 『1790년 희외안』에서는 지대액을 확인할 수 없었지만, 『1811~1820년 희외안』에는 39건에서 평균 2.2두의

---

40) 선교 일대는 경포를 중심으로 하는 강릉 대부분의 지역이며, 우암 일대는 강릉의 북부와 속초, 양양에 걸친 지역, 우계 일대는 강릉의 남부와 묵호, 삼척 등지이다. 이 구분은 서병패(1997, 앞의 논문, 75쪽)를 따른 것이다.

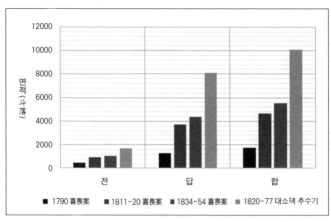

<그림 7> 선교장 소유 토지의 전-답별 규모와 추이

지대액을 나타내고 있었고, 『1834~1854년 희외안』에서는 52건 평균 2.4두, 『1820~1877년 대·소댁 추수기』에서는 91건 평균 2.5두로 조금씩 증가하는 양상을 보이고 있었다. 답의 경우에는 『1790년 희외안』에 9건 평균 3.5두로 시작하여, 『1811~1820년 희외안』의 153건 3.9두, 『1834~1854년 희외안』의 199건 4.2두, 『1820~1877년 대·소댁 추수기』의 405건 4.4두로 보다 큰 폭으로 증가하고 있었다. 즉 답을 중심으로 하는 선교장의 지주경영은 미곡의 높은 상품가치뿐 아니라 더 높은 지대율을 바탕으로 한 것이었다. 그리고 시간이 갈수록 지대율은 더 높아졌으며, 상승폭은 전에 비해 답에서 더 높게 나타나고 있었다.

비록 지대율의 상승이 나타나고는 있으나, 선교장의 지대수취는 삼남 지역의 지대에 비해서는 매우 낮은 수준이었다. 보통 두락당 생산량이 30두

<표 5> 선교장 소유 전답의 전-답별 규모(단위 : 斗落)

	1790년 喜畏案	1811~1820년 喜畏案	1834~1854년 喜畏案	1820~1877년 대·소댁 추수기
田	458(26.4%)	946(20.4%)	1,048(18.8%)	1,672(16.6%)
畓	1,279(73.6%)	3,701(79.6%)	4,373(78.7%)	8,131(80.8%)
미상			139(2.5%)	258(2.6%)
합	1,737(100%)	4,647(100%)	5,560(100%)	10,061(100%)

를 약간 넘는다고 할 때, 지대는 보통 15두 내외에서 결정되기 때문이다. 따라서 이와 같이 낮은 선교장의 지대율은 강릉의 농업생산력이 낮은 수준이었거나, 선교장의 지대율이 낮았기 때문인 것으로 볼 수 있다.[41]

2. 일제강점기 고창 평해황씨 황상익가의 농업경영

1) 황상익의 가계와 농업경영기록

고창군은 전라북도 남서부에 있는 군으로, 동북은 정읍시와 부안군, 동남은 전라남도 장성군과 영광군에 인접하고, 서북부 일대는 서해에 접해 있다. 넓은 들이 많아 전라북도의 주요 곡창지를 이루는 지역 중 하나이다. 지금의 고창군은 조선시대의 고창현·무장현·흥덕현 등 3개의 독립된 현이 있었던 곳으로, 평해황씨가가 세거해 온 성내면을 비롯한 흥덕·신림면 일대는 옛 흥덕현 지역에 해당한다. 3개현은 1895년 지방제도 개편에 따라 고창군·무장군·흥덕군이 되어 전주부에 소속되었다가, 1896년의 지방제도 재개편으로 전라남도에 속했다. 이후 1906년에 3개군이 전라북도로 편입되었으며, 1914년 군면 폐합 때 고창에 나머지 2군이 합병되어 고창군이 되었다.

성내면은 고창군의 북쪽에 위치하여 정읍, 부안과 인접해 있다. 현재 성내면은 평해황씨가 세거해 온 조동리(槽東里)를 포함한 13개 법정리와 30개 행정리로 구성되었으며, 전형적인 농촌지역이다. 조선시대에는 흥덕

---

41) 그런데 대체로 19세기에는 토지생산성의 감소와 지대율 하락 현상이 진행되었다고 이야기된다[이영훈 편, 『수량경제사로 다시 본 조선후기』(서울대학교출판부, 2004)]. 선교장의 낮은 지대율이 강릉의 농업생산력이 낮았기 때문이라면, 19세기에 지대율이 오를 여력이 없었을 것이다. 이런 점에서 19세기 선교장의 지대율이 상승하고 있는 것은 낮은 생산력이 아니라 선교장의 낮은 지대율로 인한 것으로 추정된다.

현 이동면(二東面)이었다가 1914년 행정구역 개편으로 현재의 명칭이 되었다. 2021년 1월 현재 성내면은 면적의 61%가 농경지이고 그 밖에 임야 30%, 기타 9%로 구성되었으며, 산업구조의 94%가 농업에 집중되어 있다.[42]

고창 성내면 조동리 평해황씨가에서 일제강점기 농업경영의 핵심주체는 황상익(黃尙翼)이다. 황상익은 1910년 무렵 아버지 황종팔(黃鍾八)로부터 재산을 상속받은 후 집안의 경제운영 전반을 주관하였다. 이후 1915년 약 470두락의 전답을 1933년 약 1,690두락으로 세 배 이상 증가시키는 등 탁월한 경영활동을 하였다.

상익은 단지 종팔의 장남으로서 상속받은 자기 소유의 전답만을 운영한 것이 아니라, 실질적인 가장으로서 집안 전체의 경제운영을 관할하였다. 상익이 주체가 되어 매년 작성한 『추감기(秋監記)』를 보면, 휴익과 환익, 건익, 창익 등 아우들 몫의 전답이 별도로 구획, 운영되고 있음을 알 수 있다. 그뿐 아니라 아버지 황종팔 자손들의 족계 성격으로 별도의 전답과 자금을 확보·운영하고 있던 연친계(媤親稧), 조부 황재학(黃在學) 및 어머니 남양홍씨(南陽洪氏)의 묘지관리 및 제사비용 마련 등을 목적으로 하는 보본계(報本稧)와 선비계(先妣稧) 등을 조직, 전답과 자금을 마련하고 그 몫도 별도로 운영하였다.

이와 같은 전답의 경영은 자신의 처자에 대해서도 마찬가지로 적용하였다. 사별한 처 행주기씨(幸州奇氏)와 장흥고씨(長興高氏)를 위하여 기소곡위토(奇小谷位土)와 고교동위토(高橋洞位土)를 각각 별도로 마련하여 운영하였고, 차자 황완(黃浣)이 태어난 후에는 그의 몫을 미리부터 별도로 설정하여 운영하기도 하였다. 나아가 장남 황영구(黃榮九)의 처 풍산홍씨(豊山洪氏)가 결혼할 때 예물로 가져온 토지조차 "홍숙현예물답(洪淑賢禮物畓)"으로 분류하여 운영하고 있다.

---

42) 고창군 홈페이지(http://gochang.go.kr) 성내면 소개.

〈그림 8〉일제강점기 전북 고창군 星內面 槽東里 平海黃氏家의 가계

鍾八(1866~1933)　　尙翼(1888~1936)　　　榮九(1918~1947)　　炳龍(1937~)
　初諱鍾彬　　　初諱鶴翼 字魯烋　　독립유공자　　　　炳祖(1938~)
　字應元 號竹軒　　=幸州寄氏(1886~1910)　=豊山洪氏(1919~1995)
=南陽 洪在棋女　　=長興高氏(1897~1921)　浣(1933~?)
　(1865~1907)　　=密陽朴氏(1905~1968)　=咸安李氏(1935~?)
=義城 金興瑞女　　休翼(1890~1941)　　　女 李康彦[全州]
　(1879~1942)　　奐翼(1894~1952)
　　　　　　　　　鍵翼(1903~1961)
　　　　　　　　　昌翼(1910~1972)
　　　　　　　　　文翼(1914~1950)
　　　　　　　　　女 金相泰/白南用
　　　　　　　　　　吳翎洙/鄭泰煥
　　　　　　　　　　趙榮來/金一爕

　이렇게 상익이 통합하여 관리하던 토지는 1933년 부친 종팔의 사망을 기점으로 축소되었는데, 이는 형제 간에 분재가 완료되어 동생들이 독립한 결과였다. 이후 상익은 자기 몫 및 인친계·보본계·선비계를 비롯한 위토만을 관리하였다. 그러다 1936년 상익이 사망하고 아들 영구가 가계를 계승하면서 농업경영은 보다 위축된다. 황영구는 1935년 서울의 중앙고등보통학교 재학시 비밀결사 반제운동전교오르그위원회사건의 주도자로 연루되어 1년형을 선고받고 개성소년형무소에 복역하게 된다.[43] 이후 갑작스런 아버지의 사망으로 가업을 계승하였으나 일본대학에 유학하는 등 이재(理財)에는 별다른 관심이 없었던 것으로 보인다. 그마저도 1947년 29세의 나이로 요절하였다.

　일제강점기를 가로지르는 평해황씨가의 농업경영은 주로 상익이 작성한 61책의 치부책에 고스란히 기록되어 있다. 황상익가의 치부자료 61책은 1910년부터 1949년에 걸쳐 작성되었다. 이 기간은 가계도 상으로 볼 때,

---

43)「조선중앙일보」1935년 6월 7일 기사 및 1936년 6월 24일 기사.

상익의 부친 종팔로부터 상익과 아들 영구, 손자 병룡의 대에까지 걸치는 기간이다. 그러나 이미 언급하였듯이, 이 집안에서 일제강점기 농업경영의 핵심주체는 황상익이었다.

황상익가의 농업경영을 담은 61책의 치부책 가운데 1915년부터 1949년의 기간에 작성된 『추감기』 31책은 토지의 지주경영을 보여주는 자료로서 핵심을 차지한다. 『추감기』는 상익가의 소작현황을 기록한 것으로, 이를 통하여 토지의 필지별 기본정보-소재지, 지번, 종, 평수, 지가, 두락수 등-와 더불어 작인과 소작료 및 납부 현황 등을 알 수 있다. 『추감기』에는 토지 현황 외에도 소의 대여와 임대수익을 보여주는 "우척(牛尺)"과 식리활동을 기록한 "색조기(色租記)"⁴⁴⁾ 등도 함께 수록되어 있어, 전답의 경영뿐 아니라 그 외의 지주로서의 경영활동 일반을 파악할 수 있다.

〈표 6〉『추감기(秋監記)』 현황

순번	자료명	연도	순번	자료명	연도
1	秋監記 乙卯九月日	1915	16	秋監記 己巳十月日	1929
2	秋監記 丙辰十月日	1916	17	賭租記 己巳十月日	
3	秋監記 丁巳九月日	1917	18	秋監記 庚午九月日	1930
4	秋監記 戊午九月日	1918	19	秋監記 庚午九月日	
5	秋監記 己未九月日	1919	20	秋監記 辛未九月日	1931
6	秋監記 庚申十月日	1920	21	秋監記 辛未九月日	
7	秋監記 辛酉九月日	1921	22	各種收捧記辛未十月	
8	秋監記 壬戌九月日	1922	23	秋監記 癸酉九月日	1933
9	秋監記癸亥十月初六日	1923	24	打租記 癸酉季春	
10	秋監記 甲子九月日	1924	25	秋監記 甲戌九月日	1934
11	秋監記 乙丑九月日	1925	26	秋監記 甲戌九月日	
12	秋監記乙丑九月三十日		27	秋監記 甲戌九月日	
13	秋監記 丙寅九月日	1926	28	秋監記 丙子九月日	1936
14	秋監記 丁卯十月日	1927	29	秋監記 丙子九月日	
15	秋監記 戊辰九月日	1928	30	丁丑年 秋監記	1937
			31	秋監記 己丑十月日	1949

---

44) 春耕期에 곡식을 대여하고 추수기에 받는 것으로, 1930년대 전라도 지역에서는 대체로 正租 1석에 대한 8개월간의 이자가 4두에 달하여 당시 농민의 경제생활을 어렵게 하는 주요 요인으로 지목되었다.(「동아일보」 1933년 6월 2일 기사 등)

<표 7> 기타 치부자료 현황

종류	순번	연도	자료명	종류	순번	연도	자료명
日用記	1	1910	庚戌日用記 元月上吉日	雇傭記	1	1924	品記 甲子正月日
	2	1911	辛亥日用記 元月上吉日		2	1925	雇傭記 乙丑正月日
	3	1914	甲寅日用記 元月上吉日		3	1926	雇傭記 丙寅正月日
	4	1922	日用記 壬戌正月日		4	1928	品記 戊辰二月日
	5		一年日記 壬戌年		5		臥石成造記 戊辰十月初四日
	6	1923	日用記 癸亥元月初四日		6	1929	雇傭記 己巳二月日
	7	1925	日用記 乙丑元月日		7	1930	品記 庚午元月日
媤親稧案	1	1919~21	媤親稧案 己未四月初八日		8		雇傭記 庚午元月日
	2	1921	媤親稧案 辛酉十月十五日		9	1934	雇傭記 甲戌二月日
	3	1922	媤親稧冊 壬戌四月八日		10	1935	雇傭記 乙亥二月日
	4	1922	媤親稧冊 壬戌十月十五日		11	1936	雇傭記 丙子二月日
	5	1923	媤親稧冊 癸亥四月八日	地稅金收捧記	1	1928	地稅金收捧記 戊辰十月日
	6	1923	媤親稧冊 癸亥十月十五日		2	1929	地稅金收捧記 己巳十一月日
	7	1924	媤親稧冊 甲子四月初八日		3	1930	地稅金收捧記 庚午十月日
	8	1924~5	媤親稧案 甲子十月十五日				
	9	1925~33	媤親稧 乙丑十月十五日				

『추감기』이외에도 황씨가에는 가계와 농업 경영의 구체적 실상을 알수 있는 치부책들이 30책 존재한다. 그 중 『일용기』는 일기형식으로 황씨가의 일자별 지출내역을 구체적으로 기록한 것인데, 가장 이른 시기인 1910년부터 1925년에 걸친 6년분 7책이 존재한다. 『인친계안』은 앞서 언급한 것처럼 황상익의 주도하에 아버지 황종팔의 자손들을 대상으로 조직한 족계인 인친계의 운영장부이다. 인친계는 자체로 지주이자 식리의 주체가 되었으며, 매년 4월과 10월 강신(講信)시 그 내역을 『인친계안』으로 결산·정리하였다. 1919년부터 1933년까지의 내역이 9책에 남아있다.

『고용기』는 황씨가의 고용기록으로 인별(人別) 또는 일별(日別)로 고용된 사람과 일자, 작업내역 등을 기록하였다. 1924년에서 1936년의 기간 동안 작성한 11책이 잔존한다. 1928년부터 1930년까지 3년 3책이 남아있는 『지세금수봉기』는 작인에게 받은 지세의 징수기록이다. 작인별로 경작지의 소재지, 지번, 종, 평수, 지가를 기록한 후 납부할 지세의 총액과 납부 여부를 기록하였다. 1928년과 1930년의『지세금수봉기』에는 가작지에 대한 지세도 기록되어 있어,『추감기』를 통해서 알 수 없었던 가작지의 대체를 이를 통하여 알 수 있다.

2) 전답의 축적과 분포

우선 일제강점기 기간 동안 황씨가의 전답이 어떤 추이를 보이면서 변화해 갔는지 검토해 보기로 한다. 이는 연도별『추감기』의 내용을 통하여 파악할 수 있다. 단 여기서 주의할 것은『추감기』는 어디까지나 소작지를 대상으로 작성한 기록으로, 이를 통해서는 황씨가의 가작 규모를 살필 수 없다는 사실이다.

현존하는『추감기』는 1915년부터 시작한다. 그 이전의 전답 현황에 대해서는 1910년『일용기』말미에 소작지 현황이 작인별로 기록되어 그 일부를 알 수 있다. 1910년은 황상익이 농업경영의 전면에 나선 시점으로, 농업경영의 방식이나 장부의 기재 등이 아직 구체적으로 분화되지 못한 상황에서『일용기』내에 추감기의 내용도 함께 기록한 것으로 보인다. 여기에서 확인할 수 있는 전답은 총 41필지로 면적은 166.4두락이다. 이는 1915년『추감기』에서 확인할 수 있는 469.3두락 대비 35.5%의 면적이다. 그러나 1910년『일용기』의 기록이 소작 전답 전체의 면적인지는 불확실하다.

보다 구체적인 전답의 추이를 살필 수 있는 것은 역시 동일한 성격의『추감기』내용 분석을 통해서이다. 다음의 〈그림 9〉는『추감기』의 기록을 토대로 전답의 종류에 따른 연도별 추이를 그래프와 표로 나타낸 것이다. 〈그림 9〉에서 주목할 것은 1933년까지 전답의 지속적인 증가이다. 1933년 이후의 상황은 황씨가에서 발생한 일련의 사건들로 말미암은 것이다. 우선 1933년 대비 1936년의 감소는 1933년 상익 부 황종팔의 사망으로 인한 것으로 추정된다. 종팔의 사망과 함께 휴익 등 상익의 동생들이 자기 몫의

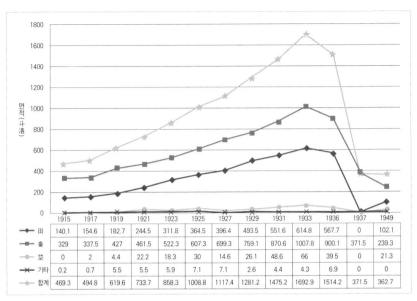

	1915	1917	1919	1921	1923	1925	1927	1929	1931	1933	1936	1937	1949
◆─ 田	140.1	154.6	182.7	244.5	311.8	364.5	396.4	493.5	551.6	614.8	567.7	0	102.1
■─ 畓	329	337.5	427	461.5	522.3	607.3	699.3	759.1	870.6	1007.8	900.1	371.5	239.3
●─ 垈	0	2	4.4	22.2	18.3	30	14.6	26.1	48.6	66	39.5	0	21.3
✕─ 기타	0.2	0.7	5.5	5.5	5.9	7.1	7.1	2.6	4.4	4.3	6.9	0	0
▲─ 합계	469.3	494.8	619.6	733.7	858.3	1008.8	1117.4	1281.2	1475.2	1692.9	1514.2	371.5	362.7

〈그림 9〉 연도별 전답 현황 1(전답종별)

※ 田 : 田 이외에 太種田과 苧田도 포함.
　　기타 : 雜種地, 林野, 墓地, 王骨畓 등을 포함.

재산을 분할하여 독립한 것으로 보이며, 이로 인하여 이제까지 상익이 관리하던 동생들의 전답이 분리되면서 전답의 면적이 감소세로 돌아서게 되었다. 이어지는 1936년 대비 1937년의 급감은 1936년 상익의 사망으로 인한 것이다. 상익의 갑작스런 사망으로 상익의 아들 영구가 19세의 어린 나이로 가계를 계승하게 되었고, 이와 더불어 상익이 관리하던 각종 계 및 위토에 귀속되어 관리·운영되던 전답이 분리된 결과가 이 같은 급감을 가져오게 된 주요 원인이다.

　〈그림 9〉를 보면 1933년까지 전과 답 모두 안정적인 상승세를 지속하고 있다. 특히 상대적으로 지대수익률이 높은 답이 200~400두락 정도의 차이를 보이면서 전과 더불어 꾸준히 증가하고 있다. 그 결과 전은 1915년 140.1두락에서 1933년에는 614.8두락으로 4배 이상 증가하였으며, 답도 1915년 329두락에서 1933년 1,007.8두락으로 3배 이상 증가하였다. 토지의 전체

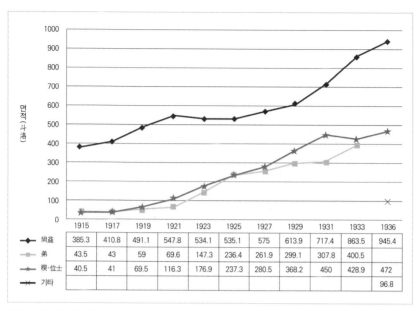

	1915	1917	1919	1921	1923	1925	1927	1929	1931	1933	1936
◆ 尙益	385.3	410.8	491.1	547.8	534.1	535.1	575	613.9	717.4	863.5	945.4
■ 弟	43.5	43	59	69.6	147.3	236.4	261.9	299.1	307.8	400.5	
▲ 稧·位土	40.5	41	69.5	116.3	176.9	237.3	280.5	368.2	450	428.9	472
✕ 기타											96.8

〈그림 10〉 연도별 전답 현황 2(田畓主別)

※ 弟 : 休益, 煥益, 健益, 昌益 전답의 합.
稧·位土 : 媚親稧, 報本稧, 先妣稧 및 각종 位土 전답의 합
기타 : 浣, 洪淑賢例物, 私門 전답의 합

면적에 있어서도 1915년 469.3두락에서 1933년 1,692.9두락으로 증가하여, 18년 동안 증가한 전답의 면적이 1,223.6두락으로 무려 360%의 성장률을 보여준다.

이와 같은 전답의 면적증가는 전답의 귀속처별로도 동일하게 나타난다. 〈그림 10〉은 전답을 상익 자신의 전답과 휴익 등 동생들의 전답, 인친계 등 계와 위토 소속 전답으로 구분하여 그 추이를 그래프와 표로 나타낸 것이다. 시기별로 다소 차이는 있지만, 전체적으로 볼 때 역시 1930년대까지 지속적인 증가세를 나타내고 있음을 확인할 수 있다. 이와 같은 전답의 안정적이면서도 급속한 증가는 상익의 농업경영이 상당히 성공적이었음을 의미한다. 또한 상익이 동생들 각자의 몫과 인친계를 비롯한 여러 계와 위토로 전답을 분할하여 운영함에도 소홀함이 없었음을 알 수 있다.

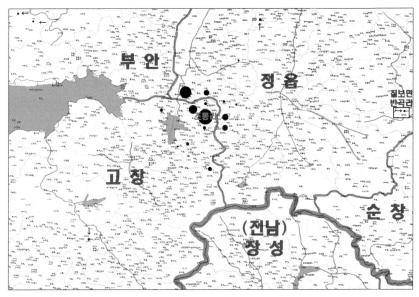

〈그림 11〉 1918년 전답의 분포

이상의 전답추이는 소작지에 대한 것으로,『추감기』를 통해서는 가작지를 확인할 수 없다. 황씨가의 가작지 현황은 1928년과 1930년의『지세금수봉기』에 기재한 가작지에 대한 지세내역을 통하여 엿볼 수 있다. 이를 통하여 추정된 가작지의 면적은 같은 시기『추감기』의 소작 전답 대비 5~6%선이었다.

먼저 1928년의 가작지는 총 11필지 15,606평으로 모두 조동리에 소재한다. 이 가운데 전이 6필지 4,643평을 차지하며, 답은 4필지 10,651평, 대는 1필지 312평을 차지한다. 1930년의 가작지 역시 모두 조동리에 소재하며 총 8필지로 13,062평이다. 답과 대의 현황은 1928년과 동일하나, 전은 3필지 2,099평으로 3필지 2,544평이 감소하였다. 같은 기간『추감기』에서 확인할 수 있는 전답이 지속적으로 증가해 간 것에 비추어 볼 때, 이때를 전후한 시기에 황씨가에서는 가작지의 비중을 줄이고 소작지의 비중을 늘리는 방향으로 전개되어 갔음을 알 수 있다. 이는 일제강점기 들어 진행된 지주권의 강화에 따른 일반적인 방향으로 보인다.

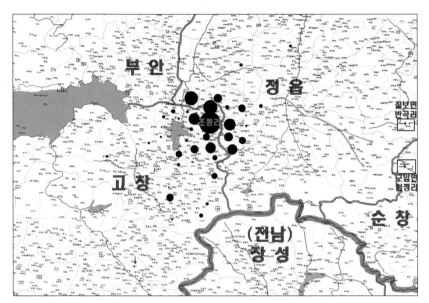

〈그림 12〉 1933년 전답의 분포

　그렇다면 이렇게 증가한 전답은 어떻게 분포하였을까? 1918년과 1933년
의 『추감기』에 기록된 전답의 소재지 기록을 통하여 그 구체적인 분포를
지도에 나타낸 것이 〈그림 11〉과 〈그림 12〉이다.[45] 1918년 『추감기』는
모든 필지에 전답의 소재지를 기록한 최초의 『추감기』이며, 1933년 『추감기』
는 가장 넓은 면적의 전답이 기록된 『추감기』이다.

　『추감기』를 통해 볼 때 해당시기 전답의 면적은 1918년의 524.8두락에서
1933년의 1,692.9두락으로 3배 이상 급증하였다. 전답의 분포를 비교하면,
두 해 모두 대부분의 전답이 조동리를 중심으로 집중하여 분포하는 가운데
극소수의 전답만이 예외적으로 떨어져서 존재함을 알 수 있다. 그런 가운데
1918년에 비해 1933년에 전답이 대규모로 늘어나면서 조동리의 증가폭이
두드러진다. 이는 곧 전답의 축적에 있어 거주지에 인접한 지역의 확보를

---

45)　배경이 되는 지도는 "조선시대 전자문화지도 시스템(http://www.atlaskorea.org)"에
　　서 제공하는 지도를 활용하였다.

우선으로 하고 있었음을 분명히 보여준다.

이상에서 살핀 것처럼 황상익에 의해 주도된 일제강점기 황씨가의 전답 축적은 매우 인상적인 것이었다. 상익은 1915년 469.3두락에서 1933년 1,692.9두락으로 3배 이상으로 전답을 증가시켰다. 전답의 증가에는 전과 답에 공히 기여했으나 특히 지대 수익률이 높은 답의 비중을 보다 높게 유지하였다. 그리고 거주지에 인접한 전답을 집중적으로 확보함으로써 재지 지주로서의 지주경영을 보다 효율적으로 수행할 수 있었다고 믿어진다.

3) 지대의 징수와 색조의 수취

전답의 지속적인 축적은 크게 두 가지 수익을 통해서 가능했다고 추정된다. 하나는 지대의 수익을 다시 토지에 투입하는 것이고, 다른 하나는 색조(色租) 및 그 운영 수익을 토지로 전환하는 것이다.

소작지에 대한 지대의 징수방식에는 크게 정액제와 정률제가 존재한다. 『추감기』에서는 정액제의 경우 "원(元)/원정(元定)"이라 하여 구분하고 있다. 따라서 해당 기록이 없는 경우는 정률제인 타조(打租)로 볼 수 있다.

『추감기』에서 원정방식의 징수는 1920년대까지 답을 중심으로 지속적으로 늘어나고 있다. 전의 경우 1920년대 후반까지 원정의 방식이 나타나지 않았으며, 1930년대 초까지도 그 수는 미미한 수준이었다. 반면 답에서는 원정의 면적이 비약적으로 증가하는 반면 타조방식의 징수는 1927년까지 지속적으로 감소하고 있다. 이는 새로 획득하는 답은 물론, 기존 타조로서 징수하던 답까지도 점차 원정방식의 징수로 전환하고 있었음을 의미한다.

종전의 정액지대, 곧 도지(賭只)가 소작농민의 경작권 성장에 기인한 것으로 그 주체를 농민으로 이해하는 데 반해, 이 시기 원정의 확대는 지주권이 강화되면서 설정의 주체가 지주였던 것으로 이해된다. 왜냐하면 1920년대 후반 일제의 저가미(低價米)정책과 대공황의 여파로 미가(米價)가 폭락하는

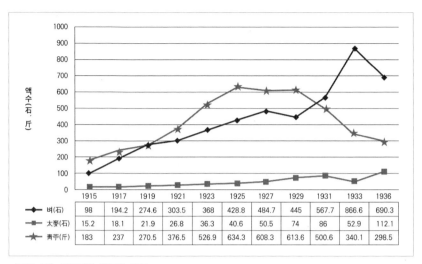

	1915	1917	1919	1921	1923	1925	1927	1929	1931	1933	1936
◆ 벼(石)	98	194.2	274.6	303.5	368	428.8	484.7	445	567.7	866.6	690.3
■ 大麥(石)	15.2	18.1	21.9	26.8	36.3	40.6	50.5	74	86	52.9	112.1
★ 靑苧(斤)	183	237	270.5	376.5	526.9	634.3	608.3	613.6	500.6	340.1	298.5

〈그림 13〉지대액의 연도별 추이

※ 靑苧 : 1915년에는 목화 35근, 1917년에는 목화 20근이 포함됨.

속에서, 농민들에게 상대적으로 강화된 지세를 전가시킴은 물론 이 시기 미가 하락에 따른 지세증가분까지 부담시키려 한 것이었기 때문이다.[46]

그러나 이와 같은 원정의 확대는 1930년 무렵부터 급격하게 동요하기 시작한다. 1927년 581.7두락까지 지속적으로 증가해 온 원정은 1929년에 307.6두락으로 급감하더니, 1931년에 607.4두락으로 급증, 1933년에 481.7 두락으로 급감, 1936년에 다시 1,116.2두락으로 급증하는 모습을 보여준다. 이와 같은 1930년 무렵 이후의 급등락은 당시 조선사회를 뒤흔들던 소작쟁의의 분위기 속에서 지주-작인 간의 갈등의 결과물이 아닐까 여겨진다.

〈그림 13〉은 종별 지대의 연도별 추이를 그래프와 표로 나타낸 것이다. 답의 비중 증가에 따른 벼의 급증현상이 특히 두드러진다. 같은 시기에 전 역시 상당부분 증가하였으나 지대로서의 태·맥의 기여도는 크지 않음을 확인할 수 있다. 이와 같은 벼와 태·맥의 차이는 〈표 8〉에서 확인할 수

---

46) 최원규, 「한말·일제하의 농업경영에 관한 연구-해남 윤씨가의 사례-」, 『한국사연구』 50·51, 1985, 306쪽.

<表 8> 지대 징수방식 및 斗落당 징수액의 田畓別 추이[단위 : 斗落(斗/斗落)]

연도	畓		田		합계	
	元定	打租	元定	打租	元定	打租
1915	79.0(6.0)	250.0(5.1)		124.2(3.0)	79.0(6.0)	374.2(4.4)
1917	89.0(12.6)	248.5(10.4)		140.0(2.7)	89.0(12.6)	388.5(7.6)
1919	175.5(12.5)	251.5(12.5)		157.3(2.7)	175.5(12.5)	408.8(8.7)
1921	278.5(13.3)	183.0(11.8)		211.8(2.7)	278.5(13.3)	394.8(6.9)
1923	353.3(14.1)	169.0(12.3)		270.1(2.8)	353.3(14.1)	439.1(6.5)
1925	449.4(13.6)	157.9(13.2)		312.4(2.8)	449.4(13.6)	470.3(6.3)
1927	553.9(13.8)	141.4(12.7)	27.8(5.0)	316.8(2.9)	581.7(13.4)	458.2(5.9)
1929	340.8(13.7)	418.3(9.5)	29.8(6.0)	410.9(3.3)	370.6(13.1)	829.2(6.4)
1931	560.6(14.3)	309.5(8.8)	46.8(6.3)	457.3(3.3)	607.4(13.7)	766.8(5.6)
1933	385.7(17.0)	622.1(13.4)	96.0(6.1)	488.2(4.5)	481.7(14.9)	1110.3(9.5)
1936	641.0(17.2)	259.1(7.9)	475.2(4.7)	62.8(3.6)	1,116.2(11.9)	321.9(7.1)

있는 지대의 두락당 징수액의 차이에 상당 부분 말미암는다. 지대의 두락당 징수액은 전 시기를 통하여 답이 전에 비해 3~5배나 높게 나타난다. 이는 그만큼 답의 지대수익률이 전에 비하여 높음을 의미한다. 또한 전과 답 모두 원정이 타조에 비해 두락당 징수액이 상당히 높음을 확인할 수 있는데, 답에서의 원정의 비중이 전에 비해 월등히 높은 것도 전에 비해 답의 지대수 익률을 높이는 중요한 배경이 되었다.

흥미로운 것은 청저(靑苧)의 경우로, 1923년까지 가파르게 증가하여 1929 년까지 유지하다가 이후 급감하는 모습을 보여준다. 이러한 청저 지대수입 의 변동은 당시 조선의 산업구조 재편과 그에 대한 대응의 측면에서 검토할 필요가 있다.

이외에도 크지 않은 수치지만 현물지대로서 곶감(1925년 15접, 1931~1936 년 25접), 백지(1925년 이후 매년 80束) 왕골자리(~1921년 2~4立, 1923~1933 년 9~12立, 1936년 7立), 참깨(1915~1919년 4斗, 1921년 이후 7~9斗) 등이 있다. 그리고 별도로 소의 임대료로 1915년 벼 6.5석, 1917년 벼 8석, 1919년 벼 4.3석, 1933년과 1936년 벼 1석씩의 수입이 존재했다.

색조액의 연도별 추이는 지대액의 그것과 상당한 차이를 보여준다. 벼를 중점적으로 볼 때, 1915년 이래 1919년까지 급증하다가 이후 등락 속에서

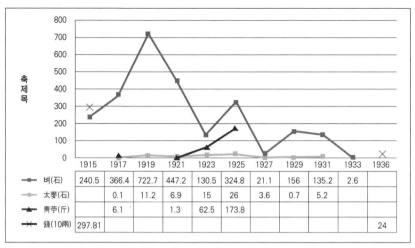

	1915	1917	1919	1921	1923	1925	1927	1929	1931	1933	1936
벼(石)	240.5	366.4	722.7	447.2	130.5	324.8	21.1	156	135.2	2.6	
太麥(石)		0.1	11.2	6.9	15	26	3.6	0.7	5.2		
靑苧(斤)		6.1		1.3	62.5	173.8					
錢(10兩)	297.81										24

〈그림 14〉 色租액의 연도별 추이

장기적으로 감소·소멸하는 모습을 나타내는 것이다. 이와 같은 색조 벼의 추이는 전체적으로 지대액에서의 벼의 수치와 반비례하는 것이라 할 수 있다. 이로 인하여 1920년대 이후에는 농업경영의 수입에서 색조가 차지하는 비중이 급감하고, 중심이 지대의 징수로 옮겨지고 있다.

지대와 색조를 합한 벼의 액수는 1915년 338.5석에서 560.6석(1917년), 997.3석(1919년)으로 절정에 이른 후로 750.7석(1921년), 498.5석(1923년)으로 감소한다. 이후 1925년 753.6석, 1927년 505.8석으로 급등락하였다가, 1929년 601석, 1931년 702.9석, 1933년 869.2석으로 증가하여 1933년에 이르면 지대수입만으로 이전의 수입을 거의 회복하고 있다.

그러나 이상의 수치는 실수입이 아니라 장부에 기재된 액수를 토대로 한 것이다. 실수입액을 보기 위해서는 부정확하지만 액수의 우상에 걸쳐 "ㄱ"표시를 하여 완납을 표시하거나, 액수 하단의 "상(上)"이나 "완(完)"으로 기재된 액수를 고려하여 계산할 필요가 있다. 확실한 파악이 어려워 구체적인 수치를 알 수는 없으나, 이를 고려한 1915~1931년 벼의 대략적인 수취율(실수입액/기록액)은 〈표 9〉와 같다.

〈표 9〉 벼의 수취율 추이

연도	1915	1917	1919	1921	1923	1925	1927	1929	1931
地代	88%	96.8%	86.1%	88.7%	85%	94.2%	84.8%	78.6%	58.5%
色租	67.6%	49%	36.1%	15.7%	17%	15.4%	67.8%	49.4%	65%

표를 보면 알 수 있듯이, 1920년대까지 색조의 실수취율은 매우 낮은 반면 지대의 실수취율은 매우 높게 나타난다. 이는 이 시기 운영규모에 있어서는 색조가 지대에 비해 높았을지라도 실제 수취에 있어서는 지대의 징수가 보다 안정적으로 이루어지고 있었음을 의미한다. 그러므로 위 두 그래프를 통해 본, 색조의 축소와 지대의 확대 경향은 축적된 자본을 가지고 전답을 구입, 지주경영의 확대를 통하여 보다 안정적인 농업 경영 지주로의 방향성을 보이고 있었음을 말해준다 하겠다.

반면 1931년에는 다소 다른 모습을 보여준다. 색조 수취율의 큰 폭 증가는 이미 1927년부터 나타난 현상으로, 이는 색조의 양 자체가 크게 감소한 상황에서 그리 큰 의미는 없다고도 볼 수 있을 것이다. 아니면 이전에 비해 안정적인 사람들을 대상으로 색조를 운영하고 있었다는 반증일 수도 있다. 보다 중요한 것은 색조가 아니라 지대수취율에서 나타나는데, 불과 58.5%로 급감하고 있는 것이다. 색조의 데이터가 없어 위 표에서 나타내지 않은 1933년의 경우에도 지대의 수취율은 52.3%에 불과하다. 이러한 지대수취율의 급감은 앞서 원정과 타조로 구분하여 검토한 지세 징수방식의 급등락 시기와 일치하는 시기이다. 이러한 일련의 현상들은 당시 지주와 소작인 간의 갈등이 표면화된 사회적 상황과 그 속에서 타개책을 모색해 나가는 과정으로 이해할 수 있을 것이다.

4) 지주경영과 소작농

마지막으로 황씨가의 전답을 경작하는 작인들에 대하여 살펴보기로 한다.

여기에서는 1925년을 기준으로 하여 소작농민들의 황씨가 전답의 소작상황을 검토하고, 1925년도 황씨가의 색조운영과 인친계전의 식리운영 및 고용상황을 교차검토함으로써 작인들이 지주가인 황씨가와 맺고 있는 관계를 보다 구체화하려 한다.

1925년『추감기』에 등장하는 작인은 총 190명으로 전답을 합쳐 1,008.3두락의 황씨가 경지를 경작하고 있다. 이는 소작농민 1인당 평균 5.3두락에 불과한 면적이다. 가장 넓은 전답을 경작하는 작인은 김백현으로 23두락의 답과 5.2두락의 전을 경작하고 있었다. 작인의 거의 90%에 달하는 165명은 10두락 미만의 전답만을 소작하고 있었고, 그 중에서도 전체의 60% 115명의 작인은 5두락도 안되는 황씨가의 전답을 경작할 따름이었다. 그리고 이들 90%의 작인들이 황씨가 전답 1008.3두락의 60%에 해당하는 608.5두락을 경작하였다. 나머지 40% 399.8두락은 10두락 이상의 전답을 경작하는 25명의 작인들이 나누어 경작하고 있었다.

여기서 주의할 것은 위의 소작면적의 현황이 작인들의 경제력을 보여주는 것은 아니라는 사실이다. 위 내용은 어디까지나 황씨가의 전답에 국한된 지주-소작관계를 보여줄 따름이다. 위에서 5두락 미만의 적은 면적만을 소작하는 작인의 경우, 별도의 자작농지를 소유하거나 다른 지주와의 소작계약을 통하여 보다 넓은 면적을 확보하여 안정적인 경제력을 보유하고 있을 수도 있다. 이 경우 소작면적이 넓은 작인의 경우 오히려 황씨가에 대한 의존도가 높은 상태라고 추정할 수도 있다.

〈표 10〉 1925년 소작 현황

소작면적	작인수	작인%	면적합(두락)	면적합(%)
20두락 이상	7	3.7	163.9	16.3
15~20두락	5	2.6	83.5	8.3
10~15두락	13	6.8	152.4	15.1
5~10두락	50	26.3	335.7	33.3
5두락 미만	115	60.5	272.8	27.1
총합계	190	100	1008.3	100

여기에서는 작인들의 경제력 검토가 목적이 아니며, 작인들이 지주가와 맺고 있는 관계들을 좀더 구체적으로 살펴보는 것이 목적이다. 따라서 이러한 황씨가와 작인들의 지주소작 상황이, 앞으로 살필 다른 관계들과 어떻게 관련되는지를 검토하는 것이 중요하다. 직접적인 지주-소작 관계에 이어 황씨가와 농민들을 연결하는 것으로 살필 수 있는 것이 앞서 살핀 바 있는 황씨가의 색조(色租)운영이다. 〈표 11〉은 1925년 당시 황씨가의 색조운영과 그 대상농민들의 현황을 보여준다.

〈표 11〉 1925년 색조의 운영

색조 액수	농민수	농민%	색조합(石)	색조합(%)
10석 이상	10	10.2	145.1	40.4
5~10석	17	17.3	111.1	30.9
3~5석	12	12.2	46.2	12.9
1~3석	25	25.5	44.3	12.3
1석 미만	34	34.7	12.7	3.5
총합계	98	100	359.4	100

1925년 황씨가는 총 98명의 농민을 대상으로 360여 석 규모의 색조를 운영하였다. 색조곡은 소수의 몇 명에게 집중되는 모습을 보이고 있는데, 10석 이상의 규모를 보이는 상위 10%, 10명에게 전체의 40% 이상인 145.1석이 집중되고 있다. 농민의 대다수인 72.5%, 71명의 농민은 5석 미만의 범주에 해당하는데 이들의 색조곡은 모두 다 해 103.2석으로 28.7%에 불과하였다.

색조 운영의 대상이 되는 98명의 농민 가운데 66명은 황씨가의 작인이기도 하다. 66명이란 숫자는 작인 190명의 34.7%이고, 색조 대상 98명에 대해서는 67.3%에 달하는 수이다. 〈표 12〉는 이들 66명이 앞선 〈표 10〉 및 〈표 11〉과의 관련 속에서 어떠한 위치를 점하는지를 보여준다.

〈표 12〉에서 볼 수 있는 것은 명확하다. 색조의 액수와 소작지의 면적에 있어 상대적으로 규모가 클수록 이에 해당하는 농민들이 황씨가와 색조의 운영과 지주-소작의 관계를 이중으로 맺고 있는 경우가 많이 나타난다는

〈표 12〉 황씨가의 '作人 & 色租'인 66명의 현황

〈色租〉 ※ % : 〈표 11〉의 해당 수치 대비 〈소작〉 ※ % : 〈표 10〉의 해당 수치 대비

색조 액수	농민수	농민%	색조합(石)	색조합(%)	소작면적	작인수	작인%	면적합(두락)	면적합(%)
10석 이상	9	90	134.8	92.9	20두락 이상	4	57.1	88.2	53.8
5~10석	13	76.5	84.6	76.1	15~20두락	2	40	36.5	43.7
3~5석	10	83.3	38.4	83.1	10~15두락	9	69.2	106.4	69.8
1~3석	15	60	25.8	58.2	5~10두락	21	42	142.1	42.3
1석 미만	19	55.9	5.1	40.2	5두락 미만	30	26.1	72.1	26.4
총합계	66	67.3	288.7	80.3	총합계	66	34.7	445.3	44.2

것이다. 이는 황씨가의 소작과 색조의 운영에 있어 농민들의 황씨가에 대한 의존도가 상호 비례함을 의미하며, 한편에 있어서의 의존의 심화가 다른 한편에 대한 의존의 심화를 동시에 가져옴으로써 농민들의 황씨가에 대한 종속성을 강화시킬 개연성을 보여준다.

다음으로 인친계의 운영과 관련하여 채무자의 관계에 놓인 사람들의 현황 및 황씨가의 작인과의 관계에 대하여 살펴보자. 〈표 13〉은 1925년 4월과 10월의 강신에서의 결산기록을 바탕으로 1925년도 인친계전(媤親稧錢)의 운영현황을 나타낸 것이다.

1925년 인친계전의 운용은 4월 8일 기준 3,371엔을 48명에게, 10월 15일 기준 3,421.9엔을 32명에게 각각 대부·운용하였다. 2회를 누적하여 1년을 기준으로 할 때 인친계전의 채무자는 56명, 운용금액은 6,792.9엔이다. 이자는 "매삭5푼(每朔五分)"을 기준하였으므로, 대부에서 상환의 일순이 되는

〈표 13〉 1925년 인친계전의 운영

채무금액	채무자수	채무자%	채무액(엔)	채무액(%)	비고
4,000엔 이상	1	-	4713.7	-	제외
100~300엔	4	7.3	783.7	37.7	
50~100엔	9	16.4	624.2	30	
30~50엔	8	14.5	308.4	14.8	
10~30엔	18	32.7	291.7	14	
10엔 미만	16	29.1	71.3	3.4	
총합계	55	100	2079.2	100	

6개월에 3할, 연리로 환산하면 60%에 달하는 고율로 운영하였다. 그러나 송진표 1인이 4월 기준 2,049.4엔을, 10월 기준 2,664.3엔을 대출한 예외적인 사례를 제외한다면, 인친계에서 일반 농민을 대상으로 운용한 계전은 4월 기준 1,321.5엔과 10월 기준 757.7엔으로 2,079.2엔 수준이라 볼 수 있다.

55명의 채무자 가운데 50엔 이상을 대출한 사람은 13명 23.7%로 나타나나 이들이 전체의 67.7%에 달하는 1,407.9엔을 대출하고 있다. 반면 다수를 차지하는 34명 61.8%의 채무자들은 30엔 미만의 금액만을 대출하고 있으며, 이들의 대출금은 363엔으로 17.4%에 불과하다. 1925년 『일용기』의 기록에 따르면 벼 1석에 대한 대금(代金)이 약 18엔으로 확인되므로, 30엔은 벼 1석반 정도의 금액에 해당한다. 이렇게 볼 때 인친계전의 채무자들은 큰 금액을 대출하는 소수의 채무자들도 존재하지만, 대부분은 소액 채무자들로 생계의 유지를 위하여 대출한 것으로 볼 수 있다.

1925년 현재 황씨가의 작인으로서 인친계전의 채무자이기도 한 농민은 22명으로, 작인 190명의 11.6%, 인친계전채무자 55명의 40%에 해당한다. 이들 22명의 분포에서는 최고 액수 범주에서의 현황이 눈길을 끈다. 인친계전 100엔 이상의 채무자 4명(앞서 제외한 송진표 포함시 5명) 가운데 단 1명만이 황씨가의 작인으로 확인되는데, 이는 전체 평균에 크게 못 미치는 수치이다. 그 1명은 200엔을 차용하고 있으며, 황씨가의 전 3두락만을 경작하고 있다. 100엔 이상의 고액채무자의 경우 황씨가의 색조 운영 대상인 사람도 없다. 이와 같은 현상은 인친계전의 고액채무자의 경우 황씨가에 대한 의존도가 상당히 적다는 점과, 이들의 채무도 생계의 유지보다는 그 밖의 목적성 채무로의 성격을 추정케 한다.

반면 황씨가 전답 20두락 이상을 경작하는 작인 7명 가운데 인친계전의 채무자는 5명 71.4%로, 전체 평균 11.6%를 크게 웃도는 수치이다. 이 가운데 1명의 채무액만이 50엔이고, 나머지 4명의 채무금액은 4~20엔에 불과, 벼 1석 이하의 금액에 불과한 정도이다. 그리고 이들 5명 중 3명은 역시 황씨가의

〈표 14〉 황씨가의 '작인 & 인친계전채무자'인 22명의 현황

〈인친계전〉 ※ % : 〈표 13〉의 해당 수치 대비   〈소작〉 ※ % : 〈표 10〉의 해당 수치 대비

채무금액	채무자수	채무자%	채무액(엔)	채무액(%)	소작면적	작인수	작인%	면적합(두락)	면적합(%)
100~300엔	1	25	200	25.5	20두락 이상	5	71.4	120.2	73.3
50~100엔	4	44.4	304.2	48.7	15~20두락	0	0	0	0
30~50엔	3	37.5	115	37.3	10~15두락	2	15.4	24	15.7
10~30엔	9	50	170.3	58.4	5~10두락	6	12	41.5	12.4
10엔 미만	5	31.3	19.3	27.1	5두락 미만	9	7.8	21.1	7.7
총합계	22	40	808.8	38.9	총합계	22	11.6	206.8	20.5

색조를 받고 있는데, 그 액수는 10~20석에 달한다. 이러한 양상은 황씨가 전답 소작면적이 넓은 작인일수록 생계의 유지를 위하여 황씨가 색조의 운영과 인친계전의 생계형 대출 등에 대한 의존도가 높음을 보여준다.

황씨가의 작인 중에는 황씨가의 피고용인으로, 1~2월 간의 마석(磨石)작업과 간역(桿役)이나 제초(除草), 파종(播種), 타조(打租)와 납조(納租), 용정(舂精) 등의 농사에 고용되는 사람도 존재한다. 1925년의 『고용기』에는 이상의 작업에 대하여 연간 34명의 피고용인이 137일에 걸쳐 작업을 한 내역이 존재한다.[47] 이들 34명의 피고용인 가운데 10명이 황씨가의 작인으로 확인된다. 10명 중에서 19.5두락과 10.5두락을 소작하는 2명을 제외한 나머지 8명이 소작하는 황씨가 전답은 모두 5두락 이하에 불과하다. 이들의 경우 생계의 유지를 위해 충분한 경작지를 확보하지 못하고 지주가인 황씨가에 자신의 노동력을 제공함으로써 생계를 보조해 나간 사람들이었다고 보여진다.

이상에서 살핀 바, 황씨가의 전답을 소작경영하는 농민들은 황씨가와 지주-소작의 기본적인 생산관계 이외에 색조와 채무, 고용 등으로 중첩된 관계를 맺고 있음을 알 수 있다. 생산수단인 토지에 있어 지주인 황씨가에 대한 의존이 큰 경우, 다시 말해 상대적으로 넓은 면적의 황씨가 전답을

---

47) 을축년인 1925년 『고용기』에는 중간에 "丙寅年雇地記"가 삽입되어 있다. 본 분석에서는 해당 기록 이후의 고용내역은 병인년으로 간주, 1925년의 분석에서는 제외하였다.

소작하는 경우에 있어 생계의 유지·보완을 위해 황씨가의 색조나 인친계전에 대한 의존도 비례하여 나타나는 경향을 보인다. 한편 황씨가와의 피고용관계를 맺고 있는 농민들 가운데 다수는 역시 황씨가의 작인으로, 노동력의 제공을 통하여 소작경영만으로 불충분한 생계를 보완해 가고 있었다. 이와 같이 기본적인 지주-소작의 생산관계에 더하여 또 다른 관계를 중첩적으로 설정함으로써 황씨가는 농민들의 예속을 강화·유지할 수 있었고, 이것이 바탕이 되어 지주경영을 비롯한 경영 전반을 안정적으로 확대해 나갈 수 있었다.

18세기 후반 순천부 농민의 존재양태와 농업경영

1. 자료의 성격과 분석방법

① 가좌책(家座冊)의 성격

여기에서는 영조 말년인 1774년경 전라도 순천부에서 작성된 『순천부서
면가좌책(順天府西面家座冊)』(이하『가좌책』)의 기록을 통하여 당시 순천부
서면 일대에 거주하고 있었던 농민의 농업경영이 어떠했는지를 살펴보고자
한다. 가좌책은 지방수령들이 자신이 통치하는 군현의 읍세를 파악하고
민호의 허실을 파악하기 위하여 작성했던 것이다. 조선후기의 목민서에서
다수 언급되는 바, 수령들에게는 부임 초기에 이를 작성하여 통치의 기초자
료로 활용하고 이서들의 농간을 막을 것이 권장되었다.

정약용 역시『목민심서』에서 "호적은 비록 관법(寬法)을 쓰되, 가좌책은
반드시 핵법(覈法)을 쓸 일이니, 한 치 한 끝도 어긋나서는 안 될 것이다."라
하였다.[1] 이는 가좌책이 지방의 부세수취와 진휼 등을 효율적이고 균등하게
수행하기 위한 기초자료였기 때문이었다. 이를 위하여 가좌책의 작성에는
호구와 더불어 토지와 가산을 미세한 것도 빠트리지 않도록 할 것이 요구되었
던 것이다.[2] 19세기 중엽의 목민서로 추정되는 『목강(牧綱)』에는 가좌책을

---

1) 『牧民心書』戶典 戶籍.(정약용 저/다산연구회 역, 『목민심서』, 창작과비평사, 2000)
2) 가좌책에 대해서는 『목민심서』외에 『居官大要』六 戶籍(『朝鮮民政資料 - 牧民篇-』);

작성하는 요령을 서술하면서, 서두에 가좌법(家座法)의 중요성을 다음과 같이 언급하였다.

무릇 다스림의 요체는 경내 민인의 인구의 다소와 가계의 빈부를 상세히 파악함에 있다. 이 연후에야 세초에 수정(搜丁)하는 일이나, 조적(糶糴)과 부역(賦役) 등의 일을 잘 운영할 수 있으며, 진휼의 때에도 문란하지 않을 수 있다. 이 외에도 이를 통하여 처리해야 할 일은 많다. 그러한 즉, 단 한 자의 거짓도 없이 모든 실체를 파악하였다면, 다스림의 요체에는 이보다 더 나은 것이 없다.[3]

이렇듯 조선후기의 목민서에서 지방행정의 요체로서 강조하고 있음에도 불구하고, 현존하는 가좌책은 많지 않다. 이는 가좌책이 중요성에 비해 그 작성은 보편적인 것이 아니었다는 점이 일차적인 이유일 것이다. 또한 가좌책이 호적대장과 같은 보존의 의무가 있는 것이 아니었으므로 실제 작성된 대부분이 전래과정에서 쉽게 소실되었기 때문이기도 하다.

『가좌책』 외에 학계에 소개된 가좌책은 단 2종에 불과하다. 하나는 전라도 구례군 토지면의 가좌책으로 1890년과 1895년의 2책이 남아있다. 이 자료들은 해당 지역에 세거하여 온 문화유씨가에서 가전되어온 많은 자료들과 함께 발견되었다.[4] 이 가좌책들은 이종범이 19세기 후반의 호포(戶布)를 중심으로 하는 부세제도의 운영과 신분구성 등의 사회구조를 분석하는

政要二』家座法(『朝鮮民政資料-牧民篇-』);『牧綱』家座法(『朝鮮民政資料叢書』, 驪江出版
社, 1987)" 등을 참조할 수 있다.

3) 『牧綱』家座法.
凡爲治之要境內民人人口多寡家計貧富爲細悉然后至於歲抄時搜丁之政及糶糴賦役等事可以
領略或者設賑之時亦不紊亂其他種種有可考之事若得其無毫僞造一字皆實總則治要莫過於此
也.

4) 이들 자료들은 한국학중앙연구원 장서각에서 정리하고 마이크로필름 등으로 촬영
하여 공개하고 있다. 가좌책에 대한 마이크로필름은 MF 35-5093이다.

주요 자료로 활용함으로써 학계에 본격적으로 소개되었다.[5]

다른 하나는 1854년의 것으로 추정되는 충청도 임천군의 가좌초책(家座草冊)이다. 이 자료는 김선경에 의하여 조세수취와 면리의 운영을 분석하기 위한 자료로 활용되면서 학계에 소개되었다.[6] 이후 김용섭은 이를 통하여 주민의 농업경영을 분석하였고, 특히 무전농민의 사회경제적 상황을 분석하였다.[7]

『가좌책』역시 이미 김건태에 의하여 부분적으로 활용되어 소개된 바 있다.[8] 해당 연구는 18·19세기 호명(戸名)의 기재양상을 통한 호명사용의 관행에 대한 것으로, 여러 분석자료 가운데 하나로『가좌책』의 호명 기재양상을 분석하였다. 여기에서는『가좌책』의 호별 기록들을 분석, 1774년경 순천부 서면을 사례로 하여 조선후기 농민의 농업경영의 한 모습을 검토하고자 한다.

조선후기 농업경영은 조선후기 사회상을 둘러싼 논의의 중심적인 문제 가운데 하나로, 그간 많은 연구가 진행되어 왔다. 현재까지 연구의 흐름은 크게 두 갈래로, 하나는 세계사적 보편사의 입장에서 조선후기 사회에 대한 내재적 발전론의 입장에서 이루어져 왔으며, 다른 하나는 동아시아적 특수성으로서 소농사회론의 입장에 서 있다고 할 수 있다. 전자는 농민층의 계층분화와 농업노동자 및 광작을 통한 경영형 부농의 존재를 통하여 조선후기 자본주의 맹아를 농업경영의 측면에서 실증적으로 밝혀내려 했다. 반면 후자는 조선후기의 농업경영이 영세균등화의 경향성을 보이고 있으며, 집약적 농법의 발전을 토대로 안정적 구조의 자립적 소경영이 전개되고 있었음을

---

5) 李鍾範, 「19세기 후반 賦稅制度의 운영과 社會構造-전라도 구례현의 사례-」, 『東方學志』 89·90, 延世大學校 國學硏究院, 1995.
6) 김선경, 「조선후기의 조세수취와 面里운영」, 연세대학교 석사학위논문, 1984.
7) 김용섭, 「朝鮮後期 無田農民의 問題-『林川郡家座草冊』의 分析-」, 『(증보판) 朝鮮後期農業史硏究(Ⅰ)』, 지식산업사, 1995.
8) 金建泰, 「戸名을 통해 본 19세기 職役과 率下奴婢」, 『韓國史硏究』 144, 한국사연구회, 2009.

보여주려 하였다.[9]

　이상의 조선후기 농업경영에 대한 논의에 있어 연구자들이 중요한 분석
대상으로 활용한 것은 양안(量案)이었다. 양안은 특정 시점에 특정 지역의
토지 전체에 대하여 전답주를 포함하는 필지별 현황을 일목요연하게 보여주
는 자료라는 점에서 조선후기 토지소유와 농업경영에 대한 연구의 기본
자료로 주요하게 활용되어 왔다. 그러나 양안은 기본적으로 국가가 수조지
(收租地)를 파악하기 위하여 작성한 장부라는 데에 그 본질이 있고, 이에
따른 자료적 한계가 존재한다.

　우선, 양안상의 전답주는 단지 토지에 대한 소유자를 의미하는 것이 아니
라, 국가의 수조대상으로서의 지위를 동시에 갖는다. 그러다 보니 실 소유자
의 성명을 있는 그대로 기록하는 것이 아니라, 노비명과 호명에 의한 대록(代
錄)을 포함하여, 분록(分錄)과 합록(合錄) 및 허명(虛名)의 방식을 통한 전답주
의 기록이 나타나게 되었다. 이러한 전답주 기록의 혼란은 양안을 통한
토지소유와 농업경영의 분석에 있어 많은 어려움을 야기하는 원인이 된다.

　양안의 기재방식이 필지를 단위로 이루어졌다는 점은 전답주 기재의
혼란과 엇물려 분석을 어렵게 하는 보다 근본적인 요인이 된다. 토지보유와
농업경영의 문제는 그 주제의 특성상 생계를 함께하는 인간집단으로서의
가호(家戶), 적어도 토지소유자 개인이 주체가 된다. 그러나 양안은 사람이
아니라 필지로 나뉘어진 토지가 주인공인 자료이다. 따라서 양안의 기록을

---

9)　김용섭, 「量案의 研究」, 『史學研究』 7·8, 1960(『증보판 朝鮮後期農業史研究(Ⅰ)』, 지식산
　　업사, 1995) ; 김용섭, 「續·量案의 研究」, 『史學研究』 16·17, 1963~1964(『증보판 朝鮮後
　　期農業史研究(Ⅰ)』, 지식산업사, 1995) ; 김용섭, 「朝鮮後期 兩班層의 農業生産-自作經營
　　의 事例를 중심으로-」, 『東方學志』 64, 1989(『增補版 朝鮮後期農業史研究(Ⅰ)』, 一潮閣,
　　1990) ; 김용섭, 「朝鮮後期의 經營型 富農과 商業的 農業」, 1969(『增補版 朝鮮後期農業史研
　　究(Ⅰ)』, 一潮閣, 1990) ; 宋贊植, 「朝鮮後期 農業에 있어서의 廣作運動」, 『李海南博士
　　華甲紀念 韓國史學論叢』, 1970(『朝鮮後期 社會經濟史의 研究』, 一潮閣, 1997).
　　이영훈, 『朝鮮後期 社會經濟史』, 한길사, 1988 ; 이영훈, 「조선후기 이래 소농사회의
　　전개와 의의」, 『역사와현실』 45, 한국역사연구회, 2002.

통하여 토지소유와 농업경영의 문제에 다가가기 위해서는 자료의 재구성이 요청되는데, 이러한 점에서 전답주 기재의 문제가 이를 더욱 어렵게 하는 것이다.10)

그에 비하면 가좌책은 상대적으로 큰 장점을 가진 자료이다. 우선 기재 방식에 있어 주인공이 필지를 단위로 하는 토지가 아니라 생계를 함께 한다고 보이는 가호라는 점이다. 거기에 더하여 전답의 현황과 더불어 호구 현황과 거주가옥 및 우마의 보유현황 등이 기록된 내용의 풍부함은 양안의 그것에 비할 바가 아니다. 또한 가좌책은 작성되던 시점의 특정 지역 전체를 대상으로 하고 있다는 점에서 특정 사례만을 대상으로 했을 때의 대표성의 문제를 피할 수 있다. 가좌책에는 전통적 양반지주가에서부터 노비가까지, 부농에서부터 무전농까지 해당 지역 농민 전체의 구체적인 모습들이 가호별로 기록되어 있다.

물론 가좌책에도 한계가 존재한다. 우선 가좌책은 호적이나 양안과 같이 연속적으로 작성된 것이 아닌 일회성 자료라는 자료적 특수성으로 인하여 여타의 자료와 시계열적 연속성을 살피기 상당히 곤란한 자료이다. 이에 더하여 『가좌책』은 전답의 기재에 있어 소유가 아닌 현재의 경작을 중심으로 기록하였다는 점에서 토지소유의 문제를 분석하기에는 많은 한계가 있는 자료이다.11)

---

10) 그간 많은 연구에서는 양안상의 起主기록을 엄밀히 분석하여 재구성하고, 戶籍과 양안을 동시에 분석하는 등의 과정을 통하여 양안의 자료로서의 한계를 보완해 왔다. 그러나 양안에 기록된 전답주의 기록 자체가 워낙 소략하기 때문에 야기될 수밖에 없는 문제-동명이인의 처리와 대록·허명의 처리에 있어서의 불가피한 자의성 등-는 풀 수 없는 문제로 남아있을 수밖에 없다. 이에 더하여 이렇게 재구성한 자료라 할지라도 어디까지나 전답의 소유자 개인을 단위로 한다는 점에서 한계가 존재한다. 토지소유와 농업경영의 실제 단위는 개개인이 아니라 생계를 함께하는 가호일 수밖에 없기 때문이다.

11) 『가좌책』에 대해서는 '무엇보다 부세수취를 위해 작성되었던 자료로서 그 기록을 어디까지 믿을 수 있을 것인가?'라는 문제가 제기될 수 있다. 기록에 있어 자료의 성격에서 기인하는 누락과 왜곡의 문제이다. 그러나 이 자체가 『가좌책』의 분석을 부정하는 것은 아니며, 오히려 그 자료의 성격을 분명히 하기 위해서라도 『가좌책』의

그럼에도 불구하고 특정 시점의 일정 지역 전체에 대한 가호별 농업경영의 분석이라는 측면에서 가좌책이 여타의 자료에 비하여 훨씬 뛰어난 장점을 지닌 자료라는 점은 분명하다. 여기에서는 우선 『가좌책』의 자료적 특징에 대하여 구체적으로 검토하고, 이어서 농업경영의 문제에 접근하고자 한다. 농업경영의 문제에 있어서는 우선 가호들을 신분별로 구분하여 호구의 구성과 거주 가옥 및 우마의 보유상황 등의 양상을 검토하고, 최종적으로 구체적인 농업경영 형태와 이에 따른 농민층의 분화양상까지 살피려 한다.

② 『순천부서면가좌책(順天府西面家座冊)』의 개요

아쉽게도 『가좌책』은 온전한 책자의 형태로 남아있지 않다. 1774년경 순천부에서 작성하여 활용하였을 『가좌책』은 이후의 어느 시점엔가 폐기되었고, 누군가가 그 일부의 배면을 활용하여 『춘추과학(春秋科學)』이라는 과문책(科文冊)을 제작하였다. 2000년부터 2003년의 기간 동안 한국학중앙연구원 장서각에서 해당 자료를 수집하여 정리하면서 배면의 『가좌책』을 발견, 재구성하게 되었다.[12]

발견 당시 『가좌책』은 47장으로 착간과 결락 및 훼손이 상당히 진행된 상태였다. 그러나 각 부분의 연결성은 어느 정도 존재했으며, 재구성 결과 21개 동리와 373호에 대한 정보를 확인할 수 있었다. 앞부분이 결락되어 동리를 알 수 없는 부분도 47장 중 4장이 존재했으며, 여기에 수록된 호수는

보다 엄밀한 분석이 요청된다 하겠다.

12) 1774년이라는 『가좌책』의 작성시점은 자료를 직접 발견하여 조사, 정리한 정수환의 추정에 따른 것이다. 정수환은 『가좌책』에 등장하는 인물들 가운데 목천장씨인 장경의와 장술조 두 인물의 족보상의 기록과 『가좌책』과의 기록을 비교하여 1775년 (장경의 기준) 또는 1774년(장술조 기준)을 『가좌책』의 작성시점으로 보았고, 이 가운데 장술조의 족보기록의 정확도가 높음을 근거로 하여 1774년으로 『가좌책』의 작성시점을 추정하였다. 『가좌책』이 배면에서 발견된 『춘추과학』은 대전에 거주하는 김영한 선생의 소장품으로, 장서각에서 2000년도에 일괄 대여하여 2003년까지 정리한 자료들 가운데 하나이다. 이때 정리한 성책자료들은 置簿와 일기자료 등 6종 279책이며, 장서각 MF 35-11421~11436번으로 촬영되었다.

36호로 373호의 1/10 정도이다. 입석(立石)의 경우는 앞부분 한 장만 남아있는 불완전한 상태로, 8호에 대한 기록만을 알 수 있다. 『가좌책』에서 확인할 수 있는 순천부 서면의 21개 동리를 1789년을 기준으로 작성된 『호구총수(戶口總數)』와 비교하면 다음과 같다.[13]

	『가좌책』	『호구총수』 순천부 서면
공통으로 존재하는 동리	橋谷, 九萬, 堂川, 大口(谷), 德眞, 屯基(屯垈), 夢坪, 飛月, 山直(洞), 松院, 院洞, 立石, 莊尺, 竹靑, 竹坪, 楸洞, 坪村, 鶴口亭(18개 동리)	
각각의 자료에만 존재하는 동리	開雲, 瓦淫登, 牛兩谷 (3개 동리)	江淸, 乾內, 乾達村, 勒谷, 光陽巨里, 老溫, 堂本, 大同閭, 芝古介, 里石, 方席里, 卞洞, 沙器所, 石田, 旋馬亭, 船坪, 薪田, 深院, 鴨谷, 瓦窟, 外柄, 月近亭, 林村, 店村, 池本, 眞新, 淸所, 塔洞, 板橋, 板院(30개 동리)

『가좌책』에서 확인할 수 있는 21개 동리 가운데 18개 동리는 『호구총수』를 통해서도 확인할 수 있으며, 나머지 3개 동리는 확인할 수 없다. 반면 『호구총수』를 통해서 알 수 있는 1789년 당시 순천부 서면의 동리는 총 48개에 달하며, 이 가운데 30개 동리는 『가좌책』을 통해서는 확인할 수 없다. 즉 현재의 『가좌책』에는 당시 서면에 소재한 동리의 반이 채 못되는 분량만 남아있는 상태라 하겠다.

동리별로 구분되어 기재된 『가좌책』은 크게 세 부분으로 구성된다. 동리명으로 시작하는 앞부분에는 원호들에 대한 내용이 기재되어 있다.(〈그림 1〉의 첫 번째 참조) 원호에 대한 내용이 끝나면 "무적(無籍)"이라 표기한 후 무적호(無籍戶)에 대한 내용을 기록하였다.(〈그림 1〉의 가운데 참조) 그리고 이렇게 원호와 무적호 등 동리 내 호들에 대한 기록이 끝난 후에는 도이상(都已上)조를 통하여 해당 동리의 현황을 정리하고 있다.(〈그림 1〉의 마지막 참조)

---

13) 『戶口總數』 第六冊 全羅道 順天.

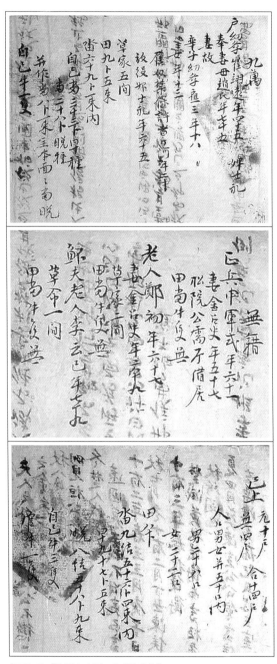

〈그림 1〉『순천부 서면 가좌책』(부분)

302

원호와 무적호에 대한 기록은 구체적인 내용상의 차이가 존재할 뿐, 기본적으로 다르지 않다. 유일하고도 중요한 차이라면, 원호의 경우 첫 줄의 상단에 "호(戶)"라고 표시한 후 호주의 직역 등을 기록한 반면, 무적호의 경우 곧바로 직역 등의 기록으로 넘어가고 있다는 점이다.14)

구체적인 내용을 기재양식에 따라 살피면, 우선 호주에 대한 내용이 첫 줄을 차지한 후, 이어서 해당 호의 구성원에 대한 내용이 이어진다. 구성원들의 기록은 호적과는 달리 4조는 배제한 채 당대에 국한되었으며, 출생연도(干支)나 본적(本籍) 등의 기록도 생략한 채 직역과 성명 및 연령을 간단하게 기록하였다. 반면 경우에 따라서 개인기록 앞부분에 "개걸(丐乞)", "노인(老人)", "환부(鰥夫)" 등의 특정 상태에 대한 기록을 부기하고 있으며, 양반신분의 일부에 있어서는 호주기록 아래에 "비사례(婢士禮)"와 같이 호명을 기록한 경우도 있다.

혈연관계의 구성원에 대한 기록이 끝나면 다음 줄에 한 단을 낮춰서 고공(雇工)과 노비 등 예속인에 대한 기록이 나타난다. 이 경우도 기재양식은 다른 구성원과 동일하다. 이와 같은 호구성원의 파악은 『가좌책』이 부세 등 읍정의 운영과 관련한 현황 파악에 중심을 두고 있음을 잘 보여준다.

구성원에 대한 기록이 마무리되면, 이어서 경제상태에 대한 기록이 이어진다. 우선은 거주가옥의 종류와 규모가 등장하는데, 『가좌책』에 등장하는 가옥의 종류는 "초가(草家)"가 대부분이며, "초막(草幕)"이 소수 존재한다.15) 가옥의 규모는 "칸(間)"으로 나타냈으며, 타인의 집에 차거(借居)하거나 협거(挾居)하는 경우에는 해당 사실과 가옥의 소유자를 기록하였다. 이 외에 "주막(酒幕)"을 운영하는 2호의 경우에도 해당 부분에 이어서 기재하였다.

거주상태에 이어 경영하고 있는 전답의 종류와 면적을 전(田)과 답(畓)으로

---

14) 『가좌책』의 이와 같은 元戶와 無籍戶의 구분은 호적의 성격을 둘러싼 오랜 논쟁거리인 '호적상의 호'의 성격에 대한 중요한 단서를 제공해 줄 수도 있을 것이다.
15) 이 외에 "公需廳" 1호와 "洞廳" 2호가 존재한다.

구분하여 결부(結負) 단위로 기록하였다. 또한 자기 소유의 토지[自己]와 남에게서 빌려 경작하는 토지[竝作]를 다시 구분하여 각각의 면적을 기재하였으며, 병작의 경우에는 소유자까지 함께 기록하였다. 답의 경우에는 이에 더하여 올벼[早種]와 늦벼[晚種]를 구분하였다. 주의할 점은, 『가좌책』이 보여주는 전답에 대한 기록은 어디까지나 해당 호가 경작하고 있는 토지에 대한 것으로, 소유하고 있는 토지에 대하여 그 전모를 보여주는 기록은 아니란 사실이다.[16]

마지막으로는 해당 호의 우마 보유현황을 기록하였다. 이에 대해서도 자기 것[自己]과 빌린 것[貰], 관 소유[官]를 구분하고 있으며, 소와 말 및 송아지를 구분하여 각각의 필수를 기록하였다.

도이상조의 내용은 상대적으로 간략하다. 호구에 대해서는 원호와 무적호, 남성과 여성을 각각 구분하고 있을 뿐이다. 토지에 있어서도 전과 답만을 구분하였고, 답에 대해서는 조종과 만종을 구분하였다. 그리고 소유 형태에 따른 우마의 수를 파악하고 있을 따름이다. 특히 인구의 파악에 있어 일반적인 장노약(壯老弱)의 구분도 이루어지지 않는 점은 상당히 의외이다.

도이상조가 이와 같이 단순한 것은 인구기록에 있어 간지와 본적 및 4조의 기록을 생략하는 것의 연장선상에서, 『가좌책』이 호구 현황의 파악에 있어 현실적으로 의미를 지니는 부분의 조사에 집중하였기 때문으로 볼 수 있다. 가좌책의 작성에 대하여, 핵법에 의해 "단 한 자의 거짓도 없이" 조사하도록 권유되었지만, 실제에 있어서는 여전히 제한적인 부분이 존재했다. 그것은 특히 인구의 조사에서 두드러진다. 다음 〈그림 2〉는 『가좌책』의

---

16) 『가좌책』의 전답기록이 소유가 아니라 경작에 대한 기록이란 사실은 호별 전답의 현황분포를 통하여 알 수 있다. 『가좌책』의 경우 호별 전답의 현황이 매우 평균적인 모습을 보여주고 있으며,(〈표 11〉 참조) 최대면적도 전답을 합하여 2결 50부를 넘지 못하고 있다. 이는 호가 아니라 전답주를 단위로 한 여타 지역의 토지소유현황에서 나타나는 전형적인 피라미드형태 및 5결을 넘어서는 대지주의 존재 등(〈표 12〉 참조)과 분명한 차이를 보여준다.

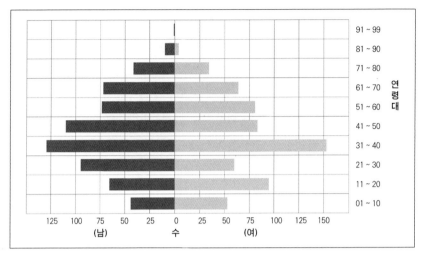

〈그림 2〉『가좌책』 등재 인구의 성-연령별 분포

1,268명을 대상으로 한 성별, 연령별 인구분포 그래프이다. 해당 모양은 마름모꼴에 가까운 방추형으로, 어린 연령대일수록 『가좌책』에서 누락이 많이 되고 있음을 반영하는 것이다.[17) 이는 당시 호구파악의 대체적인 형태를 답습하는 것으로, 『가좌책』 역시 당시 일반적인 호구조사의 한계를 극복하지 못하고 있음을 의미한다.

이와 같이 『가좌책』은 자료적 장점만큼이나 한계 역시 뚜렷하다. 하나는 앞서 말한 바, 호별 전답현황이 어디까지나 경작하는 토지만을 대상으로 함으로써, 호별 농지소유의 현황을 파악할 수 없다는 점이다. 그리고 또 하나가 바로 그 인구현황이 보여주는 한계점으로, 『가좌책』 역시 기존 호적 자료에서 나타난 인구파악의 한계를 그대로 갖고 있다는 점이다.

---

17) 만약 인구조사가 엄밀하게 이루어지는 근대의 인구조사에서라면 이와 같은 방추형 그래프는 인구의 감소추세를 의미한다. 『가좌책』의 연령별 분포에서 20대와 40대 여성수가 적게 나타난 것은 유난히 많은 30대 여성의 분포로 보완할 수 있다. 즉 연령조사가 정확하지 않은 상태에서 20대와 40대 여성의 다수가 30대로 조사되고 있다는 것이다.

③ 분석의 대상과 방법

『가좌책』에는 21개 동리 337호와 동리를 확인할 수 없는 36호, 총 373호가 수록되어 있다. 이 글에서는 이 가운데 완결성을 지닌 동리의 호만을 분석의 대상으로 한다. 즉 동리를 확인할 수 없는 36호와 앞부분만 남아있는 입석(立石)의 8호를 분석의 대상에서 제외하기로 한다. 또한 나머지 329호 가운데 훼손으로 인하여 전체적인 내용을 파악할 수 없는 4호와 이거(移居)·도망의 사유로 호주 기록만 남아 있는 8호를 제외한다. 결과적으로 최종적인 분석대상은 20개 동리의 317호이다.

이 글에서는 이들 317호에 대한 신분별 구분을 토대로 농업경영을 검토하려 한다. 이를 위하여 다음과 같이 호주의 직역과 처의 호칭을 기준으로 호별 신분을 분류하였다. 이러한 분류기준에 따라서 동리별 신분의 분포를 나타낸 것이 다음의 〈표 1〉이다.

구분*	호주의 직역**	妻의 호칭
兩班A	幼學, 儒生 등의 幼學類 직역	姓+"氏"
兩班B	校生, 軍官, 業武 등	姓+"姓"
平民	軍兵, 保人, 良人, 匠人 등	姓+"召史"
賤民	私奴	私婢

* 호주의 직역과 처의 호칭의 구분이 불일치하거나 둘 가운데 하나의 정보가 누락된 경우에는 호 내의 다른 혈연 구성원의 직역 및 여성호칭, 호주의 직역, 처의 호칭 순으로 고려하여 구분하였다.[18]
* 양반A·B의 구분은 양반에 준하는 직역과 신분을 취득해 나간 존재를 전통적인 양반과 구분하기 위한 기존 연구의 구분을 따른 것이다.[19]
** 호주의 직역은 實職만을 대상으로 하였으며, "嘉善"이나 "折衝"과 같은 품계는 고려에서 제외하였다.[20]

---

18) 堂川의 박검수호의 경우를 예를 들면, 호주인 박검수의 경우 정3품 堂上에 해당하는 "折衝"의 품계가 기록되어 있으나 이는 당대에 취득한 것일 수 있으므로 박검수호의 신분을 '양반A'로 규정하기에 부족하다. 박검수 처의 경우 "崔姓"으로, 그 호칭만을 보면 '양반B'에 해당한다. 반면 아들들의 직역은 "正兵"과 "助防軍"으로 일반 군병으로 나타나며, 그 이름도 "큰아기(大ㅁ惡)"로 전형적인 평민층의 이름에 해당한다. 따라서 박검수호의 경우 호주의 "절충"이란 품계와 처의 "姓"이라는 호칭에도 불구하고 신분으로 볼 때는 평민으로 구분하는 것이 보다 적절하다 할 수 있다.
19) 더욱이 『가좌책』에는 향촌사회의 전형적인 중인신분인 세습적인 지방 향리층이

<표 1> 동리별 신분의 분포

戶數(동리별 %)

洞里	兩班A	兩班B	平民	賤民	합계
開雲	1(10)	2(20)	7(70)		10(100)
橋谷	5(26.3)		13(68.4)	1(5.3)	19(100)
九萬	3(33.3)	2(22.2)	3(33.3)	1(11.1)	9(100)
堂川	16(57.1)	2(7.1)	9(32.1)	1(3.6)	28(100)
大口谷	6(23.1)	6(23.1)	14(53.8)		26(100)
德眞		5(25)	15(75)		20(100)
屯基	4(66.7)	2(33.3)			6(100)
夢坪	3(37.5)		4(50)	1(12.5)	8(100)
飛月	3(10.7)	1(3.6)	24(85.7)		28(100)
山直		2(20)	8(80)		10(100)
松院			8(100)		8(100)
午丙谷			4(100)		4(100)
瓦淫登			1(100)		1(100)
院洞		4(20)	16(80)		20(100)
莊尺		2(14.3)	12(85.7)		14(100)
竹靑	4(23.5)	2(11.8)	11(64.7)		17(100)
竹坪	11(47.8)	3(13)	9(39.1)		23(100)
楸洞			8(100)		8(100)
平村	6(42.9)		8(57.1)		14(100)
鶴口亭	1(2.3)	12(27.3)	31(70.5)		44(100)
합계	63(19.9)	45(14.2)	205(64.7)	4(1.3)	317(100)

<표 1>로 나타나는 신분별 호의 분포는 양반A 63호에 대하여 평민이 205호로, 안정적인 피라미드구조라 할 수 있다. 그러나 좀 더 구체적으로 살펴보면 동리별로 많은 차이를 보이고 있음을 알 수 있다. 송원·오병곡·와음등·추동의 4개 동리에는 평민호만 존재하며, 장척·비월·산직·원동의 4개 동리도 평민호의 비중이 80%가 넘어가는 반면, 양반A호는 거의 없는 이른바 민촌(民村)이라 할 수 있는 동리이다. 반면 둔기의 경우 6호 가운데 평민호는

존재하지 않으므로 "양반-중인-평민-천민"의 4신분 구분은 적당하지 않다.

20) 신분은 기본적으로 세습을 전제로 하는데, 조선후기 호구자료에서의 품계는 納贖 등의 방법을 통하여 당대에 취득한 경우가 다수 존재하기 때문에 그 자체로서 신분을 규정하는 것은 무리라는 판단에서이다. 그러나 이 경우 이후로 신분을 상승시켜 나갈 수 있는 유리한 지점을 확보했다는 의미는 분명히 존재한다.

하나도 없고 양반A호가 4호를 차지하며, 당천·죽평·평촌의 3개 동리의 경우에는 양반A호가 과반을 넘거나 그에 육박하는 등 이른바 반촌(班村)이라 할 수 있는 동리도 동시에 존재하고 있다.

2. 호(戶)의 구성과 노동력의 형태 및 거주형태의 신분별 차이

본격적인 농업경영의 분석에 앞서, 신분별 호의 규모와 구성, 거주형태 및 우마의 보유현황을 검토해 보기로 한다. 기본적으로 가좌책이 거주와 가계를 함께하는 연돌호(煙突戶)를 대상으로 파악한다는 점에서, 호의 구성과 규모는 가족구성의 형태와 더불어 노동력의 규모를 알 수 있는 중요한 자료이다.[21] 이에 더하여 우마의 현황 역시, 축력의 사용이라는 측면에서 중요한 노동력의 한 요소이다. 그리고 거주형태는 그 경제력의 단면을 보여준다는 점에서 의미를 지닌다.

① 신분별 호의 규모와 구성

우선 신분별로 호의 규모가 어떠한 차이를 보이는지 살펴보기 위하여 그 현황을 나타낸 것이 〈표 2〉이다. 이 표는 호의 규모가 신분과 밀접한 관련이 있음을 분명하게 드러내고 있다. 즉 신분이 높을수록 규모가 큰 호의 비중이 높게 나타나고 있는 것이다. 이를 단적으로 보여주는 것이 "평균호당구수"가 보여주는 수치로, 양반A에서 나타나는 평균 5구의 호당구수가 양반B에서는 3.8구, 평민에서는 3구, 천민에서는 2.5구로 점차 줄어들고 있음을 확인할 수 있다. 하지만 이는 어디까지나 전반적인 경향성에

---

21) 비록 『가좌책』에 누락된 인구가 다수 존재하지만, 그 누락이 대체로 20세 이하의 연령층에서 발생한다는 점에서, 성인노동력을 중심으로 하는 노동력의 파악에는 큰 영향을 미치지 않는다 할 수 있다.

<표 2> 신분별 호의 규모

호수(신분별 %)

호내 구수	양반A	양반B	평민	천민	총합계
1구			7(3.4)	1(25)	8(2.5)
2~3구	21(33.3)	22(48.9)	136(66.3)	3(75)	182(57.4)
4~5구	15(23.8)	16(35.6)	58(28.3)		89(28.1)
6~7구	21(33.3)	6(13.3)	4(2)		31(9.8)
8~9구	5(7.9)	1(2.2)			6(1.9)
15구	1(1.6)				1(0.3)
호수합	63(100)	45(100)	205(100)	4(100)	317(100)
구수합	315	173	617	10	1,115
평균호당구수	5	3.8	3	2.5	3.5
혈연구수합	227	155	612	10	1,004
평균호당혈연구수	3.6	3.4	3	2.5	3.2

대한 설명일 따름이다. 구체적인 분포를 살펴보면, 양반A에서도 규모 2~3구
에 불과한 작은 호들이 21호(33.3%)나 존재한다. 반면, 적은 수이긴 하지만
양반B와 평민에도 6구 이상의 호들이 각각 7호(15.5%)와 4호(2%)가 존재함
을 확인할 수 있다. 이와 같은 현상은 전체적인 경향상으로 분명 신분과
호의 규모가 밀접한 관계를 맺지만, 보다 구체적으로는 동일 신분 내의
차이가 또한 존재하고, 그 차이가 신분의 차이를 넘어서는 경우도 있음을
보여준다.

『가좌책』에 등재된 317호의 평균호당구수는 3.5구로, 이는 대체로 2~3명
내외의 성인노동력을 평균적으로 보유하고 있음을 의미한다. 이와 같은
현황은 1호당 가족수를 평균 3~5명으로 파악하여 성인노동력을 2~3인으로
추정하고 있는 일반적인 인식을 확인시켜 주는 것이다.[22] 여기서 노동력의
구성은 가족구성원만은 아니었다. 〈표 2〉의 평균호당혈연구수를 통해 그
일단을 알 수 있는데, 이는 호의 구성원 가운데 호주와 혈연관계로 맺어진

---

22) 1904년의 조사기록을 바탕으로 일본농상무성이 발간한 『韓國土地農産調査報告 慶尙
道·全羅道』(338쪽)에는 전라남도 羅州와 長城郡 興城村, 光州郡 馬谷面 세 곳에 대한
경작면적과 노동자수에 대한 조사결과를 수록하였는데, 세 곳 모두 노동자수를
2~3인으로 조사하여 역시 동일한 결과를 보여주고 있다.

사람들만을 대상으로 호당구수를 산출한 것이다. 그 결과를 보면 양반A가 평균호당구수 5구에서 평균호당혈연구수 3.6구로 가장 많이 감소하였으며, 양반B가 3.8구에서 3.4구로 소폭 감소하였고, 평민은 3.01구에서 2.99구로 미세하게 줄어들었을 따름이다. 그에 따라 신분별 호당구수는 그 차이가 상당 정도 감소하였는데, 이는 신분이 높을수록 호 내에 비혈연구성원, 즉 노비와 고공 같은 예속인이 차지하는 비중이 함께 높아짐을 의미한다. 다시 말해, 신분이 높을수록 가족노동력 외에 예속인의 노동력을 추가로 많이 확보하는 경향이 있었다고 할 수 있다.

〈표 3〉은 구체적인 호의 구성형태에 따른 신분별 호의 분포를 나타낸 것이다. 이는 신분별 가족구성의 형태를 보여줌과 동시에 예속인의 현황을 보여주고 있다. 우선 가족구성의 형태를 살펴보면, 다수를 구성하는 것이 '호주직계 A'의 구성으로 총 175호(55.2%)가 이에 해당한다. 그 다음이 '호주내외'의 93호(29.3%)로, 호주내외 및 그 직계비속으로 구성된 호가 전체의

〈표 3〉 신분별 호의 구성형태

戸數(신분별 %)

분류 1	분류 2	양반A	양반B	평민	천민	총합계
혈연구성	호주내외	2(3.2)	10(22.2)	67(32.7)	1(25)	80(25.2)
	호주직계 A	11(17.5)	16(35.6)	111(54.1)	3(75)	141(44.5)
	호주직계 B		3(6.7)	12(5.9)		15(4.7)
	호주방계	1(1.6)	2(4.4)	10(4.9)		13(4.1)
	합	14(22.2)	31(68.9)	200(97.6)	4(100)	249(78.5)
혈연+예속인 구성	호주내외	10(15.9)	2(4.4)	1(0.5)		13(4.1)
	호주직계 A	23(36.5)	7(15.6)	4(2)		34(10.7)
	호주직계 B	12(19)	5(11.1)			17(5.4)
	호주방계	4(6.3)				4(1.3)
	합	49(77.8)	14(31.1)	5(2.4)		68(21.5)
총합계		63(100)	45(100)	205(100)	4(100)	317(100)

* 예속인 : 奴·婢, 雇奴, 婢夫
** 호주내외 : 호주 단독호 포함
호주직계 A : 호주내외와 직계비속(자녀, 손자녀 및 며느리)만으로 구성
호주직계 B : 호주내외 또는 호주직계 A의 구성형태에 직계존속(부모만 존재)이 추가된 경우
호주방계 : 호주직계의 형태에 형제 또는 그 비속이 추가된 경우

85% 정도를 차지하고 있음을 알 수 있다. 그러나 그 구체적인 양상은 신분별로 다소 차이를 보인다.

양반A의 경우 '호주직계 A'의 구성이 34호(54%)로 반 이상을 차지하고 있으며, '호주직계 B'와 '호주내외'의 형태가 12호(19%)로 동일한 수치를 나타내고, '호주방계'의 구성도 5호(7.9%)가 존재한다. 이와 같은 호의 구성은 신분이 낮아질수록 점차 단출해지는 경향을 보여준다. 양반B의 경우 역시 '호주직계 A'의 구성이 23호(51.2%)로 반 이상을 차지하는 것은 양반A와 동일하다. 그러나 '호주내외'의 구성이 12호(24.6%)로 비중이 증가한 반면, '호주직계 B'의 구성은 8호(17.8%)에 머물고 있다. '호주방계'의 형태도 2호(4.4%)로 양반A에 비해 그 비중이 적게 나타난다. 이러한 경향은 평민에서 더 뚜렷해진다. 평민 역시 가장 많은 구성형태는 '호주직계 A'의 115호(56.1%)로, 과반을 넘어 60%에 가까워지고 있다. 다음으로는 '호주내외'의 비중이 68호(33.2)로 양반B보다 확대된 반면, '호주직계 B'와 '호주방계'는 각각 12호(5.9%)와 10호(4.9%)에 불과한 모습을 보여준다.

신분이 낮아질수록 호의 구성이 단출화되는 경향은 예속인의 보유현황에서도 마찬가지로 확인할 수 있다. 양반A에서는 77.8%에 달하는 49호가 예속인을 보유하고 있으나, 그 수치는 양반B의 14호(31.1%), 평민의 5호(2.4%)로 신분이 내려갈수록 감소한다. 이와 같은 경향은 호의 구성과 예속인의 보유가 신분과 밀접한 관계를 맺고 있음을 보여주는 것이다. 그러나 여기에서도 역시 동일 신분 내의 차이가 존재하고, 그 차이가 신분관계를 역전시키는 경우 역시 존재함을 간과해서는 안된다.

이와 같은 예외성을 가장 잘 보여주는 존재가 예속인을 보유한 5호의 평민호로, 학구정의 김여광호와 오두성호, 비월의 김순구호, 교곡의 유석창호, 죽평의 김성(女)호가 이들이다. 이 호들은 비록 신분상으로는 평민호지만 각각 1구씩의 고노(雇奴) 또는 비를 보유하고 있다. 이들이 예속인을 보유하고 있는 것은 그 경제적 기반에서 찾을 수 있는데, 이들은 자기소유의 5~7간

초가에 거주하고 있었으며, 1~1.3결의 넓은 전답을 경영했다.[23] 더욱이 예속인과 더불어 우마도 각 1필씩을 보유하고 있었던, 이른바 부민(富民)이었던 것이다. 이들의 경제적 기반은 나아가 신분에까지 일정하게 영향을 미치고 있었던 것으로 보인다. 김여광과 김순구의 경우에는 호 내 부녀자의 호칭이 "소사(召史)"로 확인됨에도 불구하고, 그 직역에 있어 "영군관(營軍官)"과 "부군관(府軍官)"의 군관직을 보유하고 있다. 오두성과 김성의 경우에는 반대로 남성의 신분직역이 "양인(良人)"이나 "수군(水軍)", "정병(正兵)" 등 평민의 것이나, 배우자가 "성(姓)"의 호칭을 사용하고 있다. 이와 같은 소수의 예외는 전체적인 신분질서의 규정력이 남아있는 상황 속에서도 경제력에 근거하여 신분질서의 제약을 극복해 가는 모습을 보여준다.

② 신분별 우마의 보유현황

계속하여 우마의 보유현황을 검토하면 〈표 4〉와 같다. 총 172필 가운데 송아지와 군마 11필을 제외한 161필을 농업경영에 필요한 축력을 제공할 수 있는 가축으로서 간주·정리하였다. 이 수치는 전체 317호의 반을 약간 넘는 것으로, 대략 2호 가운데 1호꼴로 우마를 보유하고 있음을 의미한다. 이 가운데 자기소유의 소가 차지하는 비중이 75%로 다수이며, 그 외에 세우(貰牛)가 20%정도를 차지한다.

---

23) 현재 남아있는 1719년의 『全羅左道順天府己亥量田導行帳』의 서면양안(奎14643~4)을 검토하면 전체 13,607필지 644結 36負 2束의 전답 가운데, 2등이 32結 63부 9속(5%), 3등이 183결 11부 6속(28%), 4등이 250결 14부 2속(39%), 5등이 154결 24부 8속(24%), 6등이 24결 21부 7속(4%)으로 각각 나타난다. 따라서 4등전이 다수이고 3·5등전이 대등하게 존재하는 이 지역의 기준을 4등으로 본다면, 1결의 면적은 약 17,927㎡ (5,423평)이다. 따라서 이들이 경작한 1~1.3결의 토지는 약 18,000~23,300㎡ (5,400~7,050평)에 해당한다. 두락으로 환산한다면 '1斗落=495.87㎡(150평)'의 기준으로 환산하여 36~47두락의 토지를 경작하는 것이 된다. 두락 환산기준은 『韓國土地農産調査報告 慶尙道·全羅道』(337~340)에서 조사한 전라도와 경상도의 사례에 바탕으로 한 것으로, 1두락의 면적이 약 200평인 곳이 2처, 약 120평인 곳이 5처, 150평인 곳이 15처로 나타난다.

<表 4> 신분별 우마의 보유현황

단위 : 필

분류	양반A	양반B	평민	천민	합계
自己牛	31	37	52		120
自己馬	3				3
貰牛	6	7	19	1	33
官牛	5				5
합계	45	44	71	1	161
戶當牛馬數	0.71	0.98	0.35	0.25	0.51
호당예속인수	1.4	0.4	0.02	0	0.35
송아지		1	7		8
軍馬			3		3

우마의 보유현황은 신분과의 상관관계가 앞서의 경우와 다소 다르게 나타난다. 44% 정도인 71필을 평민이 보유하고 있으며, 양반A와 양반B가 45필과 44필로 거의 대등한 우마를 보유하고, 4호에 불과한 천민호에도 1필의 세우를 보유한 호가 존재한다. 해당 우마의 보유현황을 호수로 나누면, 양반A가 0.71필로 나타나는 반면, 양반B는 0.98필로 양반A를 능가하며, 평민에서도 0.35필의 수치를 보여준다. 이러한 우마의 보유현황은 양반A에게서 1.4명, 양반B에게서 0.4명 등으로 나타난 예속인의 보유현황과는 대조적인 모습이다. 이와 같은 양상은 양반A는 우마보다 예속인의 보유에 더 집중하는 반면, 양반B는 우마의 보유가 중심이 됨을 보여준다. 즉 가족노동력 이외의 노동력에 있어 양반A는 우마보다는 노비나 고공에, 양반B는 우마에 의존하는 경향이 더 큰 신분적 차이를 보여준다. 이와 함께 비록 상대적으로 수치가 적긴 하지만 평민호에 있어서도 3호에 1호 꼴로 우마를 보유하고 있다는 사실에 주목할 필요가 있다. 예속인 없이 거의 전적으로 가족노동력에만 의존하는 평민의 경우에도 1/3 정도는 축력을 이용하여 경영능력을 신장시킬 능력을 보유하고 있었음을 의미하기 때문이다.

③ 신분별 거주 가옥의 종류와 규모

〈표 5〉는 신분별 거주상태에 대하여 검토하기 위한 것이다. 이에 따르면, 전체 317호 가운데 자기 소유가 아닌 가옥에 거주하는 호는 9호에 불과하며, 모두 평민에 속해 있다. 이들 가운데 3호는 공수청(公需廳)과 동청(洞廳), 사창(社倉)을 빌어 기거하고 있으며, 나머지 6호는 타인의 가옥에 거주한다. 그리고 자기가옥을 소유한 평민 가운데는 2호의 주막이 포함되어 있다.

〈표 5〉 신분별 거주가옥의 종류 및 규모 현황

호수(신분별 %)

가옥 종류 및 규모	양반A (自家)	양반B (自家)	평민		천민 (自家)	총합계
			自家	借·挾居		
초막(1~3간)		1(2.2)	26(13.3)		1(25)	28(8.8)
초가1간			4(2)	1(11.1)		5(1.6)
초가2~3간	21(33.3)	16(35.6)	120(61.2)	6(66.7)	3(75)	166(52.4)
초가4~5간	16(25.4)	13(28.9)	23(11.7)			62(19.6)
초가6~7간	13(20.6)	15(33.3)	11(5.6)			39(12.3)
초가8~10간	8(12.7)					8(2.5)
초가11~14간	5(7.9)					5(1.6)
기타			2(1)	2(22.2)		2(0.6)
총합계	63(100)	45(100)	196(100)	9(100)	4(100)	317(100)
초가 1~14간	間數合	352간	204간	565간		7간	1,128간
	戶數合	63호	44호	175호		3호	285호
	戶當間數	5.6간	4.6간	3.2간		2.3간	4간
	口數合	315구	171구	549구		9구	1,044구
	口當間數	1.1간	1.2간	1.0간		0.8간	1.1간

가옥의 종류와 규모에 있어서도 신분과의 관계를 확인할 수 있다. 다시 말해, 신분이 높을수록 더욱 높은 수준의 거주상태를 확보하고 있는 경향이 나타난다. 그것은 초가로 간수를 알 수 있는 285호를 대상으로 살핀 호당 간수를 통해서 보다 분명하게 알 수 있다. 양반A의 경우 평균 호당 간수가 5.6간에 달하는 반면, 양반B는 4.6간으로 1간이 적으며, 평민은 3.2간으로 큰 폭으로 줄어들고 있는 것이다. 그러나 그것이 일관적으로 관철되는 것은 아니다. 비록 상대적으로 소수이나, 양반B나 평민의 호들 가운데는 양반A에

못지않은 거주상태를 보이는 호도 존재한다. 반면 일부 호는 천민보다도 낮은 거주형태를 지니기도 한다.

거주공간의 규모를 검토함에 흥미로운 것은 호의 구성원 숫자와 관련하여 보여주는 현상이다. 호의 규모가 신분과 비례관계에 있는 만큼, 호의 규모와 가옥의 규모 역시 상호 비례관계에 놓여 있다. 그러나 해당 신분 내 인구수를 가지고 1인당 거주면적을 구한 결과, 신분과 거주공간의 규모는 별다른 차이를 보이지 않는 것으로 확인되었다. 양반A의 1인당 거주공간은 1.1간임에 비해, 양반B 1.2간, 평민 1.0간으로 세 신분 간의 차이가 별로 없음을 알 수 있다. 이와 같은 결과는 가옥의 규모를 결정함에 있어 신분 못지않게 해당 호의 규모가 중요하게 작용한다는 사실을 보여준다고 하겠다.[24] 그리고 바로 이것이 거주가옥의 종류와 규모에 있어, 동일 신분 안에서의 차이와 나아가 신분관계를 역전시키는 사례가 존재하는 이유를 설명해 주는 중요한 근거이다.

이제까지 검토한 결과, 호의 규모와 구성, 예속인의 수, 거주가옥의 종류와 규모 등이 신분과 밀접히 관련됨을 확인할 수 있었다. 이는 18세기 후반 순천부 서면의 향촌사회에서 여전히 신분제적 질서가 생활전반에 영향을 미치고 있었음을 보여준다. 그러나 이와 같은 신분제적 질서는 전일적으로 관철되던 것은 아니었다. 신분 간의 차이 못지않게 동일 신분 내에서의 차이도 존재했으며, 소수이기는 하지만 신분 간의 격차를 넘어서는 사례를 만들어내고 있었다. 그리고 그것은 분명히 경제적인 요소에 기초한 것이었다.

---

24) 물론 예속인이 존재하는 경우, 호주가족과 예속인이 점유하는 공간이 동일하지는 않을 것이다. 그렇기 때문에 이를 고려하여 수치를 조정할 수 있다면, 1인당 거주공간의 규모에 있어서도 어느 정도는 신분과의 비례관계를 확인할 수도 있으리라 생각한다.

양반B 범주의 농민들 경우, 노비와 고공 등 예속인을 중시하는 양반A와 달리 우마를 적극적으로 확보하여 농사를 경영함으로써 차별성을 보여주고 있다. 또한 일부 평민의 경우 예속인과 우마를 보유하고 1결이 넘는 전답을 경작하기도 하였고, 이를 기반으로 자신의 사회적 지위를 상승시키려는 모습도 엿볼 수 있었다. 이와 같은 현상은 분명 조선후기 신분질서의 붕괴와 농민층의 분해 등 기존의 역사상을 떠올리게 한다. 계속해서 가장 중심적인 문제인 농업경영의 상황을 분석함으로써 이 문제와 관련한 보다 구체적인 사회상을 검토하도록 한다.

3. 농업의 경영형태와 농민층의 분화

여기에서는 『가좌책』이 담고 있는 내용에 대한 분석을 토대로 호별 농업경영의 형태와 규모를 분석, 18세기 후반 순천부 서면이라는 농촌지역의 사회상에 접근한다. 이것은 경영형태에 따른 농민층의 분화에 대하여 실증적 검토를 수행하기 위함이다. 이를 위하여 호별 농업경영의 현황을 신분별로 검토하고 더불어 경지면적별로도 나누어 검토한다. 또한 그 결과를 여타 자료들과 적극적으로 비교함으로써 『가좌책』을 통해 추출한 사회상의 성격과 의미를 보다 선명하게 규명하려 한다. 여기에서 주의할 점은 『가좌책』이 보여주는 전답의 현황은 어디까지나 경영에 대한 것으로, 소유의 현황에 대한 전모를 보여주지는 않는다는 사실이다. 서로 다른 자료들과의 비교에 있어서도 자료적 차이점들에 유의해야 한다.

① 신분별 경지면적 현황
〈표 6〉은 각 신분별로 경영하고 있는 전답의 호당평균면적을, 경작하고 있는 토지의 종류(田-畓) 및 소유에 따른 경작형태(自己-竝作)에 따라 나타낸

〈표 6〉 전답의 유형에 따른 신분별 호당 경지면적 현황

신분별 호당평균경지면적 단위 : 束(신분별 전답합 대비 %)

신분	自己 田	竝作 田	自己 畓	竝作 畓	田畓 合
양반A	170(16.7)	8(0.8)	672(66.2)	165(16.3)	1,014(100)
양반B	170(23.5)	7(1)	397(54.9)	149(20.6)	724(100)
평민	95(24.8)	7(1.7)	162(42.3)	119(31.2)	383(100)
천민	8(2.6)	56(19.1)	27(9.1)	204(69.2)	295(100)
합계	119(21.5)	8(1.4)	295(53.1)	134(24.1)	556(100)

것이다. 신분의 차이를 고려하지 않고 전체 317호의 평균적인 수치를 우선
검토하면, 1호당 평균 경작면적은 55부 6속으로 나타난다. 이 가운데 자기소
유의 전답이 41부 4속, 병작전답이 14부 2속으로 자작지와 병작지는 약
3 : 1의 비율을 보이고 있다. 전과 답의 구분에 따른 비중은 전이 12부 7속
(22.8%)임에 비해 답이 42부 9속(77.2%)으로 3배 이상의 차이를 보여준다.
전의 경우에는 자기소유가 11부 9속으로 나타나는 반면 병작은 8속에 불과,
병작경영은 미미한 상황에서 자기소유의 토지를 중점적으로 경영하는 모습
을 보인다. 반면 답의 경우에는 자기소유가 29부 5속으로 역시 다수를
차지하는 가운데 병작지도 13부 4속으로 나타나 자기소유 답의 절반에
가까운 병작답이 존재함을 알 수 있다. 이상의 결과를 통해 볼 때, 18세기
후반 순천부 서면의 농경상황은 답이 전의 3배 이상을 차지하는 가운데
전반적으로 자작지 경영이 우세하였으며, 병작은 답에서 활발하게 이루어지
고 있었음을 알 수 있다.

시기와 지역적인 차이가 있지만 이와 같은 상황을 1854년경의 충청도
임천군(林川郡) 및 1914년의 전라남도 상황과 비교해 보자. 〈표 7〉은 충청도
임천군과 전라남도의 해당 수치를『가좌책』의 순천부 서면과 함께 표로
정리한 것이다.[25] 이를 통해 보면, 순천부 서면에서 자기전답에 대한 자작지

<hr>

25) 1854년 충청도 임천군의 현황은 "김용섭,「朝鮮後期 無田農民의 問題 -『林泉郡家座草冊』
의 分析-」,『增補版 朝鮮後期農業史硏究(Ⅰ)』, 一潮閣, 1990, 267~269쪽〈表 3〉~〈表
5〉를 재정리한 것이다. 1914년 전라남도의 현황은 "朝鮮總督府,『朝鮮總督府統計年報

〈표 7〉 순천, 임천, 전라남도의 호당 전답 현황

호당평균면적(田畓合 대비 %)

분류	1774년 순천부 서면 (단위 : 束)	1854년 충청도 임천군 (단위 : 斗落)	1914년 전라남도 (단위 : 町步)
田畓 合	556(100)	7.8(100)	0.77(100)
自己(自作)	414(74.5)	3.48(44.6)	0.41(53.7)
竝作(時作·小作)	141(25.4)	4.32(55.4)	0.36(46.4)
田	127(22.8)	0.84(10.8)	0.45(58.2)
畓	429(77.2)	6.96(89.2)	0.44(56.7)

의 비중이 압도적으로 높은 것을 알 수 있다. 즉『가좌책』을 통해 본 자작지
경영의 우세현상은 이후 시기의 다른 지역과 비교해도 뚜렷하게 두드러지는
18세기 후반 순천부 서면의 특징적 현상이라 할 수 있다. 그리고 이것은
다른 한편으로 그만큼 당시 순천부 서면에서 토지소유의 분화가 미진전되었
다는 사실을 의미하는 것이기도 하다.

다시 〈표 6〉으로 돌아가서, 호당 평균경지면적의 신분별 현황에 대해
살펴보도록 하자. 호당 경지면적은 신분에 따라 매우 큰 편차를 보여준다.
양반A의 경우 호당 1결이 넘는 면적의 전답을 경작하고 있는 반면, 양반B는
72부, 평민 38부, 4호에 불과한 천민은 29부로, 각각의 신분별로 '양반A : 양반
B : 평민 : 천민=100 : 71.4 : 37.8 : 29.1'의 비를 나타낸다. 이와 같이 신분이
높아질수록 나타나는 우세현상은 단순히 경지면적에만 국한된 것이 아니다.
신분이 올라갈수록 병작지에 비해서 자기전답의 비율이 높아지는 현상과
전에 비해 답의 비율이 높아지는 현상이 함께 나타나고 있다. 이는 결국
신분이 높을수록 농지의 소유와 경작형태에서 유리하였음을 뚜렷하게 보여
주는 것으로, 이 시기 순천부 서면일대는 농지 소유과 경영에 있어 아직까지
전근대적 신분제의 규정성이 강하게 잔존하였음을 의미한다.

그러나 이미 앞 장에서도 말했듯이, 이와 같은 신분에 따른 규정성은

大正三年度』, 1916, 76~77쪽"에 근거하였다.

평균치를 통하여 볼 수 있는 대체에 대한 설명으로서의 의미를 지닐 따름이다. 그러므로 보다 구체적인 분포와 사례들을 검토함으로써 이를 좀더 자세히 살펴볼 필요가 있다.

② 신분별 경작형태

농업의 경영형태는 경작지에 대한 소유의 여부를 기준으로, 자기소유의 전답만을 경작하는 '자작농(自作農)', 자작과 병작을 함께 하는 '자병작농(自竝作農)', 자기소유는 없이 타인의 토지만을 차지하여 경작하는 '병작농(竝作農)', 전답에 대한 경작을 확인할 수 없는 '무농(無農)'의 넷으로 분류하고자 한다. 여기서 '무농'은 『가좌책』의 자료적 성격상 경작하는 전답이 없는 '무전농민(無佃農民)'으로 보아야 하지만, 실상에 있어서는 소유한 전답도 없는 '무전무전농민(無田無佃農民)'으로 보아야 할 것이다.

〈표 8〉은 경작형태에 따라 신분별 호의 분포를 나타낸 것이다. 양반A의

〈표 8〉 경작형태에 따른 신분별 분포

戶數(신분별 %)

경작형태	양반A	양반B	평민	천민	총합계
自作農	30(47.6)	27(60)	86(42)	1(25)	144(45.4)
自竝作農	29(46.1)	15(33.4)	65(31.7)	1(25)	110(34.7)
竝作農	2(3.2)	2(4.4)	26(12.7)	2(50)	32(10.1)
無農	2(3.2)	1(2.2)	28(13.7)		31(9.8)
총합계	63(100)	45(100)	205(100)	4(100)	317(100)

〈참조〉 1854년 충청도 임천군[26]

경작형태	兩班A	兩班B	平民	賤民	未詳	計
自作農	34(36.2)	6(12.3)	1(0.8)	1(5.9)	1	43(15.2)
自時作農	5(5.3)	3(6.1)	3(2.5)	1(5.9)		12(4.2)
時作農	41(43.6)	20(40.8)	69(57.5)	10(58.8)	1	141(49.8)
無農層	14(14.9)	20(40.8)	47(39.2)	5(29.4)	1	87(30.8)
計	94(100)	49(100)	120(100)	17(100)	3	283(100)

26) 김용섭, 「朝鮮後期 無田農民의 問題-『林泉郡家座草冊』의 分析-」, 『增補版 朝鮮後期農業史 研究(Ⅰ)』, 一潮閣, 1990, 272쪽 〈表 8〉.

경우 자작농과 자병작농의 비중이 거의 동일하며, 둘을 합친 수치가 거의 대부분인 94%를 차지한다. 이밖에 병작농과 무농이 각각 2호가 존재한다. 반면, 양반B에서는 자작농이 27호로 다수인 60%를 차지하며, 자병작농은 15호(33.4%)로 그에 못 미치는 수치를 보여준다. 병작농과 무농은 각각 2호와 1호로 양반A의 경우와 같이 소수만이 존재할 따름이다. 평민의 경우에도 자작농이 차지하는 비중이 가장 높으나 그 수치는 42%로, 양반B에 비해 많이 부족하다. 역시 자병작농이 두 번째로 많은데, 양반B와 거의 유사한 32%의 비중을 보여준다. 병작농과 무농은 각각 26호(12.7%)와 28호(13.7%)로 양반B에 비해 줄어든 자작농의 비중만큼 늘어나는 모습을 보여주며, 이들이 전체 병작농과 무농의 대부분을 차지한다. 4호에 불과한 천민호의 경우, 무농은 없으며 자작농도 1호가 존재하는 모습을 보여준다.

　이상의 경작형태에 따른 농민호의 분포는 전체적으로 '자작농〉자병작농〉병작농〉무농'의 순서를 보여준다. 이와 같은 순천부 서면의 상황은 1854년 충청도 임천군의 상황과는 사뭇 대립되는 것이다. 임천군의 경우 시작농이 141호로 전체의 과반을 차지하는 반면, 자작농은 43호로 15% 정도에 불과한 수치를 보여준다. 무농층의 경우도 87호 31%로 순천부 서면의 3배가 넘는 비중을 보여주고 있다. 이와 같은 임천군의 상황은 순천부 서면에 비하여 농민층의 분해가 상당히 진전된 것이라 하겠다.

　흥미로운 것은 신분별 경작형태에 있어서도 순천부 서면과 임천군은 반대되는 모습을 보여준다는 사실이다. 임천군의 경우 신분이 가장 높은 '양반A' 신분층에서 자작농의 비중이 가장 높고 시작농과 무농층의 비중은 낮은 반면, 신분이 낮아질수록 자작농의 비중이 감소하고 시작농과 무농층의 비중이 증가하는 경향을 보여준다. 이것이 바로 앞의 〈표 6〉에 대한 결론으로 말한 바, '신분이 높을수록 농지의 소유와 경작에서 유리하였음을 뚜렷하게 보여주는 것'과 일치하는 양상이라고 할 수 있다. 그러나 정작 순천부 서면의 경우는 양반A보다 양반B와 평민에서 자작농의 비중이 보다 우세하게 나타나며, 양반A의 경우에는 자병작농의 비중이 자작농과 거의 유사하게 나타나고 있다. 이와 같은 상황은 신분과 농지소유 및 경작형태와의 상관관계를 상정한 이전의 결론과 모순되는 듯하다.

자급자족이 가능한 자작농민층의 광범한 존재, 신분이 높을수록 농지소유와 경작에 있어 유리한 상황, 그러나 정작 양반A에서 나타나는 자작농의 낮은 비중과 자병작농의 높은 비중. 이렇게 모순되어 보이는 현상은 부분적으로 경작지의 소유 여부만으로 구분하는 경작형태 분류의 무작위성에서 기인한다. 이로 인하여 실제 이 면적만 경작해서 생계의 유지가 불가능하다고 여겨지는 경작지 25부 미만의 빈농조차 자작농으로 구분됨으로써 평민과 양반B의 자작농의 비중이 실제 이상으로 늘어나게 된 것이다. 그러나 이것은 양반B와 평민에서 자작농의 비중이 큰 것에 대해 설명이 가능할 따름이며, 양반A에서 자작농의 비중이 작고 자병작농의 비중이 높은 것에 대한 설명은 될 수 없다. 양반A의 경작형태에서 나타나는 이러한 일견 모순되어 보이는 현상은, 양반A의 적극적인 차지경영(借地經營)을 통하여 설명할 수 있을 것이다. 즉 기존에 충분한 자기전답을 보유하고 경작하고 있던 양반A가 차지경영을 통해서 그 경지를 보다 확대해 갔다는 것이다.

양반A의 적극적인 차지경영과 25부 미만의 토지를 경작하는 빈농의 비중 등에 대한 검증을 위해서는 경작전답의 규모와 차지의 규모에 대한 보다 세밀한 분석이 필요하다. 이를 통하여 순천부 서면의 농업경영형태에서 나타나는 문제점에 대한 이해가 명확해질 것이다.

③ 병작지 지주의 성격

경지면적에 대한 세밀한 분석에 앞서 병작경영을 하고 있는 농민의 경우 병작지의 지주가 어떠한 존재였는지를 검토함으로써 간단하게나마 지주소작관계의 일단을 살펴보도록 하자. 다음의 〈표 9〉는 병작지 지주들의 신분에 따른 해당 전답의 면적을 나타낸 것이고, 이어지는 〈표 10〉은 병작지 지주들

〈표 9〉 병작지 지주의 신분에 따른 병작지 현황

束(%)

지주신분	전	답	총합계	기재양식
양반A	1,117(46.8)	11,946(28.2)	13,063(29.2)	戸名(○奴○○, 私奴○○)
양반B·평민	1,111(46.6)	17,962(42.4)	19,073(42.7)	姓+名
승려	158(6.6)	5,189(12.3)	5,347(12)	○○寺 僧○○
면·동리		3,025(7.1)	3,025(6.8)	面畓, 洞畓
寺·院·校		4,192(9.9)	4,192(9.4)	○○寺 三, ○○院 三, 校 三[27]
총합계	2,386(100)	42,314(100)	44,700(100)	

〈표 10〉 병작지 지주의 거주지별 병작지 현황

束(%)

지주거주지		전	답	총합계
順天	西面	927(38.9)	19,020(44.9)	19,947(44.6)
	他面	326(13.7)	7,259(17.2)	7,585(17)
	未詳	158(6.6)	6,532(15.4)	6,690(15)
	합	1411(59.1)	32,811(77.5)	34,222(76.6)
順天 外		975(40.9)	9,503(22.5)	10,478(23.4)
총합계		2,386(100)	42,314(100)	44,700(100)

---

27) 寺, 院, 校 등의 뒤에 "三"자를 붙인 용례는 『가좌책』을 비롯하여 조선후기의 양안 등에 보이나, 그 의미에 대해서는 명확히 알려진 바가 없다. 이에 대한 참고자료로 유용한 것이 1918년 조선총독부 中樞院에서 작성한 『官三雇三校三等ニ關スル事項』(국사편찬위원회, 中B13G30)이다. 이 자료는 舊慣調査의 일환으로 중추원 조사과에서 전라남도 각 군에 보낸 공문에 대한 회신을 철한 것이다. 해당 공문은 '종전 양안이나 그 밖의 문서에서 토지소유자를 官三, 雇三, 雇倉三, 堂三, 校三, 祠三, 所三, 洞三, 寺三 등의 명칭으로 표기한 경우 그 의미 및 유래에 대한 조사와 회신'을 요구하는 것이었다.
　의미있는 회신 중의 다수는 해당 건물(官=官衙, 雇=雇馬廳, 校=鄕校, 堂=書堂, 祠=祠宇, 寺=寺刹 등)의 부지나 해당 기관의 재산, 또는 해당 기관에 붙여서 관련 비용을 충당하던 토지를 의미한다는 등의 내용이었다. 이 가운데 여수군의 회신에 의하면, "三"자는 소위 米·大豆·木棉 등 三稅의 뜻과 개인이 아닌 단체의 소유지나 屯田 등을 의미한다고 하였다. 또한 강진군은 해당 기관의 부지로 結稅免稅地를 의미한다고 회신하였다. 순천군의 경우는 "官三"의 용례에 대하여 古老 등의 증언에 의지하여 설명하였는데, 양전시 읍내의 토지 중 6결을 면세하고, 지주로 하여금 납세를 대신하여 郡의 잡역을 부담하도록 하여 "官三"의 명칭을 사용하였다고 회신하였다. 이상의 내용으로 볼 때, "三"의 용례는 특정 기관의 부지와 소유지 또는 기관운영을 보조하기 위한 토지로, 田稅·大同·三手米 등의 田三稅를 면제한 결세면세지를 지칭하는 것으로 볼 수 있다.

의 거주지에 따른 면적을 나타낸 것이다.

소유자의 신분을 파악할 수 있는 병작지의 현황에 있어 우선 주목해야 하는 것은 지주의 성명을 기록한 양반B·평민의 면적이 42.7%로 가장 다수를 차지하고 있다는 점이다. 반면 호명으로 지주의 성명을 기록한 양반A의 소유 전답은 29.2% 정도이다. 이는 양반B와 평민의 지주로서의 성장을 단적으로 보여주는 것이다.[28] 이 외에 특징적인 것은 승려와 사찰 등 불교와 관련한 토지가 상당히 많다는 사실이다.[29] '사(寺)·원(院)·교(校)'로 분류한 토지 가운데 2건 39부 4속을 제외한 나머지가 사찰의 토지였고, 여기에 승려가 지주로 등재된 토지를 합하면 해당 전답은 전체 병작지의 20%를 넘어선다. 이와 같이 당시 순천부 서면의 토지를 소유하고도 직접 경작하지 않고 작인과 병작계약을 체결한 지주는 신분적으로 양반A와 양반B, 평민에 걸쳐 존재했으며, 이 외에 사찰과 승려가 주요한 지주로 존재하고 있었다.

지주의 거주지역은 동일 면인 서면이 전체의 과반 정도를 차지하며,[30] 순천부로 확장한 경우에는 76.6%로 3/4을 차지한다. 반면 순천 외의 군현에 거주하는 지주는 25%에도 미치지 못하고 있다. 즉 당시 순천부 서면의 지주들은 대부분이 재지지주였고, 부재지주는 1/4에 불과한 수준이었다. 부재지주들은 확인할 수 있는 경우 모두 곡성과 광양, 구례, 해남 등 전라도

---

28) 戶名의 사용이 상급직역을 보유한 신분에서만 사용되었다는 점에서 '戶名'의 표기가 양반신분을 의미한다는 것은 분명한 사실이다. 그러나 '姓+名' 형태의 기재를 양반신분에서 제외해야 하는지는 검토의 여지가 존재한다. 설혹 '姓+名' 형태의 지주의 다수가 양반이라 할지라도, "노랑"이나 "모지리"·"바위"·"큰아기"·"소사" 등으로 등장하는 다수 지주의 경우 그 호칭의 주인공이 평민인 것은 확실하다. 그러므로 그 비중에서는 감소할지라도, 평민지주의 등장이라는 의미 자체가 사라지는 것은 아니다. 戶名의 등재와 신분지위의 관계에 대해서는 '김건태, 「戶名을 통해 본 19세기 職役과 率下奴婢」, 『韓國史硏究』 144, 한국사연구회, 2009. 3'을 참조할 수 있다.

29) 『가좌책』에 병작지의 지주로 등장하는 사찰 및 승려가 소속된 사찰은 순천과 그 인근의 古寺, 선암사, 송광사, 향림사, 개룡사, 대흥사, 옥룡사 등이다.

30) 지주의 거주지를 서면으로 확인할 수 있는 44.6% 외에 정확하지는 않으나 순천부 내에 거주하고 있는 15%의 지주를 고려하면 서면에 거주하는 지주를 과반 이상으로 추정할 수 있다.

인근 군현에 거주하는 이들로서, 신분구성에 있어 순천부와 별반 다르지 않았다.

이와 같이 지주의 신분에 있어 양반A 외에 양반B와 평민, 사찰과 승려가 다수 존재하면서, 부재지주가 적은 순천부 서면의 상황은 당시 지주와 작인 사이의 관계에 대하여 시사하는 바가 크다. 이와 같은 지주의 성격 하에서는 대지주와 작인의 관계가 두드러지지 않으며, 신분적 관계가 개재될 여지가 적다. 이는 곧 당시 순천부 서면의 병작관계가 사회적·경제적 지위가 크게 다르지 않은 지주와 작인 사이의 경제적 계약관계를 주된 형태로 했음을 미루어 짐작하게 한다.

④ 경지면적별 분포

18세기 후반 순천부 서면에서 존재한 농업경영의 구체적 면모를 파악하기 위하여 신분에 따른 호의 경지면적별 분포를 나타낸 것이 〈표 11〉이다. 이를 통하여 당시 농민의 신분별 농지 경영규모를 구체적으로 검토할 수 있다. 그리고 그 결과를 전후시기 여러 지역의 양안 등을 통한 지주별 소유규모와 비교하여 그 성격을 보다 명확히 하도록 한다.

〈표 11〉을 보면 신분별로 경지면적에 따른 등급의 차이를 보임을 알 수 있다. 간단히 말하면, 신분이 높을수록 등급이 높게 분포하는 추세를 확인할 수 있다. 양반A의 경우 1결 이상의 경지를 경작하는 부농이 47.6%로

〈표 11〉 신분별 호의 경지면적별 현황

戶數(%)

등급(경지면적)	양반A	양반B	평민	천민	총합계
富農(1결 이상)	30(47.6)	8(17.8)	11(5.4)		49(15.5)
中農(50부~1결)	17(27)	22(48.9)	51(24.9)	1(25)	91(28.7)
小農(25~50부)	10(15.9)	10(22.2)	53(25.9)	2(50)	75(23.7)
貧農(25부 이하)	4(6.3)	4(8.9)	62(30.2)	1(25)	71(22.4)
無農	2(3.2)	1(2.2)	28(13.7)		31(9.8)
총합계	63(100)	45(100)	205(100)	4(100)	317(100)

반 정도를 차지하며, 그 뒤를 등급의 순서에 따라 중농 27%, 소농 16%, 빈농 6.3%, 무농 3.2%의 비중을 차례로 보여준다. 그러나 양반B의 경우 중농이 48.9%로 반 정도를 차지하고 있으며, 소농〉부농〉빈농〉무농의 순서로 그 뒤를 잇고 있다. 평민에서는 등급이 더 떨어져, 빈농이 30.2%로 가장 다수를 차지하는 가운데, 소농≧중농〉무농〉부농의 순서를 보이고 있는 것이다.

이와 같은 신분별 차이는 경지면적의 확보 및 이를 통한 농업의 경영과 신분적 지위가 상당한 관련을 맺고 있음을 보여준다. 즉 신분이 높을수록 경지면적의 확보와 농업의 경영에 유리한 위치를 점할 수 있는, 전통적 신분질서의 규정성이 상당부분 작용하고 있음을 의미하는 것이다. 그런데 흥미로운 것은 신분별 차이의 총합인 전체 317호의 등급이다. 이를 보면, 부농 15.5%, 중농 28.7%, 소농 23.7%, 빈농 22.4%, 무농 9.8%로, 무농을 제외한 나머지 등급의 차이가 별로 크지 않음을 알 수 있다. 신분에 따른 차이를 고려하지 않은 전체 호를 대상으로 할 때, 경지면적의 등급별 분포 비중이 고르게 나타나고 있는 것이다.

이와 같은 경지면적의 등급별 분포는 조선전기의 자영농을 중심으로 한 평균적 소농이 부농·중농·소농·빈농의 형태로 분화한다는 조선후기 농민층의 분화상에 일견 합치하는 듯 보인다. 그러나 조선후기 농민층의 분화는 어디까지나 소수의 상층농민에게 토지와 경영이 집중되고 절대 다수의 농민들이 소농과 빈농으로 전락하는 양극화라는 점에서, 오히려 기존의 사회상에 대한 인식과는 배치되는 모습을 보여주는 것이다. 또한 50부 이상의 전답을 경작하는 중·부농층의 비중이 그 이하 농민층의 비중에 못지않다는 점에서, 조선후기 전 시기에 걸친 농민경영의 분화 추세를 상층경영이 해체되고 중·하층이 성장하는 것으로 파악하는, 이른바 "영세균등화"의 방향과도 반대되는 모습이다.

"영세균등화"의 분화결과를 분명하게 보여주는 것은 경지면적보다는 소유면적의 현황이다. 〈표 12〉는 소유면적 등급에 따른 분화현상의 몇몇

<표 12> 토지소유현황별 사례

今主(%)

소유면적	1719년 순천부 서면*	1720년 진주 金冬於里**	1791년 고부군 聲浦面***	1911년 전라남도****
10결 이상	1(0.1)	2(0.5)	1(0.1)	617(0.2)
5~10결	9(0.6)	2(0.5)	6(0.4)	1,205(0.3)
1~5결	120(7.4)	25(6.6)	147(10.6)	17,632(5.0)
50부~1결	166(10.2)	34(9.0)	162(11.7)	39,780(11.2)
25~50부	217(13.3)	52(13.8)	256(18.5)	94,155(26.6)[1]
25부 이하	1,116(68.5)	263(69.6)	813(58.7)	200,362(56.6)[2]
합계	1,629(100)	378(100)	1,385(100)	353,751(100)

* 『全羅左道順天府己亥量田導行帳』西面(奎14643~4).
** 金建泰,「朝鮮後期 農家의 農地所有 現況과 그 推移 -晋州地方을 중심으로-」,『歷史學報』제172집,
歷史學會, 2001, 146쪽.
*** 金容燮,「『古阜郡聲浦面量案』의 分析」,『증보판 朝鮮後期農業史研究(Ⅰ)』, 지식산업사, 1995, 227쪽.
**** 山口豊正,『朝鮮之研究』, 330쪽(김용섭,「量案의 研究」, 위의 책, 166쪽 재인용).
1) '20~50負'에 해당하는 수치로, 다른 사례와는 범주가 다소 다르다.
2) '20負 이하'에 해당하는 수치, 다른 사례와는 범주가 다소 다르다

사례를 제시한 것으로, 1719년의 순천부 서면을 비롯하여 1720년의 진주
금동어리, 1791년의 고부군 성포면, 1911년의 전라남도를 대상으로 하는
소유전답의 면적별 범주에 따른 지주의 분포를 나타낸 것이다. 앞서 살핀
순천부 서면의 경지면적별 현황을 <표 12>의 소유변적별 현황과 비교해
보자.

각지의 소유면적에 대한 <표 12>의 내용을 순천부 서면의 경지면적에
대한 <표 11>과 비교함에 있어 주의할 사항이 있다. 그것은 양자의 분석
단위가 다르다는 것인데, <표 12>는 토지소유자 개인인 토지주를 대상으로
하는 반면, <표 11>은 가계와 거주의 단위로서 호(戶)를 대상으로 한다.
그러므로 두 표의 내용을 동일한 수준에서 대조할 수는 없으며, 단지 전체적
인 추세를 살펴볼 수 있을 따름이다.

우선 <표 12>에 나타난 네 사례의 소유면적 현황을 보면, 시기와 지역,
자료의 상이함에도 불구하고 각 등급별 분포가 매우 유사하게 나타남을
확인할 수 있다. 소유면적에 따른 등급별 분포는 네 사례 공히 25부 이하

빈농의 수치가 대단히 높고, 위 등급으로 갈수록 비중이 급격히 감소하는 양상이다. 이것은 기본적으로 18세기 이후 남부지역에서는 농민들의 토지소유 수준의 하강분해가 전면화한 토지소유구조를 공통적으로 지니고 있다고 하겠다. 이러한 측면에서 조선후기 토지소유에 대하여 영세균등화의 양상을 언급할 수 있다.[31] 또한 넓은 토지를 소유한 소수의 상층농과 50부 이하의 토지만을 소유한 80% 내외에 달하는 하층농의 존재를 통하여, 양극화와 더불어 진행된 조선후기 농민층의 분화상과도 합치한다.

토지소유에 대한 이 같은 현황에 비교할 때, 『가좌책』을 통해 본 18세기 후반 순천부 서면의 경지현황은 그와는 정반대의 모습을 보인다고 할 수 있다. 양자의 뚜렷한 대비는 전체를 대상으로 한 비교에서뿐 아니라, 신분별 비교를 통해서도 확인할 수 있다. 기존의 연구에 따르면 소유면적의 하강분해현상은 정도의 차이만 있을 뿐 양반신분에서도 동일한 양상으로 관철되어 피라미드형의 모습을 보여준다.[32] 반면 순천부 서면의 경우에는 〈표 11〉에서 볼 수 있듯이 양반신분의 경지면적은 아예 역피라미드형의 구조를 보여주고 있다.

순천부 서면에서 확인할 수 있는 소유와 경영의 차이는 우리에게 중요한 사실을 전달한다. 우선 토지소유에서 양극화와 다수 농민의 하층농화가 전개된 가운데, 차지경영을 통한 경작면적의 전반적 확대를 가져오고 있다. 확대의 양상은 집약적 농법의 발달에 기초한 자립적 소경영이 보편화된 결과로서 중·하층 농민의 확대가 아닌, 50부 이상 나아가 1결 이상으로 경영을 확대하는 경우도 그 이하 등급에 못지않은 수치를 보여준다. 그리고 이러한 양상은 적어도 『가좌책』을 통하여 확인할 수 있는 18세기 후반의

---

31) 그러나 18세기 초부터 20세기 초에 이르는 시기 동안의 양상이 거의 동일하다는 점에서, 변화의 핵심시기로 간주하는 18~19세기에 진행된 영세균등화의 전개에 대하여 언급하기에 〈표 12〉는 한계가 존재한다.
32) 金建泰, 「朝鮮後期 農家의 農地所有 現況과 그 推移-晋州地方을 중심으로-」, 『歷史學報』 제172집, 歷史學會, 2001, 146쪽.

순천부 서면의 상황이 두 가지 점에서 조선후기 사회상에 대한 우리의 이해와는 달랐음을 말해 준다. 그 중 하나는 병작을 포함하는 농민들의 농업경영이 양극화와 다수의 하층민화의 방향이 아니라, 오히려 소유에 있어서의 양극화와 하층민화를 부정하는 방향으로 전개되었다는 사실이다. 또 다른 하나는 1결 이상의 넓은 토지를 경작하는 부농도 15.5%, 49호에 달할 정도로 상당히 다수가 존재했다는 사실이다.

⑤ 자작-병작지의 면적에 따른 신분별 분포

〈표 11〉을 보면 1결 이상을 경작하는 49호의 부농 가운데는 평민호도 11호나 존재한다. 이 수치는 평민신분 내에서는 5.4% 정도의 비중이나, 부농 내에서는 22.4%로 결코 적지 않은 숫자이다. 이와 같은 주목할 만한 평민부농의 존재와 더불어 〈표 11〉에서는 신분별로 경작면적별 분포의 뚜렷한 차이를 보여준다. 여기에서는 마지막 분석으로 개별 농민호의 자작지와 병작지의 구성을 통하여 신분별로 농업경영의 형태추이가 어떠한 특성을 보이는지를 살펴본다. 〈그림 3〉의 그래프들은 개별 호들을 대상으로 경작하고 있는 자작지와 병작지의 규모에 따라 배치, 그 분포를 나타낸 것이다.

우선 317호의 전체의 분포를 그래프 ④를 통하여 살펴보면, 전체적으로 자작지가 병작지에 비하여 우세한 경향을 나타낸다. 자기소유의 전답을 기준으로 볼 때, 대부분의 병작경영을 하는 농민들의 자기소유 전답은 1결 이하로 나타나고, 50부 이하에서 그 빈도수가 더 많이 나타남을 알 수 있다. 1결 이상의 넓은 토지를 소유·경영하는 호들의 경우, 대다수는 자기소유의 전답만을 경작하는 모습을 보여주나, 병작을 겸하는 경우도 7호가 존재하였다. 병작경영을 하는 토지의 면적은 2호를 제외하고는 모두가 1결 이하로 나타나며, 50부 이하가 대다수를 차지하는 것으로 나타난다.

이 같은 양상을 신분별로 검토하면, 우선 그래프 ①의 양반A 63호의

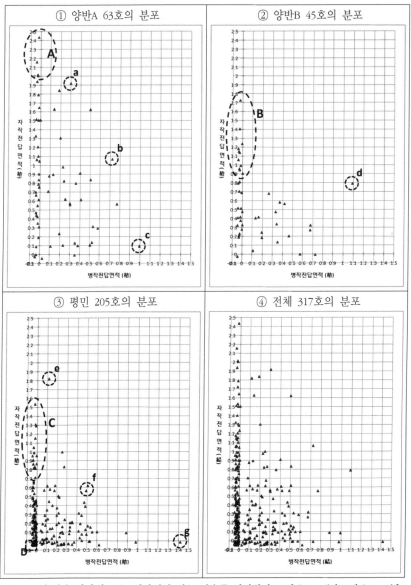

① 양반A 63호의 분포

② 양반B 45호의 분포

③ 평민 205호의 분포

④ 전체 317호의 분포

* '-0.1~0'의 값은 자작지 또는 병작지가 없는 경우를 의미한다. X값 '-0.1~0'과 Y값 '-0.1~0'을 동시에 갖는 경우는 '無農'임을 의미한다.

〈그림 3〉 자작-전답 면적별 가호의 분포

경우 전반적으로 자작지가 우세하게 나타난다. 그러나 좀더 구체적으로 볼 때, 자작지가 넓은 경우 상대적으로 병작지에 대한 의존이 적은 반면, 자작지가 적은 경우에는 상대적으로 넓은 병작지를 경영하는 경향이 나타난다. 이는 충분한 자작지가 없는 경우 차지경영을 통하여 안정적인 농업경영을 확보하려는 경향이 강했음을 보여주는 것으로, 양반A의 경지면적에서 50부 이하의 소·빈농층이 적었던 이유이다.

1결 이상의 전답을 경영하는 49호 가운데 11호의 평민호가 존재한다고는 하지만, 역시 부농의 주류를 구성했던 것은 30호에 달하는 양반A였다. 이 가운데 반수인 15호는 병작지가 없이 자작경영만으로 1결 이상을 확보하고 있었으며, 자작경영만 2결이 넘게 하는 경우도 4호(A)가 존재했다. 이들은 죽평의 양정호호와 오정대호, 당천의 김백종호, 대구곡의 이동식호로 2채(旨) 5간(間) 이상의 가옥을 보유하였으며, 김백종호의 경우는 3채 11간의 가옥에 거주하였다. 이들의 가족구성은 호주 내외와 자녀 또는 부모의 형태로 3~5구의 규모였으며, 가족노동력은 2~3구에 불과한 상황이었다. 이 상황에서 2결이 넘는 농업경영의 주된 노동력은 우마와 예속인이었다. 이동식호의 경우 2필의 소와 1명의 노를 보유하고 있었으며, 다른 3호의 경우에는 모두 1필의 소와 3명의 노비를 각각 보유한 것으로 나타난다.

양반A의 전답경영에서 볼 수 있는 또 다른 특징은 넓은 토지를 소유·경작하고 있으면서도 병작을 통하여 경영을 확대하는 경우가 다수 존재한다는 것이다. 이것이 양반A에 있어 자작농의 비중이 적고 자병작농의 비중이 높았던 배경으로, 이같이 특히 1결 이상의 토지를 소유·경작하면서도 병작을 겸하는 모습은 양반B나 평민에서는 거의 나타나지 않는 모습이었다. 이 가장 대표적인 예가 당천의 서종갑호(a)로 자기소유의 전답 1결 91부 8속을 경작하고 있음에도 30부의 답을 병작경영하고 있다. 서종갑호는 3채 9간의 가옥에 거주하였으며, 직계가족 6명 외에 3구의 고노와 노비가 있었고, 소도 한 필을 보유하고 있었다. 이 역시 가족노동력에 예속인과 우마를 통하여 2결 이상의 토지를 경영하고 있었다.

양반A에서는 자작지에 못지않은 병작지의 확보를 통하여 경영을 확장하는 경우 역시 존재했다. 죽평 김광협호(b)의 경우, 1결 6부 5속의 자작지를 경영하고 있으면서도 72부 2속의 병작지를 추가로 경영하고 있다. 병작지 중 11부는 같은 서면의 "송노귀산(宋奴貴山)"의 전으로 역시 양반A지주로부터의 차지(借地)였고, 나머지 61부 2속은 선암사 승려의 답이었다. 4명의 가족과 1명의 노, 1필의 관우(官牛)가 존재했다.

반면 대구곡의 김우한호(c)와 같이 병작지가 경영의 중심이 되는 경우도 소수이긴 하지만 존재했다. 김우한호는 8부 7속의 전만을 자작지로 경영한 반면, 1결에 가까운 99부 3속의 전답을 병작경영하고 있다. 병작지의 지주는 곡성의 이만창, 향교(校三), 구례의 이노귀업(李奴貴業), 대흥사로 다양하였으며, 부부내외의 2인 가족과 1구의 비, 1필의 세우(貰牛)를 통하여 경영이 이루어졌다.

그래프 ②를 통하여 살필 수 있는 양반B의 모습은 양반A와는 사뭇 다르다. 자작지의 우세현상은 동일하나, 분포 범위가 상대적으로 좁게 나타난다. 상대적으로 넓은 자작지를 경영하는 경우 병작을 통한 경영의 확대현상이 양반A에 비하여 상당히 적다는 점도 특징적이다. 80부의 자작지 경영을 기준으로, 그 이상의 자작지를 경영하는 농민층에서 병작을 겸하는 사례가 단 한 건도 없다(B)는 점이 이를 단적으로 보여준다 하겠다. 반면 그 이하의 토지만을 소유·경영하는 경우에는 병작을 통하여 경영을 확대하는 경우가 많은데, 이 경우 단 하나의 사례를 제외한 모두가 1결 이내로 제한되는 모습을 보여준다. 이것은 이들의 차지경영이 자작지의 경영으로는 부족한 부분을 보완하기 위한 것임을 의미한다. 바로 이것이 〈표 8〉에서처럼 양반B 호의 대다수가 자작농과 자병작으로 구성된 배경이다.

자작과 병작을 통하여 경영을 1결 이상의 규모로 확장시킨 유일한 예외가 산직의 이산봉호(d)이다. 이산봉호는 2채로 구성된 6간규모의 초가에서 거주하고 있었으며, 79부의 자작지 외에 1결 8부 9속의 병작지를 추가, 1결 87부 9속의 넓은 전답을 경영하였다. 병작지는 총 5인의 지주로부터 빌렸으며, 양반A(鄭奴明吉)와 평민(조바위[嚴回]), 사찰(香林寺三, 大興寺三) 등이 망라되었다. 가족은 호주 내외와 3명의 자녀로 구성되었고, 단 1명의 고노(雇奴)만이 존재했으나, 2필의 자기우를 통하여 부족한 인력을 보충하였다. 이와 같은 이산봉호의 경영형태는 자작과 병작을 겸영(兼營)함으로써 부농으로 성장한 '경영형 부농' 가운데서도 병작경영의 비중이 높은 대표적인 사례 가운데 하나라 하겠다.

평민호의 자작-병작지 경영의 분포 현황은 그래프 ③을 통하여 파악할 수 있다. 양상은 대체로 양반B호의 분포와 유사하다. 역시 자작지의 우세현상이 두드러지며, 분포범위에 있어서도 양반B호와 대략 동일한 범위 내에 분포한다. 상대적으로 넓은 자작지를 소유·경영하는 농민의 병작 겸영이 드물다는 점도 역시 양반B호와 마찬가지인데, 자작면적 70부를 기준으로 그 이상의 자작지를 보유·경영하는 농민층의 대부분은 순자작농(C)으로 나타난다. 70부 이하의 상대적으로 좁은 자작지를 보유·경영하거나 자작지가 없는 경우, 병작을 통하여 경영을 확대하는 경우가 많고, 3건의 예외를 제외하고는 역시 1결 이내로 제한되고 있다는 것도 유사하다. 이들의 차지경영 역시 양반B와 마찬가지로 자작지의 경영으로는 부족한 부분을 보완하기 위한 것임을 의미한다. 양반B의 분포와 비교해 가장 큰 차이는 자작지를 소유하지 못한 무전(無田)농민이 54호로 평민호 전체의 1/4 이상 존재했다는 사실이다. 그리고 이 가운데 반이 넘는 28호는 경작할 자작지뿐 아니라 병작지도 가지지 못한 무전무전(無田無佃)농민(D)으로 존재하였다. 따라서 이들의 농업경영의 유형은 자작농과 자병작농이 다수를 구성하는 가운데, 병작농과 무농의 비중이 다른 신분에 비해 월등히 높게 나타나게 된다.

평민호가 기층 신분임에도 불구하고 1결 이상의 전답을 경영하는 부농호가 11호로 전체 부농호의 22.4%에 달한다. 이들의 경영 유형은 순자작의 형태(C의 위부분), 자작경영이 중심이 되는 가운데 병작경영이 부분적으로 추가된 형태(e), 자작지와 병작지의 비중이 거의 대등한 형태(f), 병작경영만으로 1결 이상을 경영하는 형태(g) 등 다양하다.

평민호에서 가장 넓은 면적을 경영하는 호는 당천의 박검수호(e)이다. 2결에 가까운 1결 93부 2속의 전답을 경작하고 있으며, 대부분인 1결 82부 2속이 자작지이고 병작지는 11부에 불과하다. 거주하는 가옥은 2채로 구성된 7간의 초가이고, 호주내외와 자녀를 합하여 6구로 구성되었다. 예속인은 보유하지 않았으나 소 1필을 소유, 가족노동력과 소가 기본노동력이 되었음을 알 수 있다. 그런데 박검수호는 당시 뚜렷한 신분상승의 징후가 나타나고 있었다. 두 아들의 직역이 '정병(正兵)'과 '조방군(助防軍)'으로 일반 군병이고, 차자의 이름이 "큰아기(大卩惡)"인 점 등에 주목할 때, 해당 호의 신분적 지위가 평민임은 분명해 보인다. 그러나 동시에 박검수가 "절충(折衝)"의 직(職)을 지니고 있었고 처가 "최성(崔姓)"으로 나타나는 등 양반B이상의 신분으로 판단할 수 있는 요소들도 존재하였다. 박검수호는 아마도 경제력을 기반으로 하는 "절충"의 납속직(納贖職)을 획득하고 혼인 등을 통하여 신분상승을 도모하였다고 추정된다.

덕진의 한만세호와 교곡의 김진구호는 대등한 규모의 자작과 병작 겸영을 통하여 경영을 1결 이상으로 확대한 경우(f)이다. 한만세호는 62부의 자작지에 50부 6속의 병작지를 추가, 총 1결 12부 6속의 전답을 경작하였다. 호주내외와 두 자녀로 구성된 네 식구가 초가 3간에 기거하였으며, 예속인이나 우마는 보유하지 못하였다. 앞선 사례와 비교할 때, 경작규모에 비해 활용가능한 노동력이 상당히 빈약한 상태라 할 수 있다. 김진구호는 45세로 "병장(兵匠)"의 직역을 지니고 있었으며, 33세의 부인 및 2세의 딸과 함께 꽤 큰 규모인 6간의 초가에 거주하였다. 예속인은 없었으나 소를 한 마리 가지고 있어, 부부노동력과 소를 기본 노동력으로 농업을 경영하였다. 경작면적은 1결 5부 2속으로 56부 2속이 자작지였고, 49부가 병작지였다.

오병곡의 김원재호(g)는 자작지 없이 1결 41부 7속의 병작지를 경작하는 경우이다. 2채 6간의 초가에 호주 내외와 세 자녀가 기거하였으며, 1필의 소를 소유하였다. 병작지의 소유자들은 총 6인으로 모두가 서면에 거주하였으며, 각각에게서 임차한 전답의 규모도 큰 차이를 보이지 않았다. 소유자별 병작지는 각각 박노일금(朴奴一今) 전 30부 3속, 박노송분(朴奴宋分) 답 30부, 사노(私奴)일금 답 20부, 사노금산 답 11부 4속, 고사승(古寺僧) 종안 답 25부, 면답(面畓) 25부이다.

이상으로 신분별 경작형태의 현황을 살피면서 1결 이상의 전답을 경작하는 부농 8개 호의 사례를 함께 검토하였다.[33] 이들의 경작 유형은 자작지만을 경영하고 있는 "지주형 부농"과 함께 자작과 병작을 겸영 또는 병작경영만을 하고 있는 "경영형 부농"으로 크게 나누어 볼 수 있다. 그리고 이른바 "광작"이라 할 수 있는 2결 이상의 전답을 경작하는 부농도 일부 존재하였다.

부농의 농업경영에 있어 『가좌책』을 통해 확인할 수 있는 기본 노동력은 부농의 가족노동력 외에 부농이 소유한 노비·고공 등의 예속인과 우마였다. 그러나 이 외에도 『가좌책』에는 부농의 농업경영에 노동력을 제공할 수 있는 존재로서 빈농과 무전무전농민의 존재가 확인된다. 25부 이하의 전답을 경작하는 빈농은 71호로 317호의 22.4%에 달했는데, 다수인 62호(87.3)가 평민신분이었으나, 양반A와 양반B에도 각각 4호씩이 존재하였다. 농업노동자의 초기적 형태라 할 수 있는 무전무전농민, 즉 무농도 31호(9.8%)가 존재하였다. 이 역시 다수인 28호(90.1%)가 평민이었으나, 양반A와 양반B에도 2호와 1호가 존재하였다. 이들 빈농과 무농을 합친 수는 102호로 순천부 서면의 3호 중 1호는 빈농 또는 무농이었다.

71호의 빈농은 66호가 초가 3간 이내의 가옥에 거주하였으며, 2호가

---

33) 이 글에서 부농의 기준으로 삼은 1결의 면적은 대략 17,927㎡(5,423평)로 추정되며, 斗落으로는 36두락 정도로 추정된다. ㎡(평)로의 환산은 4등전의 토지를 기준으로 한 것으로, 보다 자세한 사항은 앞의 주 23)을 참조할 수 있다.

4간, 3호가 5간의 초가에 거주할 따름이었다. 가족의 구성에 있어서는 62호가 3구 이내였으며, 나머지 9호는 4~5구로 구성되었다. 예속인을 보유한 호는 없었다. 자기 소유의 소와 세우를 1필씩 보유한 호가 5호씩 존재했으며, 이 외에 4호가 송아지를, 2호가 군마를 기르고 있었다. 28호의 무농은 주막을 운영하는 와부등의 이세완호만 2채 5간의 초가에 거주하고 있을 뿐, 나머지 27호는 초가 3간 이내의 가옥에 거주하였고,[34] 초가 3간의 규모도 단 2호에 불과할 정도로 거주상태가 열악했다. 이들의 가족구성은 1구가 4호, 2구가 17호, 3구가 6호였으며, 3구를 넘어가는 경우는 4구로 구성된 단 1호만이 존재했다. 예속인을 보유한 호는 역시 존재하지 않았고, 어떠한 형태의 우마라도 보유한 경우 역시 단 1호도 존재하지 않았다. 이 가운데는 무전무전 농민의 상태를 가장 단적으로 보여주는 2호의 "개걸"호가 포함되어 있다.

이와 같은 빈농과 무농은 자신들의 농업경영을 통해서는 생계를 유지하기 어려운 계층으로, 자신들의 노동력을 타인에게 제공함으로써 생계를 유지·보완해 갔을 것이다. 그리고 이들의 노동력을 주로 활용한 이들은 바로 부농이었을 것이다. 『가좌책』에서 확인할 수 있는 1결 이상의 농업을 경영하는 부농은 49호로 전체의 15.5%나 차지했지만, 빈농과 무농을 합한 102호에 비해서는 절반에 불과했다. 이들 부농들은 자신의 가족과 자신이 보유한 노비·고공 등의 예속인과 우마를 기본 노동력으로 활용하였고, 그래도 부족한 노동력은 일대에 풍부하게 존재한 빈농·무농 등의 노동력을 활용하여 보충할 수 있었기 때문에 자작 및 병작을 통하여 확보한 1결 이상의 넓은 전답을 직접 경영할 수 있었던 것이다.

---

34) 이 가운데는 公需廳과 洞廳에 협거하는 2호와 규모를 기록하지 않고 "酒幕"이라고만 표기한 1호가 포함된다.

맺음말

조선후기의 한국사회는 양란의 폐허를 딛고 농업생산력이 발전하는 가운데 농민의 계층분화가 진행되어 가던 시기였다. 이앙법과 새로운 벼품종의 보급, 보다 진보한 농업기술의 습득 및 수리시설의 확충 속에서 삼남지역을 중심으로 논농사가 본격화되어 갔으며, 경작지에서 답이 차지하는 비중이 급격히 증가하였다. 논농사는 밭농사에 비해 안정성의 측면에서는 약점이 있지만, 그 위험성을 감내할 만큼 높은 생산력을 보여주었다. 또한 조선전기까지 유지되던 과전법체제가 종말을 고하면서 맞이한 전후의 재건은 토지소유구조의 재편을 동반하고 있었다. 이러한 상황 속에서 조선후기에는 전반적으로 농민들의 토지소유와 경영이 하향평준화되면서 소수의 지주와 부농들에게 농지의 소유와 경영이 집중되는, 토지의 소유와 경영에 있어서의 양극화가 진행되고 있었다. 이와 같은 조선후기 농업의 방향성은 형태상의 측면에서 지주-소작관계에 기초한 지주의 성장과 농민의 소작농으로의 전락을 의미한다.

『순천부서면가좌책』을 통해서 볼 수 있는 18세기 후반 순천부 서면의 양상은 당시의 농업과 소유 및 경영 구조를 이해하는 데 도움을 준다. 우선 눈에 띄는 것은 생각보다 우수한 우마의 보급 상황이었다. 대체로 2호 중 1호 꼴로 우마를 보유하고 있었으며, 신분별로 차이를 보이고는 있으나, 평민호에 있어서도 3호에 1호 정도는 우마를 보유하고 있을 정도로 축력의 보급상태가 양호하였다.

농업경영에 있어서는 소수의 부농들이 존재하고 있음을 확인할 수 있었다. 부농들은 경작지의 유형에 따라 자작지만을 경영하고 있는 "지주형 부농"과 함께 자작과 병작을 겸영 또는 병작경영만을 하고 있는 "경영형 부농"으로 구분할 수 있었다. 이들의 농업 노동력은 기본적으로 가족노동력에 노비와 고공 등의 예속인과 우마가 포함된다. 그러나 이 외에도 부농에게 농업노동력을 제공해야 생계가 가능한 빈농과 무전무전(無田無佃)농민들도 상당수가 존재하였는데, 이들이 차지하는 비중은 전체의 1/3에 달하고 있었다. 이들의 90% 정도는 평민이었으나, 나머지 10% 정도는 양반 또는 양반에 준하는 신분의 농민으로 나타나 신분과 토지소유 및 농업경영과의 상관성이 약해지는 상황을 보여주고 있었다.

이와 같은 상황 속에서 조선의 양반들은 일부는 하층농민으로 전락하기도 하였지만, 일부는 지주로서의 경제적 지위를 획득하면서, 사회·신분적 지위와의 결합 속에서 양반지주로서의 위상을 강화시켜나가기도 하였다. 특히 특정 지역에 오랜 기간 세거해 온 유력 양반들은 자신의 사회, 정치적 권력에 지주로서의 경제적 권력을 결합시키면서 지역에 군림하기도 하였다. 이와 같이 조선후기에 본격적으로 성립한 유력 양반지주들은 조선후기와 대한제국기, 일제강점기를 거치면서도 그 지역의 사회, 정치, 경제적 유력자로서의 지위를 상당 부분 유지해 간다. 그러나 구체적인 모습과 성격에 있어서는 지속적으로 변화해 가고 있었다.

이 책에서는 조선후기로부터 일제강점기까지 양반지주들의 농업경영과 경제생활을 검토하기 위하여 두 양반가문을 우선적으로 검토하였다. 하나는 경기도 군포의 속달지역에 세거해 온 동래정씨가이고, 다른 하나는 전라도 영광의 외간지역에 세거해 온 연안김씨가이다. 두 가문 모두 조선시대 중앙 관직자를 일정하게 배출해 왔고, 지역 내에 경제적 기반을 안정적으로 확보하여 운영해 온 집안이었다. 두 가문은 문중 내에서도 중심적 역할을 수행해 왔는데, 동래정씨가는 조선전기의 명신으로 꼽히는 순성좌리공신 동래부원군 정난종을 불천위로 모시는 동래정씨가문의 종택이었고, 연안김씨가는 영광의 연안김씨 가운데 외간입향조의 종손가문이자 중앙관직 및 경제력의 측면에서 영광과 일대의 연안김씨문중의 중심이 되었다.

그러나 두 가문은 세거해 온 지역 내의 기원과 지위에 있어서 중요한 차이가 존재했다. 정난종 종택은 정난종이 속달 인근을 사패지로 받고, 정난종의 사후 분묘를 조성하고 그 장자인 정광보가 이곳에 터를 잡으면서 세거하기 시작하였다. 정광보가 자리잡은 것이 1500년경으로 지금으로부터 500년을 세거해 온 것이고, 속달은 종택을 중심으로 강고한 씨족마을이 형성되었다. 예전에 거주하던 토성은 동래정씨의 입향과 함께 인근 다른 동리로 이주하였고, 속달은 종택을 중심으로 동래정씨들과 그 소작인 등으로 구성된 동래정씨의 마을로, 종택은 사실상 속달의 주인으로 존재하였다.

반면 연안김씨가가 외간에 터를 잡기 시작한 것은 17세기 전반 김인택 대에서였다. 그 아버지 김영이 영광의 수령으로 부임해 온 중부 김세공을 따라와 영광 불갑면에 터를 잡았으나, 임진왜란을 거치면서 가족이 이산하였고, 이후 셋째아들 김인택이 외간에 흘러들어 세거하기 시작한 것이다. 상황이 이렇다보니 동래정씨가와는 처지가 상당히 달랐다. 나름 생원·진사시와 문·무과의 합격자를 내는 등 지역의 명문가로서 자리잡아가기는 하였지만, 사회, 정치, 경제적으로 지역을 대표하는 지위에 오르기까지는 많은 시간이 필요하였다. 특히 경제력의 측면에서 일대의 주요 지주로 발돋움한 것은 상당히 늦은 19세기 후반에 들어서였으니, 동래정씨가와는 많은 차이를 보인다고 할 수 있다.

이러한 두 가문의 지역 내 지위와 상황의 차이는 경제활동을 비롯한 두 가문의 존재양식에도 상당한 차이를 가져오게 되었다. 조선후기와 대한제국기를 거쳐 일제강점기까지, 동래정씨가의 활동이 대체로 속달의 주인으로서 속달과 문중의 경영이란 측면에 초점을 맞추고 있었다면, 연안김씨가는 경제주체로서의 적극적인 활동을 통한 자산의 운영과 확장의 측면이 강조되고 있었다.

　연안김씨가는 조선후기, 특히 19세기 후반 이래 공격적인 경제활동을 통하여 토지를 확장해 가고 있었다. 그 중심에는 전답의 매득이 놓여 있다. 당시 흉년의 생계나 납세, 채무 등의 이유로 전답을 내놓는 농민들을 대상으로 토지를 적극 매득하였고, 해당 토지들은 소작경영을 확장해 가면서 경영하였다. 이는 연안김씨가의 입장에서는 점차 대지주가 되어감을 의미하고, 농민의 입장에서는 소작농이 되어감을 의미했다. 이때 토지매득을 위한 자본의 상당부분은 종계의 운영을 통하여 확보하고 있었다. 종계를 설립하여 계전을 확보하고, 해당 계전의 식리활동을 통하여 자본을 확장해 나갔다. 이때 계전의 식리 대상이 된 다수는 농민들로서, 상환해야 할 원리금의 대가로 보유 토지를 방매하는 경우도 적지 않았다.
　연안김씨가의 공격적 경제활동은 토지조사사업 속에서도 위축되지 않았다. 1900년경 황인수란 인물과의 산송 와중에 문서의 불리로 인하여 투옥까지도 당했던 경험에서인지, 연안김씨가의 경제활동은 항상 철저한 문서주의에 근거하고 있었다. 매매문서의 내용에서부터 해당 매매를 증명하기 위한 구문기와 수표 등의 확보, 필요한 경우 면장이나 이장 등의 공증, 전통적인 매매문기와 새로운 매매계약서의 동시 작성, 그리고 제도화된 문서규칙에 대한 완벽한 적응까지, 연안김씨가의 문서활동은 매우 철저하게 이루어지고 있었다. 각각의 토지조사사업의 단계에서도 결수연명부의 확인, 토지소유권보존증명신청이나 토지표시변경등기신청, 토지대장의 확인 등 철저한 공부의 확인과 문서의 제출과 증명을 통하여 격동기 토지소유권의 확보에 별다른 차질 없이 대응해가고 있었다.
　일제강점기 들어서도 연안김씨가의 매득을 통한 전답 확대 노력은 지속되었다. 토지매득의 과정 가운데 눈에 띄는 것은 유질계약을 통한 토지의 획득이었다. 이는 농민에게 토지를 담보로 금전을 대여하되, 정해진 기한에 상환하지 못했을 때 해당 토지로 변제하는 방식이었다. 일제강점기에는 종계의 운영은 상당히 감소하였고, 자본의 마련은 금융기관에 대한 부동산담보대출을 통하여 주로 이루어지고 있었다. 이때 연안김씨가의 주요 채권자가 된 금융기관은 동양척식주식회사와 조선식산은행이었고, 연안김씨가 대출한 자산은 총독부당국의 정책 금융상품이었다.

연안김씨가가 대규모 부동산담보대출을 일으킨 것은 토지매득을 위한 것만은 아니었다. 1920년 즈음이 되면서 연안김씨가는 상업자본에 투자자로 참여하는 한편, 스스로가 상업자본가가 되려는 시도를 하였다. 1919년 제주물산주식회사의 지분 참여를 비롯하여, 1920년에는 호남물산주식회사의 창립에 참여하였다. 1922년에는 합자회사 일신상회와 협력하여 전남진흥관의 창립을 주도하였고, 또한 합명회사 정읍상업조합을 다른 6명과 함께 자본을 출자하여 창립하기도 하였다. 그러나 대지주로서의 사회, 경제적 지위와 자본력을 가지고도 상업자본으로의 진출은 용이하지 않았고, 대부분 실패로 귀결되었다.

반면 동래정씨가에 있어서는 일제강점기 이전까지 연안김씨가와 같은 공격적 경제활동이 두드러지지 않는다. 정난종이 속달과 인근을 사패지로 받은 이래로 이들 토지는 종택의 주요 경제적 기반이 되었다. 그리고 속달과 인근을 중심으로 하는 전답의 보유현황은 큰 변화를 보이지 않고 있었다.

동래정씨가에서 두드러진 것은 지주로서의 농업경영보다는 오히려 속달의 주인으로서 지역의 경영이었다. 속달의 주민들은 대부분이 동래정씨 구성원이거나, 그 작인들이었다. 또한 속달의 토지는 대부분이 종택을 비롯한 동래정씨 소유였다. 이러한 상황에서 종택은 동래정씨의 구심점이자 속달의 주인으로서 속달의 대소사를 주관하여 운영하고 있었던 것이다.

그것은 마을의 질서를 유지하고, 관혼상제 등의 운영과 부조에서부터 결세와 호세 등 공납의 운영과 납부 등에까지 걸쳐 있었다. 이러한 마을 운영은 단지 종택의 독단에 의한 것은 아니었으며, 종택과 동래정씨를 중심으로 하는 동계의 운영을 통하여 뒷받침되고 있었다.

종택의 경제적 지위와 사회적 지위, 그리고 문중 내에서의 위상으로 말미암아 종택의 사건은 단지 일가의 일로 끝나지 않았으며, 때로는 심각한 내외의 갈등과 위기를 야기하기도 하였다. 19세기 후반 종손인 정학묵의 아들과 손자의 대가 연거푸 끊어지면서 제사의 대가 끊길 위기에 처하자 정규선이 양자로 들어오게 되는데, 이를 둘러싸고 문중 내외의 갈등이 심각하게 야기되었다. 내부의 갈등은 종권을 둘러싼 것으로, 사실상 종택의 사회, 경제, 정치적 지위를 둘러싼 갈등이었다고 할 수 있다. 그리고 외부와의 갈등은 이 와중에 본가로 돌려보내진 정학묵의 며느리 한양조씨 집안과의 갈등으로, 한양조씨의 생계비 등으로 말미암은 경제적인 갈등이었다.

이와 같은 내외로부터의 갈등에도 불구하고 정규선은 종택의 가장이자, 문중의 종손, 속달의 주인으로서의 역할을 훌륭히 수행해 나갔다. 토지조사사업을 당하여 속달전체의 사업을 진행해 나갔고, 동시에 이제까지 종택에서 관리하던 토지를 개인들의 명의로 전환하면서 종택의 토지조사에 대해서도 차질없이 대응해 나갔다.

종택의 속달에서의 지위와 역할은 일제강점기에 들어서도 여전하였다. 속달과 인근의 최대 지주로서의 지위는 전과 다름없었고, 영향력 역시 유지되었다. 그러나 마을주민들과의 종적관계를 통하여 실질적인 마을의 주인으로서 존재하던 이전의 지위는 상당부분 마을을 대표하는 유지로서의 지위로 대체되어 가고 있었다. 하지만 그것이 완전히 포기된 것은 아니며, 속달의 작인 및 인근의 작인들과 관계를 이어감으로써 연장되어 가고 있었다.

일제강점기에 들어서 종택 역시 새로운 경제활동의 면모를 보여주고 있었다. 연초와 주조사업을 꾸려나가기도 하였고, 국유미간지에 대한 개간을 통하여 전답을 확대해 가기도 하였다. 무엇보다도 음성 일대의 17만여 평의 토지를 획득한 것도 이 시기였다. 당시 종택은 1932년부터 1942년에 걸쳐 조선식산은행으로부터 4차례에 걸친 대규모 대출을 받았다. 이는 토지의 획득자금 및 사업자금의 충당을 위한 것으로 여겨지며, 두 번째 부터의 대출은 이전 대출의 연장 성격이 강했다. 그러나 마지막 1942년에는 조선식산은행으로부터 받을 수 있는 대출액수가 이전의 절반수준으로 감소하였으며, 이에 따라 개인에게 보다 불리한 조건의 대출을 받을 수밖에 없는 상황에 놓이기도 하였다.

일제강점기에 종택은 마을을 대표하는 유지로서 당시 민관의 각종 현안에 참여하였으며, 때로는 그것이 강제되기도 하였다. 그 가운데 가장 역점을 두고 활동한 분야는 교육활동이었고, 동계의 연장인 상계의 운영 역시 이루어지고 있었다. 다른 한편, 문중에서의 역할도 확장되고 있었다. 동래정씨 중 익혜공 정난종의 주손이자 창원공 정광보의 종손으로의 지위와 함께 동래정씨 대종중에서의 활동까지 수행하고 있었던 것이다. 보다 구체적으로는 대동보소와 종약소의 주요 임원으로 활동하였는바, 이는 정규선과 그 아들인 정세진에게까지 이어지면서 일제강점기 기간 동안 지속되어졌다. 그러나 전체적인 흐름을 통해 볼 때, 일제강점기 이전까지의 종택이 말 그대로 동래정씨 정난종 종택으로서 전답 및 재산을 관리하고 속달을 운영해 왔다면, 일제강점기에 들어서면서부터는 개인으로서의 지위와 역할이 점차 등장하기 시작하였다고 할 수 있다.

선교장의 경우 18세기 중엽 강릉에 정착한 이래 적극적인 경제활동을 통하여 급격하게 지주경영을 확대해 갔다는 점에서 연안김씨와 유사하다고 볼 수 있다. 선교장은 강릉 정착 이후 급속히 성장해 가지만, 유난히도 손이 귀해 이로 인한 지속적인 위기가 거듭 발생하고 있었다. 이 위기를 선교장은 거듭되는 형제 간의 입후를 통하여 극복해 나갔고, 이를 통하여 보다 안정적으로 경제력을 유지, 확장해 나갈 수 있는 동력을 확보하였다. 형제 간 분가를 억제 및 연기함으로써 분가를 통한 재산의 분할을 최소화할 수 있었던 것이다. 결국 이를 통하여 선교장의 경제력이 큰 위축 없이 지속적으로 유지, 성장할 수 있었고, 선교장을 중심으로 하는 전주이씨가의 결속을 강고하게 유지해 나갈 수 있었다.

선교장 역시 노비에 대한 비중이 감소하고 전답에 대한 비중이 증가하는 조선후기 지주제의 일반적인 양상에서 크게 벗어나지 않는다. 조선후기가 진행되면서 노비의 도망이 점차 증가하였고, 양반관료를 비롯한 지주계급이 노비보다 전답의 소유에 집중하는 양상이 보편적으로 전개되었다. 선교장 역시 19세기에 접어들면서 전답의 매득에 보다 집중하면서 노비는 감소하는 반면, 소유토지의 증가가 보다 두드러지게 나타나고 있었다.

선교장 지주경영의 중심은 역시 전답의 소유와 지주-소작관계에 기초한 토지의 지주제경영이었다. 그리고 지주경영을 확대할 수 있었던 주요 배경은 적극적인 매매를 통한 토지의 확대였다. 그러나 구체적인 양상을 보면 연안김씨와는 다소 차이가 있음을 확인할 수 있다.

선교장 토지 매득의 가장 중요한 형태는 한 지역에 집중되어 있는 전답 및 산지를 매입하면서, 해당 토지에 부속되는 건물과 나무까지 함께 대량으로 매입하는 방식이었다. 이러한 대형의 복합매매는 선교장 인근을 대상으로, 인근의 지주와의 사이에서 이루어졌다. 이 같은 방식의 부동산 매득은 18세기 중후반과 19세기 후반에 집중적으로 발생하였으며, 선교장이 어떻게 기틀을 마련하여 확장해 나갔는지를 보여주면서 동시에, '장원'으로서의 선교장이 성립된 배경을 잘 보여준다.

그 밖의 토지 매득에 있어서도 선교장의 특징적인 모습을 확인할 수 있다. 조선후기 지주들의 토지 집적은 대체로 몰락하는 영세 농민의 소규모 토지를 헐값에 매입하는 것이 전형적인 형태이다. 그러나 선교장은 상대적으로 안정적인 사회경제적 신분의 토지소유자를 대상으로 적극적인 토지

매득에 나서고 있었다. 주로 매득을 통해 토지를 확대한 결과, 선교장의 전답 규모는 18세기 말 1,737두락에서 19세기 후반 1만 61두락으로 5.8배나 증가하였다. 그 대부분의 토지는 선교장 일대에 소재하였고, 새로 증가하는 전답의 대부분도 선교 일대에 소재함으로써, 선교장은 재지지주의 성격을 명확히 하고 있었다.

전에 비해 답에 집중하는 선교장의 지주경영은 조선후기 지주경영에서 보편적으로 나타나는 모습이었고, 이는 답의 생산물인 미곡의 상품가치가 전곡에 비해 높았던 이유도 있었지만, 지대로 수취하는 액수 자체도 답이 전에 비해 상당히 높았기 때문이기도 했다. 선교장의 지대는 답이 전에 비해 1.5~2배 정도 높았고, 시간이 갈수록 지대율이 높아지면서 전에 비해 답의 지대가 더 큰 폭으로 증가하는 경향을 보여주고 있었다. 그럼에도 19세기 중후반 답의 평균 지대액이 두락당 4.4두 정도로 선교장의 지대액은 다른 지역에 비해 낮은 수준에서 책정되고 있었다. 결국 선교장은 강원도 지방에서는 드물게 논농사가 우세한 강릉에서 논을 중심으로 토지를 매득하여 경영하였으며, 미곡 중심의 지주경영을 통하여 보다 유리한 입장에서 지주경영을 영위, 확대해 나갔던 것이다.

지역의 유지이자 대지주로서 세 가문과는 달리, 고창의 황상익가는 중소지주로서 일제강점기에 급속한 성장을 이뤄낸 경우이다. 대표적인 대일본 미곡수출항이었던 군산항의 배후지인 고창지역에서 황상익가의 토지소유는 1915년 140두락 정도에서 1933년 1,693두락으로 3.6배 성장하고 있다. 이렇게 확대된 토지는 소작을 통하여 경영하였으며, 반분타작보다는 정액제에 의한 방식으로 운영하였다.

황상익가는 토지의 소작경영과 함께 종계의 자산을 방채함을 통해서도 수익을 올려가고 있었다. 그런데 이때 계전을 차용하는 이들의 다수는 황상익가의 소작인들이었다. 이들 작인들은 동시에 황씨가의 피고용인으로 황씨가의 잡역이나 농사에 삯을 받고 동원되기도 하였다. 결국 황씨가의 소작인들은 황씨가와 지주-소작의 기본적인 생산관계 이외에 채무와 고용 등의 중첩된 경제적 관계를 맺고 있었으며, 황씨가는 이를 통하여 농민들에 대한 예속상태를 안정적으로 유지하면서 지주경영을 안정적으로 발전시켜 나갈 수 있었다.

연안김씨가와 동래정씨가, 그리고 황상익가에 이르기까지 일제강점기는 이제까지의 지주로서의 지위를 바탕으로 지주경영을 강화해가고, 나아가 새로운 도약을 시도할 수 있었던 시기라고 할 수 있다. 그러나 그것이 용이하지는 않았다. 연안김씨가가 상업자본에 진출하려던 시도는 성공하지 못하였고, 많은 물적 손실을 안겨주었다. 동래정씨가 역시 1942년에는 이전의 대출을 유지하지 못하여 불리한 조건으로 거액의 대출을 받아야 하는 상황에 놓이고 있었다. 황상익가 역시 1930년대 들어서면서 경제력이 급속도로 위축되는 바, 성장을 일구어 낸 황상익의 사망으로 인한 것임과 동시에, 조선의 식민정책에서 미곡생산기지로서의 조선의 역할이 소멸해감에 따른 결과이기도 하였다.

양반지주층은 전통시대인 조선시대 지배엘리트로서의 사회적 지위를 지닌다. 그들 중 다수는 대한제국기를 거쳐 일제강점기까지도 그 지위를 유지하였다. 또한 상당수는 역할과 비중이 현저히 감소했을지라도, 해방 이후 현재까지도 일정하게 그 지위를 지속해왔다. 이 글은 이와 같이 시대와 시대를 계속하여 연속적으로 존재한 양반지주층을 대상으로 그들의 토지에 대한 소유관계와 농업경영이 어떠했고, 각각의 중요한 시대적 국면 속에서 어떻게 대응하였으며, 자신들의 생산관계를 어떻게 변화시켜 나갔는지를 검토하려 하였다.

이 연구는 조선시대의 사회·경제적 지배층이었던 양반지주라는 역사적 주체가 어떻게 존재하였고, 식민지기 일본제국주의라는 새로운 지배권력 하에서 자신의 사회·경제적 토대를 유지하기 위하여 어떻게 대응하였고, 그 전개가 어떠하였는지를 검토하고자 하는 의도에서 비롯되었다. 이를 통하여 한국사에서 일제강점기의 성격과, 나아가 한국사회의 근대성에 대한 시사점을 얻지 않을까 기대하였다. 또한 본 연구는 전통시대인 조선시대의 지배엘리트계층으로만 간주하였던 양반지주층의 근대이후의 궤적을 추적하여 한국 근대사회 지배엘리트층의 기원과 성격에 밝히는 데도 기여를 할 수 있으리라 생각했다.

이 책을 세상에 내놓는 지금, 처음의 의도에 비해 성과는 부끄러운 수준이다. 지난 십여 년 동안 각 가문에 세전되어 온 수천 점의 고문서들을 파헤치며 수많은 퍼즐을 맞추고, 그것을 바탕으로 장기간에 걸친 양반지주가의 경제생활을 재구성해 왔다. 이 책은 그 결과물이다. 비록 연구를 시작한 최초의 의도에 부응하기에는 부족하지만, 이 책에 실린 이야기들을 통하여 우리의 근대이행기 사회상의 이해에 조금이나마 도움이 되기를 바라는 마음이다. 더불어 조금이라도 더 애초의 목표에 가까이 도달할 수 있도록 앞으로도 계속 고문서의 숲을 헤매어 보고자 한다.

1. 자료

軍浦 速達 東萊鄭氏 東萊府院君 鄭蘭宗 宗家 典籍(장서각 기증, 장서각 MF 35-012288~
    012322, 35-012469~012482).

靈光 延安金氏 典籍(영광군 군남면 梅硐堂宗宅 소장, 장서각 MF 35-009445~009453,
    35-009637~009652).

江陵 船橋莊 全州李氏 孝寧大君 後孫家 典籍(강릉시 船橋莊 소장, 장서각 자료군 번호
    F22401).

高敞 平海黃氏 黃尙翼家 典籍(장서각 소장, 장서각 MF 35-008376~008378).

『順天府西面家座冊』(대전 김영한 수집 전적, 장서각 MF 35-011424).

『古文書集成 97-東萊鄭氏 東萊府院君 鄭蘭宗宗宅篇-』, 한국학중앙연구원, 2010.

『古文書集成 101-興德 平海黃氏 黃胤錫宗家 古文書』, 한국학중앙연구원, 2012.

『古文書集成 102-興德 平海黃氏 黃胤錫宗家 古文書-正書篇』, 한국학중앙연구원, 2012.

『古文書集成 104-靈光 延安金氏 古文書 Ⅰ-』, 한국학중앙연구원, 2013.

『輿地圖書』.

『戶口總數』

『萬機要覽』.

『大典會通』.

『刑法大全』.

『朝鮮王朝實錄』, 『高宗實錄』(국사편찬위원회, 조선왕조실록 홈페이지 http://sillok.
    history.go.kr).

『(大韓帝國) 官報』.

『韓末近代法令資料集』 1~10(대한민국국회도서관, 1970~1972).

「鄭亂宗神道碑」, 「鄭光輔墓碣」, 「鄭光弼神道碑」(軍浦文化院 編, 『軍浦金石文大觀』, 軍浦文化院, 2002).

「東溪延安金碩柱功績碑」(영광군 군남면 동간리 마을회관 앞 소재).

『全羅左道順天府己亥量田導行帳』(奎14643~4).

『地圖』(장서각 K2-4583).

丁若鏞, 『牧民心書』.

『居官大要』(『朝鮮民政資料-牧民篇-』, 1942).

『政要二』(『朝鮮民政資料-牧民篇-』, 1942).

『牧綱』(『朝鮮民政資料叢書』, 驪江出版社, 1987).

『壬子大同譜』(延安金氏譜所, 『延安金氏族譜』 1~20, 1913).

『丙戌大同譜』(延安金氏大宗會, 『延安金氏大同譜』 1~4, 2006).

『璿源續譜(太宗大王子孫錄 孝寧大君派)』(장서각 K2-1131).

農商務省農務局, 『韓國土地農産調査報告 慶尙道·全羅道』, 1904.

朝鮮總督府, 『朝鮮總督府統計年報 大正三年度』, 1916.

朝鮮總督府 中樞院, 『官三雇三校三等ニ關スル事項』(국사편찬위원회, 中B13G30).

2. 연구논저

久間健一, 「朝鮮に於ける小作問題の展開性−特に地主と農民の性格を中心として−」, 『農業と經濟』 4-6, 1937.

久間健一, 「朝鮮不在地主論」, 『朝鮮』 343, 朝鮮總督府, 1943.

宮嶋博史, 「植民地下朝鮮人大地主の存在形態に關する試論」, 『朝鮮史叢』 第5·6合倂號, 1982.

金建泰, 「17~18世紀 兩班地主層의 土地所有樣相」, 『成大史林』 12·13합집, 1997.

金建泰, 「19세기 농민경영의 추이와 지향−경상도 안동 金溪里 의성김씨가 작인들−」, 『한국문화』 57, 2012.

金建泰, 「19세기 어느 성리학자의 家作과 그 지향-金興洛家 사례」, 『한국문화』 55, 2011.

金建泰, 『조선시대 양반가의 농업경영』, 역사비평사, 2004.

金建泰, 「朝鮮後期 農家의 農地所有 現況과 그 推移-晋州地方을 중심으로-」, 『歷史學報』 제172집, 歷史學會, 2001.

金建泰, 「戶名을 통해 본 19세기 職役과 率下奴婢」, 『韓國史研究』 144, 한국사연구회, 2009.

김선경, 「조선후기의 조세수취와 面里운영」, 연세대학교 석사학위논문, 1984.

金容燮, 『增補版 朝鮮後期農業史研究(Ⅰ)-農村經濟·社會變動-』, 지식산업사, 1995.

金容燮, 『增補版 朝鮮後期農業史研究(Ⅱ)-農業과 農業論의 變動-』, 一潮閣, 1990.

金容燮, 『韓國近現代農業史研究-韓末·日帝下의 地主制와 農業問題-』, 一潮閣, 1992.

金鴻植 등, 『대한제국기의 토지제도』, 민음사, 1990.

金鴻植 등, 『조선토지조사사업의 연구』, 민음사, 1997.

박 경, 「15세기 입후법(立後法)의 운용과 계후입안(繼後立案)」, 『역사와현실』 제59호, 한국역사연구회, 2006.

山田龍雄, 「全羅北道に於ける農業經營の諸相」, 『農業と經濟』 8-8, 1941.

徐炳沛, 「19世紀 兩班層 土地保有 狀況에 관한 研究-江陵, 船橋莊의 秋收記 中心으로-」, 상명여자대학교 석사학위논문, 1991.

徐炳沛, 「朝鮮後期 江陵地方의 士族支配秩序와 經濟問題」, 상명대학교 박사학위논문, 1997.

宋贊植, 『朝鮮後期 社會經濟史의 研究』, 一潮閣, 1997.

신영우 편, 『광무양안과 진천의 사회경제 변동』, 혜안, 2007.

安秉直·李榮薰 編, 『맛질의 농민들 : 韓國近世村落生活史』, 一潮閣, 2001.

오두환, 「한국개항기의 화폐제도 및 유통에 관한 연구」, 서울대 박사학위논문, 1984.

왕현종, 『대한제국의 토지조사와 토지법제』, 혜안, 2017.

왕현종, 『한국 근대 토지제도의 형성과 양안-지주와 농민의 등재 기록과 변화-』, 혜안, 2016.

은기수, 「가계계승의 다양성과 '종족전략'」, 『조선양반의 생활세계』, 백산서당, 2004.

李起墅, 『江陵 船橋莊』, 열화당, 1996.

이세영, 『조선시대 지주제 연구』, 혜안, 2018.

이영호, 『한국근대 지세제도와 농민운동』, 서울대학교출판부, 2001.

이영호, 『근대전환기 토지정책과 토지조사』, 서울대학교출판문화원, 2018.

이영호, 『토지소유의 장기변동-경기도 시흥 석장둔의 250년 역사-』, 경인문화사, 2018.

이영학, 「통감부의 조사사업과 조선침탈」, 『역사문화연구』 제39집, 한국외국어대학교, 2011.

이영훈 편, 『수량경제사로 다시 본 조선후기』, 서울대학교출판부, 2004.

李榮薰, 『朝鮮後期 社會經濟史』, 한길사, 1988.

李榮薰, 「조선후기 이래 소농사회의 전개와 의의」, 『역사와현실』 45, 한국역사연구회, 2002.

李鍾範, 「19세기 후반 賦稅制度의 운영과 社會構造-전라도 구례현의 사례-」, 『東方學志』 89·90, 延世大學校 國學研究院, 1995.

李在洙, 「朝鮮中期 田畓賣買 實態研究」, 경북대학교 박사학위논문, 2001.

장시원, 「일제시대 경제사 연구의 방향 정립을 위한 일시론」, 『한국사론 30 21세기의 한국사학』, 국사편찬위원회, 2000.

전경목,「山訟을 통해서 본 조선후기 司法制度 운용실태와 그 특징」,『法史學研究』 제18호, 1997.

정긍식,「續大典의 위상에 대한 小考-'奉祀 및 立後'조를 대상으로-」,『서울대학교 법학』 제46권 1호, 2005.

鄭然泰,「1940년대 前半 日帝의 韓國農業 再編策-'農業再編成定策'을 중심으로-」,『國史館 論叢』 제38집, 국사편찬위원회, 1992.

주봉규·소순열,『근대 지역농업사 연구』, 서울대학교출판부, 1996.

차장섭 등,『선교장과 관동 사대부가의 삶』, 한국학중앙연구원출판부, 2019.

차장섭,「강릉 선교장의 형성과 발전」,『장서각』 39, 2018.

차장섭,『선교장, 아름다운 사람 아름다운 집 이야기』, 열화당, 2011.

최원규,「한말·일제하의 농업경영에 관한 연구-해남 윤씨가의 사례-」,『한국사연구』 50·51, 1985.

崔潤晤,「朝鮮後記 土地所有權의 發達과 地主制」, 연세대학교 박사학위논문, 2001.

崔潤晤,「조선후기 사회경제사 연구와 근대-지주제와 소농경제를 중심으로-」,『역사 와현실』 45, 한국역사연구회, 2002.

최재석,『韓國家族制度史研究』, 一志社, 1983.

하원호,『한국독립운동의 역사 제2권 개항 이후 일제의 침략』, 독립기념관 한국독립운 동사연구소, 2009.

하지연,『일제하 식민지 지주제 연구』, 혜안, 2010.

河合和男,『朝鮮における産米增殖計劃』, 未來社, 1986.

한국역사연구회 근대사분과 토지대장연구반,『대한제국의 토지조사사업』, 민음사, 1995.

한국역사연구회 토지대장연구반 편,『대한제국의 토지제도와 근대』, 혜안, 2010.

한국학중앙연구원 장서각 (편),『(2015년 장서각 특별전 도록) 시권(試券), 국가경영의 지혜를 듣다』, 한국학중앙연구원 출판부, 2015.

허원영,「18세기 중엽 조선의 호구와 전결의 지역적 분포」,『史林』 38, 2011.

허종호,『조선 봉건말기의 소작제 연구』, 사회과학출판사, 1965(한마당, 1989).

洪性讚,『韓國近代 農村社會의 變動과 地主層』, 知識産業社, 1992.

洪性讚,『한말·일제하의 지주제 연구』, 연세대학교 출판부, 2003.

洪性讚 외,『일제하 만경강 유역의 사회사』, 혜안, 2006.

3. 기타

고창군 홈페이지(http://gochang.go.kr/)
국가통계포털(http://kosis.kr/).

국가법령정보센터(http://www.law.go.kr/).

대한민국 신문 아카이브(https://nl.go.kr/newspaper/).

문화재청 홈페이지(www.cha.go.kr).

조선시대 전자문화지도 시스템(http://www.atlaskorea.org).

『한국민족문화대백과사전』 홈페이지(http://encykorea.aks.ac.kr).

경기대학교 전통문화콘텐츠연구소, 『군포시 지명유래 및 씨족역사』, 군포시, 2004.

『軍浦市 速達洞 東萊鄭氏 東萊府院君宗家의 歷史와 文化-修理와 所藏遺物 保存處理를
       中心으로-』, 군포시, 2004.

세사편찬위원회, 『연안김씨세사』 제2집, 1984.

이진경, 「고택탐방 영광 연안김씨종택」, 『문화유산신문』 2012년 7월 20일.

『중요민속자료(제234호) 기록화보고서 한국 전통가옥 영광 연안김씨 종택』, 문화재
       청, 2008.

찾아보기

허 원 영

강원대학교 사학과를 졸업하고 한국학중앙연구원 한국학대학원에서 박사학위를 받았다. 2001년부터 지금까지 한국학중앙연구원 장서각에서 고문서를 다루고 있으며, 현재 장서각 연구원으로 재직하고 있다. 연구분야는 조선후기로부터 일제강점기에 이르는 근대이행기를 중심으로 고문서를 통한 사회경제사 연구가 중심이다.

『(통계로 보는) 조선후기 국가경제 : 18~19세기 재정자료의 기초적 분석』(2013), 『17세기 충청도 선비의 생활기록 : 조극선의 인재일록과 야곡일록』(2018) 등의 공저와 「19세기 濟州島의 戶口와 賦稅運營」(2006), 「고문헌학과 민족고전학, 고문헌을 다루는 남과 북의 학문적 입장」(2020), 「한국학중앙연구원 장서각 고문서 사업의 전개와 성과」(2021) 등의 논문이 있다.

한국 근대의 토지와 농민 총서 5

한국 근대 양반지주가의 경제활동

허 원 영 지음

초판 1쇄 발행 2022년 8월 29일

펴낸이 오일주
펴낸곳 도서출판 혜안

등록번호 제22-471호
등록일자 1993년 7월 30일

주 소 ㉔04052 서울시 마포구 와우산로35길3 (서교동) 102호
전 화 3141-3711~2
팩 스 3141-3710
이메일 hyeanpub@hanmail.net

ISBN 978-89-8494-685-9 93910

값 30,000 원